3rd edition

纳税评估教程（第三版）

Tax Assessment

白彦锋 主　编
史大譞 副主编

图书在版编目(CIP)数据

纳税评估教程/白彦锋主编.—3版.—北京:北京大学出版社,2021.9
21世纪经济与管理规划教材.税收系列
ISBN 978-7-301-32368-7

Ⅰ.①纳… Ⅱ.①白… Ⅲ.①纳税—评估—高等学校—教材 Ⅳ.①F810.423

中国版本图书馆CIP数据核字(2021)第154744号

书　　　名	纳税评估教程(第三版) NASHUI PINGGU JIAOCHENG(DI-SAN BAN)
著作责任者	白彦锋　主编　史大瀼　副主编
策 划 编 辑	贾米娜
责 任 编 辑	王　晶
标 准 书 号	ISBN 978-7-301-32368-7
出 版 发 行	北京大学出版社
地　　　址	北京市海淀区成府路205号　100871
网　　　址	http://www.pup.cn
微信公众号	北京大学经管书苑(pupembook)
电 子 邮 箱	编辑部 em@pup.cn　　总编室 zpup@pup.cn
电　　　话	邮购部 010-62752015　发行部 010-62750672　编辑部 010-62752926
印 刷 者	河北滦县鑫华书刊印刷厂
经 销 者	新华书店
	787毫米×1092毫米　16开本　19.75印张　394千字 2010年6月第1版　2013年8月第2版 2021年9月第3版　2024年7月第3次印刷
定　　　价	49.00元

未经许可,不得以任何方式复制或抄袭本书之部分或全部内容。
版权所有,侵权必究
举报电话:010-62752024　电子邮箱:fd@pup.cn
图书如有印装质量问题,请与出版部联系,电话:010-62756370

丛书出版说明

教材作为人才培养重要的一环,一直都是高等院校与大学出版社工作的重中之重。"21世纪经济与管理规划教材"是我社组织在经济与管理各领域颇具影响力的专家学者编写而成的,面向在校学生或有自学需求的社会读者;不仅涵盖经济与管理领域传统课程,还涵盖学科发展衍生的新兴课程;在吸收国内外同类最新教材优点的基础上,注重思想性、科学性、系统性,以及学生综合素质的培养,以帮助学生打下扎实的专业基础和掌握最新的学科前沿知识,满足高等院校培养高质量人才的需要。自出版以来,本系列教材被众多高等院校选用,得到了授课教师的广泛好评。

随着信息技术的飞速进步,在线学习、翻转课堂等新的教学/学习模式不断涌现并日渐流行,终身学习的理念深入人心;而在教材以外,学生们还能从各种渠道获取纷繁复杂的信息。如何引导他们树立正确的世界观、人生观、价值观,是新时代给高等教育带来的一个重大挑战。为了适应这些变化,我们特对"21世纪经济与管理规划教材"进行了改版升级。

首先,为深入贯彻落实习近平总书记关于教育的重要论述、全国教育大会精神以及中共中央办公厅、国务院办公厅《关于深化新时代学校思想政治理论课改革创新的若干意见》,我们按照国家教材委员会《全国大中小学教材建设规划(2019—2022年)》《习近平新时代中国特色社会主义思想进课程教材指南》和教育部《普通高等学校教材管理办法》《高等学校课程思政建设指导纲要》等文件精神,将课程思政内容融入教材,以坚持正确导向,强化价值引领,落实立德树人根本任务,立足中国实践,形成具有中国特色的教材体系。

其次,响应国家积极组织构建信息技术与教育教学深度融合、多种介质综合运用、表现力丰富的高质量数字化教材体系的要求,本系列教材在形式上将不再局限于传统纸质教材,而是会根据学科特点,添加讲解重点难点的视频音频、检测学习效果的在线测评、扩展学习内容的延伸阅读、展示运算过程及结果的软件应用等数字资源,以增强教材的表现力和吸引力,有效服务线上教学、混合式教学等新型教学模式。

为了使本系列教材具有持续的生命力,我们将积极与作者沟通,争取按学制周期对教材进行修订。您在使用本系列教材的过程中,如果发现任何问题或者有任何意见或建议,欢迎随时与我们联系(请发邮件至 em@pup.cn)。我们会将您的宝贵意见或建议及时反馈给作者,以便修订再版时进一步完善教材内容,更好地满足教师教学和学生学习的需要。

最后,感谢所有参与编写和为我们出谋划策提供帮助的专家学者,以及广大使用本系列教材的师生。希望本系列教材能够为我国高等院校经管专业教育贡献绵薄之力!

北京大学出版社

经济与管理图书事业部

第三版前言

党的二十大报告指出,经过长期的理论探索和改革实践,特别是自党的十八大以来,我国成功推进和拓展了中国式现代化。我国税收的现代化,无疑走的就是一条中国式现代化道路。自2012年以来,我国历经了全面"营改增"落地,营业税彻底退出历史舞台;消费税税率、税目调整,电子烟等新兴产品被适时纳入课税范围,宏观调控能力进一步得到加强;《中华人民共和国个人所得税法》大修,首次引入了专项附加扣除制度和一般反避税条款,既强化税收公平,又能更好地培养纳税人的"主人翁"意识;烟叶税、船舶吨税、耕地占用税、车辆购置税、环境保护税和资源税完成立法,水资源税改革稳步推进,总的来看,18个税种中已有12个完成立法任务,包括增值税在内其他税种的立法,也在进行当中。我国在全面落实"税收法定原则"的道路上破浪前行。

党的二十大后,我国税收治理现代化也将迈向新的征程。税收治理现代化,不仅表现在税收制度的现代化上,也表现在税收征管的现代化上。税收公平是规范财富形成和积累机制的必要制度条件,也是党的二十大报告"构建高水平社会主义市场经济体制"的题中应有之义。党的二十大报告指出,要"坚持多劳多得,鼓励勤劳致富,促进机会公平","加大税收、社会保障、转移支付等的调节力度"。税收是国家筹集财政收入的主要方式,也被一些市场主体看作发展中的主要负担,这些市场主体通常具有避税的持续动力。对于隐形变异的避税行为,如果不能及时将其纳入税收网络应收尽收,收入再分配机制就会存在缺陷,对初次分配形成误导,制约第三次分配作用的充分发挥,进而使三次分配协调配套的制度体系难以形成。在这样的背景下,科学精准开展纳税评估工作的重要性与日俱增。

党的二十大指出，教育、科技、人才是全面建设社会主义现代化强国的基础性、战略性支撑，要全面提高人才自主培养质量，加强教材建设。自本书2013年出版十年以来，我们欣喜地看到其被全国多所大专院校选用，众位同仁学者也纷纷对本教材提出了宝贵的意见。但几年间，我国的税制已经发生了翻天覆地的变化，教材必须与时俱进。在税制越来越严谨、专业程度越来越高、纳税主体的权利意识不断增强的新时代，纳税评估工作的重要性和难度都大幅提升。幸运的是，纳税评估制度的实行也使我们积累了更多的经验、掌握了更为严谨的方法，有必要及时进行总结和归纳，以更好地指导我们今后的纳税评估工作。

"财政是国家治理的基础和重要的支柱"①，财税人才的培养对我国建设现代治理体系具有极为重要的意义。立德树人是高校教育的根本任务，在这一方面，2020年5月28日，教育部下达了《高等学校课程思政建设指导纲要》（教高〔2020〕3号）。而要做到"立德树人"，价值塑造、知识传授和能力培养三者缺一不可。对经济管理类学科而言，立德指的便是"培育学生经世济民、诚信服务、德法兼修的职业素养"。当前，我国高校经济管理类专业学生普遍开设了财政学、中国税制（或税法）、税收筹划、税务管理等财税课程。这些课程分别从宏观角度和纳税人角度等来培养学生的财税管理知识。纳税评估课程具有较强的理论和实践意义，将有利于完善财政学科的课程体系，提升学生纳税评估的基本能力和素养。当然，在纳税评估课程中，我们不能仅仅拘泥于几组小小的评估指标、几个具体的评估案例以及税法中繁杂琐碎的规定，更要着眼于让学生们感受到纳税公平、依法治税的意义，认识到税收和祖国经济发展间密不可分的关系，进而让学生们体会到，自己无论是在代表国家的税务机关还是在各类企事业单位从事相关工作，都是祖国经济建设的接班人，都要有同样的参与感、使命感和责任感。因此在教材设计上，我们特意用了两章专门阐述税收公平和纳税评估工作的理念，以及对从事相关工作人员职业道德和职业素养的要求。同时，我们在本书末尾加入了"逆纳税评估"的相关内容以帮助学生们理解以下事实：人的经济活动决定了税收。在现实生活中，不完全理性的"人"如何认识税收并发挥主观能动性，将在很大程度上影响和改变现实中的税收。引导和规范纳税人的"逆纳税评估"事关税收的社会共识和群众基础。在尊重并理解人民群众所思所想的基础上，与纳税人一起正确地认识税收也是"服务型"纳税评估工作的重要一环。

本书具备以下几个特点：

第一，针对性强。以往类似的教材多是直接为税务机关人员编写的，本书主要面向在校学生，同时兼顾税务机关工作人员的需求。

第二，时效性强。此次修订对不再适用的案例、税种税目进行了删除或更新。更新了

---

① 引自《中共中央关于全面深化改革若干重大问题的决定》。

资源税、环境保护税、个税专项附加扣除等新税种、税目或课税要素的评估。在新房产税展望部分,总结了"沪渝房产税试点"中的经验等。此次修订对书中的各类数据也一并进行了更新。

第三,前瞻性强。本书不仅就现行税制中主体税种的纳税评估等问题做了介绍,还就我国未来可能征收的遗产税、新房产税等纳税评估问题做了分析。

第四,实用性强。纳税评估作为财税专业学生的专业主干课,更加注重学生实用能力的培养,因此本书在编写中融入了更多案例教学的内容。

第五,国际性强。本书借鉴了美国、澳大利亚等很多西方发达国家的实务案例,力争具有较强的国际化视角。

中央财经大学财政税务学院近年来多次承办各部委、地方和企业的各类课题。结合在教学、科研、培训中的体会,我们对本书进行了修订。本书由中央财经大学财政税务学院教授、博士生导师白彦锋担任主编,北京大学教育学院教育经济与管理系中国教育财政科学研究所研究生史大譞担任副主编。在本次修订过程中,中央财经大学财政税务学院的多位教师和学生也参与其中,具体分工为:第一、二、三章由唐艺宁、魏浩昆负责,第四、五章由史大譞、魏浩昆负责,第六章由赵聪负责,第七章由张钰玲负责,第八、九章由李泳禧负责,第十章由王艳负责,第十一、十二章由鲁书伶和史大譞负责,第十三章、十四章由宋雨宸和史大譞负责。

本书主要分为两部分。第一部分为第一章至第六章,重点介绍纳税评估的基础理论,具体包括纳税评估的基本概念、纳税评估的基本流程、纳税评估方法与模型、纳税评估的分析指标以及纳税评估的质量控制等;第二部分包括第七章至第十四章,为分税种的纳税评估,其中既包括我国现行税制中的主要税种,也包括我国未来税制改革中可能推出的新税种。此外,本书既包括纳税评估的基础理论,也融入了相关的案例分析;既重点分析了我国现行税制中的纳税评估,也对国外纳税评估的开展情况做了有针对性的介绍。

在篇章设计上,为了便于学生尽快掌握相关章节的内容,我们在每章之前都设置了"本章导读",在每章之后都设置了"关键概念"和"复习思考题",尽量做到重点突出,以便学生提纲挈领式地掌握相关内容;为了增加学生学习纳税评估课程的兴趣,避免一般教材的枯燥,本书增加了相关专栏和大量案例,以培养学生对相关知识的运用能力。

我们在撰写本书的过程中参考了国内外诸多同行的研究成果,在此一并表示感谢!同时也恳请学界同仁对于本书中存在的问题予以批评指正!本人的电子信箱为 barede@163.com。

感谢北京大学出版社编辑工晶及相关工作人员对本书顺利出版付出的辛勤努力!

白彦锋

2023 年 1 月 5 日

目 录

第一章 纳税评估概述 …… 1
- 第一节 纳税评估的概念 …… 1
- 第二节 纳税评估的理论基础 …… 11
- 第三节 国外纳税评估简介 …… 17
- 第四节 我国纳税评估的探索与发展 …… 30
- 第五节 纳税评估的组织体系和素质要求 …… 35

第二章 税收分析与纳税评估 …… 39
- 第一节 税收经济关系:微观与宏观 …… 39
- 第二节 中国税收增长与经济增长的关系 …… 41

第三章 纳税评估的基本流程 …… 47
- 第一节 确定评估对象 …… 48
- 第二节 疑点问题分析 …… 50
- 第三节 约谈举证 …… 56
- 第四节 实地核查 …… 64
- 第五节 评估处理 …… 66

第四章 纳税评估方法与模型 …… 75
- 第一节 评估对象的选择方法与模型 …… 75
- 第二节 纳税评估的基本方法 …… 94

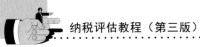

第五章 纳税评估的主要分析指标 ································ 103
第一节 纳税评估分析指标的概念 ································ 103
第二节 纳税人整体经营情况评价指标与应用分析 ·················· 106
第三节 纳税评估通用指标及其配比关系 ·························· 111

第六章 纳税评估的质量控制 ····································· 116
第一节 纳税评估质量控制概述 ································· 116
第二节 纳税评估的质量控制体系 ······························· 120
第三节 平衡计分卡与纳税评估的质量控制 ······················· 124

第七章 增值税的纳税评估 ······································· 135
第一节 增值税概况 ··· 135
第二节 增值税评估指标与分析方法 ····························· 137
第三节 增值税一般纳税人专用评估指标 ························· 140
第四节 同业税负分析在增值税纳税评估中的应用 ················· 142
第五节 某纸制品有限公司纳税评估案例分析 ····················· 145

第八章 消费税的纳税评估 ······································· 150
第一节 消费税概况 ··· 150
第二节 消费税纳税评估的指标与方法 ··························· 154
第三节 消费税纳税评估案例分析 ······························· 155

第九章 企业所得税的纳税评估 ··································· 158
第一节 企业所得税概况 ······································· 158
第二节 企业所得税评估分析指标及其运用 ······················· 160
第三节 企业所得税纳税评估案例分析 ··························· 167

第十章 个人所得税的纳税评估 ··································· 177
第一节 个人所得税概况 ······································· 177
第二节 我国个人所得税现状 ··································· 182
第三节 个人所得税评估指标 ··································· 184
第四节 个人所得税税基评估的要素分析 ························· 185
第五节 个人所得税税基评估技术研究 ··························· 192

第六节　我国个人所得税评估案例 …………………………………… 194
　　第七节　附加福利纳税评估 …………………………………………… 196
　　第八节　专项附加扣除评估 …………………………………………… 214

第十一章　现行税制中其他税种的纳税评估 ……………………………… 217
　　第一节　城市维护建设税的纳税评估 ………………………………… 217
　　第二节　资源税的纳税评估 …………………………………………… 219
　　第三节　印花税的纳税评估 …………………………………………… 223
　　第四节　房产税和城镇土地使用税的纳税评估 ……………………… 227
　　第五节　环境保护税的纳税评估 ……………………………………… 230

第十二章　基于企业会计账务盘查的纳税评估 …………………………… 234
　　第一节　基于企业会计账务盘查的流转税纳税评估 ………………… 234
　　第二节　基于企业会计账务盘查的所得税纳税评估 ………………… 245

第十三章　未来新税种的纳税评估展望 …………………………………… 258
　　第一节　房产税的纳税评估 …………………………………………… 258
　　第二节　在轨道交通沿线特别估价区征收税费 ……………………… 265
　　第三节　遗产税的纳税评估 …………………………………………… 267

第十四章　纳税评估与逆纳税评估 ………………………………………… 271
　　第一节　逆纳税评估概念及现象 ……………………………………… 272
　　第二节　逆纳税评估分析 ……………………………………………… 277
　　第三节　合理规范和引导逆纳税评估 ………………………………… 288

主要参考文献 ………………………………………………………………… 303

第一章

纳税评估概述

本章导读

本章重点介绍纳税评估的基本概念和基础理论,分析国外和我国近年来纳税评估的开展情况,阐述纳税评估的组织体系和素质要求。

第一节 纳税评估的概念

一、从"评估"说起

要理解"纳税评估",首先要从"评估"的概念说起。简单了解评估的概念和它的发展历程,有助于我们更加全面深入地理解纳税评估的概念。

(一)评估的概念

评估(assessment),也称"估值"(valuation),就是对价值的估算。它既不是对价值的简单说明,也不是对价值的精确认定,通常是指人们根据自己所拥有的经验、技巧、数据和专业知识等对价值做出的一种判断。人们在购买住房、汽车甚至一项生活日用品时,常常会将该商品的价格与类似商品的价格进行比较,然后对该商品价格的合理性做出判断。从某种意义上说,这就是一个评估的过程。当然,这只是消费者凭借经验和直觉对商品的价值做出的一种判断。当作为学术研究对象时,评估是指依据某种目标、标准、技术或手段,对收到的信息,按照一定的程序,进行分析、研究,判断其效果和价值的一种活动。

可见，评估通常是对某一事物的价值或状态进行定性、定量分析和评价的过程。从这个意义上来讲，评估结论是对评估对象的价值或所处状态的一种意见和判断。而这种意见和判断是建立在对评估对象的技术可能性和经济合理性进行充分、客观和科学的分析基础上的，因而能给相关部门或单位提供可靠的参考依据。

（二）评估的产生与发展

评估是商品经济和市场经济发展到一定阶段的必然产物。随着市场经济制度的产生和发展，商品交易的规模不断扩大，为保证交易的合理性和公平性，对评估的需求随之增大，要求也大大提高。总体来看，评估大体经历了三个发展阶段，即原始评估阶段、经验评估阶段和科学评估阶段。

1. 原始评估阶段

在原始社会后期，生产的进一步发展导致了剩余产品的出现，这就为私有制的产生提供了物质基础。随着私有制的出现，商品生产和商品交易出现了，于是就产生了对评估的客观需求。在商品、土地、牲畜和珠宝玉石等贵重财产的交易过程中，由于这些财产的价值通常难以确定，交易双方往往难以对价格达成一致意见，因此，双方需要找到一个较有经验并且双方都信得过的第三者进行评判，从而得到一个公平的价格，促成买卖成交。这个第三者（或者称为经纪人，broker）在协调的过程中需要依据各种理由和方法给出一个双方都能接受的价格，实际上扮演了类似现在的评估员的角色。

原始阶段的评估具有以下几个鲜明的特点：

第一，直观性。评估仅仅靠评估人员的直观感觉和主观偏好来进行，通常不会借助专业的测评设备。

第二，非专业性。评估人员通常并不具备专业评估手段和技能，也没有受过专门训练，而往往是由交易双方或一方指定的人员来进行评估，甚至由那些并不懂多少评估知识却在一定范围内德高望重的人员来进行评估。

第三，无偿性。交易双方通常无须向评估人员支付报酬，评估人员也无须对评估结果承担法律责任。

2. 经验评估阶段

随着经济的进一步发展和交易日趋频繁，评估人员也逐步向专业化和经常化方向发展，从而产生了一批具有一定评估经验的评估人员。这些评估人员以过去的经验数据为依据，结合自己在长期的资产评估中积累起来的丰富经验和知识进行评估。由于他们具有更加丰富的经验，因此资产交易双方都愿意委托他们进行评估。从时间上看，资本主义发展初期的评估基本上就属于经验评估。

经验评估的基本特点是：

第一，评估人员具有一定的评估经验和专业水平，评估业务也比较频繁。

第二，评估人员对评估业务进行有偿服务。

第三，评估结果的准确性主要取决于评估人员积累的评估经验和思想素质。

第四，评估人员要对评估结果承担法律上的责任，特别是要对因欺诈行为和其他违法行为而产生的不良后果承担法律责任。

3. 科学评估阶段

评估发展的现代阶段就是科学评估阶段。科学评估是指把现代科学技术和管理方式引入评估中来，其大大提高了评估的准确性和可信性（参见专栏1-1）。同时，评估人员开始专业化，通常将评估视为自己终生的事业。评估结果也开始法律化，通常都要经过法律部门的公证，评估人员要对评估结果承担法律责任甚至无限连带责任。

专栏1-1　从"人工评定"到"计算机生成"的纳税信用体系建设

2014年7月起，国家税务总局陆续发布了《纳税信用管理办法（试行）》（国家税务总局公告2014年第40号）和《纳税信用评价指标和评价方式（试行）》（国家税务总局公告2014年第48号），构建了纳税信用管理流程以及全国统一的纳税信用评价指标和评价方式，将纳税信用评价方式由"人工评定"改为"计算机生成"，科学客观反映纳税人的纳税信用状况，将纳税信用评价的主体责任还权还责于纳税人，实现了涵盖信息采集、级别评价、结果确定和发布、结果应用等环节的全过程纳税信用管理。

信任的基础是信用，信用的基础是信息。国家税务总局抓住信息这个关键，设计新的纳税信用管理思路。一是广泛采集纳税人的涉税行为信息并作为评价的基础。纳税信用信息包括三项：纳税人信用历史信息；税务内部信息，包括涉税申报信息、税（费）款缴纳信息、发票与税控器具信息、登记与账簿信息和税务检查信息等；外部信息，包括评价当年纳税人在相关部门的信用记录、影响其纳税信用评价的其他信息。二是统一规范评价指标和评价方式，对信用信息进行科学评价。国家税务总局明确了纳税信用信息的取数来源，从纳税人主观态度、遵从能力、实际结果和失信程度四个方面考量纳税人涉税行为中体现出的诚信状况，设计了信用评价指标，明确对应分值和直接判级方式。三是通过信息化手段实现信用管理的标准化，改变手工操作、人为评定的方式。纳税信用信息在税务管理系统中实时记录，按月采集，按年评价。每年4月，税务机关确定上一纳税年度纳税信用评价结果并为纳税人提供自我查询服务。四是积极推动建立跨部门信用信息共享机制。在纳税信用评价中引入外部信息佐证纳税人的信用状况，并在结果中记录和显示纳税人在其他部门的优良和不良信用记录。同时,按照社会信用体系建设要求,梳理国家税务总局信用记录基础目录,参与信用信息共享平台建设,努力化解"信息不对称"难题。

　　2015年4月,税务部门首次使用新指标、新方式对纳税人2014年度的纳税信用状况进行评价。4月29日,国家税务总局在各地税务部门发布A级纳税人名单的基础上,首次在其门户网站汇总公布了"全国纳税信用A级纳税人名单",并在此后每月进行滚动更新,成为全国税务系统上下联动、实施纳税信用一盘棋的重要成果。从此次公布的结果看,其中不乏纳税大户由于存在违法违章等失信记录而与A级纳税人失之交臂,也有为数不少的小微企业因为依法诚信纳税而进入A级纳税人名单,这充分体现了纳税信用评价不以纳税多少论英雄,不以经营规模大小论高低,只按纳税遵从的行为记录客观反映信用情况,也展现了税务部门积极转变职能、为纳税人提供优质服务、坚持改革精神和法治理念的新税风。为激励依法诚信纳税,国家税务总局在2015年新一轮"便民办税春风行动"中推出一系列针对A级纳税人的激励措施。一是可单次领取3个月的增值税发票用量,需要调整增值税发票用量时即时办理。二是普通发票按需领用。三是连续3年被评为A级信用级别的纳税人,可享受由税务机关提供的绿色通道或专门人员帮助办理涉税事项。四是国、地税机关相互认可,在京津冀、长江经济带范围内还可享受与本地A级纳税人同等税收待遇。五是在企业所得税征管中享受更多便利,方便办理涉税事宜和简化审批手续。六是纳税信用为A、B级且属于海关管理的B类以上企业,适用启运港退税政策等。

　　不仅如此,A级纳税人还将享受到办理出口退税的优先权。2015年3月1日起,国家税务总局在全国实施《出口退(免)税企业分类管理办法》,根据出口退(免)税企业的资产状况、纳税信用等级、内部风险控制等因素将企业分为四类并实施差别化管理,其中对纳税遵从度高、信誉好的一类企业简化管理手续,退税审批时间缩短至2个工作日以内;对纳税遵从度低、信誉差的四类企业则要在其办理退税时进行严格审核。纳税信用级别为A、B级的企业,可以直接作为出口退(免)税管理一类企业,享受在国家下达的出口退税计划内优先办理出口退税待遇。为解决企业特别是小微企业融资难问题,目前税务系统与银行部门正在全国推广"征信互认 银税互动"守信激励服务,积极推进纳税信用评价结果在金融领域的应用,向守信企业优先提供无抵押信用贷款或其他金融产品。据统计,截至2015年3月底,全国已有4 728户守信企业从中受益,获得商业银行发放贷款金额163亿元。下一步,国家税务总局将研究推出与其他领域的联合守信激励措施,不断扩大纳税信用评价结果的社会影响力,提高纳税人的依法纳税意识,营造良好社会信用氛围。

　　资料来源:财新网,http://finance.caixin.com/2015-06-18/100820468.html,2015/06/18,访问日期为2021年6月17日,编者有改动。

二、纳税评估

（一）纳税评估的概念

1. 基本概念

纳税评估（tax assessment & tax audit），在有的国家被称为税务审计、税收审计或估税、评税等，是税源监控的有效手段之一，对提高纳税意识、强化税源管理都具有积极的作用。纳税评估作为目前国际上通行的一种税收管理方式，在很多国家和地区得到了广泛应用。

纳税评估有广义和狭义之分。广义的纳税评估，泛指相关主体对各种经济活动和涉税事项从税收角度进行的分析评析，如涉税的资产评估、正常交易评估、纳税申报评估、税收遵从评估等。狭义的纳税评估，是对纳税人申报纳税情况做出的评估，这也是人们通常所指的纳税评估。

可见，所谓纳税评估，是指税务机关根据纳税人和扣缴义务人报送的纳税申报材料以及所掌握的相关涉税信息，依据国家有关法律、法规和政策的规定，采取特定的程序和方法，对纳税人和扣缴义务人在一定期间内的纳税情况、代扣代缴情况的真实性、准确性进行的审核、分析和综合评定，以及时发现、纠正和处理纳税行为中的错误问题，查找具有普遍性和规律性的异常现象，提出改善日常监控管理和征管措施的建议，实现对纳税人整体性和实时性的控管，提高税收征管质量和效率的管理行为。

纳税评估按是否有特定对象和有针对性的事项可分为日常评估和专项评估。日常评估是指对非特定纳税人及非特定事项开展的评估；专项评估是指对特定纳税人和特定事项开展的评估。

2.《纳税评估管理办法（试行）》中对"纳税评估"的界定与完善[①]

《纳税评估管理办法（试行）》中对纳税评估的界定是：纳税评估是指税务机关运用数据信息对比分析的方法，对纳税人和扣缴义务人纳税申报（包括减免缓抵退税申请）情况的真实性和准确性做出定性和定量的判断，并采取进一步征管措施的管理行为。

该定义是一种比较宽泛的描述性定义，体现出对这一新生事物前期研究过程中探索性的特征，为将来的发展留下了余地。但是，"纳税申报情况的真实性和准确性"的提法是否恰当？或许借鉴企业会计与中介审计间划分双方责任的办法，将纳税评估进行分析判断的对象定位于合法性与合理性，以分清征纳双方的责任，更具可行性。

此外，该定义在表述纳税评估概念的内涵上还欠清晰，没有体现纳税评估为纳税人提供自我纠错机会和深层次纳税服务以及作为提高纳税遵从的基本措施这几个重要特征，

---

① 司京民、周易，《纳税评估制度的确立及完善方向》，《中国税务》，2009年第9期。

难以与其他税收征管手段进行本质上的区别。而且客观上也存在着一定的缺陷,比如"数据信息对比分析的方法"的概括是否必要?该表述一是有失准确和全面,二是纳税评估过程后续还涉及税务约谈、实地调查等核实方法。

综上,纳税评估的定义可考虑修改为:纳税评估是指税务机关对纳税人和扣缴义务人纳税申报情况的合法性及合理性做出分析与判断,评价和估算纳税人合理纳税能力,为纳税人提供自我纠错机会,以提高税法遵从程度为目的的行政管理服务行为。各级税务机关应充分运用各类行之有效的方法和手段,积极开展纳税评估工作,通过纳税评估评价和估算纳税人的实际纳税能力,为其提供自我纠错的机会,以达到提高税法遵从度、强化税源管理、优化纳税服务、降低税收风险、减少税款流失、提高税收征管的质量和效率的目的。

强调"合法性及合理性"是借鉴企业会计与中介审计划分双方工作内容与责任的办法,将纳税申报"真实性、准确性"的责任仍定位于企业,以分清征纳双方的责任。强调"为纳税人提供自我纠错机会,以提高税法遵从程度为目的"是进一步明确纳税评估的定位。强调"评价和估算纳税人合理纳税能力"是明确评估的实际作用和目的指向。强调"服务"是突出纳税评估的外在属性和形式。增加一段描述是进一步强调和明确评估的意义。

专栏1-2 纳税评估与税务审计之间的区别和联系

尽管纳税评估和税务审计之间的关系非常密切,有时二者可以通用,有时纳税评估是税务审计的一种手段和方法,但是严格来讲,纳税评估和税务审计在具体含义上还是存在区别的。

从广义上来讲,税务审计除包括对纳税人进行纳税审计的含义,还包括作为一种政府审计方式的含义,即国家审计机关对税务系统、税收制度的审计,如国家审计署对消费税制的审计等。仅就纳税审计来看,税务审计侧重指对纳税人纳税申报的合法、合规情况进行分析调查,具有事后的性质和特点,在整个税收征管过程中处于相对偏后的阶段;而纳税评估更多指的是对税基数额的估测。例如,如果未来我国开征物业税,由于房屋短期内很少频繁出售,为了获得相对合理准确的税基,就需要税务机关通过纳税评估来界定税基的具体数额;再如,在个人所得税或附加福利税的征收过程中,由于纳税人从雇主那里获得的往往是非货币化的实物等收益,而且这些收益需要在纳税人和雇主之间进行分配,因为其中部分确实是公务支出,这就需要对个人收益的份额进行确定,从而可以得出税基。比如,根据《国家税务总局关于个人所得税有关政策问题的通知》(国税发〔1999〕58号

第二条规定,企业采用报销私家车燃油费等方式向职工发放交通补贴的行为,扣除一定标准的公务费用后,按照"工资、薪金"所得项目计征个人所得税。公务费用扣除标准由当地政府制定,如当地政府未制定公务费用扣除标准,按交通补贴全额的30%作为个人收入扣缴个人所得税。①

因此,如果说税务审计属于税收征管过程中较为后置的环节的话,那么纳税评估在税收征管流程中的位置则相对靠前。可见,本书的内容其实更加贴近税务审计。本书只是出于人们习惯称谓的原因,仍然称作"纳税评估"。

(二)纳税评估的特征

纳税评估作为一种税收管理方式和技术,不管是与其他的评估活动相比较,还是与税务机关所采取的其他的管理方式相比较,都具有自身鲜明的特征。

第一,纳税评估是主管税务机关依照其职权为提高税源监控水平而采取的一种主动的税收管理行为。纳税评估的主体是代表国家行使征税职责的国家税务机关。《中华人民共和国税收征收管理法》第五条明确规定,税务机关是代表国家行使征税权的征税主体,也是税收征管的执法主体,它在税收管理中的地位决定了它在纳税评估中的执法定位。当然,这里的税务机关不仅仅包括我国的国家税务机关和地方税务机关,还包括其他履行国家征税权的海关(主要负责征收关税、船舶吨税以及进口环节的增值税和消费税)、财政机关(我国有些地方的契税和耕地占用税等与农业相关的税种由财政机关征收)。他们根据自身工作的需要,也可以开展纳税评估工作。

第二,纳税评估是对纳税人普遍采用的一种管理行为。纳税评估要公平对待所有的纳税人、扣缴义务人,以及税务机关征收管理的所有税种。纳税评估的客体是评估活动所针对的对象,也就是对什么进行评估的问题。具体来讲,纳税评估的对象是主管税务机关负责管理的所有纳税人及其应缴纳的所有税种,包括纳税人的申报纳税信息以及与纳税相关的其他信息。纳税评估信息是指税务机关在纳税评估工作中需要掌握的各种涉税信息。广泛、全面、连续地采集涉及纳税人申报纳税的各种有效数据以及与纳税相关的生产经营和第三方信息,是进行纳税评估分析和判断的客观依据。

第三,纳税评估是一项专业性、综合性和实践性都很强的工作,要求纳税评估人员具有较高的财务、税务、法律、计算机、统计等方面的素质,具有较强的分析和判断能力。纳税评估人员不仅要熟悉相关的税收法律、财务知识,对于企业的生产技术流程、市场变化情况都要有全面的把握。在此基础上,还需有一定的工作时间以积累评估经验。

---

① 参见《国家税务总局大企业税收管理司关于2009年度税收自查有关政策问题的函》(企便函〔2009〕33号)的有关规定。

(三) 纳税评估的职能

20世纪70年代以来,新公共管理(new public management)运动的兴起对西方乃至世界各国公共管理理论和实践都产生了深刻影响,促使传统的官僚制模式向以市场和服务为导向的政府管理模式转变。受此影响,世界各国的税收管理理念都发生了巨变。特别是西方发达国家,税收征管改革的方向无一不是从"监督打击型"朝着"管理服务型"转变,为纳税人提供高效优质的服务已成为世界各国税务机关的普遍做法,成为当今税收征管改革的国际潮流。许多国家在谈到税收工作时,经常把 management(管理)改称 service(服务),把 taxpayer(纳税人)改称 client(客户)①,例如,美国的税务局就称为 Internal Revenue Service(IRS,国内收入署)。为了进一步改善对纳税人的服务,我国国家税务总局2009年首次以公告②的形式诠释了纳税人的权利和义务,为更好地向纳税人提供服务提供了制度保障。这种变化已经成为世界各国税收征管发展的普遍潮流。纳税评估正是顺应这一潮流应运而生的。

作为一项系统性工作,税收的征收管理包括税收的征收、纳税服务、税务管理、纳税评估、税务稽查等多个环节。纳税评估作为其中的一个环节,一方面有其独立性,另一方面也与其他环节的工作相互联系、相互制约。

纳税评估兼有管理和服务的双重职能。在税务机关的职能中,管理和服务具有统一性。纳税评估是税务机关进行深层次纳税服务的一种重要方式。在纳税评估的过程中,税务机关可以对纳税人、扣缴义务人进行税收法律、法规宣传和辅导,帮助纳税人自查自纠纳税申报中的错误、降低税收违法风险。

纳税评估的具体职能包括以下几方面:首先是根据纳税人、扣缴义务人履行纳税义务的情况进行评价,发现日常税收征管中的薄弱环节,从而提出有针对性的管理建议,提高税收征管质量;其次是要区分主观故意和非恶意涉税违法行为,为税务稽查查处偷税、欠税、抗税、骗税等案件提供具体线索,提高稽查有效性;最后是对纳税人、扣缴义务人的涉税辅导,结合纳税人的生产经营实际,宣传税收法律、法规,解释涉税疑义,帮助其提高纳税核算水平,纠正纳税申报中的错误,降低纳税风险,提高申报准确率。

可见,纳税评估既是一种税收管理手段,也是一项纳税服务措施,充分体现了现代行政管理理念在税收管理中的应用。这种职能定位就是纳税评估作为一种先进的税收管理方式的理论基础。

---

① 中国社会科学院财政与贸易经济研究所,《中国:启动新一轮税制改革,中国财政政策报告(2003/2004)》,中国财政经济出版社,2003年。

② 《国家税务总局关于纳税人的权利与义务的公告》(国家税务总局公告2009年第1号)。

（四）纳税评估与税收征管

税收征管是税收征收管理的简称，是指税务机关为实现税收职能，按照法律、法规、规章、制度的规定，采用一定的方法和手段，对税收征纳行为进行规范管理，对税源实施有效监控，以确保应征税款及时足额全额入库的行政执法活动。

纳税评估则是基于原有征管手段不能全面掌握纳税人、扣缴义务人纳税申报的真实性、准确性以及税收征管中"疏于管理、淡化责任"的问题较为突出的情况应运而生的一种管理手段。由此可见，纳税评估是税收征管的有机组成部分，是一种征管手段和特殊的征管方式。

纳税评估与税收征管最明显的区别在于范围不同。税收征管是一项系统工程，其涵盖的范围是全方位的，包括税收管理、税款征收、税务检查、违法责任追究等方面，而纳税评估的重点则是税收征管中的纳税申报管理。因此，从工作范围上来看，税收征管与纳税评估是"面"和"点"以及"整体"和"部分"的关系。

（五）纳税评估与纳税服务

纳税服务是税务机关为促进纳税人依法纳税和扣缴义务人依法扣缴，根据税收法律、法规的规定，在纳税人、扣缴义务人依法履行税收义务和行使税收权利的过程中，提供的满足纳税人、扣缴义务人合法合理需求与期望的各项行政行为。纳税服务的根本目的是提高纳税人、扣缴义务人的税收遵从度。

纳税评估作为一种特殊的、深层次的服务手段，通过约谈的方式详细地、有针对性地向纳税人、扣缴义务人宣传讲解税收法律、法规，通过评估分析及时发现纳税人、扣缴义务人在税收申报缴纳过程中存在的异常，是纳税服务的重要组成部分。

（六）纳税评估与税务稽查

税务稽查是税务机关依法对偷税、逃避追缴欠税、骗税、抗税案件的检查和处理。纳税评估与税务稽查的最终目的都是提高纳税人、扣缴义务人的税法遵从度，但实现的方式有所区别，纳税评估主要是通过预警服务来达到管理目的，而税务稽查则主要通过监督打击来达到管理目的。二者既有联系，又有区别。

1. 纳税评估与税务稽查之间的联系

首先，纳税评估与税务稽查都是税收管理的重要内容。税收管理主要由征收、管理、检查三项内容组成。纳税评估与税务稽查分别作为管理环节和检查环节中的重要手段，同属于征、管、查有机整体的重要组成部分，有着天然的联系。

其次，纳税评估有助于税务稽查更加有的放矢，提高效率。由于目前税务稽查部门获取信息的渠道不够顺畅，对纳税人、扣缴义务人日常征管信息了解掌握得不够全面，因此，无论是人工选案还是计算机选案,都带有一定的盲目性。此外,我国很多税务机关管理的纳税人,特别是企业纳税人的数量众多,通常数以万计,甚至更多,如在我国东部沿海地区江苏省税务系统办理税务登记的纳税人就超过百万。如果不开展纳税评估,纳税人未缴税款、少缴税款的问题都要靠税务稽查环节来处理,将使稽查环节不堪重负,难以发挥其"重点稽查"的作用。

可见,纳税评估通过评估分析发现疑点,直接为税务稽查提供案源,不仅使稽查选案环节避免了随意性和盲目性,而且使稽查目标更加明确,重点更加突出,针对性更强。从某种意义上说,纳税评估就是税务稽查上的"瞄准仪",使税务稽查从"一般步枪"升级成了"狙击步枪"。

2. 纳税评估与税务稽查之间的区别

纳税评估和税务稽查作为两种不同的税收征管手段,是有着本质区别的,主要体现在以下几方面:

首先,性质不同。税务稽查属于法定程序,侧重于对涉税违法行为的打击和惩罚,带有明显的打击性。纳税评估目前并非法定程序,而是税务机关为提高其自身工作质量和优化纳税服务所实施的一项举措。对于涉税违法行为,它提供了一种"预警",在稽查查处和日常管理之间建立了一个"缓冲带",将纳税人、扣缴义务人可能的违法风险降到了最低限度。与税务稽查的打击性相比,纳税评估更多体现的是服务性。

其次,程序不同。税务稽查具有严密的固定程序,在每一个环节当中都应向纳税人、扣缴义务人送达税务文书,如检查之前应下达税务检查通知书、调取账簿之前应下达调账通知书等,这些文书都是法定的。如果程序有误或缺少文书,税务机关都应承担相应的法律后果。在纳税评估的整个过程中都没有法定文书。纳税评估过程中的文书除《询问核实通知书》《纳税评估建议书》之外,其余均为税务机关内部使用文书。《纳税评估建议书》也只是对评估对象的建议,而不是法定文书。因此,与税务稽查相比,纳税评估的程序相对简单、灵活。

再次,处理方式不同。纳税人、扣缴义务人的违法行为一经稽查核实,不仅需要补税、加收滞纳金、对企业处以查补税款50%以上5倍以下的罚款,必要时还要移送司法部门追究其刑事责任。纳税评估的直接处理结果较轻。评估中如果发现评估对象有非主观故意少缴税款的情形,一般是由纳税人自查补缴并加收相应的滞纳金,不涉及处罚。

最后,不经评估,不得稽查。纳税评估是目前国际上特别是西方发达国家一种较为通行的税收管理方式,他们很多都在以"审计""估税""计算机稽核"等不同形式实施着本质上相同的管理方式,并且这些国家或地区一般是评估多、稽查少。如果税务局到某一企业来稽查,往往说明这家企业存在严重的偷逃税款问题,意味着它要大祸临头了。而纳税评估则是一种例行的日常税收管理方式。

与国外的情况相反,我国却是稽查多、评估少。无论企业有无偷税问题,也无论涉税问题性质,动辄上门稽查、兴师动众,必然会给纳税人造成较大的心理负担,并且不可避免地影响到其正常的业务经营。

由此可见,实行纳税评估是我国税收征管与国际惯例接轨的必然产物。从长期发展趋势来看,遵循国际惯例,"不经评估,不得稽查"将成为我国税收管理的基本原则。

第二节 纳税评估的理论基础

一、权变理论与纳税评估

（一）权变理论的基本内容

权变理论是 20 世纪 60 年代末 70 年代初在美国经验主义学派基础上进一步发展起来的管理理论。1957 年,美国麻省理工学院教授道格拉斯·麦格雷戈（Douglas McGregor）提出 X-Y 理论。麦格雷戈首先提出的 X 理论认为人天生不诚实、好逸恶劳、不求上进、不愿负责、以自我为中心、把个人利益看得高于一切、缺乏理性。基于这种"人性本恶"的假设（经济人假设）,X 理论认为必须采取强迫、监督、控制、指挥并以惩罚相威胁的管理方法（"胡萝卜加大棒"的管理方法）,才能实现组织目标。

其后,当麦格雷戈教授发现 X 理论的假设不符合实际时,转而提出与 X 理论人性假设相反的 Y 理论来指导管理实践。Y 理论认为人的本性并非不诚实,并不厌恶工作,而是把工作看成和游戏或休闲一样自然,个人目标与组织目标完全可以一致起来。基于这种"人性本善"假设（社会人假设）,Y 理论主张在管理时采取诱导的方法,鼓励员工发挥主动性和积极性,把责任最大限度地交给工作者,相信他们能够自觉完成任务。

为验证上述理论,美国学者约翰·莫尔斯（John Morse）和杰伊·洛希（Jay Lorsch）对两个工厂和两个研究所分别采取了以 X 理论及 Y 理论为指导理论的管理实验。实验结果是,在以科研人员为主的研究所里实行 Y 理论工作效率高,在以工人为主的工厂里实行 Y 理论工作效率低;而在工厂中实行 X 理论效率高于 Y 理论。这样得出的结论是:Y 理论并不是在所有情况下都比 X 理论效率高,管理思想和方式应依据员工的素质、工作的特定环境而定,不能一概而论。由此莫尔斯和洛希分别在 1970 年及 1974 年的《超 Y 理论》《组织及其成员:权变方式》等书中提出权变理论（超 Y 理论）。[①]

不同于 X 理论的"经济人"假设和 Y 理论的"社会人"假设,权变理论的"复杂人"假

---

① 郭咸刚,《西方管理思想史》,经济管理出版社,2004 年。

设认为：

① 人的需要是多种多样的，而且随着人的发展和生活条件的变化，需要的层次也在不断改变。

② 人在组织中的工作和生活条件是不断变化的，因而会不断产生新的需要和动机。也就是说，人的动机形成是内部需要和外部环境相互作用的结果。

③ 人在同一时间内有各种需要和动机，它们会发生相互作用，结合为一个统一整体，形成错综复杂的动机模式，共同决定人的行为。

④ 由于需要不同、能力各异，不同的人会对同一管理方式做出不同的反应，因此，没有一种管理方式适用于所有人。

莫尔斯和洛希在其"复杂人"假设基础上，提出权变理论的管理指导原则：

① 人们怀着许多不同的需要而加入工作组织，人们的需要有不同的类型，有的人需要正规化的组织机构和规章制度，有的人需要更多的自治、更多的责任、更多发挥创造性的机会。

② 不同的人对管理方式的要求是不一样的，组织形式和管理方法要与工作性质及人们的需要相适应，只有这样才能提高工作效率。

③ 管理应进行多变量分析，要根据工作性质、工作目标、职工素质等方面的不同情况去考虑问题，而不应采取千篇一律的方式。管理方式是环境因素的函数，不存在所谓最优的一成不变的管理模式，要因时因地采取不同的管理方式。

④ 组织的目标、工作的性质、员工的素质等对于组织结构和管理方式有很大影响。在一个目标达到之后，职工的成就感会被激起，会为达到新的、更高的目标而努力。

由以上分析可以看出，X理论和Y理论在不同程度上都带有普遍真理的色彩，将现实绝对化、理想化，追求理论的普遍适用性和最优化模式，往往和现实差距较大。权变理论更接近客观实际，使管理理论向实用主义方向发展前进了一大步，在实践中得到广泛应用，使管理走出了管理理论的丛林。

（二）权变理论对纳税评估的启示

纳税评估和普遍意义上的管理在本质上具有共性，因此一般管理理论的科学方法和思想同样可以借鉴运用到纳税评估当中来。纳税评估是税务机关代表国家促使纳税人在生产经营活动中依法纳税（税收遵从）而进行的一种管理活动。与企业管理相比，两者的管理对象都是在特定社会环境中具有思想、动机各异的"人"，其实质都是对"人"的管理。一般企业管理的目标是实现企业利润的最大化，而纳税评估的目标是促使纳税人依法纳税，最大限度地减少税收不遵从行为的发生，保证国家的财政收入，两者都是为了实现"组织的目标"。因此，权变理论对纳税评估也具有指导和借鉴意义。

根据权变理论，首先，管理方法是环境因素的函数，纳税评估也是其相关环境的函数，为此,税务机关选择什么样的方式进行纳税评估,应进行多变量分析,要根据纳税评估中存在的问题、征管软硬件条件、纳税人不同动机和素质、税务工作人员的素质等方面的不同情况具体分析,选择与之相适应的纳税评估方法。其次,社会中并非都是"经济人",也并非都是"社会人",不能千篇一律,采取一种管理方式。管理方法应该根据被管理者的不同而有所区别。在纳税评估当中,纳税人并非都是自私、不诚实、恶意的偷税者,因此应采取灵活的管理方式,对恶意偷税、屡教不改者严厉处罚,而对诚实纳税人由于疏忽等发生的纳税不遵从则不能采取 X 理论的管理方式,因为这不但不会取得理想效果,而且管理效率也会降低,事倍功半。

二、公平理论与纳税评估

(一)公平理论的基本内容

管理心理学中的公平理论是由美国行为科学家斯塔西·亚当斯(Stacy Adams)在1965年提出的一种激励理论,又称为社会比较理论。这一理论探讨的是投入劳动与所获报酬之间的比值关系,即个人所做的投入与其所获报酬之间的平衡问题。该理论的基本观点是:人需要保持一种分配上的公正感。一个人在做出成绩并取得报酬之后,不仅关心自己所得报酬的绝对值,而且关心自己所得报酬的相对值。因此,他要进行种种比较来确定自己所获得的报酬是否合理,比较的结果将直接影响其今后工作的积极性。当他主观上感到公平时,会带来积极影响;反之,带来消极影响。这些比较主要包括以下两方面:

1. 横向比较

即他要将自己所获得的报酬(包括金钱、工作安排和获得的赏识等)与自己的投入(包括受教育程度、所做努力、用于工作的时间、精力和其他无形损耗等)的比值与组织内其他人做社会比较,只有相等时,他才认为报酬是公平的。其公式为

$$Q_p/I_p = Q_c/I_c$$

式中,Q_p 为对自己所获报酬的感觉,I_p 为对自己所做投入的感觉;Q_c 为对他人所获报酬的感觉,I_c 为对他人所做投入的感觉。

2. 纵向比较

即把自己目前所获得的报酬与目前投入的努力的比值同自己过去所获得的报酬与过去投入的努力的比值进行比较。只有相等时,才认为是公平的。其公式为

$$Q_p/I_p = Q_h/I_h$$

式中,Q_p 为对自己现在所获报酬的感觉,I_p 为对自己现在所做投入的感觉;Q_h 为对自己过去所获报酬的感觉,I_h 为对自己过去所做投入的感觉。

(二) 公平理论对纳税评估的启示

将公平理论应用到纳税评估领域,就转化为纳税人不仅关心在统一的税法约束下自己所缴纳税款的数量,也关心与自己属于同一税法境况的其他纳税人所缴纳税款的数量。也就是说,纳税人会考虑自己所缴纳税款总额在感觉上是否公平和合理。当纳税人主观上感到公平时,会带来积极影响,表现为主动及时足额缴纳税款;而当纳税人觉得他们受到了不公平待遇时,就会感到苦恼和不安,这时纳税人往往不会主动诚实纳税,而是纳税不遵从。

三、态度理论与纳税评估

(一) 态度理论的基本内容

心理学认为,态度是由认知、情感、意向三个要素构成的、比较持久的个人内在结构,是外界刺激与个体反应之间的中介因素。[①] 态度总是有一定对象的,其对象是多方面的,包括人、物、团体和事件等,也包括税收制度。认知因素(cognitive component)是指个人对某个对象的认识和理解,包括了解的事实、掌握的知识及持有的信念等;情感因素(affective component)是个人对态度对象的一种内心体验和好恶情感,如尊敬与轻视、喜欢与厌恶等;意向因素(behavioral component)是指个人对态度对象的行为倾向,即行为的准备状态,准备对态度对象做出的某种反应,但意向还不是行为本身,而是实施行为之前的思想倾向。这三个因素一般相互协调一致,但当三者发生矛盾时,其中的情感因素起主要作用。研究表明,态度和行为之间一致性很高[②],对行为具有驱动作用。

态度不是遗传的,其形成与个人社会化的程序同步。态度形成之后,个体具有一种内在的心理结构,从而对其行为产生一定的倾向作用。态度形成过程通常包括三个阶段:服从、同化和内化。服从指人们为了获得物质与精神的报酬或避免惩罚而采取的表明顺从的行为。服从行为往往不是自己真心愿意的行为,而且往往是一时的。同化指人们不是被迫而是自愿接受他人的观点、信念,使自己的态度与他人的要求相一致。同化行为不同于服从阶段,不是出于外界压力,而是出于自愿。内化是指人们真正从内心深处相信并接受他人的观点而彻底改变自己的态度,意味着人们把新观点、新思想纳入了自己的价值体系当中,成为自己态度体系中的一个有机组成部分,也就是说,态度只有到了内化阶段才是稳固的。

态度虽然具有相对的持久性,却是可以转变的。而转变态度的有效方法之一是说服宣传。说服宣传时要实事求是,晓以利害,要有针对性,即要根据对象的特点进行有针对

---

① 时蓉华,《新编社会心理学概论》,东方出版中心,1998年。
② Stephen J. Kraus,"Attitudes and the Prediction of Behavior: A Meta-analysis of the Empirical Literature", *Personality and Social Psychology Bulletin*, 21, 1995.

性的宣传。从宣传者一方来看,说服的效果还取决于宣传者的专业性和可靠性。专业性因素指宣传者有无训练、有无经验、有无技术、知识是否丰富等;可靠性因素指宣传者的态度是否公正、友好、诚恳等。人们对宣传者越有好感,就越倾向于接受其观点,改变自己的态度。

(二) 态度理论对纳税评估的启示

纳税评估的目的在于提高纳税人的纳税意识,促使其依法纳税。由态度理论我们知道,纳税人是否依法纳税的行为与其对纳税的态度具有很强的一致性。也就是说,只有纳税人对纳税具有正确认识的"态度",一般才会有积极诚实纳税的"行为";反之,则往往会消极或逃避纳税。依法纳税的态度可以塑造和转变,但仅仅通过"惩罚"形成的依法纳税态度一般处于"服从"阶段,往往表明顺从行为,而不是真心愿意的行为,是一时的;要达到相对稳固的"同化、内化"阶段,需要纳税人不是被迫的而是自愿接受依法纳税的观点,真正从内心深处相信并接受依法纳税,并将其纳入自己的价值体系,成为自己态度体系中的一个有机组成部分。

在这个过程中,对纳税人进行依法纳税的说服宣传具有不可替代的促进作用。说服宣传的一个重要渠道就是税务人员与纳税人之间的直接交流沟通。通过交流沟通,一方面向纳税人传授财务会计知识、解答纳税人的疑问、及时传递政策法规,使其掌握更多的会计税收知识,改变纳税态度,主动依法纳税;另一方面,向纳税人宣传税法,一是使纳税人意识到依法纳税是公民应尽的义务,二是使纳税人认识到税法的严肃性,使纳税人清楚自己偷、逃税要付出高昂的代价,从而促使纳税人改变其不良的纳税态度。而在整个税收征管流程当中,纳税评估正是这样一条与纳税人加强交流沟通的渠道,对改变纳税人的纳税态度、促进依法纳税具有不可替代的作用。

四、信息论与纳税评估

(一) 信息论

信息论是 20 世纪 40 年代末兴起的一门交叉学科。"信息"一词来源于拉丁文的"informatio",原意为解释、陈述。在日常用语中,信息指的是消息、情报、指令和密码等。信息论的创始人克劳德·申农(Claude Shannon)把信息看作不确定性减少的量,信息就是两次不确定性之差。用公式表示为

$$I = S(Q \mid X) - S(Q \mid X')$$

式中,I 为信息,S 为不确定性,Q 为对某件事的疑问,X 为收到信息前关于 Q 的知识,X' 为收到信息后关于 Q 的知识。[①] 该式表示:如果信息的内容是收信人已知的,那么该人收到

---

① 王雨田,《控制论、信息论、系统科学与哲学(第二版)》,中国人民大学出版社,1988年。

信息后就不会引起其知识的变化($X = X'$),不确定性没有减少或消除,即该人没有得到任何信息;反之,如果收信人事先并不知道消息内容,那么收到信息后会使该人知识变化,不确定性就有所减少或消除。

信息论最早产生于通信领域。通信是两个系统之间以一定的信息为内容、以消除收信人的不确定性为目的的一种联系,这种联系构成了一个通信系统(参见图1-1)。

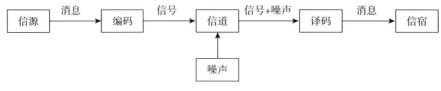

图1-1 通信系统

申农的通信模型当中包括信源、编码、信道、译码、信宿、噪声6个基本要素。申农的通信模型可以推广到其他非通信系统。任何系统都可以看作信息系统。系统都是根据信息来调节和控制系统中物质与能量的流动,因而都有信息的输入和输出,进而就必然有信源、信道和信宿等组成部分。如纳税人可以被看作信源,而税务评估部门可以被看作信宿,纳税申报等采集信息的途径可以被看作信道,而各种申报表、数据等都是信息。纳税评估部门与纳税人之间通过信息产生关联。评估部门通过信息系统了解纳税人的涉税信息、处理信息,然后做出评估结论。

(二)信息论对纳税评估的启示

信息论认为,任何控制系统都是一个信息系统。信息系统必然具有信息的收集、处理、存储、传递和反馈等功能。纳税评估管理信息系统也要实现这些功能。

首先是原始信息的收集。纳税评估管理系统必须尽量采集纳税人所有涉税经济活动真实、完整的信息,否则其输出的评估结论的价值将很低。

其次是信息的加工处理,这是信息的编码过程。信息处理要对信息进行分析、比较、选择和计算,通过正确的加工,使其成为符合一定管理决策所必需的信息。纳税评估是一个复杂的系统,要从包含海量纳税人的涉税信息中产生,并且不断采集新的包括申报信息在内的各种涉税信息。这需要采用科学的分析指标,运用现代统计学方法,设计合理的分析模型,应用先进的数据库技术。

最后是进行信息的传递和反馈,这是通过信道将信息从信源向信宿的传递过程。评估系统也是一个控制系统,而任何控制系统的一个最基本的要求就是信息反馈。反馈是一种从信息输出端到输入端的反向信息传输,是控制系统的基本要求。通过信息反馈,评估管理信息系统将评估分析结果及时传递给管理者,便于管理者发现征管漏洞,采取修正措施,以提高征管效率和质量,达到对纳税人纳税行为的有效控管。

专栏 1-3　企业避税、税务风险与企业价值

现有研究对避税与企业价值之间的关系存在两种观点，即避税的传统观和代理观。传统观认为避税减少了企业的现金流出，因而有助于提升企业价值。大量研究也证实了这一观点。黄蓉等（2013）发现，基于避税动机的关联交易降低了上市公司的整体税负，进而提升了上市公司的整体价值。程小可等（2016）发现，货币政策紧缩时期，避税作为一种替代性的内源融资方式能够缓解企业潜在的融资约束，投资者由此对企业价值给予较高评价。避税的代理观将委托代理理论纳入分析框架，认为避税的复杂性和隐蔽性容易引发管理层的逆向选择和道德风险，带来严重的代理冲突，进而损害企业价值。Desai 和 Dharmapala（2006）指出寻求私利的管理层会通过构造复杂、隐蔽的避税活动掩饰其利益攫取行为，对企业价值造成损害。王静等（2015）也认为低效的公司治理难以遏制管理层的机会主义行为，并会强化避税对股东财富的侵蚀效应。

资料来源：宋航、曾嵘、陈婉怡，《企业避税、税务风险与企业价值》，《财经论丛》，2019 年第 6 期。

第三节　国外纳税评估简介

随着经济发展方式的日益多样化、复杂化和计算机网络技术的迅速发展，一些发达国家开始致力于税收征管模式的改革，借助现代管理理念和现代科学技术不断提高管理效能。新加坡、英国、美国、日本等国采取案头审计（desk audit）或办公室审计（office audit）、评税、计算机核查等不同形式实施的纳税评估管理尤为典型。纳税评估现在已经成为一项国际通行的税收管理制度，在税收管理过程中发挥着越来越重要的作用。

一、德国的税务审计

纳税评估在德国被称为"税务审计"，其目的是确定被审计人是否正确地履行了纳税义务。德国联邦养老保险公司对社会保障金缴纳进行的审计也适用税务审计的有关规定。从法律上讲，税务审计局可以随时对公司进行税务审计，但被审计的频率通常和公司的销售规模正相关。当公司提交难以令人信服的纳税申报表、资产负债表或者年度财务报表出错、利润波动过大、纳税申报表提交逾期、经常迟交税款或过去纳税信用记录不佳时，税务审计局进行纳税审计的概率将大幅提升。在正式进行税务审计之前，《税务审计条例》要求至少提前 14 天向被审计对象发出书面通知。为了便利纳税人，绝大多数情况

下在书面发出通知前,审计员会与被审计对象进行电话沟通以确定时间。在电话沟通后到正式发出书面通知前的这一时段内,如果公司向税务机关自我披露纳税违规情况,通常仅需补缴税款并支付滞纳金,而不会因此遭受处罚。

从形式上看,德国的税务审计又分为室内审计和实地审计、一般审计和特殊审计、有准备的审计和直接的审计等多种形式。室内审计又称案头审计或办公室审计,是根据企业或个人报送的纳税申报表、会计账簿和其他资料,对纳税人的纳税情况进行的审查;实地审计是税务审计人员直接深入企业或纳税单位,在了解其实际经营情况的基础上对纳税人进行的审查。室内审计比较简单,而实地审计具有能够了解纳税人真实经营情况的优势。一般审计又称为全面审计,是定期对纳税人进行的普查审计,也是德国目前所采用的主要审计形式;特殊审计包括重点审计、抽查审计、专项审计、清算审计等,这些审计往往涉及一个或几个纳税期间、一个或几个税种,或者针对某个专题、某个重点单位或重点项目。有准备的审计是指在确定审计范围和期限时给纳税人一定必要的时间做准备(通常为两周),使纳税人在审计开始前或审计中止时,能有机会及时承认和纠正其纳税行为中存在的错误;直接的审计是指有根据认定纳税人事先打探到将要接受审计的消息而企图销毁或藏匿必要的证据时,主管税务机关不给其事前准备的时间,直接下达审计通知书,并立即着手进行审计。

从程序上看,德国首先由审计人员对每个行业的税收负担率、盈利率进行调查测算,并将纳税人的纳税情况等信息资料输入计算机,通过比较后生成被审计对象清单,然后根据纳税申报表、资产负债表、征税通知书等相关资料进行分析,最终确定实地审计户数,并分配给审计人员,同时明确审计的内容和要求。审计结束之后,审计人员要将审计出来的问题逐一向企业说明。企业对审计情况如有异议可以申辩,直到双方意见达成一致为止。如果双方意见分歧较大,则进行面谈。在双方意见基本一致的情况下,审计人员撰写审计报告,税务机关核发征税通知书,一般对补税金额处以 20%—30% 的罚款。

二、日本的税务审计[①]

日本的税务审计由专职税务人员负责,主要分为办公室审计和实地审计两大类。公司报送纳税申报表之后,审计员会立即开始进行办公室审计。税务审计按公司及行业的类别来进行,审计员首先检查申报表中所列各项是否正确,与同行业、同样规模的公司进行比较,并考虑其过去的记载和其他已掌握的资料等。实地审计是研究公司账簿保存、会计记录保存、商品库存的实际状况,并对账簿进行详细的检查。实地审计是办公室审计结果表明纳税人申报税额不太确定时需要进一步采取的审计程序。

---

① 感谢日本国税厅伏见俊行先生和留日博士杨华教授提供的相关资料。

从原则上讲,日本采用的是"自主申报、自行缴税"的税收征管模式。例如,根据日本《遗产税法》中的条款(第22条),遗产税和赠与税的估税价值是取得遗产或赠与时的市场价值。从理论上讲,这里的市场价值是指各项财产的现值,通常以课税时纳税人不受干涉和影响的交易为基础。但事实上,应税价值是由日本国税厅[①]发布的《资产评估指南》决定的。在财产税征收上,让每个纳税人自行评估应税资产的市场价值会有如下缺陷:第一,由于评估方法和基础数据的不同,同一项资产可能会被评估出不同的价值额;第二,这种个案分析的方法会增加税务部门的工作量,影响他们的工作效率。由此,一个建立在合理基础上的统一评估方法,在保证公平性、提高便捷性并降低税收收集成本方面更具有实用价值。从这种意义上来说,日本国税厅发布的《资产评估指南》,有助于提高税负在纳税人当中分布的公平性。

日本《资产评估指南》阐明了针对每种资产的基本原理和实用评估方法,由此能够规范税务局的纳税评估行为。主要包括以下评估方法:

① 道路评估法。对于居住用地,城市范围内通常选用"道路评估法",依据房产距离道路的远近来进行评估。临近道路一侧的房产的评估系数是一致的。

② 乘数法。其他区域的居住用地通常使用"乘数法",这种方法依据地方税务部门给出的评估系数来进行评估。

③ 市场价格法。对于上市公司的股票,计税价值通常采用以下的最低值:课税时的收盘价格;课税当月收盘价格的月平均值;课税前一个月收盘价格的月平均值;课税前两个月收盘价格的月平均值。

④ 同类企业的相对价值法。主要用于未上市的大型公司股票。由日本国税厅选定若干与纳税人类似的上市公司,通过计算每股收益、净值,再乘以纳税人公司规模的调整系数得出。

⑤ 净值法。主要用于未上市的中小型公司股票。通过扣除课税时纳税人的负债和税费,得出每股净值,进而计算计税价值。

三、俄罗斯的税务审计

俄罗斯《税收法典》规定,为实行税收监督,纳税人必须按企业所在地、企业的分支机构和代表机构所在地、个人居住地以及按其所有应税的不动产和交通工具所在地,接受税务机关审计。税务机关实行室内审计和实地审计两种形式的税收审计。室内审计适用于

---

① 日本国税厅从职能上大致相当于我国的国家税务总局,而国税局则是国税厅的地方分支机构,税务署是国税局的下级地方分支机构。但与我国不同的是,这三级税务机关并不完全与日本"中央—都道府县—市町村"的三级政府相对应。在本段中出现的"国税厅",全部指日本中央政府直管的税务行政机关,敬请各位读者留意。

所有纳税人,由税务机关强制执行。法律规定,室内审计必须在纳税人提交纳税申报表之后的两个月内进行,因此,对于大部分公司的室内审计必须每季度进行一次。实地审计适用于所有法人,由税务人员在纳税人生产经营场所进行。①

四、荷兰的税务审计

在荷兰,税务审计是指审计人员对纳税人是否正确、完整并及时履行纳税义务进行检查的过程。荷兰的税务审计分为四个基本程序:审计计划、审计执行、审计结论和审计报告。审计计划具体包括收集证据、初步分析评价、风险分析、审计工作任务测试和编制审计计划。在编制审计计划之后,税务审计就进入了审计执行阶段。当审计师认为已经收集到足够的证据时,就可以做出审计结论,即认为税务机关不需要采取进一步的措施,或者认为税务机关应当采取必要的行动,如要求纳税人改正、对其进行罚款等。最后,审计人员出具审计报告,从而为税收征管提供重要的信息。

五、美国的纳税评估制度

美国早在1963年就设立了本质是纳税评估的"纳税人遵从测度工作项目"(Taxpayer Compliance Measurement Program,TCMP),并由国内收入署纳税评估处(Examination Branch of the Internal Revenue Service)定期执行,其主要目的是评估纳税人纳税的自觉性、纳税申报材料的真实性、纳税人是否存在偷逃税和其他违法违规行为等。

从程序上讲,美国的纳税评估首先由位于西弗吉尼亚州的计算中心自动对纳税人的申报材料进行分类,然后通过筛选过程(tax return selection processes)核实纳税人是否正确估算了其应纳税款。其中经常使用的方法有以下五种:①判别函数系统(discriminant function system),这是通过计算机实现的模拟系统,旨在通过对历史数据的分析选取最可能有不遵从行为的纳税人;②纳税人遵从测度程序,即通过数理统计方法给出判别函数系统的参数估计值;③资料完善程序(document perfection program),通过此程序检查出纳税申报表的填写和计算错误,并将税务局重新计算后的应纳税额通知纳税人;④信息匹配程序(information-matching program),该程序通过将银行、劳工委员会的相关资料和纳税申报表比对,检查遗漏和不正确的项目;⑤特殊审计程序(special audit program),是指税务局运用的由计算机和定期改变的手工选择标准而设计的很多特殊审计程序,比如退税额、申报扣除额、经过调整的毛所得(参见专栏1-4)等。

---

① 白彦锋,《税务审计的界定与国际经验借鉴》,《创新》,2009年第3期。

专栏1-4　美国经过调整的毛所得

在美国税法中,经过调整的毛所得(adjusted gross income, AGI)大致相当于纳税人所能承担税款的总能力。由于所得税是对净所得而非毛收入课征的税收,因此经过调整之后的毛所得中包括个人所收到的工资、薪金、租金、股息和利息等,以及从企业经营活动收入中扣除了企业运营成本之后的收益。但是,在利用税收结构中的内容来计算税收义务之前,首先需要对总收入做一些调整。第一,对支付的赡养费进行调整。这些赡养费有助于提高受益人的福利水平,因此应当作为其收入的一部分来课税,而不应当对支付人课税。第二,扣除一些与调换工作相关的费用。要将为了取得收入而做的工作调换和与个人偏好相关的工作调换区分开来总是很困难的,但对净收入课税的指导思想表明,应当将前者扣除(为了就业而进行的调换构成了这项收入的一种成本),而不应将后者扣除(因为这种调换费用是生活方式或消费选择的结果)。第三,为了鼓励人们开展某些活动而进行的调整:为了鼓励私人退休储蓄,对个人退休账户和其他个人退休计划缴款的扣除;为了减轻教育借款所支付的成本,允许扣除学生贷款的利息;对个人购买商业健康保险的费用进行扣除,以降低其成本。[①]

有些市场交易中出现的净收益并没有包括在经过调整的毛所得中,但却是通常意义和黑格-西蒙斯意义上的所得[②]。这些税收扣除项目包括有些州和地方政府债券的利息、有些转移支付(如福利收入、多数社会保障收入和食品券)、雇员从雇主那里所得到的数目众多的津贴和补助(特别是退休金和保健计划)、寿险存款收入、赠与和遗产等。除了税法中明确规定不用纳税的收益项目,雇员从雇主那里所得到的所有津贴和补助项目都应当缴纳所得税,其中包括许多重要的福利项目(如雇主向雇员所提供的不需要额外成本的服务、一些给予雇员的折扣和工作条件补助等)。不需要纳税的津贴范围实际上也是很广的。未实现的资本利得和归入所得(imputed incomes)不用课征所得税。不管是联邦税收还是州和地方税收,为了保持一个前后一致的经济能力指标,在许多关于政府成本分配的分析中都使用了更广的能力指标,而不只是使用经过调整的毛所得。

税收扣除项目看起来都是合理的,那些适用于低收入群体的税收扣除项目更是如此:不能一方面给予穷人财政补助,而另一方面又将这部分财政补助通过税收的形式拿走。然而,有些财政补助的发放对象并不仅限于穷人。也就是说,有些财政补助的发放并不是

---

① 对一些活动进行鼓励的相似条款也出现在项目扣除(the itemized deductions)中。但是,只有没有选择标准扣除的纳税人才可以得到这种扣除的优惠。这种税负减让是一种调整,而不是扣除,因此其影响要更大一些。例如,将慈善性捐款从项目扣除转变为税前扣除,会极大地增加可以享受这种税收优惠的纳税人的数量。

② 所得的黑格-西蒙斯定义(Haig-Simons definition 或 H-S definition)以经济学家罗伯特·黑格(Robert Haig)和亨利·西蒙斯(Henry Simons)的名字命名,指所得是在一定时期内个人消费能力净增加的货币价值。

以需要为原则的,符合这些财政补助要求的受益人可能会从其他方面获得大量收入。因此,如果要根据净福利水平课税的话,就应当将退休金、社会保障收入、失业补助和其他并不严格限于当期收入和财富的收入形式也纳入进来。现行税制对失业补助是要全额课税的,其他相关的收入形式也要根据具体情况纳税。①

将州和地方政府债务的收益从税前扣除掉的做法,在历史上源于相互豁免(reciprocal immunity)的原则,即联邦政府不能损害州和地方政府,反之亦然。由于"课税权(power to tax)中包含了损害的权利",联邦政府在历史上从来没有向州和地方政府的政策工具课征过税收。② 这些税收扣除项目其实就是对州和地方政府重要的财政补助,因为这样可以使州和地方政府以低于同期市场利率的水平借款。为了说明这种税收扣除的影响,我们假定一个人会将自己新增收入中的36%作为联邦所得税。收益率为5%的免税市政债券的收益水平和收益率为8%的应税债券的税后收益情况是一样的。③ 因此,通过联邦税制,州和地方政府的借款可以自动获得利息补助,这就允许这些政府以低于市场利率的水平借款了。这些免税的市政债券是高收入者避税的一个良好选择。给予州和地方政府的利息补助金额,需要与这种税收扣除对税制累进性所造成的不利影响取得平衡。

1986年,里根总统签署的税收改革法案大幅限制了州政府发行免税债券的额度。有人怀疑,联邦政府对州和地方债务利息一视同仁的课税可能会违背宪法。美国最高法院1988年在"南卡罗来纳州诉财政部部长贝克案"中的判决,可以将任何这方面的怀疑都打消掉:"宪法没有规定州债券的所有人可以不对州债券的收入纳税;宪法也没有规定州政府必须要发行利率水平低于其他债券的债券。"④因此,这项税前扣除的规定仍然是一个非常有价值的联邦财政补助,对于州和地方政府来说特别重要,州和地方政府也竭尽全力对这项财政补助进行保护。

资料来源:John L. Mikesell, *Fiscal Administration—Analysis and Applications for the Public Sector*, Seventh Edition, Thomson Wadsworth, 2006,译者有改动。

---

① 人们一方面从社会保障中取得收益,另一方面这些收益又可能被重新课税,这对于激励原则来说是个大麻烦。人们从工作中所获得的收入会导致更多的社会保障收入也需要纳税,从而会使其收益减少,这样人们能够从工作中得到的净收益就微乎其微了。

② *McCulloch v. Maryland*, 4Wheat., 316 L. Ed. 579 (1819)是约翰·马歇尔的名言"课税权"的出处。但是,对相互豁免原则进行详细阐述的则是 *Collector v. Day*, 11Wall. 113, 20L. Ed. 122(1871)。

③ 收益率为8%的应税债券在完税之后会将收益的64%(100%−36%)留给投资者,因此,8%×64% = 5.12%。

④ *South Carolina v. Baker*, Treasury Secretary of the United States, 485U.S. 99, LEJ2d 592, 108S.Ct.(这里的"S.Ct."代表《最高法院判例报告》)。南卡罗来纳州之所以起诉是因为该州反对1982年《税收平等和财政责任法案》(Tax Equity and Fiscal Responsibility Act)中关于指证市政债券所有人的规定。在这种要求之前,各州可以发行"持有人债券"(bearer bonds)——不管所有权状况如何,持有债券的人都可以得到债券的各期收入。对逃税者、洗钱(money laundering)和有组织犯罪而言,这是非常具有吸引力的。出乎州和地方政府预料的是,最高法院的判决比州和地方政府所希望的还要多。

美国税务机关的纳税评估标准和参数经常调整,因而很难从几个指标判断出哪些纳税人易成为评估对象,纳税人很难弄虚作假,从而保证了纳税评估的有效性、公平性和权威性。由于美国税务机关专业、优质、高效地开展了税收审计工作,因此美国税务审计的威慑力较大,美国国内收入署每年通过税务审计查补的税额都在数百亿美元以上,极大地遏制了偷逃税现象。

六、英国的纳税评估

英国的税收征管程序一般都需要经过纳税申报、纳税评估、税款缴纳和税务检查等程序,纳税评估是其中的重要环节。英国不同税种的纳税评估方式有所不同,其中增值税和资本利得税实行自行评估,其他税种均由税务当局根据纳税人提交的纳税申报表等材料进行评估。在自行评估的过程中,纳税人有责任及时登记、递交纳税申报表并缴纳税款。如果税务当局认为纳税人在一定时期的纳税申报有错误或遗漏,可以对其签发纳税评估通知单。

七、新加坡的纳税评估

(一)新加坡的纳税评估机构设置

新加坡是典型的实行纳税评估制度的国家,纳税评估是新加坡税务局的核心工作,贯穿于税款征收、日常管理和纳税检查等各个环节,是对纳税人进行监控的最有效手段。新加坡设置了多个纳税评估机构(参见表1-1)。

表 1-1 新加坡的纳税评估机构设置

机构设置	职能
税务处理部	发放评税表,处理各种邮件、文件,管理档案
纳税人服务部	对个人纳税人当年的申报情况进行评估
公司服务部	对法人①纳税人当年的申报情况进行评估
纳税人审计部	对以往年度评税案件和有异议的纳税评估案件进行复评

(二)新加坡的纳税评估操作规程

新加坡不仅设有专门的纳税评估机构,而且建立了严密的纳税评估操作规程,为实施纳税评估提供了有力的制度保障。每年1月,税务处理部开始将纳税人评税表邮寄给纳税人。纳税人填好评税表后,采用邮寄或网络报送的方式向税务局申报。税务处理部将

---

① "法人"所对应的英文单词为 corporation,因此,在英文表述中的"法人"其实包含了"公司"的含义。也正是出于这一原因,美国等国家的"公司所得税"(corporate income tax)其实就是"法人所得税"。

收到的评估表录入计算机系统。评估小组进行评估时,首先调取该纳税人在系统数据库中的相关情报资料,并与其评估表中的信息进行核对,如有疑问可通过网络或函调的方式搜集调查,然后在系统中做出评税表和评税工作底稿,通过计算机系统逐级上报,最终转至税务处理部,由该部将评税表和纳税单邮寄给纳税人,并最终收取纳税人的完税凭证。

纳税人服务部和纳税人审计部在评税工作中如发现重大涉税问题,可通过计算机系统将各种评税资料转给税务调查部进行深入调查,也即从纳税评估环节转入税务稽查环节,所采取的措施也会更加严厉。税务调查部可在税务局长签署调查令的情况下,对纳税人进行实地调查甚至搜查。调查的结果和最后做出的处罚决定仍需转回纳税人服务部或公司服务部制作税务局评税表,再通过计算机系统转给税务处理部,最终传递给纳税人。

如果纳税人对评税结果有异议,可先缴税再申报举证,纳税人负有举证责任。在评税工作中,如果发现纳税人有违法事实,一般要先给纳税人一个主动坦白的机会。如果纳税人置若罔闻,处罚将由简单的罚款变为追究刑事责任。

八、澳大利亚的纳税评估

澳大利亚认为纳税人自行申报、自行审核的制度,在提高效率的同时也加大了税收征管的风险,因此,澳大利亚税务机关会首先对纳税人的信息进行收集、整理,并将税务信息来源分为内、外两部分,然后将这些信息全部录入计算机网络数据库,供评估人员调用。其次,对信息进行分析。由纳税评估人员将采集的内、外部信息输入由专家设定的标准模型中,自动生成评估报告,然后根据个人分析和经验修正,得出公平、合理、权威的结论。最后,根据纳税风险做出判断,将纳税人按风险大小分级,实行区别管理。对遵从度高的纳税人主要采用自我管理、自行评估策略,税务机关只是简单地监督和观察;而对抵触税法、遵从度较低的纳税人实行强制性管理,通常采用纳税审计和移交法办的程序,并将纳税评估结果和资料录入数据库。

九、法国的纳税评估

法国拥有一套比较完善的税收审计制度。法国的税收审计工作分为两大类:内部审计和外部审计。内部审计即税务机关内部对纳税人进行的检查,以挑选出那些纳税情况不清楚、有疑点的纳税户,有重点地进行税收检查和管理;外部审计主要是对纳税人账册的实地审计。可见,所谓的内部审计大致就相当于案头审计、室内审计,而外部审计更接近于实地审计。

十、国外纳税评估的成功经验:小结

美国、德国、爱尔兰、新加坡等国开展纳税评估的历史相对较长,建立了相对完善的纳

税评估制度,积累了相当丰富的经验。纵观上述国家和地区开展纳税评估的情况,虽然在纳税评估的具体形式和程序上有所区别,但这些国家的纳税评估工作也有很多相似之处,其成功经验值得我们借鉴。

(一)多渠道采集纳税评估信息,实现信息共享

各国税务机关都通过多种渠道采集涉税信息,不仅包括税务机关掌握的日常征管信息、纳税人报送的纳税申报表信息等内部信息,还包括从海关、金融机构、证券市场等第三方机构共享的外部信息。只有掌握了纳税人海量的涉税信息,才能保证纳税评估所依据信息的正确性、全面性和真实性。

例如,澳大利亚从经税务人员甄别后的举报、银行、海关、移民局、证券市场信息以及外部商用信息数据库获取足够的外部信息,同时从税务当局数据库采集内部信息,包括纳税人申报资料、历史评估资料、审计资料等。这些信息全部录入计算机网络数据库,供评估人员调用。新加坡通过法律形式规定了纳税评估信息的来源。新加坡法律规定:税务局有权向纳税人调查,纳税人必须无条件配合,社会各界也有配合税务局调查的义务。新加坡明确、有力的法律依据为税务机关及时、准确获取所需信息提供了有力支持。

美国税务局计算机征管网络与金融、海关等部门联网形成了十大税务管理计算中心,共享纳税人的涉税资料,为纳税评估提供信息支持。美国纳税评估通过多渠道获取纳税人信息,主要有:

① 1099表格(Form 1099)。企业在支付股息、利息、佣金、特许权使用费时,通常规定只要一年付给某纳税人或某单位超过600美元,就要按1099表格申报。银行利息、股息、房地产交易的买卖总额等也要申报此类表格。为了方便使用,这种表格又分为若干专用表格,如1099-INT表专门用于申报利息收入,1099-DIV表专门用于申报股息。

② W-2表格(Form W-2)。这种表格由雇主用来向政府、雇员报告员工每年薪水、红利、津贴、代扣税额、社会保障税扣缴等资料。这种表也分为若干专用表格,如W-2P是专门用于填报有关退休金支付的表格。

③ 纳税人遵循纳税情况考核表。美国税务部门根据事先设计的"纳税人遵循纳税情况考核表"对纳税人分类抽样进行调查。该考核表长达11页,调查的问题非常具体,如对纳税人的询问包括主要职业、抚养人等,并确认、验证其实际情况及证明文件。这样的调查比纳税人申报表提供的信息要多,且更可靠。这种调查通常一年才能完成。调查结果全部输入计算机,从而分析出纳税人的基准线和平均值,以便今后用于衡量纳税人申报是否正常。

(二)通过科学设置指标和模型,实现纳税评估数据处理的模型化、系统化

纳税评估指标是税务机关筛选评估对象、进行重点分析时所选用的主要指标。指标的设立主要依据税务机关所掌握的纳税人的各方面信息,将纳税人的纳税能力与其财务

状况以及其他相关信息进行整合,利用财务指标的内在联系和财务指标与纳税能力的逻辑关联,并根据实际情况制定相应的预警值进行分析,从而判断出纳税申报的数据是否真实可信。纳税评估指标是对纳税申报的真实性、合理性、合法性做出初步判断的重要依据,而税务机关对纳税人在纳税评估中的结论直接决定了该纳税人是否会成为税务稽查的对象(参见专栏1-5)。

美国、澳大利亚、新加坡等国家不仅仅依靠评估人员的个人经验、通过人工选案的方法进行纳税评估,更注重应用现代化的信息化手段,通过设置科学化的指标体系、建立规范化的模型等方法,实现信息处理的模型化、系统化,从而保证其评估的效率和可靠性。

美国国内收入署下属各级检查部负责纳税申报资料准确性、真实性的评判工作,首先由计算机中心自动对纳税人的申报资料分类,由评税模型检查纳税人是否已经登记、申报纳税,并对申报表进行分析比较,审查其是否如实申报,然后通过筛选过程核实纳税人是否正确计算税款。美国纳税评估模型和参数会根据相关资料进行动态调整,使纳税人很难弄虚作假,保证了评估的有效性、公平性和权威性。

专栏1-5 重视纳税评估结论反馈,规避企业税务稽查风险

2019年6月,主管税务机关在对A公司进行纳税评估时发现,A公司资产负债表上的"存货"科目余额较大,"应收账款"科目余额过小,而"其他应付款"科目余额过大,有少计增值税应税收入的风险。根据系统风险提示,税务机关约谈了A公司。

针对异常指标,A公司财务人员做了解释:"其他应付款"科目余额过大的主要原因是,公司向银行贷款300万元,由银行受托支付。银行向贷款合同明确的收款人支付信贷资金后,公司将资金在不同企业和银行间划转,直至无法找到贷款的痕迹,才汇回企业账上。企业账表上核算的"其他应付款——××客户"科目其实是资金的过桥方,实质上应计入"短期借款——××银行"科目。

经查,A公司按开具增值税发票的时间确认增值税应税收入。一般情况下,开票时间与收款时间基本一致。不过,A公司2019年3月有一笔价值10万元的货物,A公司已发货但尚未开具发票;A公司2017年12月将历年累积的价值20万元的残次品按废料以5万元价格出售,因价格较低而未开具发票,收入计入"其他应付款"科目中。

根据企业约谈情况及证据资料,税务机关做出了相应处理:A公司2019年3月已发货但未开具发票的收入10万元,应补缴增值税1.6万元,因业务发生在本纳税年度,暂不补缴企业所得税。对2017年12月已销售的残次品销售收入5万元,应补缴增值税0.85万元,因残次品收入小于成本,不涉及应纳税所得额的调增,不补缴企业所得税。此外,A

公司还需缴纳相应的附加税费和滞纳金。

在税务人员的帮助下，A公司开展了自查，并按照税务机关的要求及时补缴了税款及相应的滞纳金。

除此之外，A公司补充申报了2019年3月的增值税及相应的附加税费。在《增值税纳税申报表》附表一"未开具发票"栏次中填报销售额10万元，销项税额1.6万元。同时，进行相应的账务处理（单位：万元，下同）。

借：应收账款——××客户　　　　　　　　　　　　　　　　　　11.6
　　贷：发出商品　　　　　　　　　　　　　　　　　　　　　　10
　　　　应交税费——应交增值税（销项税额）　　　　　　　　　1.6

待将来开票时，再冲减《增值税纳税申报表》附表一"未开具发票"栏次的销售额和销项税额，同时将相应金额从"发出商品"科目结转至"主营业务收入"科目。

在此基础上，A公司补充申报了2017年12月的增值税及附加税费。在《增值税纳税申报表》附表一"未开具发票"栏次中销售额填报5万元，销项税额0.85万元。因不开票，将来无须冲减该栏次。同时，进行账务调整。

借：其他应付款——××客户　　　　　　　　　　　　　　　　　5.85
　　贷：以前年度损益调整　　　　　　　　　　　　　　　　　　5
　　　　应交税费——应交增值税（销项税额）　　　　　　　　　0.85

同时，结转该笔残次品收入对应的成本。

借：以前年度损益调整　　　　　　　　　　　　　　　　　　　　20
　　贷：库存商品　　　　　　　　　　　　　　　　　　　　　　20

最后，A公司补充申报了2017年度的企业所得税。2017年销售残次品的账务调整已确认了收入，结转了成本，产生了亏损约15万元，相应调整2017年度应纳税所得额。

在纳税评估后，企业需要充分重视纳税评估的结论，除了要积极举证、补税、调账，还要就下一步如何保证账务和税务规范做出制度安排，降低企业未来的税务风险。特别是在日常操作中，还应充分发挥会计人员的专业判断能力，注重按照经济实质进行会计核算，规范会计核算制度。在签订经济合同时，其结算方式、发货、开具发票时间等应与税法相适应，确保合规，降低企业税收税务稽查风险。

资料来源：《中国税务报》，2019年9月2日。

澳大利亚税务机关首先由专家设定纳税评估标准模型，然后评估人员将采集的内、外部信息输入模型中，主要包括财务分析、欠税情况分析、征收情况分析、营业报表等，并自动生成评估报告，最后评估人员根据个人分析和经验修正，得出公平、合理、权威的结论。

新加坡评税方法主要采用核对法和财务分析法。核对法是税务局将每年申报期收集的纳税人涉税资料与纳税申报表中的信息进行核对,来判定纳税人的涉税情况;财务分析法是根据各行业财务指标的标准值,利用评税模型找出偏离标准值的纳税人,经评税分析之后,通过函调和面谈等方式核定其应纳税额。

(三)制定相关的法律、法规,明确纳税评估的法律地位

很多国家都通过法律、法规的形式,明确规定了纳税评估的法律地位,并规定了纳税评估的形式、范围、机构设置、工作流程等具体内容。例如,俄罗斯通过《税收法典》规定了为实行纳税评估,纳税人必须按企业所在地、企业的分支机构和代表机构所在地、个人居住地,以及按其所有应课税的不动产和交通运输工具所在地,接受税务机关审计,并规定了税务审计的类型分为室内审计和实地审计。德国也通过《税务审计条例》规定了税务审计的范围、形式和审计期间等内容。

(四)设置专门的评估机构,培训专业化的纳税评估人才

新加坡、德国、澳大利亚的纳税评估都设置了专门的评估机构,并配备了专业的评估人员,同时对纳税评估机构与稽查机构的职责界限进行了比较清晰的界定,逐步形成了比较健全的激励纳税评估人才成长的机制。

在机构设置方面,德国的税务审计机构比较完善,自成体系,专门负责全国的税务审计工作。德国税务审计的主管机构是联邦财政部、各州的财政局和联邦海关总署。联邦财政部下设税务审计局负责大型企业及公司集团的税务审计;州财政局下设税务审计部门负责小型企业的税务审计。此外,在工商业比较集中的地区,如汉堡、萨克森、北莱茵河等地区还设有独立的税务审计局,负责所有地区大型企业和公司集团的税务审计工作。另外,联邦财政部还专门设置了一个由60名审计人员组成的实地审计处,参与州税务机关的实地审计工作。该审计处可以独立审计公司的账簿,尤其是可以审计纳税人有关国外业务及超出地方审计范围业务的账簿。在评估人员选聘方面,德国对现场审计人员素质的要求比较高,招聘的税务审计人员通常要求获得法律、经济学、精算数学、农业和林业等学科的本科学位,或受过正规的商业或其他相关方面的基础培训,并提交具有商业、企业管理或会计学方面(通常是税务咨询机构的培训和工作)几年工作经验的证明,而且需要通过专门的考试,或者至少在一个税务局工作一年以上(其中至少9个月从事审核评税工作)。在税务审计培训方面,新雇员必须完成至少6个月的新雇员培训。培训结束之后,每位审计人员需要独立审计三家小企业,并将审计报告提交税务局评估。

澳大利亚专门将纳税评估机构和稽查机构分设,以维多利亚州税务局为例,总共400多人的队伍,除70人从事稽查、160人从事电话服务以及信息处理工作、60人从事内部管理外,其他130人都从事纳税评估工作。

(五)审计范围广泛,审计率低

出于税收成本等方面的考虑,各国大都不会进行全面审计,审计比率一般较低,但对重点企业审计率较高。而且,近年由于减税政策的推行、税务机构服务职能的加强及审计技术和效率的提高,有些国家的审计率还有可能进一步下降,但这是以较高的审计准确率为前提的。

在美国,从被审计的纳税人来看,美国的税收审计范围非常广,任何纳税申报表在理论上都有可能被选中,但是,美国的审计率比较低。1994 年,美国联邦的个人所得税、公司所得税、遗产税和消费税纳税申报表的税务审计率分别为 1.67%、2.05%、14.2% 和 3.72%。其中,所得税的税务审计当中,所得额越高,税务审计率就越高。以公司所得税为例,低于 25 万美元所得的纳税申报表的税务审计率为 0.78%,而 25 万美元以上所得的纳税申报表的税务审计率高达 51.77%。[①]

税务审计率的高低从一个侧面反映了一国公民遵守税法的程度。在发展中国家,由于公民遵守税法的程度低,因此必然要以较高的审计率来保证公民的纳税遵从度。

(六)区别对待,重防轻罚

税务审计的主要目的在于提高纳税人的税法遵从度,促使其形成自觉自愿纳税的意识和习惯。因此,世界各国的税务审计一般都根据纳税人的不同情况区别对待,重防轻罚。这一方面体现了宽严相济的原则,另一方面也是为了更好地为纳税人服务。

美国《国内收入法典》第 7122 条规定,除非已移送司法部门进行诉讼程序,税务机关在某些条件下,可允许欠缴人在减少积欠税款的情况下与纳税人达成和解。

澳大利亚对于纳税人与税务审计人员都无争议的审计结果,会区分不同性质和纳税人的不同态度,进行不同程度的补税处罚。具体标准为:对故意逃税的,基本处罚为应补税款的 75%。其中,纳税人如果妨碍审计,则处罚 90%;如果纳税人在审计中主动承认错误,则处罚 60%;如果纳税人在审计前主动承认,则处罚 15%。纳税人的配合在很大程度上也可以降低税务机关的审计成本,是一种与税务机关双赢的选择。对于非故意性错误,基本处罚为 50%。其中,如果妨碍审计,则处罚 60%;如果在审计中主动承认,则处罚 40%;如果在审计前主动承认,则处罚 10%。对于法律本身规定不明确或错误不明显的,基本处罚为 25%,其中,妨碍审计者处罚 30%;对在审计中主动承认的处罚 20%;在审计前主动承认的处罚 5%。

除这些基本罚款外,还要补缴滞纳金,标准为每年应补税款的 13.5%,远高于一般投资收益,因此滞纳金也具有一定的惩罚性。缴纳的滞纳金可以抵扣未来的应纳税所得额。

[①] 财政部税收制度国际比较课题组,《美国税制》,中国财政经济出版社,2000 年。

上述罚款比率任何人都无权改变，但税务审计人员有权决定处罚归类。在澳大利亚税务局所审计的案件当中，适用5%比例处罚的最多，而适用妨碍审计处罚的比率很少，这体现出了澳大利亚处罚机制设计的有效性。

法国对审计发现的各类偷漏税案件，根据情节轻重和偷漏税数额的大小，分不同情况区别处理。对内部审计发现有未按时申报或申报不实的，将选择特别追缴措施：首先向纳税人发出追缴税款通知，限期1个月内如数缴纳税款并支付10%的利息；如果到期未缴，税务部门再向纳税人发出限期纳税通知，利息增加到40%，限期也是1个月；再逾期不缴，利息就增至80%；对拒不缴纳者，税务部门将采取冻结薪酬、扣押机动车、拍卖资产等措施来抵顶税款。

对外部审计发现的问题，税务部门除追缴税款外，还要分情况进行罚款：对无意的，按略高于当期银行利率加收利息；对故意隐瞒的，罚款40%；对账目作假的，罚款80%。此外，对故意偷税或造成税款无法追回的，单位领导有可能被移交刑事法院审判，追究刑事责任。

第四节 我国纳税评估的探索与发展

一、我国纳税评估制度产生的背景

税收征管模式是指组织税款征收入库的方式方法和手段。随着我国税收征管制度改革的不断深化，在新旧征管模式的转换过程中，逐渐暴露出一些深层次的问题。由于税务机关对纳税人涉税信息掌握得不够全面，加之部分纳税人的纳税意识不强，因此税务机关对异常申报发现不及时，对税源动态监控的力度不够。纳税评估作为一种强化税收征管的手段，是在税收征管模式的完善过程中逐渐发展起来的。

随着社会经济发展的变化，我国的税收征管模式经历了三个发展阶段，其中税源管理是历次税收征管改革的核心。

（一）"征、管、查"合一的征管模式

1988年之前，我国税收管理的理念主要集中在促产增收、完成收入任务上。税务机关当时的任务观念很强，将税收征管的主要精力放在了确保税收的平稳增长上，而不很注重税源管理。所以，在征管模式上实行征收、管理、检查各项职能集于一身的征管模式，其特点是税收专管员"一人进厂，各税统管，信息专属，不能共享"，企业的纳税事宜通常是税收专管员一个人说了算。税收工作岗位依据纳税人行业、经济性质或所属地段来设置，由税收专管员来承担税务登记、纳税鉴定、纳税申报、税款征收、纳税检查、违章处理等征管业务的各环节工作。税收专管员承担着类似于"保姆"的工作和职责。在管理手段上,各个税种都是一张纳税申报表,手工填写,管理较为粗放,税源基础管理落后,征管质量低下。

(二)"征、管、查"两分离或三分离的征管模式

随着社会主义市场经济的发展和社会主义法制的逐步完善,征收、管理、检查各项职能集于一身的征管模式已经不能适应经济体制改革和税制改革的需要,全国各地税务机关陆续进行了征管改革。

1991年,为了适应国家实施第二步利改税和建立多税种、多层次、多环节复合税制的需要,税收征管开始由"一员到户,各税统管,征管查一人负责,上门收税"模式向相互制约、相互协调的征收、管理、检查"三分离"或征收、检查"两分离"的征管模式转换。税务机关设置若干个税款征收、纳税管理、税务稽查等不同的科室机构,分别形成征收系列、管理系列和检查系列。征收系列主要负责受理纳税申报、税款入库等工作;管理系列主要负责办理税务登记、纳税辅导、税法宣传、督促申报等工作;检查系列主要负责税务检查和违章处理。征收、管理、检查"三分离"模式的实质是实行分权管理,形成内部制度化的制约机制,各系列相互牵制监督。此外,纳税人申报纳税制度开始实行,稽查队开始设立。

1995年,国家税务总局提出了"以申报纳税和优化服务为基础,以计算机网络为依托,集中征收,重点稽查"的30字新征管模式,各地税务机关围绕这个目标,从机构、人员、职能、管理方式等方面进行了不断完善和调整,初步形成了征收、管理、检查既相互分离又相互制约的征管模式。

(三)集中征收、重点稽查、强化管理的征管模式

30字新征管模式的建立和征收、管理、检查三大职能分离后,由于对30字新征管模式理解上的偏差,过分强调了集中征收和重点稽查,忽视了对纳税人的日常管理,导致税源控管不力,"疏于管理、淡化责任"问题突出。

按照现金比率法测算,1995年,我国地下经济占国内生产总值(GDP)的比重高达16.30%(见表1-2)。税收负担被认为是地下经济规模最主要的影响因素[①],而过高的地下经济规模也造成了严重的税源流失问题。

表1-2 我国地下经济规模估测

年份	GDP(亿元)	地下经济(亿元)	地下经济占比(%)
1995	61 339	9 998	16.30
1996	71 813	8 858	12.33

---

① 侯建翔,《中国地下经济规模与影响因素的实证研究》,《云南财经大学学报》,2021年第3期。

（续表）

年份	GDP（亿元）	地下经济（亿元）	地下经济占比（%）
1997	79 715	7 476	9.38
1998	85 195	6 201	7.28
1999	90 564	6 209	6.86
2000	100 280	7 128	7.11
2001	110 863	5 205	4.69
2002	121 717	3 400	2.79
2003	137 422	1 577	1.15
2004	161 840	2 225	1.37
2005	187 318	15 956	8.52
2006	219 438	2 496	1.14
2007	270 092	4 998	1.85
2008	319 244	17 108	5.36
2009	348 517	11 794	3.38
2010	412 119	7 764	1.88
2011	487 940	5 960	1.22
2012	538 580	11 506	2.14
2013	592 963	13 716	2.31
2014	641 280	12 374	1.93
2015	685 992	11 665	1.70
2016	740 060	13 490	1.82
2017	820 754	9 241	1.13
2018	900 309	8 073	0.90

精细化管理源于西方发达国家工业生产的管理经验,其目的在于使有限的资源发挥最大的效能。近年来,为了适应经济形势的发展,在我国公共行政管理领域也逐渐引入了精细化管理的理念,以期通过对公共管理目标的量化,达成降低管理成本、提高公共管理质量和效率的目标。我国的纳税评估正是在这种背景下应运而生的。2003年年底,在总结各地税收征管改革实践经验的基础上,国家税务总局提出了"以申报纳税和优化服务为基础,以计算机网络为依托,集中征收,重点稽查,强化管理"的34字税收征管模式。新税收征管模式加进了"强化管理"的表述,把强化税源管理、提高税收征管质量和效率,提上了重要的税收管理日程,正式标志着我国的税源管理开始由粗放型向精细型转变。

二、我国纳税评估制度的探索与发展

我国的纳税评估制度自 20 世纪 90 年代开始逐步完善。从涉外税收的审核评税,到增值税的纳税评估,再到对所有纳税人各税种的评估,将纳税人大量的一般性申报问题尽可能解决在日常税收管理过程当中。

具体来看,我国的纳税评估制度主要经历了三个发展阶段。

(一) 探索、起步阶段

20 世纪 90 年代末期,我国一些省市的税务机关借鉴国外纳税评估和税务审计的理念,开始了我国纳税评估制度的实践和探索。1998 年国家税务总局下发的《外商投资企业、外国企业和外籍个人纳税申报审核评税办法》明确提出,审核评税是指主管税务机关根据纳税人报送的纳税申报资料以及日常掌握的各种税收征管资料,运用一定的技术手段和方法,对纳税人一个纳税期内纳税情况的真实性、准确性及合法性进行综合评定。通过对纳税资料的审核、分析,及时发现并处理纳税申报中的错误和异常申报现象。这标志着我国的纳税评估正式进入起步阶段。

(二) 发展阶段

2001 年 6 月印发的《国家税务总局关于开展增值税、个人所得税专项检查等问题的通知》提出,"对检查范围所列企业进行增值税纳税评估(案头稽核),筛选具有虚开增值税专用发票和偷税行为嫌疑的稽查对象"。这是国家税务总局第一次在正式文件中提到"纳税评估"。

2001 年年底,国家税务总局印发《商贸企业增值税纳税评估办法》,明确规定了纳税评估的程序、指标和方法,推动了我国商贸企业增值税纳税评估工作在全国范围的广泛开展。

2002 年年初,国家税务总局颁布了《成品油零售加油站增值税征收管理办法》,其中第十一条第二款规定,"主管税务机关应将财务核算不健全的加油站全部纳入增值税纳税评估范围,结合通过金税工程网络所掌握的企业购油信息以及本地区同行业的税负水平等相关信息,按照《国家税务总局关于商贸企业增值税纳税评估工作的通知》的有关规定进行增值税纳税评估。对纳税评估有异常的,应立即移送稽查部门进行税务稽查"。

2002 年年初,北京市地方税务局率先在全国省级地税系统推行了纳税评估,在实践中逐步建立起了一系列制度,包括①查前评估制度:实行税务稽查准入,未经评估不得稽查,全面规范税务稽查行为;②税务部门与纳税人税务约谈制度:通过与纳税人的沟通,帮助纳税人准确理解和遵守税法,对纳税人做诚信推断;③评估结果评价制度:开展纳税信誉等级评定,对不同等级的纳税人实施严格分级的纳税管理,促使纳税人自觉规范纳税行为,营造诚信纳税氛围。纳税评估的开展使税务机关的征管工作更加人性化,执法也更具有人情味。

2003年,在各地试点的基础上,江苏省地税系统全面推行纳税评估,按不低于税务分局所有人员20%的比例配备了纳税评估人员,并相继印发了《纳税评估管理暂行办法》和《纳税评估操作规程》,规范了全省的纳税评估工作,统一了纳税评估文书。2004年开发了江苏省统一的纳税评估系统,将纳税评估的程序控制和指标分析等均纳入计算机管理,逐步建立起了纳税评估的组织体系、制度体系和计算机管理体系。

此时,我国的纳税评估工作已经进入了一个稳步发展阶段,但由于缺乏应有的评估指标支持,且主要侧重于单项工作或者某些具体工作领域,这一阶段的纳税评估效果并不理想。

(三) 规范操作阶段

2005年,为进一步强化税源管理、降低税收风险、减少税款流失,不断提高税收征管的质量、推动纳税评估在全国范围的开展,国家税务总局在总结各地工作经验的基础上,制定出台了《纳税评估管理办法(试行)》,标志着我国纳税评估工作开始步入制度化、规范化管理的轨道。2006年,国家税务总局发布《关于进一步加强税源管理工作的意见》,进一步提出"要扎实推进纳税评估工作"的要求,要求各地税务机关积极探索建立纳税评估管理平台,建立税收分析、纳税评估、税源管理和税务稽查之间的互动机制,纳税评估进入了一个新的深化发展时期。

2008年3月,由国家税务总局办公厅、征管司和中国税务报社联合主办的"十佳纳税评估案例"评选活动产生最终结果。主办单位组织评委从70个参选案例中评选出10个最佳纳税评估案例、20个优秀纳税评估案例。此前,主办单位确定了包括4大类28个细项在内的《十佳纳税评估案例评选标准》,制定了严格的评选程序。

2008年6月,为了落实增值税科学化、精细化管理的要求,指导基层深入开展增值税纳税评估,进一步提高全国增值税纳税评估工作水平,国家税务总局成立了5个课题组,在深入开展调查研究、认真总结基层工作经验的基础上,制定了卷烟生产和销售等部分行业增值税纳税评估指标参数。

2009年,随着国际金融危机对我国经济影响的逐步加深,我国经济增速逐季回落,企业效益明显下滑。受经济下滑和相关政策性减收因素以及上年同期税收基数较大的影响,2009年第一季度,全国入库税款14 064亿元(不含关税、船舶吨税、契税和耕地占用税,未扣减出口退税),比上年同期减收1 038亿元,下降6.9%。为充分发挥税收的职能作用,确保税收持续增长,国家税务总局于5月发布了《关于加强税种征管 促进堵漏增收的若干意见》,细化各税种的征管措施,提高征管质量和效率,确保2009年税收增长预期目标的实现,其中纳税评估被多次提及,已经纳入日常税收征管工作当中来。例如,"加强农产品抵扣增值税管理,对于以农产品为主要原料的加工企业要定期进行纳税评估""要开展免税石脑油的消费税专项纳税评估,堵漏增收""要切实做好企业所得税汇算清缴申报审核工作,提高年度申报质量,及时结清税款。汇算清缴结束后,要认真开征纳税评估。对连续三年以上亏损、长期微利微亏、跳跃性盈亏、减免税期满后由盈转亏或应纳税所得额异常变动等情况的企业,要作为评估的重点""要促进纳税评估和税源监控,加强税收收入预测、政策执行评估,提升财产行为税管理水平"。

2010年,为维护纳税人合法权益,规范纳税服务投诉处理工作,构建和谐的税收征纳关系,国家税务总局发布了《纳税服务投诉管理办法(试行)》,对不予受理、责令受理、责令改正、投诉处理等情形做出了具体说明。

2011年,全国税务系统开展了税源专业化管理试点,同年出台的《纳税评估管理办法(征求意见稿)》规范了纳税评估的实践运行模式,对于纳税评估的概念有了更为正式和普遍的界定。

2012年7月,在前期的基础上,国家税务总局明确了以税收风险管理为导向的工作流程,建立"统一分析、分类应对"的税收风险管理体系目标。

2014年,《关于加强税收风险管理工作的意见》明确了纳税评估是税收风险应对的一种重要方式。至此,我国的纳税评估和税收管理工作进入全面推进现代化的新阶段。

2016年,国家税务总局下发了《关于全面开展企业所得税重点税源和高风险事项团队管理工作的通知》,提出要研究、设计、修改企业所得税风险指标,根据税收征管和风险应对情况设计、修改企业所得税风险指标预警值,这对我国纳税评估指标体系的优化和完善具有重要意义。

2018年7月,国、地税部门合并后,纳税评估工作的规范性得到了进一步的加强。税务部门的税务检查、纳税评估人员对纳税人缴纳的全税种和全部涉税行为以一个税收执法主体行使税收执法权,彻底避免了合并前的重复纳税评估和检查,减少了对纳税人的打扰。同时也标志着纳税评估工作开展所依据的信息更加完整、清晰,对我国纳税评估工作质量提升具有重要意义。

第五节　纳税评估的组织体系和素质要求

一、纳税评估的组织体系

纳税评估作为税源管理的重要工具和手段,为充分发挥其作用,税务机关内部要在明确职责分工的基础上,加强协调配合,充分发挥各级税务机关的作用,形成上下联动、纵横配合、协调运作的工作机制。

在纵向方面,要建立中央、省、市(地区)、县(市、区)和基层管理单位上下联动的纳税评估组织体系。中央、省主要负责制定指导性意见,明确工作重点、方法、步骤和时限,加强指导、组织和协调,侧重税源总量和税负变化的宏观分析和监控,分析宏观税负、地区税负、行业税负及其变化规律,定期发布税负情况报告,指导基层做好纳税评估工作。市、县做好上下结合的工作,向基层直接明确监控重点和评估对象,提出具体要求和措施,督促基层岗位抓好落实。基层做好具体到户的评估工作。

在横向方面,各专业职能部门既要各司其职,又要加强工作协调和衔接,形成各部门之间良性互动的工作机制。

各级税务机关的征管部门负责纳税评估工作的组织协调,制定纳税评估工作的业务规程,建立健全纳税评估规章制度和反馈机制,指导基层税务机关开展纳税评估工作,明确纳税评估工作的职责分工,定期对纳税评估工作的开展情况进行总结和交流,对评估结果进行分析研究,提出加强征管工作的建议。

各级税务机关的计划统计部门负责对税收完成情况、税收与经济的对应规律、总体税源和税负的增减变化等情况进行定期的宏观分析,为基层税务机关开展纳税评估提供依据和指导。

各级税务机关的专业管理部门(包括各税种、国际税收、出口退税管理部门以及其他相关业务部门)负责进行行业税负监控、建立各税种的纳税评估指标体系、测算指标预警值、制定分税种的具体评估方法,及时对各税种纳税评估分析方法进行优化、调整和完善,总结推广基层工作经验,为基层税务机关开展纳税评估工作提供指导和依据。

各级税务机关的税源管理部门要将纳税评估结果及时通报税务稽查部门。稽查部门应充分利用纳税评估提供的有效案源,通过稽查验证评估实效;稽查部门查办的结果应及时反馈给征管部门,为改进纳税评估和税收分析工作提供依据。纳税评估与其他部门之间的关系总结在图1-2中。

二、纳税评估人员的基本素质要求

纳税评估是一项业务性较强的综合性工作,要求评估人员具有较高的业务素质,不仅要了解税收工作本身,还要了解纳税人的基本情况,掌握审核、评估、质询、取证等多项技能。评估人员要善于分析有关财务指标,精通会计处理,懂得企业的生产经营管理,熟练掌握计算机操作技能,及时了解和掌握企业变革、市场变化、计算机操作、互联网、物联网、电子商务等信息化方面的前沿信息。此外,评估人员不仅要及时了解和掌握国内外的最新税收信息,及时调整纳税评估的工作思路,还要经常及时深入实际,全面掌握企业的生产、经营状况。只有这样,才能加强对税源的日常监控,实现对企业纳税状况的有效管理。

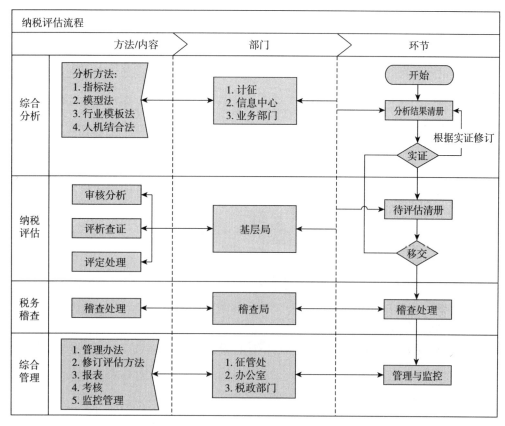

图 1-2 纳税评估与税收征管其他环节之间的关系

具体来讲,纳税评估人员首先要具有较强的基本政治素质:

① 坚决贯彻党的基本路线、方针、政策,维护税法权威;

② 遵纪守法,廉洁奉公,不得接受被评估纳税人的宴请和馈赠,认真执行保密制度,对未做出结论的案情和企业的经营状况、个人隐私要严格保密;

③ 着装上岗,坚持以理服人,文明执法,禁止态度生硬和简单粗暴。

其次,纳税评估人员应具备基本的业务素质:

① 掌握税收基础理论知识,具备一定的社会主义市场经济理论基础,掌握与税收有关的各类法律基础知识,并能将其运用于工作实践和解决实际问题;

② 精通会计原理,了解企业财务会计制度和核算方法;

③ 掌握税收日常检查、调查的一般方法;

④ 具备基本的计算机操作技能,熟练掌握和使用综合征管软件等各种管理系统;

⑤ 具备公文和执法文书的应用写作能力,掌握基本写作知识,能够熟练运用相关的文体格式、表达方式、语言风格、制作程序;

⑥ 具备纳税评估的基本技能,会运用一定的方法和程序,依法对纳税人相关的信息资料进行审核分析,从而对其申报的真实性、合理性进行综合评定和处理。

关键概念

纳税评估　权变理论　公平理论　态度理论　税务审计　室内审计　实地审计

复习思考题

1. 评估的概念经历了哪几个重要阶段？每个阶段各有哪些特点？
2. 纳税评估和税务审计、税收征管、纳税服务、税务稽查之间有什么区别和联系？
3. 纳税评估的基本特征包括哪些？
4. 纳税评估的职能是什么？
5. 纳税评估的基础理论包括哪些？
6. 简述纳税评估在国外的发展情况及对我国的启示。
7. 简述我国纳税评估的发展历程。
8. 纳税评估的组织体系是怎样的？
9. 纳税评估人员应当具备哪些基本素质？

第二章

税收分析与纳税评估

本章导读

广义的纳税评估还包括税收分析的内容。税收分析是开展纳税评估工作的基础。运用税收分析的理论研究我国近年来税收超经济增长的原因,有助于拓宽纳税评估的分析视野。

纳税评估是税务机关通过对纳税人相关数据信息的分析,对纳税人纳税申报情况的真实性和准确性做出判断以加强税收征管的一种管理行为。从纳税评估的主要内容来看,除了包括筛选评估对象、税务约谈、调查核实、提出管理建议等狭义"纳税评估"的内容,还包括税收分析的内容:根据宏观税收分析和行业监控结果设立评估指标和预警值,为税收宏观分析和行业税负监控提供基础信息等。可见,税收分析确实是广义"纳税评估"不可分割的一部分内容。了解税收分析的相关知识有助于为真正开展纳税评估工作奠定基础。税收分析包括微观和宏观两个层面,这也是与微观经济和宏观经济相对应的。

第一节 税收经济关系:微观与宏观

一、微观经济与宏观经济

经济学是对人类社会的各种经济活动与经济关系进行系统性研究的科学,是研究如何用稀缺的资源去从事各种经济活动的科学。经济学的研究可以从两个层面展开,即所谓的微观经济学和宏观经济学。

微观经济学是从微观的角度出发,研究单个消费者、单个生产者等经济个体的经济行为,分析这些个体在市场上追求各自最优化目标的同时,如何使市场达到均衡状态。因此,微观经济学要研究市场的调节机制、价格的决定、资源的配置以及收入分配等方面的内容,其中的核心就是价格理论。

宏观经济学是从宏观的角度出发,研究经济总量的变化规律及其相互之间的内在关系。它以整个国民经济活动为研究对象,说明国民经济生产总值、社会总供求、就业、价格水平以及经济增长等总量指标之间的关系,其中的核心就是国民收入与就业理论。

宏观经济学与微观经济学相比要年轻得多。20 世纪 30 年代凯恩斯理论的出现才使经济学划分为微观和宏观两个领域。在此之前,只存在一些不系统的宏观经济思想,这时经济学的主体是由后来被称为微观经济学的经济思想所构成的。代表凯恩斯思想的 IS-LM 模型(商品市场和货币市场的均衡)和菲利普斯曲线(通货膨胀和失业之间的经验关系)在 20 世纪五六十年代成为宏观经济学家的共识。

经济学家对宏观经济学的共识在 20 世纪 70 年代由于两个原因被打破了:一个原因是实践方面的,一个原因是理论方面的。实践方面的原因是 70 年代的滞胀,即高通货膨胀和高失业同时发生,与菲利普斯曲线恰恰相反。理论上的原因是宏观理论与微观理论之间缺乏联系,宏观理论没有建立在对个人和企业行为研究的基础上,就像空中楼阁,缺乏微观基础。70 年代以来宏观经济学的演变,被归纳为新古典和新凯恩斯革命,前者拥护市场出清基础上的商业周期理论,后者则认为衰退表示市场失灵,企图把凯恩斯模型建立在稳固的微观基础之上。

近些年来宏观经济学发展的一个重要方面就是要把如同空中楼阁的宏观经济学建立在稳固的微观基础之上,对此做出较大贡献的代表人物是罗伯特·巴罗(Robert Barro)。巴罗坚信"在以其名命名的一般均衡分析框架中,所有的宏观经济现象都被解释为微观个体(企业或家庭)行为的加总,而宏观经济学也无非是微观经济学的延续"。巴罗的《宏观经济学:现代观点》从个人的选择到个人集合组成市场,在讨论市场出清的条件下,给出了贯穿全书的基本宏观模型,进而运用这一模型来解释各种宏观经济学问题。

专栏 2-1　市场出清

市场出清是指在市场调节供给和需求的过程中市场机制能够自动地消除超额供给(供给大于需求)或超额需求(供给小于需求)从而在短期内自发地趋于供给等于需求的均衡状态。

市场出清是经济学中的一个非常重要的概念,在一般经济分析中,常常假定通过价格机制可以自动实现市场出清,即价格的波动影响了消费者的购买量以及厂商的产量,并使得供给量和需求量相等。但是,在现实经济中,影响市场出清的因素有很多,例如,在不同产业结构中,产品的同质性、供给和需求的变动性、存货量以及生产的计划性等都有较大的差异,从而导致厂商的不同行为,这些都会对市场出清产生较大的影响。

二、微观税收与宏观税收

税收是国家为了满足人们的社会公共需要而取得财政收入的一种规范形式。与微观经济学和宏观经济学相对应,自然就产生了微观税收和宏观税收的区分。

微观税收研究的是具体纳税人等经济个体的社会行为、经济行为,分析这些纳税人个体的生产经营活动与财务状况,依法征收纳税人相应的税款。因此,微观税收要研究具体纳税人的生产经营活动、性质、数量等。

宏观税收研究税收总量与经济总量之间的变化规律及其相互之间的内在联系。宏观税收以整个国民经济活动为研究对象,说明税收总量与国民生产总值、投资规模、价格水平、进出口形势之间的关系。

不管是微观税收还是宏观税收,其经济分析的目的都是要促进国民经济持续稳定增长,保持税收收入与国民经济之间的同步增长。微观税收更多地体现税收征管的执行情况,研究的内容更加偏重具体纳税人的税收负担状况;宏观税收更多地体现税收政策的执行情况,研究的内容包括行业税负、地区税负、国民经济税负等。

一个地区税收负担的最终形成是经济结构、税收政策和税收征管三方面因素综合的结果。由于各个地区的经济结构不可能完全相同,由此导致其适用的税收政策也不尽相同,所以地区之间的税收负担往往是不可比的。

第二节 中国税收增长与经济增长的关系

中国经济在较长的时间段内存在税收增长率远远高于GDP增长率的现象。产生这一差异的原因首先是经济因素,例如轻税产业或行业在GDP中的比重不断下降、从经济增长转换为税收增长存在一定的时滞等。其次是制度因素,例如统计规范制度、非税GDP的存在、外贸进口核算方法、出口退税核算制度等,都会导致二者发生背离。最后,管理因素也很重要,税务部门提高税收征管能力,可以使税收收入摆脱税源的约束实现快速增长。除此之外,在2015—2016年间,税收收入增长与GDP增速又出现了反向背离的关系,随后又恢复成了税收增长超经济增长。

国民经济的持续快速发展,特别是经济运行质量的提高,有效带动了我国税收收入的快速增长,特别是在1994年进行了工商税制改革后,中国的税收收入呈现了前所未有的增长态势。1999年,中国税收收入首次突破1万亿元人民币,此后每年的税收增量都为几千亿元。从经济原理上讲,GDP是税收的基础,没有GDP的增长,税收增长就成了无源之水。通常认为,税收收入增速与经济增长速度相当比较合适,因为这样既能保持宏观税负的基本稳定,也能比较好地体现税收的中性特征。但在我国,如图2-1和图2-2所示,这两者的关系并非如此简单。

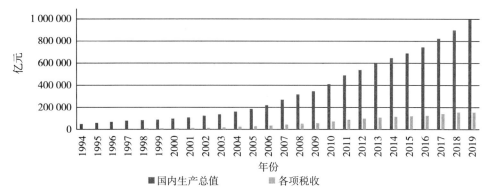

图2-1　我国税收收入与经济总量(1994—2019年)

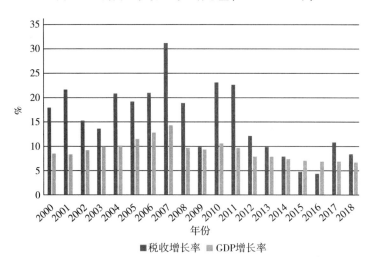

图2-2　我国经济增长率与税收增长率(2000—2018年)

如图2-1所示,在1994年实施分税制改革之后,我国经济与税收收入均始终保持正增长,但是从增速角度来看,二者却并不总保持一致。如图2-2所示,在2000—2011年的12年中,除2009年外,我国每年的税收收入增长率基本上都在20%左右,有个别年份超过了30%,而每年GDP增长大致都在10%左右。税收收入的增速基本上是GDP增速的约2倍。从2012年起,这一比率有所下降,下移到了1倍多一点,但无论如何,税收收入的增速总是要高于GDP增速。但从2015—2016年开始,税收增长与GDP增长出现了显著的反向背离关系,即税收收入增速低于GDP增速。2017—2018年,二者又恢复到了税收收入增长超GDP增长的状态。那么,税收收入与经济增长为什么会在长时间内呈现出这样的背离关系呢?

(一) 经济因素

1. 产业结构的调整

产业结构的变动一方面反映着经济变化情况,另一方面又影响着税收收入的规模和结构。从中国的产业结构变动看,1994—2019年,中国第一产业增加值占GDP的比重持续下降;第二产业比重先随着工业化的迅速发展不断上升,随后又随我国产业转型升级的脚步不断下降;第三产业比重则持续攀升。1994年的GDP总量中,第一、二、三产业的比重分别为20%、47%和33%;而到2013年我国第三产业增加值占比首次超过第二产业,具体来看,第一产业增加值占GDP的比重为10.0%,第二产业增加值比重为44%,第三产业增加值比重为46%;到2019年,我国第一产业增加值占GDP比重为7%,第二产业增加值占GDP比重为39%,第三产业增加值占GDP比重为54%,中国第二和第三产业产值已超过GDP的90%,约为93%。同时,中国近年来频繁利用税收政策引导产业结构调整,造成产业之间税负差异不断扩大。轻税产业或行业在GDP中的比重不断下降,也是造成税收增长快于经济增长的重要原因之一。而中国的工业化升级又面临着应对气候变化和资源环境制约的严峻挑战,工业增长的放缓,尤其是工业生产者出厂价格持续下降导致了按现价计算的增值税等税收低增长。

2. 经济增长影响的时滞性

当年的税收增长不仅受到同年经济增长的影响,还要受到前几年经济情况的持续影响,即从经济增长转换为税收增长存在一定的时滞,因此在当年的税收增长中可能包括前一时期经济增长的因素。

(二) 制度因素

1. 统计规范制约的影响

首先,由于非税GDP导致税收增长与GDP增长的背离,非税GDP的存在导致了税收收入与GDP在统计内容上有差异。在GDP总量中,绝大部分GDP会带来税收收入,但也有一部分GDP无法形成税收收入,我们称之为非税GDP,例如,由于国家取消了农业税,大部分第一产业的GDP转变为非税GDP。同时,在可税GDP中,又有高税率GDP与低税率GDP之分,前者对税收的贡献大,后者对税收的贡献小。显然,提高可税GDP的比重,特别是提高高税负GDP的比重,会导致税收的快速增长。

其次,外贸进口核算的影响。在一个外向经济体系中必然存在外贸进口额,而近年来中国海关对于进口环节代征的增值税和消费税的快速增长也是造成税收收入超速增长的原因之一。但 GDP 核算的是外贸进出口净值,外贸进口应作为统计宏观经济增长的减项。在这一过程中,会产生税收收入的增加,如增加增值税、消费税以及关税的税额。

最后是出口退税制度。在经济统计中,出口退税是不从税收收入统计中扣除的。而客观上,出口退税并没有形成国家的可支配收入,企业即使在实际得到所退税款之前,也并不将其视为实际的成本费用。这种统计方法实际上造成了税收收入规模的虚增。

2. 税收制度设计的原因

现行税制中某些税种的制度本身造成二者的背离,即有些税种的收入和 GDP 没有直接关系,如一些定额税,含车船税、印花税的部分税目等;有些财产税收入,如房产税,其税基是以财产的原值为基础的,不与经济同步增长。

3. 先征后返等税收优惠政策

在中国存在大量的税收先征后返或即征即退现象。这其中包括按照国家相关法规进行的先征后返,但更为普遍的是各级地方政府为实现招商引资等经济调控目标而出台的由本级财政负担的先征后返或变相税收优惠。但同时,在税收统计上,只要税款缴入国库,无论退还与否,均形成税收收入。显然,已退还的税款所形成的税收收入存在"虚假性",导致了税收收入的"虚增"。

4. 其他制度原因

国家财政税收收入与非税收入的相对水平。政府的非税收入中通常包括行政事业性收费、政府性基金中的国有资源有偿使用收入、罚没收入以及以政府名义接受的社会捐赠等。在改革开放初期,中国的非税收入规模相对庞大,1989 年中国政府非税收入占 GDP 的比重曾高达 20.17%,在 20 世纪 90 年代初期,该比重大约在 14% 左右,随着中国取消"两金"以及清理"乱收费"的进行,非税收入出现了大规模的下降,到 2009 年该比重已降至 13.09%。显然,当一国政府收入中的非税收入比重下降时,政府必须通过提高税收收入满足其资金需求,这时税收增长与经济增长必然是不一致的。

5. 管理因素分析

管理因素对税收增长的影响主要是税务管理部门通过税收征管水平的提高带动税收收入增长。这一方面取决于税收征收管理能力,即是不是所有的税源都能够应收尽收主要受到税务机构的征管方式、征管手段、征管技术、人员素质以及社会的纳税意识等因素的影响;另一方面还取决于一些制度约束,例如制度是不是激励税收管理当局收取比税法所规定的更多或更少的税款。

就中国的税收管理而言,在 1993 年以前,中国财政体制运行的典型特征是"减税让利",税收收入增长率连续多年低于经济增长率。1994 年分税制改革以后,税收征管力度不断加强。税务部门采取了诸多措施,依法治税,强化税源控制,大量清缴欠税,严厉打击各类偷税骗税违法犯罪活动,堵塞税收漏洞,加强税收征管,调整税务机构设置,将国家税务局与地方税务局分设,加强税收信息化建设,实施"金税工程"等,大大提高了税收的征管水平,减少了税收流失,也促使了税收收入的更快增长。

但是到了近几年,由于互联网技术和新兴网络经济的迅猛发展,以数字经济为主的崭新商业模式(如网购模式、共享经济等)引发了税源环节的变化,这些变化现在和未来不断挑战着税收征管。而如果不及时提升税收征管水平,更新管理技术,税务机关就只能比较被动地应对数字经济带来的商业模式变化,这部分税收流失将极大地影响税收增长的变化。目前,中国已经积极地参与了 BEPS(base erosion and profit shifting,税基侵蚀和利润转移)行动计划并不断探索税收管理水平的提升。世界科技和经济变化的潮流涌动,科技创新带来的经济模式创新将迫使政府财政和税收进行创新,各国政府需要协调行动共同应对。因此,未来包括税收征管工具、税收征管模式等都会面临创新和改革。

专栏 2-2　数字经济并不"虚",税收征管受到新挑战

数字经济是随着信息技术革命而产生的一种新的经济形态。微软、脸书和阿里巴巴等都是数字经济领域的佼佼者。数字经济的飞速发展,在倒逼各国加快升级传统税收规则的同时,也使得企业的税务风险不断增加。日前,中国信息通信研究院发布的《中国数字经济发展白皮书(2017 年)》显示,2016 年中国数字经济总量达到 22.6 万亿元,占 GDP 的比重超过 30%。从税收实务的角度看,在围绕数字经济的新税收规则体系没有建立的情况下,一些企业的税务风险已经显现,对税收征管提出了新的挑战。

可能构成双重税收居民

在现行国际税收规则下,企业税收居民身份认定通常包括注册地标准、实际管理机构标准、总机构所在地标准和选举权控制标准等。在数字经济模式下,跨国企业的注册地和实际管理机构可能分布在不同国家,这加大了其构成多国税收居民身份的税务风险。如果某一企业构成多国税收居民,就需要在多国同时履行纳税义务,这必然导致重复纳税。举例来说,A 企业注册地在甲国,实际管理机构在乙国。甲、乙两国分别根据国内法规则将 A 企业认定为本国的税收居民企业,都要求 A 企业就全球所得在本国纳税。也就是说,由于不同国家判断居民身份的标准存在差异,A 企业面临构成双重税收居民身份的问题。如果 A 企业因为重复征税导致税收负担加大,其全球竞争力将因此降低。目前,经济合作与发展组织范本和联合国范本都明确规定,当各国法人居民身份确定规则不同时,应以实际管理机构所在地作为唯一标准。因此,开展数字经济业务的企业,如果被认定为同时具有两国税收居民身份,应及时申请启动两国税务机关的相互协商程序,解决其双重纳

税问题。相关的具体要求在《税收协定相互协商程序实施办法》中有明确规定。

常设机构规则可能变动

常设机构是税收协定中用以协调居住国和来源国管辖权的通用规则。常设机构需要具有固定性、经营性和持续性的特征。在数字经济模式下,企业开展销售活动已经无须完全依赖设在他国的实体店面,仅需本国的服务器和他国的仓库。而随着BEPS(税基侵蚀和利润转移)项目全部15项产出成果的推出,各国也在纷纷通过修改税收协定以加强常设机构管理。如2016年年初美国完成了新的税收协定范本的修订,其中就包括常设机构认定。可以预见,未来将会有更多国家跟进,国际现行的常设机构规则都将面临变动。举例来说,甲国的S企业在乙国设立仓库,通过设在甲国的服务器在网上向乙国消费者销售商品,并最终由乙国的第三方物流直接发货。按照现行国际税收规则,无法将S企业在乙国的仓库认定为常设机构,也就无须在乙国承担纳税义务。

收入性质认定存在分歧

数字经济模式下,收入常见的实现方式有出售版权和电脑技术等。那么,这些收入究竟算企业一般的营业利润还是收取的特许权使用费呢?目前,业界对数字经济模式下的收入性质看法不一,这导致不少企业在适用具体的税法条款时面临风险。比如,M公司与中国C电视台签订协议,M公司向C电视台提供压缩数字视频服务,C电视台则预先交付4个月的服务费和设备费作为订金,另支付196.1万余美元的保证金。当地主管税务机关认为,其上述业务的形式属于特许权使用费,需缴纳预提所得税,而M公司认为其属于常设机构的经营利润,根据税收协定符合免税情形无须缴税。后经当地高级人民法院终审,维持当地主管税务机关的税务处理。

资料来源:《中国税务报》,2020年1月8日。

关键概念

宏观税收　微观税收

复习思考题

1. 简述1994—2019年我国国民经济与税收收入增长之间的关系。
2. 简述税收收入增速与经济增速背离的可能原因。
3. 查询资料:除税收收入外,我国预算中还包括哪些财政收入?税收收入和其他收入的比例有什么变化?为什么?

第三章

纳税评估的基本流程

本章导读

纳税评估一般包括确定评估对象、疑点问题分析、约谈举证、实地核查和评估处理等五个步骤。规范的纳税评估流程是使得纳税评估工作简洁高效的基础和前提。

纳税评估应当遵循分类实施、简便高效的原则，科学界定工作步骤和流程。根据税务机关的探索和实践，纳税评估一般分为确定评估对象、疑点问题分析、约谈举证、实地核查和评估处理等五个步骤（详见图 3-1）。

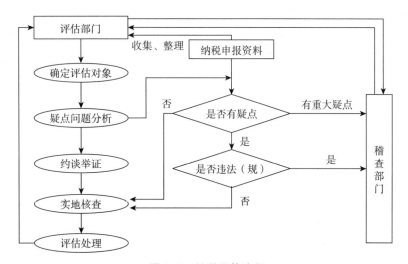

图 3-1　纳税评估流程

第一节 确定评估对象

本环节要求评估人员根据信息系统评估指标预警结果、纳税申报资料、财务报表、企业生产经营信息、有关部门提供的信息以及税收经济分析、行业税负监控结果等数据进行比对分析,结合评估指标、评估模型的测算结果确定评估对象,如图3-2所示。

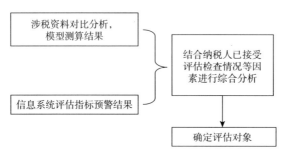

图3-2 确定评估对象

一、确定纳税评估对象的含义

确定纳税评估对象是指主管税务机关根据掌握的各类内外部信息,包括税务登记、税源管理、申报征收、发票管理、财务核算以及从税务机关、工商等部门采集的各类信息,运用预先设定的条件和参数,筛选、确定评估对象。纳税评估的数据来源总结在图3-3中。确定评估对象一般在纳税人、扣缴义务人按期申报纳税之后进行。对已确定为稽查对象、尚未实施稽查的纳税人、扣缴义务人,一般不再将其列为纳税评估的对象。

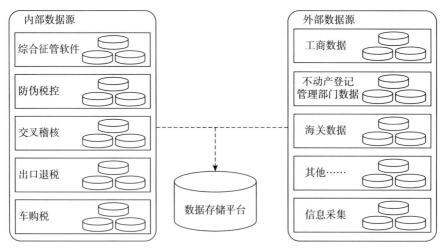

图3-3 纳税评估的数据来源

评估对象可按照纳税人或扣缴义务人的行业、经济类型、经营规模、管理类型、信用等级等分类。也可以根据工作需要,按纳税人的规模大小,将其分为增值税一般纳税人、小规模纳税人、个体工商户等,以此确定评估对象。税务机关可根据所辖税源和管户的规模、数量及评估能力,因地制宜、有重点地确定评估对象,分期分批进行纳税评估。

下列纳税人或扣缴义务人一般可作为重点评估对象：重点税源户、特殊或重点行业纳税人或扣缴义务人、纳税信用等级为 C 类和 D 类的纳税人、零申报纳税人等。其中,需要做好零负申报正常企业台账的登记。

五种类型企业分别为筹建期、停歇业、待注销、备案免税、政策性因素（以下简称"五类企业"）等。其中,"筹建期"企业是指正处于筹建期或筹建期结束后未投产的企业（不包括企业已经开始试生产）;"停歇业"企业是指因生产经营不畅、改组改制或因季节性影响停产停业的企业;"待注销"企业是指走逃已报非或拟将报非的企业;"备案免税"企业是指在市局办理免税审批或备案手续的企业;"政策性因素"企业是指因低征高扣造成企业长期有销售收入而无税源的企业。应严格区分"备案免税"和"政策性因素"类企业。

二、评估对象的确定

（一）日常评估对象的确定

1. 确定异常对象

经初步分析可以得到一个评估对象的大体范围。然后可针对选取的评估范围,进行有关指标比对,确定存在异常情况的对象。在确定异常对象阶段,一般使用核对指标。如果在实际信息核对中发现差异,一般应列为评估对象。如评估车船税时,如果纳税人当期所有应申报车船税的数量、税率与登记中的信息不一致,可列为评估对象。

评估指标预警值是税务机关根据宏观税负分析、行业税负分析、纳税人生产经营情况和财务会计核算情况等,运用数学方法计算出的算数平均值或加权平均值以及其合理变动的范围。预警值的测算要综合考虑地区、规模、类型、生产经营季节、税种等因素,考虑同行业、同规模、同类型纳税人各类相关指标若干年度的移动平均水平,以使预警值更加真实、准确和具有可比性。

例如,2009 年甲型 H1N1 流感肆虐,作为有效药物的达菲需求量猛增。而达菲主要是从八角中提炼获得的。据统计,干八角的价格在甲型 H1N1 流感暴发前近 6 年的价格一直徘徊在每千克 5—6 元,从 2009 年 4 月份开始,价格一路攀升到 12 元。广西八角栽培面积 37.5 万公顷,常年八角干果产量 6 万—7 万吨,面积和产量占全国 85% 以上,均居全国第一位。对于类似这种突发因素对相关产业的影响,在纳税评估当中应予以充分考虑。例如,可以将纳税评估对象分为连续三个月零负申报企业、季度异常企业、半年税负异常企业三种。连续三个月零负申报企业和季度异常企业由市局下达计划,分局组织实施;半年税负异常企业由市局选案并抽调专班组织实施,原则上每年每户选案不超过3次。

2. 确定评估对象

由于存在异常情况的纳税人、扣缴义务人的户数可能较多,要在较短的时间内对大量纳税申报异常户进行逐户评估难度较大。为了提高工作效率,可以采用积分排序、随机和人工等方法进行进一步筛选。

"积分排序"是根据异常分值从高到低的排序情况进行自动选取。分析指标的异常分值由市、县税务机关根据实际经验事先确定。分析指标与纳税申报联系越紧密,其分值相应越高。"随机"是根据统计学的方法,按照一定数量或一定比例从异常企业中进行选取。"人工"是评估部门根据经验判断进行自行选取。

(二)专项评估对象的确定

专项评估对象一般由市、县税务机关根据日常管理中发现的共性问题以及各阶段的工作重点确定,下达给税务分局实施。专项评估对象的选择类似于日常评估对象,只是评估范围的选择固定为一些专门项目,如房地产行业的纳税人等。

(三)特定评估对象的确定

特定评估对象根据上级税务机关交办、被举报、部门信息交换等特定信息直接确定产生,通常不需要经历日常评估对象选择中执行的初步步骤,一般也不需要进行再筛选。

纳税评估对象确定之后,要及时制作纳税评估对象清册,经纳税评估管理岗审判之后,实施评估分析。

第二节　疑点问题分析

在这个阶段,评估人员需要采取人机结合等方式,针对初步判断出的纳税人存在的疑点问题,利用所掌握的信息对纳税评估对象纳税申报的真实性和准确性进行综合分析,具体步骤如图3-4所示。

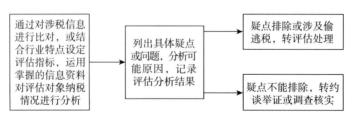

图3-4　疑点问题分析流程

一、纳税评估信息的采集

纳税评估信息是税务机关在纳税评估工作中需要掌握的各种涉税信息,是进行纳税评估分析和判断的客观依据。完整、准确和真实的纳税人涉税信息是做好纳税评估工作的基础。为此,不仅需要全面、系统地掌握已有的纳税申报信息,还需要充分掌握纳税人的生产经营信息和相关的外部信息。

各级税务机关应明确纳税评估所需的信息及其来源。对现有管理信息系统能够提供的,统一从系统中采集;对系统缺乏的信息,可通过与相关部门建立涉税信息共享制度、依法要求纳税人报送等方式统一采集,或由税收管理员根据相关要求补充采集。从这一阶段起,评估人员应当按工作进度如实填写《纳税评估工作底稿》(见表3-1)。在评估工作结束后,评估人员应在限期内将评估工作底稿归档,归档后不应再对工作底稿的内容做出任何实质性改动。

表3-1 纳税评估工作底稿

纳税人名称	
纳税人识别号	
评估时限	从　　年　　月至　　年　　月

评估方法:

主要问题描述:

评估人员:　　　　　　　　　　　　　　　　　　　评估日期:　　年　月　日

(一)信息采集的基本内容

从内容上分,纳税评估信息包括宏观纳税信息和微观纳税信息两大类。宏观纳税信息包括经济信息、法律信息、社会文化信息等,其中,经济信息又包括经济增长、消费水平和结构、产业结构、产品销售、物价水平、利率变动等方面的信息,这些信息都有可能成为纳税评估的依据。微观纳税信息主要包括税务登记信息、税款核定信息、发票领购信息、财务会计信息、税款缴纳信息、生产经营信息、减免税信息、税务违法信息、税收保全信息及强制执行措施信息、税收票证信息等。

从来源上看,有纳税人提供的信息,如纳税申报表、财务会计报表、减免税申请等;有政府部门和经济主管部门提供的信息;有税务机关内部生成的各种数据、资料;有大众传媒公开的信息以及社会公众的税务举报信息等。

1. 内部信息

内部信息主要包括税务机关存储的税务登记、税收核定、纳税申报、发票管理和税务检查、税务行政处罚、纳税评估等各类税收管理信息资料，以及上级税务机关发布的宏观税收分析数据、行业税负监控有关数据、各类评估预警指标等。具体分为以下几类：

① 综合征管软件中纳税人的相关信息，包括税务登记信息、纳税申报信息、税款缴纳信息、发票领购使用信息、资格认定信息、减免税信息、稽查信息、出口退税信息。

② 防伪税控系统、稽核系统、协查系统中纳税人的相关发票信息。

③ 出口退税审核系统中纳税人的相关退税信息。

④ 车辆税收"一条龙"管理系统中纳税人的相关信息。

⑤ "三小票"交叉稽核系统中的比对信息。

⑥ 上级机关发布的宏观税收分析数据、行业税负、各类评估预警指标。

内部信息的采集采用定期增量自动抽取策略，由信息管理系统自动实现，抽取周期可以根据工作需要进行灵活设定，如可以实现按月、按旬、按日进行定时或实时数据抽取等。

专栏 3-1　"四小票"已变为"三小票"

"四小票"是指海关完税凭证、货物运输发票、废旧物资发票、农副产品发票等。它们一度未纳入"金税工程"，征管存在困难，且存在较大的税收漏洞。

《财政部、国家税务总局关于再生资源增值税政策的通知》规定取消"废旧物资回收经营单位销售其收购的废旧物资免征增值税"和"生产企业增值税一般纳税人购入废旧物资回收经营单位销售的废旧物资，可按废旧物资回收经营单位开具的由税务机关监制的普通发票上注明的金额，按10%计算抵扣进项税额"的政策。另外，对于单位和个人销售再生资源，应当依照《中华人民共和国增值税暂行条例》《中华人民共和国增值税暂行条例实施细则》及财政部、国家税务总局的相关规定缴纳增值税。但个人（不含个体工商户）销售自己使用过的废旧物品免征增值税。增值税一般纳税人购进再生资源，应当凭相关增值税条例及其细则规定的扣税凭证抵扣进项税额，原印有"废旧物资"字样的专用发票停止使用，不再作为增值税扣税凭证抵扣进项税额。

由此看来，"四小票"中的废旧物资发票已经成为历史，现在真正剩下的是"三小票"。

资料来源：编者根据相关资料整理得到。

2. 税务人员采集的信息

税务人员采集的信息主要是纳税人生产经营与财务核算信息，这部分信息是税务机关开展纳税评估工作的重要依据,主要包括企业的产品、原料、库存、能耗、物耗等生产经营信息和销售、成本、费用、价格、利润等基本财务数据。具体分为以下几类:

① 企业生产经营信息反映了企业生产经营活动的全貌,包括生产经营业务范围(主营业务范围、兼营业务范围)、生产经营业务流程、生产经营方式等。

② 财务核算信息是企业按照《企业会计制度》等有关规定,对企业经营成果的会计核算反映,包括企业执行的会计制度和会计核算的方法,如收入、成本计算方法,生产费用在完工产品和在产品之间的分配方法,资产减值准备的计提方法,关联企业交易,所得税、非货币交易、债务重组等会计核算方法等。

③ 主要原材料或商品信息。原材料或商品是构成企业生产经营成本的主要部分。采集和掌握原材料或商品的购入信息,对于全面和准确把握企业的生产经营成本至关重要。

原材料或商品信息具体包括以下内容:原材料或购进商品名称、期初库存、本期采购、本期耗用或销售、期末库存、赊购比例、毛利率、贷款结算方式、采购均价、主要供货商、是否关联交易、关联交易比例等。对原材料或商品的采购信息,应重点掌握购入数量、购入单价、购入总金额,以及从关联企业购入的基本情况。

④ 产品、商品、劳务销售收入及销售去向信息。产品、商品、劳务销售收入是企业生产经营收入的主要来源,是财务会计核算的主要指标。

产品、商品、劳务销售收入信息具体包括全年销售收入总额、产品或商品主要销售品种、销售数量、销售平均单价、所占比重、出口销售收入、境内销售收入、企业兼营等。

销售去向信息具体包括企业产品、商品、劳务销售的主要区域(境内、境外出口等),向关联企业销售信息(境内外关联企业名称、向境内外关联企业销售收入金额、向境内外关联企业销售收入占总收入的比重、向关联企业销售的平均单价等)。

⑤ 生产经营费用信息,主要包括制造费用、销售(营业)费用、管理费用、财务费用等。

制造费用信息具体包括企业生产经营用房的折旧费、租赁费,库存商品的盘盈(亏)、运输费、修理费等。

销售(营业)费用信息具体包括销售机构房屋的折旧费、佣金(手续费)、租赁费以及广告费和运输费等。

管理费用信息具体包括企业管理部门房屋的折旧费、技术转让费、无形资产摊销、研究开发费、利息支出(收入)、汇兑损益等。

财务费用信息具体包括利息支出(收入)、汇兑损益、金融机构手续费等。

⑥ 个人收入分配信息是确定纳税人在计算和缴纳企业所得税时工资费用扣除以及个人所得税代扣代缴是否正确的主要信息资源。与个人收入分配信息相关的内容还包括企业个人收入分配政策、职工工资构成、企业工资总额、职工人数、企业财务核算制度等涉

及职工个人收入分配的相关信息等。

上述信息可以根据纳税评估工作的需要,结合日常税源监控管理工作,集中采集或者由税收管理员采集。

3. 外部信息

外部信息是指从其他行政管理部门或与被评估对象有关联的单位获得的第三方数据,主要包括以下几类:

① 纳税人在不动产登记中心的有关财产信息。
② 纳税人在供电企业(电业局)的用电信息。
③ 纳税人在供水公司的用水信息。
④ 纳税人在海关的出口报关信息。
⑤ 其他部门的相关信息。

上述信息的采集需要与相关部门或单位建立定期联系制度,采取人机结合的方式实现。

(二) 纳税评估信息采集的原则与管理

纳税评估信息的采集应遵循时效性、系统性、完整性、真实性、准确性、目的性和规范性等原则。同时,要加强纳税评估信息采集的管理工作。以充分掌握纳税人涉税信息为主线,兼顾税种评估的特殊需要,将数据分析和模型应用相结合,提炼科学筛选纳税人疑点的微观评估指标和比对方法,加强纳税评估的信息管理工作,建立动态信息管理和审核评价信息质量制度,增强基层纳税评估工作的可操作性和实效性。

在纳税评估信息管理的过程中,应根据纳税人生产经营情况的变化及时更新相关数据。税务机关应结合纳税评估工作的要求,合理设置各类信息的更新周期。对于计算机系统自动采集的信息,可根据需要实时采集或随时采集;对于人工采集的信息,应本着按需采集的原则,由税收管理员予以实施。对于静态信息,如企业基本信息等,采集周期应适当延长,如半年到一年采集一次;对于动态信息,如企业生产经营情况等,应根据其经营规律,采集周期设置为每月或每季。

二、审核分析

审核分析是指评估人员依据国家税收政策和法律、法规的规定,按照一定的数学计算模型,通过指标测算、审核比对、综合分析等科学合理的方法,对纳税人的所有涉税信息数据进行全面分析,从而筛选和确定纳税评估对象、查找纳税人存在的疑点问题、增强纳税评估针对性的过程。审核分析的主要内容包括纳税人静态信息分析和动态信息分析两个方面。

(一) 纳税人静态信息分析

纳税人静态信息分析主要包括以下几方面的内容。

第一,是否按照税法规定程序、手续和时限履行纳税申报义务,各项纳税申报附送的各类抵扣、列支凭证是否合法、真实、完整。例如,我国增值税相关法律、法规规定,防伪税控专用发票自 2003 年 3 月 1 日起,须在开具 90 日内到税务机关认证,否则不予抵扣。

第二,纳税申报主表、附表及项目、数值之间的逻辑关系是否正确,适用的税目、税率及各项数字计算是否准确,申报数据与税务机关所掌握的相关数据是否相符。

第三,收入、费用、利润以及其他有关项目的调整是否符合税法规定,申请"减税、免税、缓税、抵税、退税"以及亏损向后结转是否符合税法规定并正确履行相关手续。

第四,与同比和环比的纳税申报情况有无较大差异。

第五,纳税人静态信息指标的分析比对:

① 税收类指标分析,主要包括税负率分析、税负变动率分析、进项税额控制数综合分析等。

② 收入、成本费用、收益类指标分析,主要包括收入类指标分析,如销售额变动率;成本费用类指标分析,如单位产成品原材料耗用率、营业(管理、财务)费用变动率、税前列支费用评估分析指标等;收益类指标分析,如销售毛利率、销售利润率等。

③ 资产类指标分析,主要包括总资产和存货周转率;往来账目变动率,如应收(付)账款变动率;固定资产综合折旧率;长期投资变动率;待处理流动资产损失变动率;在建工程变动率等。

④ 配比指标分析,主要包括销售额变动率与应纳税额变动率配比分析、销售额与销售成本变动率配比分析、销售额与税负变动率配比分析等。

⑤ 其他指标分析,主要包括异常申报分析、发票存根不符分析、抵扣不符分析、"三小票"使用情况分析等。

(二) 纳税人动态信息分析

纳税人动态信息分析主要是应用税收管理员日常管理中所掌握的情况和积累的经验,利用采集的纳税人的生产经营信息和纳税人的第三方信息(外部信息),依据已建立的分行业、分税种纳税评估模型,测算纳税人的实际生产经营状况和实际销售收入,通过对纳税人生产经营结构、主要产品能耗和物耗等生产经营要素的当期数据、历史平均数据、同行业平均数据以及其他相关经济指标进行比较,将纳税人申报情况与其生产经营实际情况相对照,分析合理性,以确定纳税人申报纳税中存在的问题及原因,推测纳税人的实际纳税能力。

动态信息分析的内容主要包括投入产出分析、能耗测算分析、以进控销分析、工时(工资)耗用分析、设备生产能力分析、设备生产周期分析、毛利率变动分析、产品(行业)链分析、外部信息核对分析、费用倒推分析、资金监控分析等。

评税工作结束后,评税人员应在《审核评税评析表》(见表 3-2)上记录所发现的疑点,并按照所涉及问题的性质提出进一步处理意见。

表 3-2　审核评税评析表

纳税人识别号：

企业名称		行业代码及名称	
地址		电话	
评析税种		税款所属期	

评析过程记录：

存在的问题及疑点：

1.

2.

3.

评析建议	以上问题　建议约谈举证 以上问题　建议直接处理 评税人员： 　　　　　　　　年　月　日	审核意见 负责人： 　　　　　　　　年　月　日

第三节　约谈举证

当税务人员在疑点问题分析阶段无法解除纳税人存在的问题,认为有必要进一步调查取证时,经所在税源管理部门批准,可通知纳税人就评估分析发现的疑点问题进行充分说明、解释,并提供相关的材料、账簿、凭证等举证资料,以证实疑点问题存在与否,具体流程参见图 3-5。

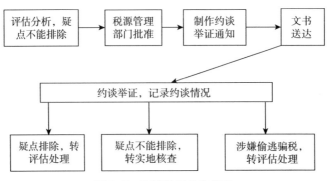

图 3-5　约谈举证具体流程

一、约谈举证概述

（一）约谈举证的含义

约谈举证，是指评估人员通过审核评析和调查核实，就发现的涉税疑点和问题，约请纳税人到税务机关进行解释、说明，纳税人对疑点和问题进行陈述申辩，必要时提供举证资料，评估人员根据约谈情况进一步确认疑点和问题性质，并给予宣传和辅导的过程。

（二）约谈举证的目的

约谈举证，一方面可以解决审核评析中的疑点问题，对纳税人存在的疑点问题给出定性、定量的判断。另一方面，通过纳税人对有关疑点和问题及时提供举证资料，可以将问题解释清楚，消除评估人员的疑问和分歧。同时，还可以帮助纳税人及时了解税收政策，将可能出现的问题消灭在萌芽状态，降低税收违法行为带来的风险，给那些因为对税收政策把握不全面而造成少缴税的纳税人以自行改正的机会。

（三）约谈举证的意义

首先，通过约谈举证，有助于加强税源管理，引导纳税人诚信纳税，营造良好的社会氛围。通过约谈辅导，税务机关可以了解企业的生产经营状况，使税源管理工作有的放矢，少走弯路；同时可以让纳税人及时了解税收政策、法律和制度。

其次，约谈举证有助于帮助纳税人降低纳税成本，减少税收违规风险，提高纳税人的税收遵从度，从而降低经营管理成本，提高企业经济效益，促进社会经济更好更快地发展。

最后，约谈举证有助于突出人性化管理和以人为本的理念，消除双方分歧，融洽双方关系，缓解社会矛盾，使纳税人认识到政府和纳税人之间的关系并非零和博弈（表3-3给出了一个零和博弈的例子），而是可以实现共赢，从而促进和谐社会的构建。

表3-3 零和博弈示例

自己/对手	猜拳（胜=1，负=-1，平局=0）		
	石头	剪子	布
石头	0/0	1/-1	-1/1
剪子	-1/1	0/0	1/-1
布	1/-1	-1/1	0/0

二、约谈的主要内容

约谈的主要内容是纳税人存在的纳税疑点问题及其存在的原因，包括以下几个方面的内容：

① 纳税人评估期的基本情况,如生产设备情况、仓储面积、主要原材料、主要产品、工艺流程、投入产出、能源消耗、主要进销渠道、地理位置、员工人数等;

② 纳税人各部门间内部协助、信息传递、信息反馈、资料保存等制度和具体情况;

③ 纳税人纳税申报表数据、财务会计报表数据及其他经济信息存在的不符合常规现象出现的原因;

④ 纳税人申报数据与同行业相关数据或类似行业同期相关数据存在较大差异的原因;

⑤ 纳税人申报数据与历史数据发生较大变化的原因;

⑥ 纳税人应缴纳的不同税种之间的关联性和钩稽关系,参照税务机关发布的相关预警值,分析税种异常变化的原因。

三、约谈的程序

税务约谈的程序一般包括约谈通知、约谈实施和约谈结论等三个阶段。

(一) 约谈通知

约谈通知,是在约谈举证的建议被批准之后,向纳税人发出约谈通知文书,约请纳税人财务负责人、法人代表或经法人代表授权的税务代理人到税务机关对疑点问题举证、说明情况。

评估人员应事先向纳税人填发《税务事项通知书》,告知纳税人税务约谈的事由、依据、时间、地点等内容。纳税人因特殊原因不能按时接受税务约谈的,可向税务机关说明情况,经批准后可延期进行。

纳税人可委托具有执业资格的税务代理人进行税务约谈。税务代理人代表纳税人进行约谈时,应向税务机关提交纳税人委托代理的合法证明。

(二) 约谈实施

税务约谈时,应当有 2 名以上税务管理员在场,并对约谈内容进行记录,约谈结束之后形成《约谈笔录》(参见表 3-4),并由被约谈人在《约谈笔录》上签名。《约谈笔录》的基本要求是:应由记录人用钢笔正楷书写,笔迹要求规范清晰,也可打印;制作完成之后,应让纳税人过目,如果被约谈人认为笔录有遗漏或差错,应允许其改正,而后由纳税人签章;结束处应由纳税人签署被约谈意见,如"以上笔录已阅并认可";约谈人、记录人要签署日期并签名,约谈人与记录人不得相互代签。

表 3-4 约谈笔录

纳税人识别号:		编号:		
纳税人名称		被约谈人姓名及职务		
审核项目		参加人		记录人

(续表)

约谈地点		约谈时间	

约谈举证记录：

被约谈人（签章）：

共 页 第 页

对疑点问题基本清楚但详细情况及有关数据有待进一步查实的，可以由纳税人在规定期限内对疑点问题进行自查；自查完毕后，纳税人向税务机关提交《纳税人自查报告》及相关证据材料。

（三）约谈结论

在约谈结束之后，由评估人员根据《约谈笔录》《纳税人自查报告》及相关证据材料对纳税人疑点问题进行分析确认（约谈结论格式参见表3-5）。

表3-5 纳税评估结论表

纳税人名称		纳税人识别号	
评估分析疑点问题			
评估结论及处理情况			
管理建议	评估人员签章 年 月 日		

本回证一式一份，受送达人等签字后由税务机关存档。

表3-6为纳税人举证资料报送清单，收取和退回举证资料时使用。该清单一式两份，一份交纳税人，一份由税务机关存档。

表 3-6　举证资料报送清单

举证资料名称	资料所属时间	单位	数量	页数

企业经办人： 纳税评估人员： 税务机关(章) 纳税人(章) 签收时间：	企业经办人： 纳税评估人员： 税务机关(章) 纳税人(章) 退回时间：

四、约谈技巧

约谈技巧对约谈的成功与否具有至关重要的作用，而能否达到预期的效果，还有赖于税收管理员对纳税人纳税心理的了解。只有掌握了不同纳税人的纳税心理，才能选择适当的约谈方法，从而达到事半功倍的效果。

(一) 纳税心理

纳税心理是纳税人对纳税这一社会现象的心理活动。纳税心理直接决定着纳税人的纳税状态和纳税行为的实施。纳税心理主要有正向心理和异向心理两种。

纳税人的正向心理是指守法经营、依法纳税的心理，这是多数纳税人的态度，占主导地位。

纳税人的异向心理偏离了积极正确的方向，心理发生了扭曲，不是从国家大局出发依法纳税，而是从一己私利出发，拖延纳税甚至偷逃税款乃至抗税。他们的心理活动虽然不尽相同，但目的都是一样的，那就是损公肥私、损国利己。

异向纳税心理产生的原因主要有以下几方面：

一是认为纳税是"不得不为"的事，能拖则拖。西方国家有句名言：人生只有两件事难以避免,一个是死亡,另一个就是纳税。税网恢恢,疏而不漏。而且,很多人死后还要缴纳遗产税等税收,这样看来,税收对人们的影响甚至可以延伸至人死亡之后。

二是对现行税制乃至社会政治管理机制不满。不同的社会阶层对政府提供公共产品的需求和期望是不同的,很多情况下甚至是相互冲突的。他们认为,公平合理的税制并不存在,从而抵制纳税。

三是法不责众的传统思想在作祟。法不责众的心理在中国有着悠久的历史,也深深印在普通纳税人的脑海当中。这些人一旦发现法律对违法者的处罚力度不够或者不及时,就会竞相效仿,这其实是从众心理、羊群效应在税收领域的具体表现。

四是侥幸心理。虽然纳税人明明知道偷逃税款有可能被发现,而且要承担相应的法律责任,但他们自作聪明地认为被查处的概率可能很小,而且认为即使被查出来,自己也可以摆平,从而采取投机和冒险的做法。

(二)约谈技巧

约谈是纳税评估工作的重要环节,是验证或消除疑点的重要途径。约谈技巧是纳税评估人员必备的基本功。评估人员只有掌握一定的约谈技巧,才能有效地确认或消除疑点,提高纳税评估的质量和技巧,达到事半功倍的效果。

1. 充分准备,旁敲侧击

对于评估疑点,要事先充分了解评估对象的生产经营状况等相关信息。先从侧面询问评估对象是否存在可以解释的合理原因,在得到否定的答案之后,再将疑点正面抛出,使评估对象难以寻找托词。

例如,某钢铁有限公司主要从事钢锭的生产,其主要原材料是废钢,企业产品在市场上供不应求。某月对其申报资料进行分析,发现应付账款余额高达100多万元,存货也比上月多出100多万元,可能存在虚增存货的行为。在约谈时,评估人员先问其在钢锭市场需求量大、废钢材料紧缺的情况下,大量收购废钢材时是否存在欠账。当事人本能地回答:"我们收购时全部是一手交钱、一手提货,别的方面也不欠别人一分钱,倒是别人欠我们不少货款。"此时再问其应付账款余额为什么这么大。由于事前堵住了其退路,最后当事人只得承认其存在虚增存货的事实。

2. 漫谈散聊,捕捉有用信息

对于某些一时难以求证的疑点问题,在约谈开始时可先不做记录,先与当事人闲聊,聊聊企业经营状况,拉近与被约谈人之间的距离,让其放松紧张的神经。但在闲聊的过程中,要尽量从被约谈人的叙述当中捕捉一些有用的信息,在捕捉到有价值的信息之后再开始做记录,使当事人心服口服。

例如,某商贸企业2月份销售与上年同期相比异常,春节旺季月申报销售收入才100万元。企业的经理到税务局约谈时,约谈人员先与其闲聊企业的经营情况,询问其春节期间的销售形势如何。该经理在不设防的情况下顺口说出了实情:"平时一天销2万—3万元,春节期间还可以,三天就销售了100多万元。"此时约谈人员向该经理指出其2月份总共才申报销售收入100万元,让其解释具体原因。该经理无言以对,只得道出2月销售收入没有全部入账的实情。

3. 开门见山,直奔主题

对于事实已经确凿无疑、纳税人没有辩驳余地的疑点,要抓住重点,约谈时开门见山、直奔主题,提高约谈效率。

例如,某木制品厂的应收项借方余额连续几个月均为28.48万元。约谈人员直接问其是否有分期收款发出商品、是否订立了分期收款发出商品的赊销合同、商品是否已经全部发出等。被约谈人无法举证,只得承认了没有与购货方订立有关合同、货物已全部发出但并未计入销售收入的事实。

4. 利用囚徒困境理论,分别约谈,各个击破

囚徒困境是博弈论中的经典理论之一,对于纳税评估中的约谈技巧很有启示意义。假定两个犯罪嫌疑人共同坦白,他们将被分别判处6年的徒刑;如果一方坦白,而另一方抵赖,则坦白者将被无罪释放,而抵赖者将被判处9年徒刑;如果双方都抵赖,法庭则会因证据不足而同时判处两人1年徒刑。详见表3-7。

表3-7 囚徒困境

A \ B	抵赖	坦白
抵赖	-1,-1	-9,0
坦白	0,-9	-6,-6

这样一来,对于嫌疑人A和B来讲,因为二者相互之间并不知情,所以对他们而言最理想的选择就是抵赖,但是他们又都担心对方坦白,从而使自己遭受重罚,因而只能都选择坦白。

利用囚徒困境的原理,税务约谈时可以将企业的法人代表和财务会计同时约到税务机关,先询问其中一人,让另一人在旁等候,不让他们有单独接触和互通消息的机会。此时,利用他们惧怕对方已经先承认违法事实的心理,可以各个击破。

例如,某海绵厂因税负较低被确定为评估对象。评估人员事先经过缜密分析,认为该纳税人可能存在销售不入账的情况。于是将企业的法人代表和会计同时约到税务机关,并分别谈话。由于二人都不知对方是否已经承认,因此最终都承认了有销售时收取现金、不入账的行为。

5. 宣传教育,政策引导

在约谈中,经常会遇到当事人对疑点问题解释不清同时态度不好的情况。这时评估人员要耐心做好思想教育工作,以理服人,切忌态度生硬,主观臆断。要向纳税人充分宣传税收政策,强调税法的严肃性,告知其违反税法的危害性,教育和引导纳税人主动终止税收违章、违法行为,从而减轻因此给纳税人自身带来的损失。

例如,某电子厂实收资本增加 100 多万元,而账面应付利润却并未减少,存在不扣缴个人所得税的嫌疑。评估人员找到其法人代表约谈,起初该厂厂长拒不承认。在约谈的过程中,评估人员耐心向其宣传税法,动之以情,晓之以理,强调纳税评估实际上是在帮助纳税人正确执行税法,现在补缴税款还为时不晚,否则将可能需要为此支付罚款从而造成经济损失。在税务人员的强大思想和政治攻势之下,当事人终于承认了企业分配利润不做账而追加投资全部入账的事实,并如数补缴了股息、红利的个人所得税 26 万多元。

五、税务约谈中应当注意的问题

税务约谈中,要提前做好约谈的预案,充分搜集相关信息,做到有备无患,做好多种应对策略。在税务约谈的过程中,切忌先入为主、戴着有色眼镜看人。要认真对待纳税人的举证和解释,对于疑点问题要及时调查核实,做好税源的培植工作。

在税务约谈的过程中,要充分体现对纳税人的尊重和双方之间的平等关系。约谈的效果如何,在很大程度上取决于税务干部的态度。不同的态度,会对被约谈人的思想、情绪产生不同的影响。税务干部是人民的公仆,为人民服务应当是发自内心的。良好的态度是赢得纳税人信任、使约谈顺利进行、提高约谈效果的重要一环。要充分体现税务机关的服务理念,摒弃一些过时的传统模式,淡化约谈人和被约谈人之间的角色差异,平等待人,服务至上,热情亲切。不能声色俱厉、冷若冰霜,更不能以势压人。

六、约谈结果处理

经约谈举证疑点问题可以排除的,纳税人对评估发现的疑点问题未提出异议并自觉纠正的,或经约谈发现纳税人涉嫌偷骗税、虚开专用发票等重大违规问题的,直接转入评定处理环节;对拒绝和不按时接受约谈的,对经约谈疑点问题仍不清楚或税务部门认为纳税人的自查举证需进一步调查核实的,可向纳税人发出《税务事项通知书》,将需要调查的事项通知纳税人。对于违法(规)问题需要启动稽查程序的,应填写《移交稽查案件审批表》(见表 3-8),按有关规定将问题及线索移交稽查部门进行进一步调查核实。

表 3-9 为纳税评估结论表,该表一式两份:一份由税源管理部门存档;一份交档案管理存入纳税人档案。

表 3-8　移交稽查案件审批表

（纳税评估用）

移交单位名称：

纳税人识别号	
纳税人名称	

评估发现问题及移交意见：

经办人：　　　　负责人：　　　　　　　　　　　年　月　日

移交资料清单：

综合业务部门意见：

经办人：　　　　负责人：　　　　　　　　　　　年　月　日

第四节　实地核查

对评估分析和税务约谈中发现的问题必须到纳税人生产经营现场了解情况、审核账目凭证的，经所在地税源管理部门批准，税收管理员可以到纳税人生产经营现场、货物存放地等调查核实（具体流程参见图 3-6）。

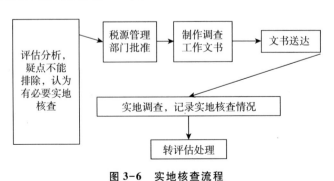

图 3-6　实地核查流程

一、实地核查的优势

由于受到多种因素的影响,如评估人员对评估对象生产经营状况不了解,评估对象申报材料中的信息有限等,有时仅就纳税申报资料中的数据进行案头分析难以查证和判断评估对象的一些问题。为此,在评估对象不接受约谈、约谈中评估对象不配合、对评估疑点无法解释时,评估人员可在案头评估的基础上,进行实地调查核实。

在实地调查核实中,评估人员要按纳税评估操作规程的有关规定,在严格履行有关手续的前提下,深入企业的生产一线,了解评估对象的生产流程和经营情况,调查掌握企业产成品的耗料比例、水电费、工资额占生产成本比例等关键数据。为了获得第一手的数据资料,必要时评估人员可以在企业生产车间现场实验,测算产品的台时产量和定额消耗等,并以此为参数,再按相关数据进行比对,以查证纳税人纳税申报中存在的问题。

二、实地核查的基本方法

在纳税评估的调查核实阶段,评估人员需要到纳税人生产经营地进行实地调查核实,通常会采用以下一些方法:

(一)控制分析法

控制分析法,是指依靠科学测定的数据来验证纳税人账面记录与申报材料是否准确的一种方法。一般用于对企业的投入产出、耗用和补偿的控制分析,即以定额耗料测定实际耗料、以耗料推算产量、以产量核实销量等。

(二)实物盘存法

实物盘存法,是对流动资产的实物数量进行盘点的一种方法。对采用永续盘存制核算其存货、生产管理制度健全的纳税人,可以采用其实物盘存表与会计账面实物数量核对或抽样盘点核对;对采用实地盘存制核算、存货管理较为松散的企业,应深入现场对存货实物数量进行实地盘点,确定账实差额和数量。

专栏 3-2 　永续盘存制与实地盘存制

永续盘存制(perpetual inventory system),也称账面盘存制,就是通过设置存货明细账,对日常发生的存货增加或减少都必须根据会计凭证在账簿中进行连续登记,并随时在账面上结算各项存货的结存数,且定期与实际盘存数对比,确定存货盘盈盘亏的一种制度。采用这种方法时,库存品明细账卡要按每一品种、规格设置。在明细账卡中,要登记收、发、结存数量,有的还同时登记金额。在永续盘存制下,对库存品仍须定期或不定期地进行实地盘点,以便核对账存数和实存数是否相符。

永续盘存制的优点在于可以通过存货的明细账记录随时反映某一存货在一定会计期间内收入、发出及结存的详细情况,有利于加强对存货的管理与控制。但是,相对于定期盘存制而言,永续盘存制下存货明细账的会计核算工作量较大,尤其是月末一次结转销售成本或耗用成本时,存货结存成本及销售或耗用成本的计算工作比较集中;采用这种方法需要将财产清查的结果同账面结存进行核对,在账实不符的情况下还需要对账面记录进行调整。

实地盘存制(periodic inventory system),又称定期盘存制、以存计销(我国商业企业)、以存计耗(我国工业企业),是通过对期末库存存货的实物盘点,确定期末存货和当期销货成本的方法。实地盘存制的优点是核算工作比较简单,工作量较小。缺点是手续不够严密,不能通过账簿随时反映和监督各项财产物资的收、发、结存情况,数字不精确,仓库管理中尚有多发少发、物资毁损、盗窃、丢失等情况在账面上均无反映,而全部隐藏在本期的发出数内,不利于存货的管理,也不利于监督检查。因此,实地盘存制只适用于数量大、价值低、收发频繁的存货。

(三)观察法

观察法,就是通过深入纳税人生产经营场所、车间、仓库、工地等现场查看和了解,以便从中发现问题。如通过对加工企业生产流程的观察和调查,可以了解企业实际的生产能力、生产工艺、能源消耗、仓储面积等,掌握库存商品、副产品、半成品的基本情况,以确定其财务、申报数据的真实性。

(四)抽查法

抽查法,就是根据约谈中了解的投入产出、能源消耗等指标,抽取单位数量的原料、能源,根据流程进行投入产出测算核实,如单位能源消耗产出率、单位产出率、单位税负率等。

(五)查对法

查对法,就是根据审核评析或税务约谈中发现的疑点问题,利用会计资料客观存在的关联关系,通过审查和对比来发现纳税中是否存在问题的一种方法。具体包括证证查对、账证查对、账账查对、账表查对和表表查对等。

第五节 评估处理

评估处理,是指针对评估筛选出的疑点对象及项目,根据审核评析、约谈举证和调查核实各阶段对疑点问题的确认结果,对具体评估对象疑点问题性质进行评估认定,并按照税收法律、法规进行分类处理,具体流程可以参见图 3-7。

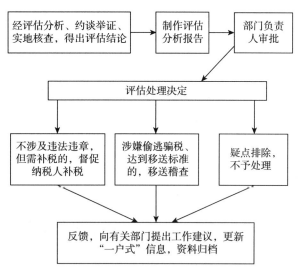

图 3-7　评估处理流程

一、评估处理

经济合作与发展组织(OECD)认为,纳税人的税收遵从情况可以分为以下四类,见表 3-9。

表 3-9　纳税人的税收遵从情况分类(OECD)

类别	含义
纳税人完全不遵从	已决定不依法纳税
纳税人可能不遵从	不想纳税,但税务机关如果予以关注会纳税
纳税人想遵从,但实施难度较大	试图依法纳税,但并非总能成功
纳税人遵从	愿意依法纳税

在评估处理的过程中,对于前两类纳税人,税务机关应强化管理、严格执法、重点打击,坚决杜绝其不依法纳税的侥幸心理;对于第三类纳税人,税务机关则应帮助纳税人提高依法诚信纳税的能力;对于第四类纳税人,则要重点向其提供纳税服务。据此,纳税评估的结果处理也需要分情况来进行。

(一)无问题处理

对经审核未发现疑点或虽发现疑点但经约谈举证、调查核实排除的,做无问题认定,结束纳税评估。

（二）一般问题处理

对经评估发现的计算和填写错误、政策和程序理解偏差等一般性问题，经约谈举证、调查核实、纳税人自查，事实清楚，证据确凿，不属于违法违章问题的，由评估人员制作《纳税评估认定结论书》，责令纳税人补缴税款及滞纳金，并督促纳税人按照税法规定调整账目并报税务机关备案。

对审核分析发现疑点，指标明显异常，纳税人申报的计税依据明显偏低，纳税人无正当理由的，按《中华人民共和国税收征收管理法》（以下简称《税收征管法》）第三十五条的规定，依法进行税额核定，由评估人员制作《纳税评估认定结论书》和《核定征收税款通知书》，责令纳税人限期补缴税款及滞纳金。

> **专栏 3-3　《中华人民共和国税收征收管理法》节选**
>
> 第三十五条　纳税人有下列情形之一的，税务机关有权核定其应纳税额：
> （一）依照法律、行政法规的规定可以不设置账簿的；
> （二）依照法律、行政法规的规定应当设置但未设置账簿的；
> （三）擅自销毁账簿或者拒不提供纳税资料的；
> （四）虽设置账簿，但账目混乱或者成本资料、收入凭证、费用凭证残缺不全，难以查账的；
> （五）发生纳税义务，未按照规定的期限办理纳税申报，经税务机关责令限期申报，逾期仍不申报的；
> （六）纳税人申报的计税依据明显偏低，又无正当理由的。
> 税务机关核定应纳税额的具体程序和方法由国务院税务主管部门规定。

（三）违法违规问题的处理

对发现违法违规问题，经约谈举证、调查核实、纳税人自查等程序认定事实清楚，证据确凿，且非偷逃骗税、虚开专用发票等重大问题嫌疑，由评估人员制作《纳税评估认定结论书》，提交综合管理岗，按照违法违章有关程序处理，依据相关法律、法规做出《税务处理决定书》《税务行政处罚告知书》《税务处罚决定书》等文书，责令纳税人补缴税款、罚款、滞纳金。

经评估发现存在偷逃骗税、虚开专用发票等重大问题嫌疑或其他需要立案查处的税收违法行为嫌疑，无正当理由拒不配合约谈举证、调查核实的，提请纳税人自行改正而纳税人未进行改正的,纳税人主动选择以自查申报代替约谈说明后未能在规定期限内自查补税且未向税务机关说明正当理由的,自查补税结果与税务机关的评估结果差距较大且不能说明正当理由的,以及在一个年度内发现评估对象在以前评估时已被发现并得以纠正的问题再次发生时,由评估人员制作《纳税评估认定结论书》,提出移交处理意见,填制《纳税评估案源移送建议书》,连同有关资料一并移交税务稽查处理。税务稽查结束后,稽查部门应当及时填写《纳税评估移交问题反馈单》(见表3-10),将稽查结果反馈至纳税评估部门。如稽查结果与纳税评估结果出现较大偏差,纳税评估部门应对本次评估进行深入总结和反思,以指导日后更高效地开展纳税评估工作。

表3-10 纳税评估移交问题反馈单

纳税人名称		纳税人识别号			
地址		电话		联系人	

稽查情况:

1. 稽查阶段:□检查 □审理 □执行
2. 稽查结论:□无问题 □有问题

问题类型:□虚开专用发票 □开具变造专用发票 □其他违章问题

查补税款: 加征滞纳金: 罚款:

经办人: 负责人:

年 月 日

稽查局长意见:

签章

年 月 日

纳税评估单位意见:

签章

年 月 日

注:本表一式两份,稽查部门留存一份,纳税评估部门留存一份。

按照有关要求需要移交税务稽查部门处理的情形主要包括:

① 涉嫌构成偷税、逃避追缴欠税、骗取出口退税、抗税的;
② 涉嫌虚开、非法代开、伪造、倒卖、私自印制发票或可以用于出口退税、抵扣税款的其他凭证的;
③ 涉嫌非法携带、邮寄、运输或存放空白发票的;
④ 涉嫌伪造、私自制作发票监制章、发票防伪专用品、完税凭证的;
⑤ 增值税专用发票和其他抵扣凭证稽核比对异常、涉嫌偷骗税的;

⑥ 涉嫌为纳税人、扣缴义务人非法提供银行账户、发票、证明或其他方便，导致税款流失的；

⑦ 无正当理由拒绝或不配合纳税评估工作的；

⑧ 对经评估核实应缴纳的涉嫌税款拒绝及时足额入库的；

⑨ 不接受纳税评估建议、不按规定进行调账或经评估处理后仍发生同类涉税问题的；

⑩ 其他根据税收法律、行政法规、规章及规范性文件规定的需要移交稽查部门查处的。

二、评估结果的应用

一是每项纳税评估工作完成之后，通过认真开展评估案例的综合分析和典型案例的分析，及时修正完善评估指标体系和纳税评估模型。将纳税评估综合报告和修改完善之后的纳税评估模型下发税源管理单位。税源管理单位在日常监控中借鉴和运用，做到以评促管。纳税评估汇总报告包括以下主要内容：当期所有评估纳税人纳税申报的总体情况；纳税评估过程中发现的普遍性问题；纳税评估过程中发现的典型案例；重点税源户申报异常情况分析；有针对性的管理建议；其他与纳税评估相关的重大事项。

二是对纳税人在政策理解、财务分析、申报纳税及其他涉税事项方面存在的错误或需调整、改进的情形，向纳税人提供纳税评估建议。

三是纳税评估与纳税信用等级评定相结合，评估结果作为纳税信用等级评定的重要参考依据。

三、纳税评估工作报告

《纳税评估工作报告》是对纳税评估工作过程的总结和结论，以下两种情况必须撰写《纳税评估工作报告》：经税务约谈后涉及补税，决定终止纳税评估程序；实地核实工作结束后，决定终止纳税评估程序。《纳税评估工作报告》应条理清晰、语言简洁、逻辑性强，具体包括以下八个方面的内容：

第一，基本情况。主要反映纳税人名称、税号、法人代表、财务负责人、生产规模、工艺流程、主要原材料、评估期间申报销售收入、税额、税负率等。

第二，评估对象的类别。一是连续三个月零负申报企业；二是根据行业控管办法和行业税负预警值筛选的低税负企业；三是通过省局纳税评估监控分析系统下达的季度异常企业。

第三，案头分析。这是纳税评估工作的核心内容，评估人员应采取综合指标分析、指标模型分析和行业税负指标分析等多种方法进行，案头分析应详细列明疑点及分析过程、方法等。凡是通过增值税纳税评估监控分析系统选案的企业，均应以表格形式列明评估对象税负率、销售额变动率、销售收入与流动资产比值、毛利差异率和三小票抵扣税额差异幅度等五个比率的发布值、测算值、偏移幅度和权值得分等。

第四,约谈举证。根据案头分析的疑点问题,将纳税人针对各项疑点问题做出的解释逐条描述清楚。

第五,实地核实。记录评估人员调查核实过程、查看的资料等内容及结果。

第六,评估结论。记录评估人员针对案头分析、税务约谈和实地调查后对评估对象评估期间的税收情况所做的结论。

第七,回归分析。将评估结论数据重新纳入评估期计算后,证实疑点分析的准确性。

第八,管理建议。针对评估对象存在的问题,结合日常征管工作提出管理建议,管理建议要有针对性。

专栏 3-4　对某石材公司的纳税评估工作报告

一、确定对象

评估人员在日常纳税审核中发现,某石材公司 2009 年度实现主营业务收入 12 063 388.00 元,利润总额为 -273 563.35 元,该公司应纳所得税与主营业务收入存在较大差距,年度成本利润率明显低于同行业同规模石材生产企业,且年末的亏损存在较大疑点,可能存在瞒报产量、销售不记账、偷逃所得税的嫌疑,分局决定对该企业进行深入评估。

二、调查分析

通过纳税人基础资料审阅获得以下信息:该石材公司成立于 2004 年 7 月,注册类型为有限责任公司,注册资本金 400 万元,主要从事货物及技术进出口、石材加工、石材安装,现有正式职工 25 人。

(一)评估人员发现某石材工程公司年度成本利润率远低于行业预警值(A),应纳所得税与主营业务收入同步增长系数(B)异常。A 和 B 的计算公式分别为

A:(评估期主营业务成本÷评估期销售收入×100%)÷(评估期行业平均主营业务成本÷评估期行业平均销售收入×100%)

B:[(评估期应纳所得税额-基期应纳所得税额)÷基期应纳所得税额×100%]÷[(评估期销售(营业)收入-基期销售(营业)收入)÷基期销售(营业)收入×100%]

(二)通过税务管理信息系统中的"一户式查询"功能,评估人员查询了该公司的基本情况及 2009 年度的纳税资料,并进行了综合分析:该公司属于加工行业,主要缴纳增值税,2009 年度虽然业务量较大,但年终不仅没有盈余,反而出现亏损,针对这一疑点,应将评估重点放在企业所得税上,对该企业的申报情况进行审核评析,重点是企业所得税申报表和财务报表,认为其调查重点应确定在收入、成本费用率是否准确方面。

三、询问核实

根据上述分析,税收管理员认为首先应对该纳税人进行约谈核实,并下达了《税务约谈通知书》。通过询问得知,该企业主要进行简单的石材加工,工艺流程并不复杂;税收管理员又有针对性地询问其成本结转方式,得知该企业结转成本的方法比较简易,采用"个别计价法",从原材料全额结转生产成本,年末产成品无余额。对于成本较大的疑问,企业解释为工艺流程不够先进,耗费原材料。

约谈核实工作结束后,税收管理员制作了《纳税约谈核实记录》。经过约谈,仍无法排除纳税评估中的疑点,税收管理员决定到该户的实际经营地进行调查核实。进入该企业后,税收管理员要求企业提供 2009 年度的会计账簿、报表、发票、销售合同等有关纳税资料,在收入上暂时未发现什么问题。由于在前期约谈过程中已经得知该企业结转成本的方法是"个别计价法"。按照"个别计价法"对账,发现原材料贷方额与制造费用的合计比实际产成品多出 700 多万元。该企业会计经核实后解释说,在原材料中有个别二次入库的记录,按照账上的记录逐笔核实计算,数额确实相符。线索暂时中断了,必须再寻突破口。

随后,税收管理员对企业下达了《限期提供纳税资料通知书》,决定从源头抓起,按照企业提供的三笔金额较大的购销合同,对其成本的结转进行全面核实。税收管理员通过查找相关凭证及原材料账的记载,既对其主要品种核实入库、出库情况,又进一步按照产成品品种分类对入库、出库情况进行了记录。针对石材行业的特点,在核实的时候,税收管理员不仅对金额进行统计,而且对各品种石材入库、出库面积进行了记录。与此同时,要求企业提供购买方的验收单,以期掌握其具体销售面积及金额。经过大量的统计工作后,税收管理员对汇总情况及相关数据进行了比对、分析。一系列的数据表明,该企业在产品的结转单价上出入不大,但在某一项目中,其主要石材结转的入库、出库面积不符,与验收单上的销售面积也无法吻合。在事实面前,企业会计交代了实情:该企业 2009 年销售情况较好,为降低利润,多结转了生产成本。

四、评定处理

对于该公司多结转材料成本、少缴企业所得税的违法事实,根据《中华人民共和国税收征收管理法》及《中华人民共和国企业所得税法》的有关规定,依法做出税务处理决定。该企业补缴企业所得税 49 668.74 元。

五、征管建议

(一)税务人员必须发扬钉子精神,与时俱进,钻研业务,面对新形势,迎接新挑战。当前,经济发展日新月异,新行业、新情况不断涌现,税收工作面临着诸多新问题,征管工作面临着诸多新要求,纳税人账务不实,税负不均,不做账或做假账的情况较为普遍。新形势对税务人员提出了新挑战,税务人员必须与时俱进,只有加快相关涉税知识的学习,切实提高自身的持续学习能力,才能更好地履行税收职责和使命。

(二)开展行业专项评估,建立行业税负监控指标体系,是提高纳税评估质量的重要手段。任何特定的行业都具有其特殊的工艺流程和成本特点,通过行业评估,比对企业之间的相关涉税资料,可以解决很多案头评估所无法解决的问题。税务机关可以有针对性地开展各行各业的专项评估,逐步收集各行业相关指标,并通过不断积累形成海量数据,建立本地化的行业税负监控指标体系及行业数据库,通过对海量数据实行电子化的纵横比对,采取人工评估及电子评估相结合的科学评估方法,切实搞好新形势下的纳税评估工作。

(三)通过此案例,我们认识到,在日常税务管理工作中,实施精细化管理,夯实征管基础,是全面提高征管质量和效率的重要途径。在财务管理上,联合财政及国税部门,实行定期辅导,逐步使广大纳税人走上依法纳税的轨道;在税收管理上,必须做出明确的导向,税收管理员必须增加下户调研次数,多干实事,少务虚,全面提高税收征管的精细化程度,重要的是,必须及时了解和掌握各行各业的生产流程、生产经营状况及其发展规律,掌握行业盈利水平,做到税源心中有数,力争从面上掌握总体情况,及时采取有针对性的管理措施。

(四)税务约谈要掌握要点。本案直接锁定成本问题,因此税收管理员在约谈时特别注意成本结转方法等事项。可以看到,某些企业为了偷逃税款想尽办法,而且形式越来越隐蔽。本案中,尽管企业的成本结转看似一目了然,单位成本也没有问题,但是却在结转面积上做了文章。事实证明,企业无论采取什么方法偷漏税,仍是万变不离其宗,尤其对工业企业,成本结转通常是企业做手脚之处。这就要求我们在纳税评估中克服计算烦琐、工作量大的困难,从小处着手,不给纳税人以偷逃税款的空隙,堵塞税收漏洞,防止国家税款的流失。

(五)全面提高纳税遵从度及纳税人满意度,构建和谐税收,是实现税收事业全面、协调、可持续发展的必由之路。通过加大税法宣传,使纳税人了解税法,知道该纳哪些税,该如何纳税,逐步提高纳税遵从度,促使其积极主动地申报纳税,降低征纳成本及税收征管难度;通过改进纳税服务,全面提高纳税人满意度,构建和谐税收,实现税收事业的可持续发展。

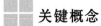 关键概念

约谈举证　零和博弈　约谈通知　控制分析法　实物盘存法

复习思考题

1. 纳税评估的基本流程包括哪些？
2. 纳税评估信息采集的内容包括哪些？
3. 约谈举证的主要内容是什么？
4. 约谈举证的主要步骤包括哪些？
5. 约谈的技巧包括哪些？
6. 实地核查的方法包括哪些？
7. 纳税人税收不遵从的情况包括哪些？
8. 纳税评估的处理包括哪些情形？
9. 纳税评估报告的具体内容包括哪些？

第四章

纳税评估方法与模型

本章导读

纳税评估方法具体包括纳税评估对象的选择方法和纳税评估的基本方法等两个层次的内容。评估对象的选择方法包括申报资料勾稽法、逻辑错误检索法、综合评分排序法、判别分析法、Tobit 模型估测法和神经网络预测法等。纳税评估的基本方法主要介绍比较分析法和控制评估法。

第一节 评估对象的选择方法与模型

纳税评估涉及纳税事宜的方方面面，小到数据填写、录入错误，大到各种情况复杂、种类繁多、形式多样的虚假申报。如果想以一种简单的算法解决所有的评估对象选案问题，显然是不可能的，往往需要多种方法并用，从多个侧面进行深入挖掘分析。这里分别介绍申报资料勾稽法、逻辑错误检索法、综合评分排序法、判别分析法、Tobit 模型估测法和神经网络预测法。由于申报资料勾稽法、逻辑错误检索法、综合评分排序法相对简单，因此这里重点分析较为复杂的判别分析法、Tobit 模型估测法和神经网络预测法。

需要说明的是，评估工作中，所有纳税人每期的申报资料都要通过计算机自动筛选分析。因此，从这个意义上来说，每个纳税人都是被评估对象。而这里指的评估对象是通过计算机分析之后,发现可能有问题、需要进一步进行人工分析、约谈以至实地核查的对象。

一、申报资料勾稽法和逻辑错误检索法

申报资料勾稽法和逻辑错误检索法主要用于检索纳税人申报资料中的计算、填写错误。检索校验主要的适用范围包括纳税申报主表与附表的项目和数字之间,不同税种纳税申报表的具有关联关系的项目之间,申报表与审批表之间,申报表与税控装置数据之间,申报数据与财务报表数据之间等,即主要判断不同系统相关数据之间的勾稽逻辑关系是否正确。

(一) 申报资料勾稽法

1. 数学模型

申报资料勾稽法主要用于检索表内、表间算术关系错误。数学模型是

$$F(a,b,\cdots) = x$$

其中,$a,b,\cdots$ 和 x 分别代表具有一定关系的变量,F 为 x 与其他各变量之间的函数关系。

2. 应用举例

以检索增值税进行税额申报错误为例。x 为本期进项税额合计数,a 为本期发生额合计数,b 为免税货物合计数,c 为非应税项目合计数,d 为非正常损失合计数,e 为简易办法征税货物合计数;函数关系表达式 $F(a,b,c,d,e) = a - b - c - d - e$。

如果 $F(a,b,c,d,e) \neq x$,则说明纳税人报送的申报表算术关系错误,原因可能是计算、填写错误或有偷逃税款行为。

申报资料勾稽法的适用范围是纳税人财务报表、发票及附报资料表内及表间算术关系错误的问题。

(二) 逻辑错误检索法

1. 数学模型

逻辑错误检索法主要用于检索表内、表间逻辑关系错误。数学模型是

$$\text{如果 } F(a_1,b_1,\cdots) > 0, \text{则 } G(a_2,b_2,\cdots) > 0$$

其中,$a_1,b_1,\cdots$ 和 $a_2,b_2,\cdots$ 分别代表具有一定算术关系的变量。F 和 G 分别表示变量 $a_1,b_1,\cdots$ 之间和 $a_2,b_2,\cdots$ 之间的函数关系。

2. 应用举例

以非检索正常损失是否作为进项税额转出为例。a_1 为《资产负债表》中"待处理流动资产损失"本月期末数,b_1 为《资产负债表》中"待处理流动资产损失"上月期末数,a_2

为《申报表》中进项税额转出栏"非正常损失";函数关系表达式 $F(a_1,b_1) = a_1 - b_1$,$G(a_2) = a_2$。

如果 $F(a_1,b_1) > 0$,而 $G(a_2) \leq 0$,则说明纳税人报送的资料逻辑关系错误,原因可能是计算、填写错误或有偷逃税款行为。

逻辑错误检索法的适用范围是纳税人财务报表、发票及附报资料表内及表间逻辑关系错误的问题。

(三)申报资料勾稽法和逻辑错误检索法应用分析

申报资料勾稽法和逻辑错误检索法可以用于发现计算、填写错误或有偷逃税款行为等问题。其主要优点是:方法简单,易于实现;不存在人为因素,客观公正;查出问题准确率较高。缺点是:这两个模型只能处理一些简单的表内、表间平衡问题或根据财务指标间的内部关联特性检查出一些简单、明显的勾稽算术关系、逻辑关系错误,查出的问题一般比较轻微。

二、综合评分排序法

综合评分排序法是一种对由计算机自动筛选出的疑点纳税人,按照疑点指标数量多少和疑点指标值偏离度自动计算得分,根据分值多少排序的方法。

综合评分排序法的思想源自比较分析法,即同区域、同行业、同规模正常经营企业的涉税指标一般应处于某个合理区间。如果某企业的指标偏离了这个区间,我们可以认为该企业的经营可能不正常。一家企业某测算指标偏离越大、偏离指标数量越多,不正常的可能性越大。

1. 数学模型

$$x = \sum_{i=1}^{M} d_i q_i$$

其中,x 表示某纳税人的排序得分值;M 表示用于选择评估对象指标的个数;d_i 为偏离度,表示第 i 个指标偏离警戒值的幅度,其计算公式为

$$d_i = \begin{cases} p_i - |\bar{d}_i + \delta|, & \text{如果 } p_i \geq |\bar{d}_i + \delta| \\ |\bar{d}_i - \delta| - p_i, & \text{如果 } p_i \leq |\bar{d}_i - \delta| \\ 0, & \text{如果 } |\bar{d}_i - \delta| < p_i < |\bar{d}_i + \delta| \end{cases}$$

其中,$\bar{d}_i$ 为该行业纳税人该指标的均值,δ 为方差;p_i 代表某纳税人第 i 个选择指标的具体值。

q_i 代表第 i 个选择指标值的权值,依据该指标与纳税人申报情况相关度来确定。相关

度越高,则分配权值越大;反之,则分配权值越小。可以令 $\sum_{i=1}^{M} q_i = 100$。

排序方法为各纳税人按疑点指标总得分情况,由高分至低分排序,分高者存在问题的可能性大,先评估。

该方法的优点在于:模型意义比较直观;最终评分由多个指标计算得到,考虑的因素比较多。缺点是:模型中评估指标的构成以及不同指标之间的权值分配由税务部门确定,人为主观因素多;模型中指标之间可能存在线性相关关系,导致信息重叠。

2. 应用举例

A 和 B 两商业企业地域、规模相近,某月申报情况:A 企业本月增值税税负率为 1.9%,主营业务收入变动率为 1.8%;B 企业本月增值税税负率为 3%,主营业务收入变动率为 1.5%。该行业平均税负率为 4%,方差为 1%;主营业务收入变动率平均值为 2%,方差为 1%。为简便起见,仅以两个评估选案指标为例。

若税负率、主营业务收入变动率的权值分别为 60 和 40,则:

$$X_A = \sum_{i=1}^{2} d_i q_i = (4\% - 1\% - 1.9\%) \times 60 + 0 \times 40 = 0.66$$

$$X_B = \sum_{i=1}^{2} d_i q_i = 0 \times 60 + [1.5\% - (2\% - 1\%)] \times 40 = 0.2$$

显然,$X_A > X_B$。A 的综合评价得分大于 B,应先对 A 进行评估。

三、判别分析法

判别分析法(discriminant analysis)是产生于 20 世纪 30 年代的一种多元统计方法。其基本思想是根据已有的有明确分类的样本指标,构造一个或一组判别函数及判别规则,从而判断某一特定个体究竟属于哪一类。判别分析法经过数十年的发展,产生了不同的判别原则,从而形成了不同的判别方法。

就判别标准而言,有最大似然法、举例判别法、费雪判别法、贝叶斯判别法、非参数判别法、Logistic 判别法等;就判别过程而言,有普通判别法、序惯判别法、逐步判别法等;就判别函数形式而言,有线性判别函数与非线性判别函数。这些方法构成了判别分析的方法体系。

应用判别分析法选择评估对象的步骤分为:①行业合并与规模分类;②指标的选取和筛选;③建立样本数据库;④总体差异性检验;⑤建立真实申报判别模型。

(一)行业合并与规模分类

纳税人分布在国民经济的各个行业,由于各个行业之间的获利能力、成本结构以及会计核算方法不同,不同税种的核算方法也不同,故应以行业为单位建立判别函数。

需要指出的是,一般来说,由于规模效应的影响,同一行业不同规模企业的盈利能力以及其他生产经营指标的数量特征也往往并不相同。因此,在本地区同一行业企业数量足够多的情况下,可以考虑按照销售收入大小再进行分类,这样将经营规模因素也考虑到判别函数的建立当中,可以提高判别分析的准确性。

这里的行业分类可以采取"国民经济行业分类代码"中的分类方法。该分类代码体系将整个国民经济划分为 13 个大类,每个大类又分为若干小类。在实际工作中,根据各地区的实际情况划分行业时,要保证划分后的每个行业中企业(样本)的数量不能过少,如果太少,需要考虑将相近的行业合并。

(二)指标的选取和筛选

1. 指标的选取

在各税种的评估指标体系当中,既有纵向比较的指标,也有横向对比的指标;既有纳税人报送的指标信息,也有其他部门提供的指标信息。在进行不同税种的判别分析时,模型中的指标可以取自上述各税种的指标体系。以企业所得税申报判别分析为例,可以选取偿债能力指标、运营能力指标、盈利能力指标等,这些指标主要来自企业的纳税报表、资产负债表和损益表。模型中采用的指标可以是企业纳税报表中的指标(绝对指标),也可以是其派生指标(相对指标)。

通过上述分析,初步选择出某个行业的判别指标体系,得到行业判别原始指标体系。

2. 指标的筛选:主成分分析法

在各税种评估指标体系当中,为了全面、系统地反映纳税人生产经营活动、纳税情况,需要考虑比较多的因素,因此可能造成指标数量众多。例如,与企业所得税相关的评估指标就有 80 多个。但是,又因为指标之间往往彼此存在一定的相关性,所以所取得的评估指标会有一定程度的信息重叠。而在统计研究中,如果变量太多,不但会增加问题的复杂性,使得指标运算量加大,而且如果将对判别分析不起作用的指标入选判别模型,还会影响模型的判别效果。因此,在统计分析中所用指标应当尽可能少,而得到的信息应当尽可能多,这样判别效果会更好。为此,我们可以使用主成分分析法对上一步初选的行业原始指标体系进行优选,从而建立简洁有效的指标体系。

(1)主成分分析法的基本思想

主成分分析,也称主分量分析,是由哈罗德·霍特林(Harold Hotelling)于 1933 年首先提出的。主成分分析是一种利用降维的思想,把多个指标化为少数几个综合指标的多元统计分析方法。它通过适当的数学变换,用少数几个具有代表性的综合指标来代替原始指标,并保留原始指标尽可能多的信息。

经济问题涉及的众多变量之间具有一定的相关性,这其中必然存在起支配作用的共同因素。因此,基于对原始变量相关矩阵内部结构关系的研究,经过适当的数学变换,可以找出影响某一经济过程的几个综合变量,使综合指标成为原来指标的线性组合,这个综合指标就是原始指标的主成分。该综合指标不仅保留了原始变量的主要信息,而且彼此之间不相关,同时又具有某些比原始变量更优越的性质,使得我们研究复杂的经济问题时容易抓住主要矛盾。这就是主成分分析法的思想实质。

(2)主成分分析法的数学模型与求解过程

由 n 个 p 维随机变量 $x=(x_1,x_2,\cdots,x_p)^T$ 组成的原始矩阵如下所示:

$$x = \begin{pmatrix} x_{11} & \cdots & x_{1p} \\ \vdots & \vdots & \vdots \\ x_{n1} & \cdots & x_{np} \end{pmatrix} (n>p) \tag{1}$$

该矩阵在经济研究中一般表示 n 个样本(企业、年份等),p 个变量(经济指标等)。

在应用主成分分析法时,为消除由于量纲的不同而可能带来的一些不合理影响并且解决不同量纲不能求和的问题,需要先对数据进行标准化处理,以使每一个变量的平均值为 0,方差为 1。

为了方便,将数据标准化之后的矩阵仍用 x 记,则 $(x_1,x_2,\cdots,x_p)^T$ 的 p 个变量可以综合成 p 个新变量,新的综合变量可以由原来的变量 $x_1,x_2,\cdots,x_p$ 线性表示,即

$$\begin{cases} y_1 = u_{11}x_1 + u_{12}x_2 + \cdots + u_{1p}x_p \\ y_2 = u_{21}x_1 + u_{22}x_2 + \cdots + u_{2p}x_p \\ \vdots \\ y_p = u_{p1}x_1 + u_{p2}x_2 + \cdots + u_{pp}x_p \end{cases} \tag{2}$$

并且满足 $u_{k1}^2 + u_{k2}^2 + \cdots + u_{kp}^2 = 1, k=1,2,\cdots,p$。

其中,系数 u_{ij} 是由下列原则确定的:

① y_i 与 $y_j(i \neq j; i,j=1,2,\cdots,p)$ 相互之间无关。

② y_1 是 $x_1,x_2,\cdots,x_p$ 的所有线性组合[系数满足(2)式]中方差最大者;y_2 是与 y_1 不相关的 $x_1,x_2,\cdots,x_p$ 的所有线性组合中方差最大者;y_p 是与 $y_1,y_2,\cdots,y_{p-1}$ 不相关的 $x_1,x_2,\cdots,x_p$ 的所有线性组合中方差最大者。

这样决定的综合变量 $y_1,y_2,\cdots,y_p$ 分别被称为原变量的第一、第二、…、第 p 个主成分。其中,y_1 在总方差中占的比重最大,其余综合变量 $y_2,\cdots,y_p$ 的方差依次递减。因此,只要取前几个方差最大的主成分,即可达到减少变量(指标),从而简化结构、抓住问题实质的目的。

(三)建立样本数据库

建立样本数据库,是指对税务部门收集的样本企业数据进行分类,把这些企业分为

"真实申报"和"不真实申报"两类,并分别建立标准的"真实申报"数据库 H 和标准的"不真实申报"数据库 L。

理想的分类方法是:首先进行调查,掌握准确的数据资料,不但要掌握真实申报类详细、准确的数据资料,而且要掌握不真实申报类详细、准确的数据资料以及偷逃漏税形式;其次,使用精简的指标体系,即上述通过主成分分析法获得的指标体系,选用合适的"距离"、应用合适的分类方法对样品数据进行分类,就可以将样本企业分为"真实申报" H 类和"不真实申报" L 类,建立"真实申报"数据库 H 和"不真实申报"数据库 L。

1. 聚类分析方法

对样本企业进行分类采用的是聚类分析方法。聚类分析(cluster analysis)是研究"物以类聚"的一种多元统计方法,是按照研究对象在性质上的亲疏关系,应用数学工具进行分类的方法。聚类方法很多,有系统聚类法、动态聚类法、最优分类法、图论聚类法等,其中最常用的是系统聚类分析法。

系统聚类分析的思想是,将 n 个样品各自看作一类,规定样品之间的距离和类与类之间的距离,先将两两计算距离,然后将具有最小距离的两个样品合并成一类,计算这个类和其他 $n-2$ 个样品的距离,再将最小的两个类合并,如此重复。这样每次分类都会减少一类,直到所有的样品都被归并为一类为止。

在实际研究过程中,通常利用计算机软件进行聚类分析。这时可以根据研究对象,选取多种聚类方法和多种距离或相似系数,然后对聚类结果进行对比、分析,以确定合适的距离和方法。

2. 常用距离

在聚类分析中,除了聚类分析方法的选择,距离的选择也是一个比较复杂而带有主观性的问题。描述研究对象在性质上的亲疏关系的尺度有两种:一种是把研究对象样品看作 m 维空间中的一个点,然后用点和点之间的某种距离表示,常用的距离有明科夫斯基(Minkowski)距离、切比雪夫(Chebychev)距离、马氏(Mahalanobis)距离、兰式(Canberra)距离和协交空间距离等;另一种是定义样品之间的某种"相似系数",然后据此对样品进行分类,常见的相似系数有夹角余弦、相关系数和指数相关系数等。

设有 n 个样品,每个样品有 p 个指标,记 $n×p$ 原始观察数据矩阵为

$$X = \begin{pmatrix} x_{11} & \cdots & x_{1p} \\ \vdots & \vdots & \vdots \\ x_{n1} & \cdots & x_{np} \end{pmatrix} = E(u) = 0$$

矩阵 X 的第 i 行是第 i 个样品的 p 个指标值,第 j 列是第 j 个指标的 n 个观测值。

在聚类分析以及判别分析中常用的距离有以下几种：

（1）明科夫斯基距离

$$d_{ij}(q) = \left[\sum_{k=1}^{p} |x_{ik} - x_{jk}|^q \right]^{1/q}$$

$$(i,j = 1,2,\cdots,n)$$

明科夫斯基距离的优点是比较直观；缺点是距离的大小与各指标的观测单位有关，另外它没有考虑指标之间的相关性，因而易受变量之间相关性的干扰。

（2）切比雪夫距离

$$d_{ij}(\infty) = \max |x_{ik} - x_{jk}|$$

$$(i,j = 1,2,\cdots,n)$$

切比雪夫距离的特点与明科夫斯基距离相同。

（3）马氏距离

$$d_{ij}^2 = (x_i - x_j)' \sum\nolimits^{-1} (x_i - x_j)$$

其中，$x_i = \begin{pmatrix} x_{i1} \\ x_{i2} \\ \vdots \\ x_{ip} \end{pmatrix}$，$\sum$ 是 p 维随机向量的协方差矩阵。

马氏距离的优点是对指标的相关性做了考虑，且不受指标量纲的影响。缺点是同类样本的距离通过这一类样品的协方差矩阵计算得到，类的形成依赖样品之间的距离，而样品之间合理的马氏距离又依赖于类，从而形成循环。

（4）兰式距离

$$d_{ij}(L) = \sum_{k}^{p} \frac{|X_{ik} - X_{jk}|}{X_{ik} - X_{jk}}$$

$$(i,j = 1,2,\cdots,n)$$

兰式距离的特点与明科夫斯基距离相同。此外，它对大的奇异值比较敏感，适合高度偏倚的数据。

（5）协交空间距离

$$d_{jk} = \left[\frac{1}{p} \sum_{i}^{p} \sum_{h}^{p} (X_{ji} - X_{ki})(X_{jh} - X_{kh}) r_{ih} \right]^{1/2}$$

$$(i,k = 1,2,\cdots,n)$$

其中，r_{ih} 为数据经过标准化变换后指标 i 和指标 h 之间的相关系数。

协交空间距离的特点是排除了变量之间相关性的干扰，不受量纲的影响。

（四）总体差异性检验

1. 总体均值的差异性检验

对纳税人诚实申报进行判断的方法是判别分析，判别分析是利用两个总体数字特征之间的差异进行判别的，只有两个总体的均值有显著性差异，应用建立的判别模型进行判别才有意义，否则，判别没有意义。因此，在建立判别模型前，还需要对 H 库和 L 库进行差异性检验。

设有两个 p 元总体 $N_p(\mu^{(2)}, \sum^{(2)})$ 和 $N_p(\mu^{(1)}, \sum^{(1)})$，分别从中抽取样品：$X_1^{(2)}$，$X_2^{(2)}, \cdots, X_{n_2}^{(2)}$ 和 $X_1^{(1)}, X_2^{(1)}, \cdots, X_{n_1}^{(1)}$，其中，$n_1 > p$，$n_2 > p$。

记 $\overline{X}^{(1)} = \frac{1}{n_1} \sum_{j=1}^{n_1} X_j^{(1)}$，$\overline{X}^{(2)} = \frac{1}{n_2} \sum_{j=1}^{n_2} X_j^{(2)}$；检验 $H_0 : \mu^{(1)} = \mu^{(2)}$。

采用马氏距离的 D^2 检验：

$$D_p^2 = (\mu^{(1)} - \mu^{(2)})' \sum^{(0)-1} (\mu^{(1)} - \mu^{(2)})$$

统计量为 $F = \frac{n-p-1}{p} \frac{n_1 n_2}{n(n-2)} D_p^2$ 服从 $F(p, n-p-1)$，其中，$n = n_1 + n_2$。

对建立的 H 库和 L 库用以上统计量进行均值差异性检验，如果总体均值差异不显著，则需重新建库，或者重新设立、筛选指标体系。

2. 总体协方差阵的差异性检验

线性判别函数是以两总体协方差阵相等为前提的，如果两总体协方差阵不相等，则应考虑使用两次判别函数。因此，还应对两总体进行协方差阵的差异性检验。

协方差阵的差异性检验方法如下所示：

设有 m 个 p 元总体 $N_p^{(h)}(\mu, \sum^{(h)})$，$h = 1, 2, \cdots, m$。现分别从总体 $N_p^{(h)}(\mu, \sum^{(h)})$ 中独立地抽取样本：

$$X_1^{(h)}, X_2^{(h)}, \cdots, X_{n_h}^{(h)}, h = 1, 2, \cdots, m; \sum_{h=1}^{m} n_h = n$$

$$\overline{X}^{(h)} = \frac{1}{n_h} \sum_{j=1}^{n_h} X_j^{(h)}, h = 1, 2, \cdots, m$$

$$A^{(h)} = \sum_{j=1}^{n_h} (X_j^{(h)} - \overline{X}^{(h)})(X_j^{(h)} - \overline{X}^{(h)})', h = 1, 2, \cdots, m$$

令

$$\overline{X} = \frac{1}{n} \sum_{h=1}^{m} \sum_{j=1}^{n_h} X_j^{(h)}$$

$$A = \sum_{h=1}^{m} A^{(h)}$$

检验 $H_0: \sum^{(1)} = \sum^{(2)} = \cdots = \sum^{(m)}$。

H_0 的似然比统计量为

$$\lambda = \frac{\left|\frac{1}{n}A\right|^{-\frac{n}{2}}}{\prod_{h=1}^{m}\left|\frac{1}{n_h}A^{(h)}\right|^{-\frac{n_h}{2}}} = \frac{n^{np/2}\prod_{h=1}^{m}|A^{(h)}|^{\frac{n_h}{2}}}{\prod_{h=1}^{m}n_h^{n_h p}|A|^{\frac{n}{2}}}$$

修改的似然比统计量记为

$$M = (n-m)\ln\left|\frac{A}{n-m}\right| - \sum_{h=1}^{m}(n_k - 1)\ln\left|\frac{A^{(h)}}{n_h - 1}\right|$$

乔治·博克斯(George Box)给出了 M 的近似分布,并编制了 p、n 较小时的分布表。当 p、n 值超出表中的范围时,可以用 M 近似服从的 F 分布或近似服从的 χ^2 分布来判断拒绝或接受原假设 H_0。

建立 H 库和 L 库之后,需要按照上述检验方法进行总体协方差阵的差异性检验,以判断是否采用线性判别函数或者二次判别函数。

(五)建立真实申报判别模型

选择评估对象(真实申报)判别模型的依据是判别分析。判别分析方法有很多,应根据具体的研究对象选取不同的判别方法。也可以采用不同的判别方法建立判别模型进行分析,然后比较结果,再加以选择。

1. 距离判别

设有两个总体 H 和 L,X 是一个待判样品。定义样品 X 到总体 H 和 L 的距离,并记 X 和 H、L 的距离分别为 $d(X,H), d(X,L)$。可以采用如下规则判别:若样品 X 到总体 H 的距离小于到总体 L 的距离,则认为样品 X 属于总体 H;反之,则认为样品 X 属于总体 L;若 X 到 H 和 L 的距离相等,则待判别。数学模型可描述为

若 $d(X,H) < d(X,L)$,则 $X \in H$;

若 $d(X,H) > d(X,L)$,则 $X \in L$;

若 $d(X,H) = d(X,L)$,本方法无法判别。

如前所述,X 到总体 H、L 的距离有多种定义方法,对应正态总体,比较合适的选择是使用马氏距离,则

$$d^2(X,H) = (X - \mu^{(1)})'\sum^{(1)-1}(X - \mu^{(1)})$$

$$d^2(X,L) = (X - \mu^{(2)})'\sum^{(2)-1}(X - \mu^{(2)})$$

其中,$\mu^{(1)}$、$\mu^{(2)}$ 和 $\sum^{(1)}$、$\sum^{(2)}$ 分别是 H 和 L 的均值及协方差阵。

(1) 线性判别

当 $\sum^{(1)} = \sum^{(2)}$ 时，判别函数是线性的。此时将待判样品到 H、L 两个总体的距离相减，得到判别函数：

$$W(X) = d^2(X,H) - d^2(X,L)$$

设 $\sum^{(1)} = \sum^{(2)} = \sum$，距离采用马氏距离，经过变换可以得到

$W(X) = \alpha + \beta'X$，其中，$\begin{cases} \alpha = -(u^{(1)} - u^{(2)})' \sum^{-1}(u^{(1)} + u^{(2)}) \\ \beta' = 2(u^{(1)} - u^{(2)})' \sum^{-1} \end{cases}$

这时，$W(X)$ 为 X 的线性函数。判别取决于函数 $W(X)$ 的值。判别规则为

若 $W(X) > 0$，则 $X \in H$；

若 $W(X) < 0$，则 $X \in L$；

若 $W(X) = 0$，则本方法无法判别。

(2) 二次判别

用线性判别函数进行距离判别的前提是两总体协方差阵相等（$\sum^{(1)} = \sum^{(2)}$）。当两个总体协方差阵不相等时，就不能建立线性判别函数，此时通过计算待判样本到两类总体的马氏距离，从中找出最小距离，然后进行判别。

判别函数为

$$\begin{aligned}W(X) &= d^2(X,H) - d^2(X,L) \\ &= (X - \mu^{(1)})' \sum\nolimits_1^{-1}(X - \mu^{(1)}) - (X - \mu^{(2)})' \sum\nolimits_2^{-1}(X - \mu^{(2)})\end{aligned}$$

判别规则为

若 $W(X) > 0$，则 $X \in H$；

若 $W(X) < 0$，则 $X \in L$；

若 $W(X) = 0$，则本方法无法判别。

此时，$W(X)$ 是 X 的二次函数，所以又称二次判别法。

2. 贝叶斯判别法

贝叶斯判别法的基本思想是，通过修正样本修正先验概率分析，求得后验概率分布，得到平均误判损失，通过使平均误判损失达到最小求得一个划分。

设有 m 个 p 元总体 $G_1, G_2, \cdots, G_m$，分别具有 p 维密度函数 $p_1(X), p_2(X), \cdots, p_m(X)$。已知 m 个总体的先验分布分别为 $q_1, q_2, \cdots, q_m$，用 $D_1, D_2, \cdots, D_m$ 表示 R^p 的一个划分：$D_i D_j = \Phi (i, j = 1, 2, \cdots, m, i \neq j)$，$\sum_{i=1}^m D_i = R^p$。

如果此划分适当，正好对应于 m 个总体，则有如下判别规则：

$X \in G_i$,若 $X \in D_i$,$i = 1, 2, \cdots, m$

由上面的判别规则,划分 D_1、D_2 带来的平均损失 ECM(expected cost of misclassification)为

$$\text{ECM}(D_1, D_2) = \sum_{i=1}^{m} q_i \sum_{j=1}^{m} c(j|i) p(j|i)$$

其中,$c(j|i)$ 表示样品来自 G_j 而误判给 G_i 的损失,误判的概率为

$$p(j|i) = \int_{D_j} p_i(X) \mathrm{d}X$$

我们的目的是求 $D_1, D_2, \cdots, D_m$,使得 ECM 达到最小。可以证明,在上述假设下,贝叶斯判别的解 $D_1, D_2, \cdots, D_m$ 为

$$D_t = \{X \mid h_j(X), j \neq t, j = 1, 2, \cdots, m\}$$

其中,$h_t(X) = \sum_{i=1}^{m} q_i p_i(X) c(t|i)$,$t = 1, 2, \cdots, m$。

选择纳税评估对象,需要将纳税人区分为"真实申报"(H)和"非真实申报"(L)两类。因此是一个两总体判别问题。此时 $m = 2$,因此

$$h_1(X) = q_2 p_2(X) c(1|2)$$
$$h_2(X) = q_1 p_1(X) c(2|1)$$

从而有

$$D_1 = \{|X| h_1(X) < h_2(X)\} = \left\{ X \frac{p_2(X)}{p_1(X)} < \frac{q_1 c(2|1)}{q_2 c(1|2)} \right\}$$

令 $V(X) = \dfrac{p_1(X)}{p_2(X)}$,$d = \dfrac{q_2 c(1|2)}{q_1 c(2|1)}$,则 $D_1 = \{|X| V(X) > d\}$,$D_2 = \{|X| V(X) < d\}$。

判别规则为

若 $V(X) > 0$,则 $X \in \mathrm{H}$;

若 $V(X) < 0$,则 $X \in \mathrm{L}$;

若 $V(X) = 0$,则本方法无法判别。

3. Probit 模型

Probit 模型是一个计量经济学模型,常用的是线性 Probit 模型(LPM)。

假设被解释变量 Z_i($i = 1, 2, \cdots, n$)仅取 0 和 1 两个值,X_i 为解释变量。LPM 的形式为

$$Z_i^* = \beta_0 + \beta_1 X_i + u_i$$

其中,当 $Z^* > 0$ 时,$Z_i = 1$;当 $Z^* \leq 0$ 时,$Z_i = 0$。

假设 u_i 服从标准正态分布,可得

$$E(Z_i \mid X_i) = \beta_0 + \beta_1 X_i$$

因为 Z_i 仅取 0 或 1 两个值,利用 LPM,给定解释变量 X_i(若有多个解释变量,则为解释向量)的值,就可求得事件 $|Z_i=1|$ 的概率:

$$P|Z_i=1| = P|Z_i^* > 0| = P|u_i > -\beta_0 - B_1 X_i|$$
$$= 1 - \Phi(-\beta_0 - B_1 X_i) = \Phi(\beta_0 + B_1 X_i)$$
$$= p_i$$

即给定解释变量 X_i 的样本值,事件 $|Z_i=1|$ 发生的概率为 p_i,事件 $|Z_i=0|$ 发生的概率为 $1-p_i$。如果 $p_i \geq 0.5$,则预测事件 $|Z_i=1|$ 会发生。

应用这一思想,建立选择纳税评估对象的 Probit 模型,有

被解释变量:$Z_i = \begin{cases} 0, & \text{当 } X_i \in H \\ 1, & \text{当 } X_i \in L \end{cases}$

解释变量为所选各项评估指标。

建立 LPM 模型 $Z_i^* = \beta_0 + \beta_1 X_i + u_i$

根据样本库的数据和被解释变量 Z_i 的取值,估计出模型参数 β_0 和 β_1 的值。

对于某一待判样品,将观察值代入模型,求得估计值 $\hat{p}$,$\hat{p}$ 就是该样品属于总体 L 的概率。

(六)应用举例

判别是一种应用性很强的多元统计方法,在各个领域均得到广泛运用,比如对小企业进行破产评估、对个人进行信用评估[1]等,在税务系统中,也为美国等一些发达国家和地区所使用。

近年来,我国一些地区税务部门也逐渐采用判别分析法判断纳税人申报情况。比较典型的应用是上海市税务局建立的诚实纳税申报识别系统。[2] 该系统利用判别分析方法,建立线性判别函数和二次线性判别函数模型对纳税申报的诚实性进行判断。该系统以上海市税务局调查的大量历史数据为基础,将企业分为"诚实申报"和"不诚实申报"两大类,采用机器学习的方法自动选取模型指标,最终选取了 4 个指标,并通过对采集数据进行计算分析得到线性判别函数和二次线性判别函数。该方法在其"税务稽查系统软件"中得到推广应用,但在系统中的实用性和可靠性都有待进一步提高。

此外,杭州市国税局开发的税务稽查选案系统,利用计算机系统自动筛选指标后得到 30 多个指标,在此基础上用判别分析的方法和神经网络的方法建立了不同的模型进行判

---

[1] 金浩等,《判别分析法在中小企业破产评估中的应用》,《河北工业大学学报》,2003 年第 4 期;姜明辉等,《K-近邻判别分析法在个人信用评估中的应用》,《数量经济技术研究》,2004 年第 2 期。

[2] 该项研究为国家自然科学基金重大项目"金融数学、金融工程与金融管理的研究"的子课题"税收系统工程研究"的一部分,见该课题报告的第 222—230 页。

别。该系统指标过多,需要进行深入的统计分类。[①]

通过上面的分析,可见判别分析法是一种科学的多元统计分类方法。优点是考虑的影响因素比较全面,避免信息重叠;不存在主观人为因素,客观公正。但在应用中需要注意的问题是,指标选择要精简高效,纳税人分类库要准确,否则效力将大打折扣。在应用研究中,分类要足够细致科学。在对行业进行分类之后,在本行业纳税人数量足够多的情况下,应该在此基础上再按规模进行细分,一般要保证每类纳税人的数量大于30。

四、Tobit 模型估测法

(一) 模型简介

Tobit 模型是诺贝尔经济学奖获得者詹姆斯·托宾(James Tobin)首先提出的一个计量经济学模型。其模型方程为

$$y_i = \begin{cases} \beta'X_i + e_i, & \beta'X_i + e_i > 0 \\ 0, & \beta'X_i + e_i \leq 0 \end{cases}$$

$$e_i \sim N(0, \sigma^2), i = 1, 2, \cdots, n$$

其中,X_i 是 $(k+1)$ 维的解释变量向量,β 是 $(k+1)$ 维的未知参数向量,β' 是其转置矩阵,是一个具有 $(k+1)$ 列的行向量。

Tobit 模型的一个重要特征是,解释变量 X_i 是可观测的,而被解释变量 y_i 只能以受限制的方式被观测到:当 $\beta'X_i + e_i > 0$ 时,取 $y_i = \beta'X_i + e_i$,称 y_i 为"无限制"观察值;当 $\beta'X_i + e_i \leq 0$ 时,取 $y_i = 0$,称 y_i 为"受限"观测值,即"无限制"观测值取实际的观测值,"受限"观测值均截取为 0。

建立 Tobit 模型,就是要求在对 y_i 和 X_i 进行 $n(n>k)$ 次观测的基础上估计 β 和 σ^2。可以证明,对所有的 n 个观测值应用最小二乘法不会产生 Tobit 模型的无偏估计量和一致估计量。而 β 和 σ^2 的最大似然估计是一致估计量。因此,估计 Tobit 模型的最好方法就是最大似然估计。

(二) 建立 Tobit 逃税额估测模型

Tobit 模型可用于计算纳税人非真实申报逃税额的情况,从而选择评估对象。应用 Tobit 估测逃税额的步骤为

① 行业合并与规模分类;

② 筛选指标;

③ 建立判别样本库(真实申报和非真实申报样本库);

[①] 王卫红等,《税务稽查选案决策支持系统的开发》,《计算机工程和应用》,2000 年第 5 期。

④ 总体差异性检验；

⑤ 建立 Tobit 逃税额估测模型。

步骤 1—4 与判别分析法相同。应用 Tobit 模型估测非真实申报导致的逃税额方法为：在上述 1—4 步将纳税人分为"真实申报"H 类和"非真实申报"L 类后，将"真实申报"类的被解释变量 y_i（指标）和解释变量 X_i（指标）作为"无限制"观测值 $y_i = \beta' X_i + e_i > 0$，即取实际申报值；将"非真实申报"类的被解释变量 y_i 看成是"受限"观测值，即将非真实申报的实际申报值截取为 $y_i = 0$。

根据观测值，求得 $y_i = \beta' X_i + e_i$ 的估计模型 $y_i = \hat{\beta}' X_i$。此模型为"真实申报"类的估计模型，再将"非真实申报"类的解释变量 X_i 代入上面的估计模型，求出"非真实申报"被解释变量 y_i 的估测值 $\hat{y}_i$ 的置信区间，从而推算出逃税额。y_i 的估测值 $\hat{y}_i$ 及其置信区间的含义为"非真实申报"企业如果真实申报，其被解释变量 y 的真实值应该是多少及其可能的范围。

（三）应用举例①

根据某地区"诚实申报"商业企业 H 和部分"不诚实申报"商业企业 G 的纳税资料（选取 5 个指标作为解释变量），应用 SAS 软件建立的 Tobit 模型，采取最大似然估计法可以估测出该商业企业的所得税申报情况。

假设企业的应税所得额等于利润总额，现在需要估算该商业企业的应纳所得税额。而应纳所得税额 = 利润总额 × 适用税率，利润总额 = 销售收入净额 × 销售利润率。由于所得税的税率是固定的，因此，企业如果不诚实申报，问题一般出在利润总额上。如果销售收入净额为诚实申报，只需估测出真实的销售利润率，就可以推算出真实的利润总额。

应用 H、G 的资料估计参数 β、σ^2 后，模型的估测效果得以验证：选"诚实申报"类 H 中的一家企业 h 和"不诚实申报"类 G 中的一家企业 g 进行估测，结果见表 4-1。

表 4-1 Tobit 模型的估测值与申报值比较

样品企业	估测值 $\hat{y}_i$	申报值 y	90%的置信区间	
			下限	上限
h	0.077201	0.074	0.073337	0.081065
g	0.011648	0.002	0.010564	0.012731

作为验证模型效果的"诚实申报"企业 h，其销售利润率的申报值 $y = 0.074$ 落在 90% 的置信区间（0.073337，0.081065）内，与点估计值相对接近，与点估计值的相对误差为 4.32%，可见模型的估测效果相当好。

---

① 李选举，《Tobit 模型与税收稽查》，《统计研究》，2000 年第 1 期。

"不诚实申报"企业 g 申报值的销售利润率 $y = 0.002$,通过 Tobit 模型得到的点估计值 $\hat{y} = 0.011648$,90% 的置信区间为 $(0.010564, 0.012731)$,因此,有 90% 的把握判定,其真实的销售利润率至少应为 0.010564(取置信区间的下限),销售利润率的估计值(仅取下限)是申报值的 5 倍多。根据点估计和区间估计,不难得出真实利润总额和真实应纳税所得额的估测值,由此判断 g 非真实申报,应列入评估对象。

由此可见,Tobit 模型是通过估算逃税额判断纳税人是否真实申报的有效方法。如果申报值与点估计及区间估计相差较大,则有理由判定其属于"不真实申报"。

五、神经网络预测法

人工神经网络(artificial neural network),简称"神经网络",最早由心理学家和神经生物学家提出,是对生物神经网络系统的模拟。它试图通过模拟人和动物大脑的功能,首先从了解人类如何处理一般类型情形的经验中学习,然后将这些所学到的知识运用到同类型的情形中去,进而得到我们所要的输出。近年来,神经网络方法成功地运用于实际问题的预测,取得了令人满意的效果。

神经网络预测方法的应用步骤主要包括行业合并与规模分类、筛选指标、应用神经网络预测方法预测。其中,行业合并与规模分类、筛选指标与判别分析法相同。下面介绍神经网络方法预测的原理和模型。

(一) 人工神经网络概述

人工神经网络由神经元组成,神经元是参照人脑神经细胞的结构建立的。每个神经元可以接受多个输入 ($x_1, x_2, \cdots, x_n$),对应人脑细胞的多个神经末梢;在神经元中设置了一个激发阈值 T,对应神经细胞的细胞抑制度。神经元的输出由下式表示:

$$y = \text{sgn}(f(x_1, x_2, \cdots, x_n) - T)$$

其中,$f(x_1, x_2, \cdots, x_n) = \sum_{i=1}^{n} x_i w_i$,被称为活动函数或作用函数。

神经元之间相互连接形成神经网络,神经网络在结构上可以划分为输入层、隐含层和输出层。其中,输入层对应输入变量,而输出层对应目标变量。隐含层在输入层和输出层之间,对神经网络的使用者是不透明的。

神经网络方法的优点是其所具有的学习能力以及由此而来的泛化能力。该方法的主要缺点是神经网络很难解释,没有比较容易理解的解释方法;神经网络训练时间比较长,而且还存在训练过度的问题。

在各种人工神经网络模型中,多层前馈神经网络模型是应用比较多的一种。下面重点介绍 BP 多层前馈神经网络模型,并用国家税务总局青岛市税务局的一个实例来说明具体如何应用。

(二) BP 神经网络模型

BP(back propagation,反向传播)神经网络模型由戴维·鲁姆哈特(David Rumelhart)等人于1985年提出,是神经网络中采用误差反向传播算法的多层前馈神经网络。BP神经网络模型中,隐含层可以不止一层,层与层之间的神经元采用全互联的方式连接,邻层之间的神经元通过相应的连接权系数 W 相互作用,但同层内的神经元之间没有连接。

1. 作用函数(活动函数)

作用函数为非线性的 $(0,1)$ Sigmoid 型[①]:

$$f(u) = \frac{1}{1+e^{-u}} \tag{1}$$

2. 误差函数

第 p 个样本误差计算公式为

$$E_p = \frac{1}{2} \sum_i (t_{pi} - o_{pi})^2$$

其中,t_{pi} 和 o_{pi} 分别是期望输出与计算输出。

3. 计算公式

隐含层结点输出值:

$$y_j = f\left(\sum_{i=0}^{N-1} w_{ij} x_i - \theta_j\right) \quad j=0,1,\cdots,L-1 \tag{2}$$

输出结点输出值:

$$O_k = f\left(\sum_{i=0}^{M-1} T_{ki} y_i - \theta_k\right) \quad k=0,1,\cdots,M-1 \tag{3}$$

输出结点的误差公式:

$$E = \frac{1}{2} \sum_k (t_k - O_k)^2$$

$$= \frac{1}{2} \sum_k \left(t_k - f\left(\sum_i T_{ki} f\left(\sum_i w_{ij} x_i - \theta_j\right) - \theta_k\right)\right)^2 \tag{4}$$

式(2)和式(3)中,x_i 表示输入层第 i 个结点的输入值,y_i 表示中间层第 i 个结点的输出值,O_k 是输出层第 k 个结点的输出值,w_{ij} 表示输入层第 i 个结点到中间层第 j 个结点的权系数,T_{ki} 表示中间层第 j 个结点到输出层第 k 个结点的权系数,θ_j 表示中间层第 i 个结

---

① 目前,线性整流函数(Rectified Linear Unit, ReLU)在不同类型的神经网络中得到了更广泛的应用,并被证明可以取得良好的预测效果,其简单的函数形式也为对预测结果进行解释提供了可能性,具体函数形式为 $ReLU(u) = \max(0,u)$。

点的内部阈值,θ_k 表示输出层第 k 个结点的内部阈值。式(4)中,t_k 和 O_k 分别表示第 k 个结点的期望输出与计算输出。

(三) 网络自学习过程

BP 神经网络的自学习过程是一个反复迭代的过程。首先给网络一组初始权值,然后输入样本并计算其输出,通过实际的输出与期望值之间的差值用一定的方法来修改网络的权值,以达到减小这个差值的目的。反复执行这个过程直到这个差值小于预先确定的值为止。对足够的样本进行这样的训练后,网络所得到的权值便是网络经过自适应学习得到的正确的内部关系。

自学习过程的具体算法如下:

第一步,给网络赋一组小的随机初始权值,其值在 0 到 1 之间,并使其互不相等。

第二步,将输入数据归一化,使其在 0 到 1 之间,并确定期望输出信号 $t_k(k=1,2,\cdots,m)$。

第三步,逐层计算神经网络的实际输出值。

$$f\left(\sum_i w_{ij} x_i\right) \to y_j \quad j = 0, 1, \cdots, L-1$$

$$f\left(\sum_i T_{ki} y_i\right) \to O_j \quad k = 0, 1, \cdots, M-1$$

第四步,从输出层开始,反向调整权值,其调整公式如下:

$$W_{jk} + \eta \delta_k y_i \to W_{jk}$$

$$W_{ij} + \eta \delta_j y_i \to W_{ij}$$

其中,

$$\delta_k = (t_k - O_k) O_k (1 - O_k) \quad k_j = 0, 1, \cdots, M-1$$

$$\delta_j = Y_j (1 - Y_j) \times \sum_{k=0}^{L-1} (\delta_k \times W_{jk})$$

第五步,计算总的误差 E,若 $E \leqslant \varepsilon$,学习停止,否则转到第三步重新计算。

在实际编制程序时,如果步长 η 较小则学习速度较慢,而若 η 过大则会引起网络出现摆动。

(四) 应税销售额 BP 网络非线性模型的建立与验证①

1. 模型设计

通过实际观察商业企业应税销售额的曲线变化趋势,发现它们总体上的变化规律很强,且具有相似的共性,这说明我们可以用同一种模型结构来描述它们的规律。考虑到 BP 人工神经网络模型强大的非线性表达能力和自学习适应能力以及模型参数的学习稳

---

① 薛荣芳等,《应税销售额人工神经网络预测模型》,《税务研究》,2002 年第 11 期。

定性,经过不断探索改进,把商业企业应税销售额模型设计为由一个 BP 网络预测模型和一个非线性模型复合而成的模型,如图 4-1 所示,其中,BP 网络预测模型包含两个隐含层。

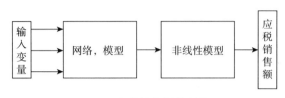

图 4-1　应税销售额模型原理

在初步确定模型结构之后,根据实际工作经验以及利用数据挖掘的决策树分析,选择 5 个申报财务指标,如销项税额、进项税额实际发生数、固定资产原值、管理费用、期末应收账款余额等。前 3 个月的实际数据为模型的输入参数,对数据归一化处理,把 BP 网络模型的应税销售额预测值作为所设计的非线性模型的输入。非线性模型的输出就是 BP 网络非线性模型的应税销售额的预测值。

2. 模型预测效果

该商业企业的实际预测效果见表 4-2。

表 4-2　某商业企业 5 月至次年 3 月的应税销售额实际值与预测值

月份	预测值(元)	实际值(元)	误差绝对值(%)
5	15 001 022	18 293 930	18.00
6	15 928 667	17 927 310	11.14
7	16 185 852	16 612 170	2.56
8	16 145 776	16 628 000	2.90
9	15 242 164	15 378 600	0.88
10	14 448 827	14 427 570	0.14
11	15 445 244	17 263 620	10.53
12	16 351 732	18 239 920	10.35
1	20 352 300	24 525 970	17.01
2	24 902 321	26 059 260	4.43
3	19 049 972	15 323 190	24.32

根据所设计的模型结构,将真实申报的企业作为学习训练的输入样本,通过模型的自我学习确定相应的模型参数,相对固化模型,预测应税销售额。对真实申报企业的实际验证显示,90%以上的企业最大预测误差在 30%以内,表明模型可以反映商业企业应税销售额的变化趋势,模型的预测效果能够满足纳税评估实体分析的需要。

通过上面的实例可见,在科学筛选指标的基础上,建立适当结构的 BP 神经网络模型,经过网络自学习,确定模型参数,可以满足纳税评估工作的需要。

第二节 纳税评估的基本方法

随着我国纳税评估的逐步深入,全国各地基层税务机关在日常税源管理实践中,形成了多种科学的分析方法,对加强税源管控以及及时发现疑点、线索和管理薄弱环节起到了十分重要的作用。

纳税评估分析方法,是税务评估人员在评估工作中为达到评估工作目的,对涉税信息进行计算机自动分析、人机结合分析以确定纳税人是否真实、准确申报所采用的一系列分析评估方法。

纳税评估方法可以分为两大类,一是定量分析,是指评估人员运用数理原理、规则来对评估对象中包含的量进行测定,从而对纳税人纳税申报的真实性进行判断分析的方法。纳税评估中的定量分析方法主要包括比较分析法、控制评估法、核对法、平衡分析法、因素分析法和配比分析法等;二是定性分析,强调感性和理性的结合,需要综合运用税收政策、评估人员实践经验和逻辑推断,对纳税人的纳税申报的真实性进行判断。

一、比较分析法

比较分析法,是评估人员将纳税人实际申报的数据资料或税务部门收集的其他涉税数据与一定的标准进行比较,找出其中的差异,并对差异的合理性或合法性进行分析判断的一种方法。比较分析法是纳税评估工作中最基本、最常用的一种方法,也是其他分析方法的基础。

（一）比较分析法的原理

1. 相关性原理

一切事物都是相互联系的,而且每一事物的运动也都和周围其他事物相互联系、相互影响。例如,企业税负的增减变化,与其成本、利润、费用以及其他具体的生产经营活动都存在一定的关系,而这种关系会通过一定的数量关系反映出来。

2. 惯性原理

客观事物、经济现象的发展具有合乎规律的连续性,其变化波动具有一定的惯性。企业自身生产经营活动和作为这种生产经营活动反映的纳税状况,也具有一定的惯性。因此,根据惯性原理,可以通过已知事物或经济现象某种类似的结构和发展模式来类推某个未知事物的结构和发展模式。

3. 规律性与差异性原理

国民经济是决定税收的基础。如果企业的外部宏观经济环境——政治、经济、国际因素等较为稳定,那么大多数企业的成本、利润、费用、税收等经济指标应当在一定的幅度之内变动,不应超出预警值的区间。否则,就可以认为企业存在非真实申报纳税的可能。当然,也必须承认个体与总体之间具有变异性的特点,因此,纳税评估指标还需要结合纳税人微观经济状况等多方面相关因素进行具体分析。

(二) 比较分析法的标准

应用比较分析法必须有比较的标准。不同的分析评价标准,会对同一分析对象得出不同的分析结论。确立适当的标准,对于发现问题、正确评价纳税人申报纳税情况具有十分重要的意义。一般来说,比较的标准主要包括经验标准、历史标准、行业标准和计划标准。

经验标准,是在较长的时间内积累起来的被大多数人认同的标准。当然,经验不一定正确,在不同时期、不同行业,有关经验数据未必是放之四海而皆准的。因此,运用经验标准不能简单照搬,而应结合具体问题进行分析。

历史标准,是指企业过去某一时间或某段时间的实际情况。历史数据可以是历史最佳水平、历史平均水平或特定历史期间的水平。纳税评估中的一般情况是选择历史特定某个时期的平均水平作为参照标准。这是因为,企业的税收实际情况无论是从具体数值上看,还是从变化速度上看,都存在一种相对确定的规律,所以"鉴古"可以"知今"。

行业标准,是以企业所在行业的数据作为标准,是广泛采用的一种标准。它是按行业制定的,可以反映行业财务状况和经营状况、税收实现状况的基本水平。

计划标准,是纳税人为了生产经营控制和管理所提前制定的数值。例如,计划产量、销售收入任务数额、市场占有率指标等。与计划标准进行比较,是指将申报信息和财务数据等指标与税务部门事先掌握的纳税人自身计划数值进行比较,以发现问题并做进一步的分析。

应用比较分析法进行分析时,一般需要结合对应标准的预警值进行。这个预警值往往并不是一个数值,而应该是一个合理区间。对于经计算不在预警值范围内的指标值,将其作为疑点筛选出来,然后进一步审核分析其中存在的问题。因此,预警值的确定对疑点判断的准确性和提高评估质量都具有重要意义。

(三) 预警值的分类与计算

利用统计学中区间估计的方法,我们可以计算出在正常情况下被分析涉税经济指标变化波动的上限和下限,在纳税评估中这个上限和下限被称为预警值。例如,税负率预警值,为某类纳税人(同行业、规模)在正常履行纳税义务的前提下,由于受市场、季节等因素的影响而使税负率变化所能达到的最大值和最小值。预警值,可以分为绝对预警值、相对预警值(趋势预警值)、配比预警值三类。预警值应该是动态的,根据经济形势的变化、考虑生产经营的季节性等因素进行定期调整,以使预警值更加真实、准确和具有可比性。

1. 绝对预警值

用于对结构性指标绝对水平进行纵向分析判断,反映某一行业前一时期绝对指标的正常幅度。根据同行业、同规模各个纳税人评估期前期的指标值计算求得,适用于税负率、主营业务毛利率等结构性指标。计算方法如下:

① 计算加权平均值:$\overline{X} = \dfrac{\sum\limits_{1 \to n} xf}{\sum\limits_{1 \to n} f}$

② 计算标准差:$\sigma = \sqrt{\dfrac{\sum (X - \overline{X})^2 f}{\sum f}}$

③ 计算预警值:预警值 $= \overline{X} \pm \sigma$

上述公式中,$\{X_1, X_2, \cdots, X_n\}$ 表示评估期前一年度同行业各样本个体结构性指标数值;$\{f_1, f_2, \cdots, f_n\}$ 表示评估期前一年度同行业各样本个体对应结构性指标的权数。

以计算税负率预警值为例,设某类纳税人的个体税负率指标值分别为 $\{X_1, X_2, \cdots, X_n\}$,以 $\{f_1, f_2, \cdots, f_n\}$ 表示个体纳税人应税销售额占所属类别纳税人应税销售额总和 $\sum f$ 的百分比的权数,反映某一类纳税人的平均税负率。

例如,若某企业该段时期购销均衡,其当期申报的应纳增值税为 4 万元,申报的应税销售额为 100 万元,经计算当期纳税人增值税实际税负率为 4%。根据税务部门掌握的信息,同行业、同规模的纳税人正常经营情况下增值税平均税负率为 6.8%,标准差为 1%,因此预警值为(5.8%,7.8%)。显然,4% 低于 5.8% 的预警值下限,可能存在少报增值税的情况。

2. 相对预警值

用于对相对指标值(趋势分析类指标)进行纵向分析判断,反映某一纳税人一定时期内变动率指标增减变动的一般历史相对变动幅度,即个体的变动率与同行业纳税人以外年度平均变动率进行比较。

① 计算加权平均值:$\overline{X} = \dfrac{\sum \left(\dfrac{x' - x}{x} \right) f}{\sum f}$

② 计算标准差：$\sigma = \sqrt{\dfrac{\sum (X - \overline{X})^2 f}{\sum f}}$

③ 计算预警值：预警值 = $\overline{X} \pm \sigma$

上述公式中，$\left(\dfrac{x' - x}{x}\right)$表示上年度同行业纳税人各样本变动率指标的数值，$f$表示各样本的权数。

3. 配比预警值

用于对变动率配比指标之间的相对变动幅度进行分析判断，反映具有内在逻辑关系的多个配比指标在同行业纳税人相对变动的正常幅度。

① 计算加权平均值：$\overline{Z} = \dfrac{\sum \left(\dfrac{(x' - x)/x}{(y' - y)/y}\right) f}{\sum f}$

② 计算标准差：$\sigma = \sqrt{\dfrac{\sum (Z - \overline{Z})^2 f}{\sum f}}$

③ 计算预警值：预警值 = $\overline{Z} \pm \sigma$

上述公式中，x、y分别表示同一行业各个样本纳税人分析期内配比指标中第一个和第二个指标的值。$\{Z_1, Z_2, \cdots, Z_n\}$表示同一行业中各个样本纳税人分析期内配比指标的数值。

例如，计算销项税额变动率与应纳增值税额变动率的配比预警值。销项税额是影响应纳增值税的主要因素之一。将销项税额变动率与应纳增值税额变动率配比时，销项税额与应纳增值税应呈同方向变动的关系。因此，分析销项税额的增长与应纳增值税的增长是否同步，可以初步判断申报的可靠性。某纳税人本期销项税额变动率为a，本期应纳增值税变动率为b，该行业二者相对变动幅度预警值为$(1-c, 1+c)$，c为标准差。

① a、b均为正值时，若$(a/b) > (1+c)$，可能存在虚开专用发票或多抵进项税额的问题；若$(a/b) < (1+c)$，视为正常差异。

② a、b均为负值时，若$(a/b) < (1-c)$，可能存在虚开专用发票或多抵进项税额的问题；若$(a/b) > (1-c)$，视为正常差异。

③ a为正、b为负时，可能存在虚开专用发票或多抵进项税额的问题；a为负、b为正时，视为正常差异。

（四）应用比较分析法时应注意的问题

运用比较分析法进行纳税评估时，应注意纳税人的可比性，比较对象应在类型、规模、性质上具有可比性。下面用两个例子来分别说明未考虑纳税人规模因素与指标可比性因素所导致的分析结果与实际情况恰恰相反的情况。

1. 企业规模影响因素

比较以下甲、乙两家企业。若甲企业资产达 1 亿元,本期实际销售额为 1 000 万元,去年同期销售额为 900 万元,本期如果漏计 10 万元销售收入,则应税销售额变动率为

$$(990-900)\div 900\times 100\% = 10\%$$

如果乙企业资产仅为 30 万元,本期实际销售额为 1 万元。去年同期销售额为 0.5 万元,如果本期漏计 0.5 万元的销售收入,应税销售额变动率为

$$(1-0.5)\div 0.5\times 100\% = 100\%$$

按行业预警值分析,乙企业应税销售额变动率远大于甲企业,更容易因超出预警值而被税务部门作为异常企业重点评估分析。而甲企业则由于应税销售额变动率较小,可能就不会被列入异常申报范围,但实际漏计的税款远大于乙企业。因此,纳税评估中必须将"相对指标"与"绝对值"(尤其是企业规模)结合起来考虑。

2. 指标会计处理的配比因素

增值税税负率,是增值税纳税人一段时期内实现的增值税税额与应税销售额之间的比率,反映了增值税纳税人的税收负担水平,是衡量纳税人应纳税额的核算状况以及是否正确履行了纳税义务的综合性指标,也是税务机关进行增值税纳税评估的重要依据。增值税税负率的计算公式为

$$税负率 = \frac{分析期内增值税应纳税额}{分析期内应税销售额} \times 100\%$$

如果不考虑购销不均衡等因素带来的影响,只是机械套用公式进行比较,可能不能如实反映企业的税负状况,甚至可能会与真实情况相反。

例如,甲、乙两厂生产同一种产品,生产工艺也完全相同,具有可比性,如表 4-3 所示。

表 4-3 增值税纳税评估比较表　　　　　　　　　　（单位:万元）

	存货			增值税			
	期初	本期购进	期末	进项税额	销售额	销项税额	应纳税额
甲厂	100	50	52	8.5	105	17.85	9.35
乙厂	60	90	90	15.3	95	16.15	0.85

按照上述计算公式,分别计算两厂的税负率:

甲厂税负率 $= (9.35 \div 105) \times 100\% \approx 8.9\%$

乙厂税负率 $= (0.85 \div 95) \times 100\% \approx 0.89\%$

显然,从计算结果来看,乙厂的税负率较低,应列入评估对象。但若把购销不均衡因素剔除,按照进项税额与销项税额相配比的原则,对分析期内增值税应纳税额进行调整,计算结果则恰恰相反。

甲厂期末存货小于期初存货,说明其在前期购进且在前期已经抵扣进项税的货物,在本期实现了销售并实现了销项税额;按照销项税额与进项税额相配比的原则,前期购进货物在本期实现的销项税额应予以扣除。假定该产品在本生产环节的增值率为10%,则:

调整额 = (期末存货 - 期初存货) × [1 + 产品(商品)增值率] × 本企业产品(商品)适用税率
 = (52 - 100) × (1 + 10%) × 17%
 = -8.976 万元

调整后甲厂的税负率 = (9.35 - 8.976) ÷ 105 × 100% = 0.36%

乙厂期末存货大于期初存货,也就是说,本期购进且已抵扣进项税额的货物,在本期并未全部实现销售;按照销项税额与进项税额相配比的原则,当期进项税额不应全部在当期销项税额中被抵扣,应从本期进项税额中转出多抵扣的进项税额。

调整额 = (期末存货 - 期初存货) × 抵扣率
 = (90 - 60) × 17% = 5.1 万元

调整后乙厂的税负率 = (0.85 + 5.1) ÷ 95 × 100% = 6.26%

调整后的税负率反映出了企业真实的税负状况。可见,乙厂的税负率是正常合理的,而甲厂税负率明显偏低,可能存在现金销货不计账等偷逃税问题,需进一步查实。

上述问题还可以做这样的理解。甲厂当期消耗了98万元的存货,但只实现了105万元的销售额,存货销售率仅为1.07;而乙厂当期消耗的存货60万元,却实现了95万元的销售额,存货销售率高达1.58,表明甲厂的存货销售率远低于乙厂,从而可能存在纳税不实等问题。

二、控制评估法

(一) 控制评估法概述

1. 含义

控制评估法,是指通过采集的有关纳税人生产经营的物流信息,采用以耗(原料、动力、燃料等)测产、以产定销等方法,测算纳税人销售收入、成本费用、利润或应纳税额,以分析纳税人是否真实申报的方法。

2. 法律依据

《税收征管法》与《中华人民共和国税收征收管理法实施细则》(以下简称《征管法实施细则》)的有关条款,为税务部门运用控制评估法对纳税人进行纳税评估提供了法律依据。

《税收征管法》第三十五条规定,纳税人有下列情形之一的,税务机关有权核定其应纳税额:"依照法律、行政法规的规定应当设置但未设置账簿的;擅自销毁账簿或者拒不提供纳税资料的;虽设置账簿,但账目混乱或者成本资料、收入凭证、费用凭证残缺不全,难以查账的;发生纳税义务,未按照规定的期限办理纳税申报,经税务机关责令限期申报,逾期仍不申报的;纳税人申报的计税依据明显偏低,又无正当理由的。"第三十七条规定,对未按规定办理税务登记的从事生产、经营的纳税人以及临时从事经营的纳税人,由税务机关核定其应纳税额,责令缴纳。

《征管法实施细则》第四十七条规定,纳税人有《税收征管法》第三十五条或者第三十七条所列情形之一的,税务机关有权采用下列任何一种方法核定其应纳税额:"参照当地同类行业或者类似行业中经营规模和水平相近的纳税人的税负水平核定;按照营业收入或者成本加合理的费用和利润的方法核定;按照耗用的原材料、燃料、动力等推算或者测算核定;按照其他合理方法核定;采用前款所列一种方法不足以正确核定应纳税额时,可以同时采用两种以上的方法核定。"

3. 适用范围

在充分采集纳税人生产经营成本、费用等涉税信息的基础上,应用控制评估法既可以通过估算纳税人可能的生产经营量,与其实际申报数相比较,来判断纳税人是否真实申报纳税;也可以估算纳税人可能的实际产量,从而据此计算纳税人的计税依据,进而确定其应纳税额。

控制评估法一般适用于评估具有下述特点的企业:

第一,产品单一。被评估纳税人产品品种单一,能够通过实地调查、信息采集取得实际成本和费用等核算资料。若有多种产品,能够取得各产品原材料、水、电等的消耗数据。

第二,产品加工工艺较简单,单位产品主要原材料和电能消耗相对固定等。

(二) 控制评估法的分类

下列方法都可以归入广义的控制评估法体系。

1. 投入产出法

从广义上讲,企业的投入产出既包括货物流的投入产出,如投入一定数量的原材料、辅助材料、包装物等能够产出一定数量的产品等,也包括资金流的投入产出,如债券投资及收益等,还包括人力的投入产出,如投入一定数量的员工在一定的时间内生产一定的产品,等等。

投入产出法主要适用于产品相对较为单一的工业企业。由于测算、分析侧重的内容和角度不同,不同行业适用的投入产出测算指标和模型不同,投入产出表现形式不同,分析的方法也不尽相同,如按其侧重点的不同,分为原材料投入产出比、废料的产出及再利用率、单位产品辅助材料(包装物)耗用定额的分析等。

计算公式如下:

测算应税销售收入 = (期初库存产品数量 + 测算期产品产量 − 期末库存产品数量) ×

测算期产品销售单价

测算期产品产量 = 当期投入原材料数量 × 投入产出比

问题值 = (测算应税销售收入 − 企业实际申报应税销售收入) × 适用税率(征收率)

如果问题值大于 0,可能存在隐瞒销售收入的问题。

2. 能耗测算法

任何事物运动都要消耗一定的能量,因此,纳税人只要生产必然发生一定的能耗,且相对客观、不易更改。能耗测算法主要是根据纳税人评估期内水、电、煤、气、油等能源、动力的生产耗用情况,利用单位产品能耗测算纳税人实际生产、销售数量,并与纳税人申报信息对比、分析的一种方法。其中,耗电、耗水等数据可从电力部门、自来水公司等取得核实,相对较为客观。

由于能耗测算数据具有客观不可更改性,因此,该分析方法广泛应用于工业企业。能耗测算法对财务核算不健全、材料耗用情况难以估算但可从第三方取得客观能耗信息的小规模企业或个体工商户同样适用。

3. 毛利率法

毛利,是商业企业经营收入与营业成本的差额。毛利率是毛利额与商业企业经营收入的比率。商业企业在多年的经营中,形成了行业中较为固定的毛利率,可以供同行业中的企业进行纳税评估参考。

毛利率法,就是以企业的毛利率与行业(商品)毛利率相对比,筛选出差异幅度异常的企业,通过有关指标测算企业应税销售收入,并与企业申报信息进行对比分析的一种方法。

毛利率法主要适用于商业企业,如钢材批发、汽车销售业等。

4. 以进控销法

以进控销法,就是根据企业评估期购入商品数量、金额,结合库存信息,测算商品销售数量、金额的分析方法。

这种方法主要适用于商业企业,如珠宝首饰零售业、加油站、药品零售业、钢材批发业、废旧物资回收企业等,对经营商品单宗大额、便于盘点、财务核算相对健全的企业尤为适用。

计算公式如下:

(1) 采用售价核算

测算应税销售收入 = (期初库存产品数量 + 测算期产品产量 − 期末库存产品数量) × 测算期产品销售单价

(2) 采用进价核算

测算应税销售收入 = (期初库存商品数量 + 测算期购入或生产商品 − 期末库存商品数量) × 产品购入或生产成本 ÷ (1 − 毛利率)

问题值=(测算应税销售收入-企业实际申报应税销售收入)×适用税率(征收率)

如果问题值大于0,可能存在隐瞒销售收入的问题。

5. 税收负担率对比分析法

税收负担率是应纳税额与课税对象之间的比率,它比较直观地体现了一个企业实现税收的能力和负担水平。

一个行业通常由若干性质相同或相近的企业组成,行业内单个企业在一定时期内的税负可能会有高有低。行业内全部企业的应纳税总额与课税对象总额之比即行业税负。行业税负反映了行业内企业的总体税负的平均水平。行业中单个企业的税负在一定时期内与行业税负的背离,会造成企业税负与行业税负之间的差异。

税收负担率对比分析法,就是税务部门对企业税负背离行业税负情况进行有效管控的一种方法。它是通过企业税负与行业税负的对比,对税负异常的企业围绕有关指标展开分析,以发现企业纳税问题的一种常见方法。

税收负担率对比分析法适用的范围很广,基本上对所有行业都适用。

6. 综合评析法

综合评析法,就是将采集的纳税人各项信息结合行业特点、规律,根据建立的评估模型,利用人机结合的方法,测算分析出主控、辅控指标的具体数值,全面对纳税人生产经营状况、财务状况进行关联性解剖和分析,从而对纳税人申报真实程度进行评价与判断的综合应用性分析方法。

关键概念

申报资料勾稽法　非正常损失　逻辑错误检索法　综合评分排序法　判别分析法

主成分分析　聚类分析　贝叶斯判别法　Tobit 模型　神经网络预测法

控制评估法　投入产出法　能耗测算法　毛利率法　以进控销法

税收负担率对比分析法

复习思考题

1. 纳税评估对象选择的方法主要包括哪些?
2. 纳税评估的具体方法包括哪些?
3. 判别分析法包括哪些步骤?
4. 控制评估法具体包括哪些种类?

第五章

纳税评估的主要分析指标

本章导读

本章在引入纳税评估分析指标概念的基础上,首先介绍纳税人整体经营状况的评价指标与应用分析,其次介绍纳税评估通用指标及其配比关系。

第一节 纳税评估分析指标的概念

一、纳税评估分析指标概述

纳税评估分析指标是税务机关筛选评估对象、进行评估分析时所应用的指标。税务机关可以通过纳税评估指标反映的信息,来识别、判断纳税人是否如实申报纳税,并进一步判断纳税行为中的错误和异常行为及其程度。

纳税人纳税的真实性,不仅体现在税负率一个指标上,其他与企业生产经营情况相关的指标也能够从不同侧面、不同角度有所体现,并且往往更加真实。税务机关有必要设计科学的指标,建立较为完善的评估指标体系,利用掌握的大量企业申报资料、财务报表、发票结报及稽核资料、稽查资料、其他相关部门传递的资料和评估人员采集的生产经营等涉税信息,对纳税人的生产经营、纳税情况进行比较全面的评估分析,深入分析纳税人申报的真实性及其原因,做出初步判断,取得事半功倍的效果。

各个评估指标的"预警值",是指按照统计学的方法计算出的该指标正常波动的范围,分为预警值上限和下限。其中,预警值上限=某指标平均值+标准差,预警值下限=某指标平均值-标准差。

例如,税负率预警值,为纳税人一定时期内税负正常变化的上限或下限,即纳税人在正常履行纳税义务的前提下,由于受市场、季节等因素的影响而使税负率变化所能达到的最大值或最小值,而处于这个范围之内一般认为是正常的。

预警值应当综合考虑地区、规模、类型、生产经营季节、税种等因素,考虑同行业、同规模、同类型纳税人各类相关指标的若干年度的平均水平,以使预警值更加真实、准确和具有可比性。纳税评估指标预警值由各地税务机关根据实际情况自行计算确定。

二、纳税评估分析指标的分类

纳税评估分析指标的设计和分析既是建立纳税评估模型及进行评估分析的基础与前提,也是纳税评估分析的核心内容。依据不同的标准,可以对纳税评估指标进行分类。不同种类的纳税评估指标可以从不同角度对纳税人的情况进行描述,从而帮助税务机关对纳税人的纳税情况做出准确判断。

(一)按税种分类

按照不同的税种,可以将纳税评估指标分为增值税指标、消费税指标、所得税指标和资源税指标等。按税种分类便于在实际应用中针对某些税种进行深入分析评估。

(二)按指标测算内容范围分类

按指标测算内容范围分类,可将纳税评估指标分为宏观指标、中观指标和微观指标。宏观指标是反映国家整体经济发展状况、趋势的指标,如工业增加值、全社会固定资产投资、社会消费品零售额、工业产品出厂价格指数、居民消费价格指数、城市居民可支配收入等;中观指标是反映行业生产经营、纳税状况的指标,如行业税负率、行业分税种的税负率等;微观指标是反映具体企业生产经营、纳税状况的指标,如企业税负率、经营能力等。

(三)按指标的数量性质分类

纳税评估指标按其数量属性可分为定量指标和定性指标。定量指标是指以具体计算数值表示的指标,而定性指标反映的是被评估对象的特征、属性,往往无法计算得到。定量指标包括税负率、销售净利润率等,定性指标包括纳税人所属行业、经营规模等。

(四)按指标的计算方法分类

按照指标的构成方法以及计算方法可分为比率指标(如税负率)、变动率指标(如主营业务收入变动率等)、配比指标(如应纳税额变动率与应税所得额变动率配比值)等。

根据上面的几种分类方法,可以将纳税评估分析指标分为一般评估指标和分税种评估指标两大类,每大类又分为若干小类(参见表5-1)。

表 5-1　纳税评估指标分类体系

一般评估指标	一般定量指标		收入类
			成本类
			费用类
			利润类
	一般定性指标		经济类型、所属行业、经营规模、企业信用等级、企业主要负责人职业信用记录、企业财务核算是否健全、财务人员素质、企业办税程序完善与否、企业是否有荣誉称号、企业是否有偷税记录、使用发票有无违章记录、企业是否为多年未检查户
分税种评估指标	流转税评估指标	增值税评估指标	一般纳税人、小规模纳税人共用指标
			一般纳税人评估指标
			小规模纳税人评估指标
		消费税评估指标	从价计征指标
			从量计征指标
		关税评估指标	从价计征指标
			从量计征指标
	所得税评估指标		企业所得税评估指标
			个人所得税评估指标
	资源税类评估指标		资源税
			城镇土地使用税
	财产和行为税类指标		印花税
			房产税
			车船税

（五）按反映内容分类

按反映内容可以将纳税评估过程中常用的比率分为三类。一是能力类指标,如销售利润率、成本利润率、税负率、百元产值利润率等。销售利润率和成本利润率能反映单位销售额、成本的盈利水平,从而反映计税所得额变化情况;税负率是税收评估常用的主要指标之一,税负率的高低及其变化幅度直接与纳税人的纳税状况有关,即税负率发生变化,可能存在偷逃税情况。这些指标对于流转税、所得税评估都具有较大的实际意义。二是结构类指标,如销售费用率,对计算应税所得额具有重要意义。三是关联类比率,如成本费用率。成本费用率反映单位成本中费用的比重,对计算进项税额及其控制数具有重要意义。

第二节　纳税人整体经营情况评价指标与应用分析

纳税人整体经营状况评价指标,主要是指财务类评估指标,包括企业偿债能力指标、营运能力指标和盈利能力指标。从表面上看,这些指标中的大多数与纳税人的纳税情况没有直接联系,但实际上这些指标(财务指标)是纳税人经营情况的直接反映,而企业的经营情况与纳税状况具有很强的直接相关性。一般来讲,经营状况良好的企业应该具有较强的纳税能力,反之,则纳税能力比较弱。

这样进行评估时,评估人员通过对评估对象这些指标具体数值的分析,就能基本掌握评估对象评估期的整体经营情况。评估人员再结合纳税人实际缴纳税收情况进行对比分析,就可以对纳税人是否如实纳税有个大致判断。此外,其中有些指标也是某些税种的评估指标,如盈利能力等指标是评估企业所得税的主要指标之一。同时,通过对财务指标的分析,能够从财务角度大致发现纳税人生产经营活动中存在的问题,有助于向纳税人提出有关建议,避免经营风险,提高盈利能力和决策能力,体现出纳税评估服务性功能的一面。

一、偿债能力指标

偿债能力是纳税人偿还各种到期债务的能力。偿债能力分析是评估企业财务状况的一个重要方面,通过这种分析有助于揭示纳税人的财务风险。

(一) 流动比率

$$流动比率 = 流动资产 \div 流动负债$$

流动比率是衡量企业短期偿债能力的一个重要财务指标,这个比率越高,说明企业偿还流动负债的能力越强。但流动比率也并非越高越好,因为流动比率过高可能是企业滞留在流动资产上的资金过多,未能加以有效利用,因而可能会影响企业的获利能力。根据经验,此指标值在 2∶1 左右比较合适。

(二) 速动比率

$$速动比率 = 速动资产 \div 流动负债$$

其中,速动资产 = 流动资产 - 存货 - 预付账款 - 待摊费用

速动比率越高,说明企业偿债能力越强,但若过高则表明企业拥有过多的货币性资产,可能丧失了投资和获利的机会。速动比率过低说明企业偿债能力存在问题。根据经验,此指标为 1∶1 比较合适,低于 0.5 说明偿债能力较差。

(三) 现金比率

$$现金比率 = (现金 + 现金等价物) \div 流动负债$$

其中,现金等价物一般主要指短期投资。

现金比率反映企业的直接支付能力。现金比率高,说明企业有较好的支付能力,但如果过高,可能意味着企业拥有过多的获利能力较低的现金类资产,资产未能得到有效的运用。

（四）资产负债率

$$资产负债率 = （负债总额 \div 资产总额） \times 100\%$$

该指标反映企业的资产总额当中有多少是通过举债得到的,反映了企业偿还债务的综合能力,该比率越高,企业偿还债务的能力越差;反之,偿还债务的能力越强。该值一旦超过1,说明企业资不抵债,财务风险较大。

若评估期资产负债率同行业评估期平均水平相比相差较大,高于预警值上限,且净资产负债率低于行业平均水平,则可能存在超标准列支利息费用等问题;若低于预警值下限,且存在欠税,则企业可能存在故意不报或者少报税款的问题。

（五）所有者权益率

$$所有者权益率 = （所有者权益 \div 资产总额） \times 100\%$$

所有者权益率反映了企业全部资金中有多少是所有者提供的。该比率越高,说明企业财务风险越小,偿还长期债务的能力就越强。所有者权益率与资产负债率之和为1。

二、营运能力指标

企业营运能力指标反映企业资金周转状况,对其进行分析,可以了解企业的营运状况和管理水平。资金周转状况好,说明企业的经营管理水平高,资金利用效率高;反之,则资金利用效率低。

（一）存货周转率

$$存货周转率 = 销售成本 \div 平均存货 \times 100\%$$

其中,平均存货 = （期初存货余额 + 期末存货余额） $\div$ 2。

该指标用来测度企业存货的变现速度,衡量企业的销售能力和存货的存储是否适当。该指标值一般越高越好,表明企业的销售能力越强;但如果过高,可能说明企业管理方面存在一些问题,如存货水平太低,甚至经常缺货等。

当该值高于预警值上限而应纳税额减少时,可能存在隐瞒收入、虚增成本等方面的问题。

（二）应收账款周转率

$$应收账款周转率 = 赊销收入净额 \div 应收账款平均余额 \times 100\%$$

其中,应收账款平均余额 = （期初应收账款 + 期末应收账款） $\div$ 2。

应收账款周转率反映了企业在一个会计年度内应收账款的周转次数。该比率越高,说明企业催收账款的速度越快,坏账损失可能性越小,企业财务管理工作效率越高。

(三) 流动资产周转率

$$流动资产周转率 = 销售收入 \div 平均流动资产总额 \times 100\%$$

其中,平均流动资产总额 = (期初流动资产总额 + 期末流动资产总额) ÷ 2。

该指标反映了企业流动资产的利用效率,比率越高,说明企业流动资产的利用效率越高。该值没有一个确定的标准,一般应比较企业历年的数值并结合行业特点进行分析。

若评估期该指标值低于预警值下限,企业则可能存在不计或少计收入的问题;若评估期该指标值高于预警值上限,则可能存在虚增收入或利润的问题。

(四) 固定资产周转率

$$固定资产周转率 = 销售收入 \div 固定资产平均净值 \times 100\%$$

其中,固定资产平均净值 = (期初固定资产净值 + 期末固定资产净值) ÷ 2。

该比率越高,说明企业固定资产的利用率越高,管理水平越高。如果该值与同行业平均水平相比偏低,说明企业的获利能力较低。

可以进行横向分析(与同期同行业的预警值比较)和纵向分析(与本纳税人基期数据进行比较),当该值高于预警值上限时,分析是否存在企业销售收入超过其生产能力的问题。若超过其生产能力,且为享受增值税优惠政策、利用"非增值税专用发票抵扣凭证"抵扣税款为主或增值税返还企业,则可能存在虚开增值税专用发票问题。当该值低于预警值下限时,则可能存在不计或少计收入问题。

(五) 总资产周转率

$$总资产周转率 = 销售收入 \div 资产平均总额 \times 100\%$$

其中,资产平均总额 = (期初资产总额 + 期末资产总额) ÷ 2。

该指标可用来分析企业全部资产的使用效率。如果该指标值比较低,说明企业利用其资产进行经营的效率较差,可能影响企业的获利能力。分析总资产周转情况,可以推测企业的销售能力。如果总资产周转率加快,而应纳税额减少,则可能存在隐瞒收入、虚增成本的问题。

三、盈利能力指标

盈利是企业经营的重要目标,是企业生存和发展的物质基础。盈利能力指标既是评估企业所得税、流转税等纳税情况的重要指标,也是评价企业经营管理水平的重要依据。

(一)销售毛利率

$$销售毛利率 = 销售毛利 \div 销售收入净额 \times 100\%$$
$$= (1 - 销售成本 \div 销售收入净额) \times 100\%$$

销售毛利率越高,说明企业通过销售获取利润的能力越强,该指标可以反映企业的毛利率是否正常。若低于同行业、同规模的毛利率预警值下限,并且销售(营业)成本[①]增长率较高,则企业可能存在成本不实或者故意抬高成本、隐瞒利润的情况。

(二)销售净利率

$$销售净利率 = 净利润 \div 销售收入净额 \times 100\%$$

销售净利率可用于评价企业通过销售赚取利润的能力。该比率越高,说明企业获取收益的能力越强。该指标可以反映企业的销售净利润是否与同行业、同规模企业同步。

(三)成本费用利润率

$$成本费用利润率 = 净利润 \div 成本费用总额 \times 100\%$$

其中,成本费用总额 = 主营业务成本总额 + 费用总额,"费用总额"为营业费用、管理费用、财务费用的总和。

该指标反映企业生产经营过程中发生的耗费与获得的收益之间的关系。该指标值越大,说明企业为获取收益而付出的代价越小,企业的获利能力越强。

通过该指标,可以分析企业单位成本利润情况,判断企业成本费用与利润关系是否正常。若评估期成本费用利润率与同行业纳税人评估期平均水平相比,低于预警值下限,纳税调整项目指标为疑点,则企业可能存在成本不实或故意抬高成本、隐瞒利润的问题。

(四)总资产报酬率

$$总资产报酬率 = 净利润 \div 资产平均总额 \times 100\%$$

其中,资产平均总额 = (期初资产总额 + 期末资产总额) ÷ 2。

该指标反映企业投入的全部资产获取报酬的能力。该值越大,说明企业资产利用效率越高,企业获利能力越强。若该值低于预警值下限而固定资产呈异常趋势,则企业可能存在隐瞒利润的现象。

(五)资本金利润率

$$资本金利润率 = 净利润 \div 资本金总额 \times 100\%$$

其中,资本金总额 = [(期初长期负债 + 期初股东权益) + (期末长期负债 + 期末股东权益)] ÷ 2。

资本金利润率越高,说明企业资本金获取报酬的能力越强。若企业的资本金利润率

[①] 一般来讲,对于商业类企业,为"销售收入";而对于服务类企业,则为"营业收入"。

超过预警值上限,并且"可供投资者分配的利润或盈余公积"有疑问,则企业可能存在未扣缴或少扣缴"利息、股息、红利所得个人所得税"的问题。

(六)权益利润率

$$权益利润率 = 净利润 \div 平均股东权益 \times 100\%$$

其中,平均股东权益 =(期初股东权益 + 期末股东权益)÷ 2,股东权益 = 实收资本 + 资本公积 + 盈余公积金 + 未分配利润。

权益利润率越高,说明股东投资的收益水平越高,获利能力越强。若该指标与预警值相差较大,而个人所得税增减异常,则企业可能存在少计或者未足额缴纳(扣缴)税款的现象。

(七)资产保值增值率

$$资产保值增值率 = 所有者权益期末数 \div 所有者权益期初数 \times 100\%$$

该指标主要反映企业资产保值增值情况。若高于同行业预警值上限,说明企业所有者权益增长快,经营情况良好;若低于预警值下限,说明企业经营情况较差。但若高于同行业预警值上限,又有其他疑点,则企业可能存在未扣缴或少扣缴个人所得税的情况。

四、收入变动率共用评估指标与应用分析

由于收入情况是否真实与包括流转税、所得税在内的大多数税种申报是否真实有着直接的关系,而不仅仅是某一个或几个税种的专用指标,所以这里一并介绍。

(一)主营业务收入变动率

$$主营业务收入变动率 =(本期主营业务收入 - 基期主营业务收入)\div 基期主营业务收入 \times 100\%$$

本指标通过分析企业主营业务收入增减变动情况,分析企业主营业务收入是否存在异常。若评估期主营业务收入变动较大,变动率较高,低于预警值下限,则可能存在少计主营业务收入等问题,需运用其他指标进一步分析。

(二)营业外收入变动率

$$营业外收入变动率 =(评估期营业外业务收入 - 基期营业外收入)\div 基期营业外收入 \times 100\%$$

本指标通过分析企业营业外收入增减变动情况,分析企业营业外收入是否存在异常。若评估期营业外收入变动较大,变动率较高,低于预警值下限,则可能存在少计营业外收入等问题。

第三节　纳税评估通用指标及其配比关系

一、通用指标及功能

（一）收入类评估分析指标及其计算公式和功能

$$主营业务收入变动率 = （本期主营业务收入 - 基期主营业务收入）\div 基期主营业务收入 \times 100\%$$

如主营业务收入变动率超出预警值范围，则可能存在少计收入和多列成本等问题，需运用其他指标进一步分析。

（二）成本类评估分析指标及其计算公式和功能

$$单位产成品原材料耗用率 = 本期投入原材料 \div 本期产成品成本 \times 100\%$$

通过分析单位产品当期耗用原材料与当期产出的产成品成本比率，可以判断纳税人是否存在账外销售问题、是否错误使用存货计价方法、是否人为调整产成品成本或应纳所得额等问题。

$$主营业务成本变动率 = （本期主营业务成本 - 基期主营业务成本）\div 基期主营业务成本 \times 100\%$$

若主营业务成本变动率超出预警值范围，则可能存在销售未计收入、多列成本费用、扩大税前扣除范围等问题。

（三）费用类评估分析指标及其计算公式和功能

$$主营业务费用变动率 = （本期主营业务费用 - 基期主营业务费用）\div 基期主营业务费用 \times 100\%$$

如果主营业务费用变动率与预警值相比相差较大，则可能存在多列费用问题。

$$营业（管理、财务）费用变动率 = [本期营业（管理、财务）费用 - 基期营业（管理、财务）费用] \div 基期营业（管理、财务）费用 \times 100\%$$

如果营业（管理、财务）费用变动率与前期相差较大，则可能存在税前多列支营业（管理、财务）费用问题。

$$成本费用率 = （本期营业费用 + 本期管理费用 + 本期财务费用）\div 本期主营业务成本 \times 100\%$$

分析纳税人期间费用与销售成本之间的关系，如果与预警值相比相差较大，则企业可能存在多列期间费用问题。

$$成本费用利润率 = 利润总额 \div 成本费用总额 \times 100\%$$

其中，成本费用总额 = 主营业务成本总额 + 费用总额。

与预警值相比,如果企业本期成本费用利润率异常,则可能存在多列成本、费用等问题。

税前列支费用评估分析指标包括工资扣除限额、"三费"(职工福利费、工会经费、职工教育经费)扣除限额、交际应酬费列支额(业务招待费扣除限额)、公益救济性捐赠扣除限额、开办费摊销额、技术开发费加计扣除额、广告费扣除限额、业务宣传费扣除限额、财产损失扣除限额、呆(坏)账损失扣除限额、总机构管理费扣除限额、社会保险费扣除限额、无形资产摊销额、递延资产摊销额等。

如果申报扣除(摊销)额超过允许扣除(摊销)标准,可能存在未按规定进行纳税调整、擅自扩大扣除(摊销)基数等问题。

(四)利润类评估分析指标及其计算公式和功能

主营业务利润变动率 =(本期主营业务利润 - 基期主营业务利润)÷ 基期主营业务利润 × 100%

其他业务利润变动率 =(本期其他业务利润 - 基期其他业务利润)÷ 基期其他业务利润 × 100%

上述指标若与预警值相比相差较大,则可能存在多结转成本或不计、少计收入问题。

税前弥补亏损扣除限额。按税法规定审核分析允许弥补的亏损数额。如申报弥补亏损额大于税前弥补亏损扣除限额,可能存在未按规定申报税前弥补等问题。

营业外收支增减额。如果营业外收入增减额与基期相比减少较多,则可能存在隐瞒营业外收入问题。如果营业外支出增减额与基期相比增加较多,则可能存在将不符合规定支出列入营业外支出问题。

(五)资产类评估分析指标及其计算公式和功能

净资产收益率 = 净利润 ÷ 平均净资产 × 100%

分析纳税人资产综合利用情况。如果指标与预警值相差较大,则可能存在隐瞒收入或闲置未用资产计提折旧问题。

总资产周转率 =(利润总额 + 利息支出)÷ 平均总资产 × 100%

存货周转率 = 主营业务成本 ÷[(期初存货成本 + 期末存货成本)÷ 2] × 100%

分析总资产和存货周转情况,推测销售能力。如果总资产周转率或存货周转率加快,而应纳税税额减少,则可能存在隐瞒收入、虚增成本的问题。

应收(付)账款变动率 =(期末应收(付)账款 - 期初应收(付)账款)÷ 期初应收(付)账款 × 100%

分析纳税人应收(付)账款增减变动情况,可以判断其销售实现和可能发生坏账的情况。如应收(付)账款增长率提高,而销售收入减少,则可能存在隐瞒收入、虚增成本的问题。

固定资产综合折旧率 = 基期固定资产折旧总额 ÷ 基期固定资产原值总额 × 100%

如果固定资产综合折旧率高于基期标准值,则可能存在税前多列支固定资产折旧额问题,可以要求企业提供各类固定资产的折旧计算情况,分析固定资产综合折旧率变化的原因。

$$资产负债率 = 负债总额 \div 资产总额 \times 100\%$$

其中,负债总额 = 流动负债 + 长期负债,资产总额是扣除累计折旧后的净额。

可以通过资产负债率分析纳税人的经营活力,判断其偿债能力。如果与预警值相差较大,则企业偿债能力有问题,要考虑由此对税收收入产生的影响。

二、指标的配比分析

（一）主营业务收入变动率与主营业务利润变动率配比分析

正常情况下,二者基本同步增长。①当比值<1 且相差较大、二者都为负时,可能存在企业多列成本费用、扩大税前扣除范围等问题。②当比值>1 且相差较大、二者都为正时,可能存在企业多列成本费用、扩大税前扣除范围等问题。③当比值为负数且前者为正后者为负时,可能存在企业多列成本费用、扩大税前扣除范围等问题。

对产生疑点的纳税人可从以下三个方面进行分析:①结合"主营业务利润率"指标进行分析,了解企业历年主营业务利润率的变动情况;②对"主营业务利润率"指标也异常的企业,应通过年度申报表及附表分析企业收入构成情况,以判断是否存在少计收入问题;③结合《资产负债表》中"应付账款""预收账款"和"其他应付账款"等科目的期初、期末数进行分析,如出现"应付账款""其他应付账款"红字和"预收账款"期末大幅度增长等情况,应判断存在少计收入问题。

（二）主营业务收入变动率与主营业务成本变动率配比分析

正常情况下二者基本同步增长,比值接近于 1。①当比值<1 且相差较大、二者都为负时,可能存在企业多列成本费用、扩大税前扣除范围等问题。②当比值>1 且相差较大、二者都为正时,可能存在企业多列成本费用、扩大税前扣除范围等问题。③当比值为负数且前者为正后者为负时,可能存在企业多列成本费用、扩大税前扣除范围等问题。

对产生疑点的纳税人可以从以下三个方面进行分析:①结合"主营业务收入变动率"指标,对企业主营业务收入情况进行分析,通过分析企业年度申报表及附表《营业收入表》,了解企业收入的构成情况,判断是否存在少计收入的情况;②结合《资产负债表》中"应付账款""预收账款"和"其他应付账款"等科目的期初、期末数额进行分析,如"应付账款"和"其他应付账款"出现红字和"预收账款"期末大幅度增长情况,应判断存在少计收入问题;③结合主营业务成本率对年度申报表及附表进行分析,了解企业成本的结转情况,分析是否存在改变成本结转方法、少计存货（含产成品、在产品和材料）等问题。

(三) 主营业务收入变动率与主营业务费用变动率配比分析

正常情况下，二者基本同步增长。①当比值<1且相差较大、二者都为负时，可能存在企业多列成本费用、扩大税前扣除范围等问题。②当比值>1且相差较大、二者都为正时，可能存在企业多列成本费用、扩大税前扣除范围等问题。③当比值为负数，且前者为正后者为负时，可能存在企业多列成本费用、扩大税前扣除范围等问题。

对产生疑点的纳税人可从以下三个方面进行分析。第一，结合《资产负债表》中"应付账款""预收账款"和"其他应付账款"等科目的期初、期末数进行分析。如"应付账款"和"其他应付账款"出现红字和"预收账款"期末大幅度增长等情况，应判断存在少计收入问题。第二，结合主营业务成本，通过年度申报表及附表分析企业成本的结转情况，以判断是否存在改变成本结转方法、少计存货(含产成品、在产品和材料)等问题。第三，结合"主营业务费用率""主营业务费用变动率"两项指标进行分析，与同行业的水平比较，如存在异常，则可通过损益表对营业费用、财务费用、管理费用的若干年度数据分析三项费用中增长较多的费用项目，对财务费用增长较多的，进一步对《资产负债表》中短期借款、长期借款的期初、期末数进行分析，以判断财务费用增长是否合理，是否存在基建贷款利息列入当期财务费用等问题。

(四) 主营业务成本变动率与主营业务利润变动率配比分析

当两者比值大于1且都为正时，可能存在多列成本的问题；当前者为正、后者为负时，视为异常，可能存在多列成本、扩大税前扣除范围等问题。

(五) 资产利润率、总资产周转率、销售利润率配比分析

综合分析本期资产利润率与上年同期资产利润率、本期销售利润率与上年同期销售利润率以及本期总资产周转率与上年同期总资产周转率。如果本期总资产周转率-上年同期总资产周转率>0，本期销售利润率-上年同期销售利润率≤0，而本期资产利润率-上年同期资产利润率≤0，则说明本期的资产使用效率提高，但收益不足以抵补销售利润率下降造成的损失，可能存在隐匿销售收入、多列成本费用等问题。如果本期总资产周转率-上年同期总资产周转率≤0，本期销售利润率-上年同期销售利润率>0，而本期资产利润率-上年同期资产利润率≤0，则说明资产使用效率降低，导致资产利润率降低，可能存在隐匿销售收入问题。

(六) 存货变动率、资产利润率、总资产周转率配比分析

比较分析本期资产利润率与上年同期资产利润率、本期总资产周转率与上年同期总资产周转率，若本期存货增加不大，即存货变动率≤0，本期总资产周转率-上年同期总资产周转率≤0，则可能存在隐匿销售收入问题。

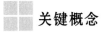
关键概念

纳税评估分析指标　偿债能力　营运能力　流动比率　速动比率　现金比率　资产负债率　存货周转率　流动资产周转率　固定资产周转率　销售毛利率

复习思考题

1. 纳税评估指标包括哪些种类？
2. 反映纳税人整体经营状况的指标包括哪些？
3. 纳税评估的通用指标包括哪些？
4. 简述纳税评估通用指标之间的配比关系。

第六章

纳税评估的质量控制

本章导读

纳税评估的质量控制是纳税评估发展到一定阶段之后必须面临的问题。本章主要介绍纳税评估质量控制和质量控制体系的基本概念,进而分析平衡计分卡在纳税评估质量控制中的应用。

第一节 纳税评估质量控制概述

一、研究纳税评估质量控制问题的重要性

纳税评估在我国经过十多年的发展,特别是在全球经济危机、税收收入形势严峻的情况下,得到了空前的重视和长足的进步,纳税评估的方法体系日益丰富,各种行业的纳税评估从无到有。应当说,现在我国的纳税评估已经从"构建"阶段转向了"完善"阶段,这一时期,程序规范和质量控制问题就逐渐提上了议事日程,并且显得十分重要。

以我国资产评估行业为例,我国资产评估业已经经历了十余年的发展历程,在维护各类资产产权主体合法权益、推动国有经济战略性重组、促进多元化经济格局的形成与发展、保障市场经济运行秩序方面发挥了重要作用。目前,资产评估业、注册会计师业、律师业已经共同成为社会公认的三大中介服务行业。但在评估业务迅速增长、评估机构规模迅速扩大的同时,却暴露出诸

多问题,出现了一系列异常情况。比如,先后有6个评估机构对海南创业大厦进行了评估,出具了10个评估结果,不同结果中最高与最低的数值相差了近两倍。这些问题的出现都说明了对评估行业进行规范和控制的重要性。特别是对于纳税评估来说,它是一种以税务机关为主体的落实税法的行为,如果其中出现问题,损害的将是税法的严肃性,甚至还会构成违法行为。

二、质量控制的含义及一般方法

（一）质量的含义

"质量"一词用法很广,在质量管理学中有其特定含义,可以将其定义为"实体满足明确和隐含需要能力的特性总和"。这一定义隐含以下几层意思:

第一,质量有一定的载体,即实体,这一实体可以是产品、服务、组织、体系、人、活动或过程。

第二,质量有明确的目的性,即满足明确和隐含的需要。若将需要转化为针对实体特性的定量或定性的规定要求,就是质量要求。

第三,质量是实体的特性总和,质量特性一般包括性能、可用性、可信性、安全性、社会要求、经济性等。

（二）控制与控制系统

所谓控制,直观地说是指施控主体对受控主体的一种能动作用,这种作用能够使得受控主体根据施控主体的预定目标而运作,并最终达成这一目标。

控制作为一种作用,至少要有作用者（施控主体）与被作用者（受控主体）以及将作用由作用者传递给被作用者的传递者这三种必要的元素,而这种作用又总是相对于某种环境（介质）而言的。

所以,上述三种元素就组成了相对于某种环境而具有特定控制功能的控制系统,三者之间的关系可以参见图6-1。

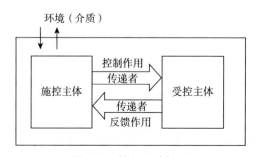

图6-1 控制系统框图

如果将上述关系进一步细化,我们可以得出关于控制的五要素关系,如表6-1所示。

表 6-1　控制的五要素关系

要素	含义	说明
施控主体	为实现既定目标的施控者	政府、行业自律委员会、纳税评估内部以及其他相关组织
受控主体	影响施控主体目标实现的可控因素,即施控主体控制活动的承担者	评估机构及其人员的活动、行为等
控制目标	施控主体的既定目标,在于防止其行为偏离目标或纠正偏差,使其行为按标准进行,实现预期目标	总目标是质量目标,具体目标因施控主体的不同而可能会有所差异
控制手段	施控主体所采取的作用于受控主体的方法	审核控制、全面控制、流程控制等,根据控制目标、施控主体而定
信息沟通	施控主体和受控主体之间的信息沟通	如上级机关与下级机关间的汇报和命令渠道与工作机制等

(三) 质量控制方法

要将纳税评估的质量控制落到实处,需要一些专门的方法。

1. PDCA 工作循环法

2006 年 7 月 1 日,国际标准化组织 TC176 技术委员会 SC3 分技术委员会编制的 ISO10014 标准第二代第一版 ISO10014:2006《质量管理——财务与经济效益实现指南》发布,它取代了第一代 ISO/TR10014:1998《质量经济性指南》。该版标准将过程方法、质量管理原则和"计划—实施—检查—处置"(PDCA)结合在一起,用流程图的形式将 PDCA 形成持续改进环,并将每个流程图中适用于计划(Plan,P)、实施(Do,D)、检查(Check,C)和处置(Action,A)的方法及工具列出来,为各组织选用提供参考。持续改进环的输入是自我评定的结果,输出是可获得的评估和经济效益。

这是全面质量管理理论中的一种方法,具体可以参见图 6-2,其内容包括如下几点:

① 评估质量如何表示?可用"目的明确化"(Aim)表示评估质量。

② 为了达到评估质量的良好状态,需要研究如何做好这项工作,这叫"计划"(P)。

③ 告诉计划执行者实施的方法,以便达到良好的评估状态,即"实施"(D)。

④ 实施的结果如何?需要通过调查来了解,即"检查"(C)。

⑤ 如果检查的结果和预定的计划一致,则可以继续执行,否则需要采取措施加以"处置"(A)。

⑥ 如此周而复始成为一个"管理周期"。

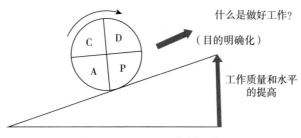

图 6-2　PDCA 工作循环法

2. 排列图法

排列图法(Pareto diagram),又名帕累托图法,因意大利著名经济学家 V. 帕累托(V. Pareto)首先提出而得名。该方法开始时用于经济分析,后用于工业质量管理与药物质量管理。

帕累托在分析意大利社会的财富分布状况时发现绝大多数人处于贫困状态,少数人占有社会的绝大部分财富。他运用排列图直观地反映了这种"关键的少数,次要的多数"的关系。后来美国质量管理专家约瑟夫·朱兰(Joseph Juran)把这个基本原理应用于质量管理,发现尽管影响产品质量的因素很多,但真正起到关键作用的仅仅是少数几项,由它们造成的不合格品占总数的大部分,于是他利用"关键的少数,次要的多数"这个基本原理对质量数据进行分类排列,以直观的方法表明影响质量的主次因素。这就是排列图在质量管理中的应用。

如图 6-3 所示,排列图一般由两个纵坐标、一个横坐标、几个直方形和一条曲线所组成。左边的纵坐标表示频数,即不合格品的件数、次数、损失金额等。右边的纵坐标表示频率,即不合格品的百分比。横坐标表示影响质量的各个因素或项目,按影响程度的大小从左到右依次排列。直方形的高度表示某项因素影响的大小。

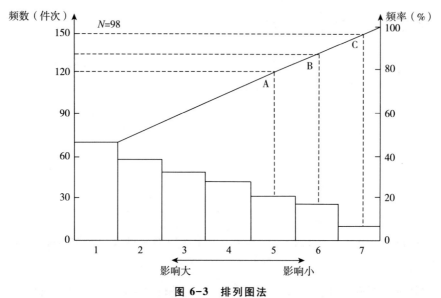

图 6-3　排列图法

曲线即帕累托曲线,表示各影响因素的累计百分比,通常把累计百分比分为A、B、C三类。0—80%为A类因素(A虚线包含部分),是主要因素;80%—90%为B类因素(B虚线与A虚线之间的部分),是次要因素;90%—100%为C类因素(C虚线与B虚线之间的部分),是一般因素。A类为重点评估项目,B类为一般项目,C类为可忽视项目。

3. 复查法、自查互查法

为了确保纳税评估的质量,实行分级督导复核是一项重要政策,即可以由上级或本级几名业务水平较高、实践经验相对丰富的人员负责对全单位评估工作进行复核督导,以确保评估质量。

由于受到复查的压力,同时也是出于保证评估质量的需要,除了复查法,评估小组内部人员可以进行自查和互查,这是一种内部质量控制的措施,一般适用于评估小组在做出评估结论之前。

自查法就是评估人员分别根据自己所承担的评估任务,对自己所进行的评估过程进行追溯性检查,以验证其评估的质量。自查工作"轻车熟路",有效率,但受到原审查的局限,复查可能难以深入、流于形式。

互查法是同一评估小组内部担负不同评估任务的人员相互之间对对方的评估进行检查。互查法突破了自查法的局限性,有助于将复查引向深入。但是,由于互查人员不熟悉原评估业务流程,评估效率可能受到影响。因此,互查时应在评估项目负责人的统一组织下进行,对于较薄弱的环节,应选派能力较强的评估人员进行复查。

第二节　纳税评估的质量控制体系

一、纳税评估质量控制的含义

纳税评估的质量控制,是指各主管税务机关对评估人员在评估分析、调查和处理等环节工作质量的监督过程,包括结论审批监督和评估复核。结论审批监督,是指各主管税务机关评估审核审批人员对已做出评估结论的全部评估资料进行质量审核;评估复核,是指上级评估复核人员对经各主管税务机关审批后的评估案件,按照一定的比例进行案头质量复查。

(一) 评估复核的主要内容

结论审批监督和评估复核的主要内容包括:

① 纳税评估工作程序是否符合规程要求,评估所涉及的文书资料是否齐全,是否按规定制作;

② 评估分析调查环节应分析、说明的问题是否进行了全面分析、说明,有无遗漏;

③ 评估处理环节提出的拟办意见是否符合规定,有无不当之处。

(二) 评估复核的过程

评估复核人员进行复核,对未发现问题的评估资料,做出"无问题"的复核意见;对发现下列问题的,应当做出"重新评估"的复核意见,并由各主管税务机关评估人员重新评估:

① 评估工作程序不符合要求,或者工作程序虽符合规程要求,但评估资料不全的;

② 评估调查中对疑点问题分析、说明不清楚或将疑点问题遗漏的;

③ 评估结论类型与调查文书所述内容不符或补充申报税款与疑点差额不符,且未进行具体说明的;

④ 其他需要重新进行评估的情况。

(三) 评估复核结果应用

各主管税务机关应对纳税评估结论执行情况进行跟踪管理,及时反馈执行结果。对做出修改基础信息或核定征收评估结论的,由纳税评估管理部门负责对基础信息修改或核定情况进行跟踪管理,并适时将执行结果反馈给征管综合部门。

对做出评估补税结论的,本着"谁评估,谁负责"的原则,对未申报或已申报未入库税款的纳税人进行催报催缴。

对做出移交稽查结论的,由稽查管理部门负责跟踪管理,并将处理结果向纳税评估管理部门反馈。

二、纳税评估的质量控制:全面控制

全面控制是指对参与纳税评估的全部人员、全部过程和全部内容进行控制,既要对评估主体和客体进行控制,也要对评估方法进行控制,通过事前控制、事中控制和事后控制来实现。

事前控制,是指在纳税评估之前进行的预防性控制,从源头上避免因为评估人员职业道德方面的缺陷对评估质量带来的隐患。

事中控制,是指在评估项目实施过程中对其进行的同步控制。由于纳税评估通常范围广、工作量大,所以事中控制应作为质量控制的重点。事中控制要求根据评估成员分工,分别按照事前确定的有关评估策略和作业流程办理,严格执行评估规则,有步骤、有组织地进行;同时,事中控制还要求评估负责人时刻保持与评估成员的沟通,对评估策略和程序的执行进行重点监督与检查,对评估质量加以控制。

事后控制,是指在评估现场作业完成之后采取的质量控制方法,其中控制复核尤为重要,评估中的很多问题都是通过事后复核发现的。

三、纳税评估的岗位责任体系

纳税评估质量控制,要明确纳税评估岗位职责,强化岗位间衔接和协调,具体包括工作职责的设定、工作标准的制定、过错责任的明确等。

为提高纳税评估质量,要建立健全纳税评估岗位责任体系(详见表6-2),制定纳税评估考核办法,将纳税评估绩效与业务能级管理相结合,加强纳税评估绩效考核,建立内控机制,实行评估复查制度、岗位轮换制度、内部分工制约、稽查反馈和责任追究制度,定期对纳税评估情况进行抽查和通报,并将纳税评估考核结果纳入年度目标考核和公务员年度考核管理。

表6-2 纳税评估的岗位责任体系

岗位	管理岗	实施岗	审核岗
工作职责	1. 按照日常评估、专项评估或特定评估的要求,运用相关方法,确定纳税评估对象 2. 下达评估任务,在实施岗之间进行分配 3. 对实施岗传递的相关资料进行审核 4. 制作相关的文书资料 5. 纳税评估信息的采集、相关数据的统计分析 6. 按规定传递相关文书资料 7. 与相关部门的联系协调 8. 相关文书资料的归档 9. 其他	1. 按下达的评估任务在规定时间内实施评估 2. 按规定制作相关文书资料 3. 根据各种信息,运用相关指标对评估对象的纳税评估情况进行评估分析 4. 对评估分析中的疑点进行询问核实 5. 对评估对象纳税申报情况进行评价、定性并做出相应处理 6. 编制典型案例 7. 传递、送达相关文书 8. 其他	1. 对管理岗传递的纳税评估移送建议书的意见,在规定时间内进行审批,同意的移交稽查部门,不同意的退回重新评估,并在有关栏目内签署相关意见 2. 按规定传递有关资料 3. 其他
工作标准	1. 确定评估对象方法恰当、时间及时 2. 对评估任务的分配及时合理 3. 对评估资料的审核准确无误 4. 文书制作规范 5. 信息采集及时、全面、准确 6. 相关评估数据统计准确、分析透彻 7. 评估资料的传递及时	1. 及时实施评估 2. 相关文书资料制作规范 3. 评估分析指标运用恰当 4. 对评估疑点全面询问,逐一核实 5. 评估处理恰当 6. 典型案例制作规范 7. 及时送达相关文书	1. 审批及时,审批意见正确无误

（续表）

岗位	管理岗	实施岗	审核岗
过错责任	1. 确定评估对象运用方面明显不当，时间不及时的 2. 未及时分配评估任务的 3. 未按规定审核的 4. 文书制作不规范的 5. 未按规定采集信息进行数据统计分析的 6. 未按规定及时传递相关评估资料的	1. 未及时实施评估的 2. 未按规定制作相关评估文书资料的 3. 评估分析指标运用明显错误或不当的 4. 询问核实中遗漏评估疑点的 5. 评估处理明显有误的 6. 未按规定传递相关评估文书的	1. 未按规定审判的；未按规定传递相关资料的 2. 评估人员徇私舞弊或滥用职权，瞒报评估真实结果，未按规定进行实地调查或未按规定对评估对象商业机密进行保密给评估对象造成损失的，由税务机关依法给予行政处分

四、纳税评估的质量目标管理

纳税评估的质量目标定位为：经过纳税评估之后，纳税评估人员能够保证评估对象纳税申报事项方面的真实性、准确性和合法性。

（一）纳税评估的工作时限和要求

实施申报审核评估应按月进行，对所有的纳税人每季度审核一次，年内审核四次。各单位要按季度形成纳税评估综合报告，归纳总结出带有普遍性的问题、典型个案以及管理建议，提交给本单位负责人，以便及时采取有力措施，堵塞征管漏洞。

各征管责任区应在年度终了后5日内将纳税评估工作情况书面上报分局法规征科。此项工作要列入征管责任区专项考核中，分局要严格按照有关规定执行。税收管理员要在月末3日内如实填报《税收管理员纳税评估工作情况申报表》，并上报分局纳税评估工作考核小组，考核小组在月底前通过电子文档汇总上报征管科；各分局要在季度终了前3日内，将本季度所有纳税评估档案和新办证纳税户的实地调查工作底稿上报征管科，由纳税评估考核小组对各分局纳税评估档案、实地调查工作底稿和纳税评估系统进行工作责任追究扣分考核，考核完毕后退还各分局备案归档。

（二）纳税评估质量考核：奖励机制与惩罚机制

纳税评估质量考核的内容，主要包括以纳税评估户数为标准的工作数量考核、以纳税评估税款占上年应纳税额比例为标准的工作质量考核、以纳税评估大额税款和评为优秀案例为标准的特殊贡献考核、以岗位责任与工作难度为标准的权重系数考核以及以工作过错为标准的工作责任追究考核。

纳税评估质量目标实现的关键在于过程控制：首先，要设计一套严格的技术规程，其次，有效的复核、检查和激励机制是保证纳税评估质量的关键。例如，纳税评估考核小组按月对税收管理员纳税评估情况进行全员通报,对分局纳税评估情况进行排名通报,以达到鼓励先进、鞭策后进的目的。税收管理员纳税评估年度积分第一名的,将按80分直接计入当年征管标兵考核,其他税收管理员纳税评估年度积分按与第一名积分相比折算计入当年征管标兵考核。年终平均积分前三名的,分别给所在分局目标管理考核加3、2、1分。再如,纳税评估质量考核的扣分标准可以包括①查阅纳税评估管理档案,评估程序不规范,每处扣1分;内容不完整,每处扣1分。②评估结论不正确,每次扣3分。③纳税评估综合报告,内容不全,分析有误,每处、次扣1分;报送不及时,扣2分;发生漏报,扣5分。④未按期完成评定工作,每少1户扣5分。

第三节 平衡计分卡与纳税评估的质量控制

一、绩效考核的含义与税务机关绩效考核的特点

(一)绩效考核的含义

绩效考核最初是一种员工评估制度,旨在通过系统的原理来评定和测量员工在职务上的工作行为及效果,从而直接影响其薪酬调整、奖励发放和职务升降等诸多切身利益。伴随着绩效评估理论和实践的不断发展演变,绩效评估的目的也从最初的对个人进行评估发展到现在的激励个人、引导个人向着组织一体化战略的目标发展,以实现组织的可持续发展。

现代管理的一般程序包括计划和决策、执行和控制、绩效评估和考核等三个环节。由于绩效评估的对象是团体或个人,渗透着理性和非理性、主观和客观的影响,因此相对于前两个环节而言更为复杂且难以操作,但却是管理工作的重点所在。所以通过绩效评估,可以强化与组织目标相趋同的个人或团体的行为,规范不一致的行为,形成激励自明、约束有形的管理机制,做到激励约束相容,被管理者责权利相统一。

(二)税务机关绩效考核的特点

20世纪70年代,西方国家新公共管理运动的出现,使得绩效管理成为政府管理活动的焦点。西方国家把私营部门的一些管理方法和经验运用到政府公共部门,普遍采取了以公共责任和顾客至上为理念、以谋求提高效率和服务质量以及改善公众对政府公共部门的信任为目的的政府绩效评估措施。

税务机关的绩效考核属于公共部门层面的绩效考核。它根据工作效率、执政能力、服务质量、执法水平和社会公众的满意程度等方面做出判断,对税务机关工作过程中的投入、收益、中期效果和最终成效所反映的绩效进行评定和等级划分;它谋求现代信息技术在税务机关与纳税人之间进行沟通和交流的广泛应用,谋求社会公众对税务机关的监督

以及税收执法的公平;它以服务质量和纳税人的满意度为首要评价标准,蕴含公共责任和顾客至上的管理理念,最终达到提高税务机关执法能力、增强公众主动纳税意识、改善税收执法环境的目的。

二、平衡计分卡的概念

平衡计分卡(balanced scorecard)是目前公认的比较全面的衡量组织绩效的评估体系。它是以组织战略目标为中心,把战略任务和决策转化为目标和指标,从财务、客户、内部业务流程、学习和成长四个维度,以因果关系为分析手段展开战略指标的综合评价。平衡计分卡将战略任务分解为四个方面的考察目标,每一考察目标分别设置几个独立的指标,多个指标又组成了相互联系的指标体系。这些指标既保持一致又相互加强,构成了一个有机的统一体,从而能够兼顾组织的长远利益与短期利益,兼具定量分析与定性分析,全面考察组织运行的各个方面。

平衡计分卡是由哈佛大学的罗伯特·卡普兰(Robert Kaplan)和复兴方案国际咨询企业总裁大卫·诺顿(David Norton)于1992年首先提出的,二人在《哈佛商业评论》上共同发表了《平衡计分卡——业绩衡量与驱动的新方法》一文。在此文中,他们明确提出了平衡计分卡的概念,认为可以从财务、客户、内部业务流程、学习和成长维度来评价组织绩效。1993年,他们又在《哈佛商业评论》上发表了《平衡计分卡的实际应用》一文,介绍了许多公司成功使用平衡计分卡的经验。在1996年《哈佛商业评论》上题为《用平衡计分卡作为战略管理系统》一文中,两位教授对这一方法又做了进一步的完善和系统化。平衡计分卡是根据组织的战略要求精心设计的指标体系。卡普兰和诺顿认为平衡计分卡把使命和战略转化为目标和指标,并且分成四个不同的层面:财务、客户、内部业务流程、学习和成长。平衡计分卡提供了一个框架、一种语言以传播使命和战略,它利用衡量指标来告诉员工当前和未来成功的驱动因素。高级管理层通过平衡计分卡来阐述企业渴求获得的结果和这些结果的驱动因素,借此来凝聚员工的精力、能力和知识以实现长期目标。[1] 详见图6-4。

三、纳税评估质量控制引入平衡计分卡的必要性

20世纪80年代中期,美国政府改革中出现了以彼得·德鲁克(Peter Drucker)和戴维·奥斯本(David Osborne)等学者为首的以企业家精神重塑政府的潮流,强调政府行政的效率和效果,绩效评估作为一项政治活动蓬勃开展起来。克林顿时期,国会于1993年颁布了《政府绩效与结果法案》(GAAP, Government Performance and Results Act),从而以

---

[1] 〔美〕罗伯特·卡普兰、大卫·诺顿,《平衡计分卡——化战略为行动》,广东经济出版社,2004年。

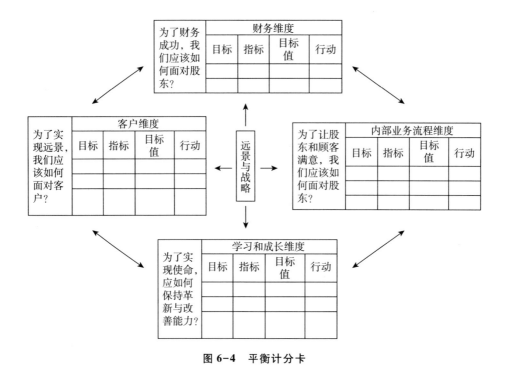

图 6-4　平衡计分卡

立法的形式明确了绩效评估的概念和制度,并在世界很多国家推广开来。在我国,随着政府改革的不断深化,政府绩效评估在理论界和实践层面都很受重视,但需要结合我国国情将其具体化,将其应用于纳税评估的质量控制就是一个很重要的方面。

税务机关是政府的重要经济职能部门,做好纳税评估工作是税务机关新时期的重要任务。近年来,由于税务机关设置的相对独立性,税务机关的绩效评估主要表现为上级对下级的层层评估。但是,由于税务机关的评估指标主要是一些上级税务机关下发的管理指标,甚至只是一些税收收入方面的指标,只注重某方面结果的评估,带有静止性、孤立性和不全面性等弊端,不能准确、客观、全面地反映税务机关纳税评估工作中存在的问题,很难适应新形势下对纳税评估工作的要求。

"新公共管理运动"将新的管理理念和考评技术引入公共部门,但并未从根本上解决公共部门绩效评估难的问题。20 世纪末期,平衡计分卡理论被引入公共管理领域并用于改造公共部门的绩效评估,让公共部门走出绩效评估难的困局,成为公共管理领域一个新的里程碑,现在完全可以用于纳税评估的质量控制。平衡计分卡的精髓是追求长期目标和短期目标、结果目标和过程目标、先行指标和滞后指标、组织绩效和个人绩效、外部影响和内部需求等重要管理变量之间的联动平衡,追求过去的经营结果评估与将来业绩评估之间的平衡,内部员工满意度与纳税人满意度之间的平衡,内部经营过程、激励机制、职员的学习和纳税服务之间的平衡。

随着全球化步伐的不断加快和我国市场经济进程的不断加深,税务部门面临的生存环境日益市场化、国际化。同时,公众的认知度也在这种国际化的进程中被不断提升,人们的民主法律意识逐步提高,纳税人应该享有包括税务部门在内的高质量的政府服务。这就要求税务部门改进管理思路,引进先进的管理方法来满足纳税人的需求。为了适应这种要求,建立"卓有成效、组织和谐、行为标准的税收管理体系",我国各级政府部门进行了行政管理体制的持续改革,并在改变观念、转变职能、调整组织结构、改革管理方式的同时,在政府绩效评估方面进行了有益的探索。目标管理、岗位责任考核以及ISO9000质量管理体系等都被引入政府部门的绩效评估中来,成为落实政策、鼓励创新、提高效能的重要载体。

税务部门作为政府的重要职能部门之一,面对新环境、新形势、新任务,也采取了一些措施来推进绩效评估工作,这些改革尽管取得了一些成效,但与新形势的要求仍有差距,亟须设计出一套能与税务机关工作实际相契合的绩效评估体系。引入平衡计分卡,有助于改造税务机关的绩效评估工作。

平衡计分卡在美国等发达国家发展较为成熟,已经越来越多地被用于企业、非营利组织的战略管理和绩效评估,并取得了较好的效果。在我国纳税评估中引入平衡计分卡,有助于推动对纳税评估工作的全方位绩效评估和质量控制,推动服务型纳税评估体系的建立。这是因为,我国税务机关原来的绩效评估过分重视财务维度,税务机关往往只重视税收计划的完成情况,出现了"以征代管"的情况。平衡计分卡既关注财务维度,又重视非财务维度,兼顾长期、短期利益,财务、非财务利益,能够全方位地完善纳税评估的目标体系。此外,平衡计分卡特别将纳税人满意度这一客户维度作为纳税评估绩效的重心,将纳税评估的战略目标从过去完成税收任务转变到提高纳税人自觉依法纳税的积极性、主动性上来,使事后评估和事中控制向事前控制转变。强调学习和成长维度是根本动力,提高工作人员的整体素质和创新能力有助于提高纳税评估的整体绩效。

四、平衡计分卡在国外的应用情况

由于平衡计分卡具有坚实的理论基础和便于操作的特点,所以一经提出,便在很多发达国家的企业中得到运用。世界500强企业中已有70%左右的公司在不同程度上引进了平衡计分卡。可以说,美国企业在20世纪90年代取得成功,是和他们对平衡计分卡的应用分不开的。

经过多年的发展,平衡计分卡已演化成一种组织战略管理的有效工具。平衡计分卡把组织的使命和战略转化为一套全方位的运作目标和绩效指标,构建了包括外部效益、顾客满意度、雇员发展、内部过程优化4个维度在内的共50多个具体指标,从而起到组织战略执行与监控的作用。从总体上看,这个评估体系是一个既重视眼前利益又关注长远发展的政府绩效评估体系。

美国国内收入署在1998年实施了《重组和改革法案》，通过使税法公平适用于所有纳税人来为纳税人提供高质量的服务。以此为导向，美国国内收入署着重从人力资源管理、绩效评估机制上做出根本性的改革。为此，他们建立了一系列平衡评价体系来为收入署内部及其员工进行评估。这套绩效平衡评价体系包括组织绩效评价、员工绩效评价、顾客满意度评价、员工满意度评价、部门成果衡量等一系列评价指标体系。评价系统旨在实现三大战略目标，即向每一个纳税人提供高质量的服务、向全体纳税人提供最好的服务和向税务员工提供高质量的工作环境。在把收入署全体员工区分为战略管理层、操作层、一般员工层三个层次的基础上，分别设计了不同的指标体系进行考核。

亚洲一些国家的税务局提出其税务管理要在国际上处于领先地位，由受到良好培训的、专心工作的税务人员提供优质的税收服务。为了实现这一目标，新加坡税务局从1992年开始进行改革，将部门式的绩效管理和收入分配改为独立评估。独立出来的税务局对于提高税务管理的灵活性、提高员工的积极性和主观能动性起到了不可替代的作用。韩国税务局从1999年就开始为纳税人提供公平、透明的税收管理服务，为此，该局重点实施了从外部评价税务工作绩效的重要举措。

五、我国纳税评估绩效管理中存在的问题

尽管绩效管理的思想已经逐渐在我国纳税评估中得到重视，相关部门也采取了各种改革措施使其在实际工作中得到反映，但纳税评估在绩效管理的实践中仍然存在一些问题。

一是管理意识淡漠，存在重任务、轻管理的倾向。和税务机关的其他部门一样，纳税评估部门也往往将完成收入任务作为第一要务，而不论收入任务如何完成，忽视了管理在税收工作中的重要作用，导致内部管理可能比较混乱。例如，某县基层分局抽查了122户逾期纳税的业户，加收滞纳金的仅为23户，加收率仅为18.9%；抽查了1 123份纳税申报表，准确的只有659份，只占59%；某征收分局上报的个体户自行申报率已达100%，但经纳税评估发现，零申报率达55%，且95%的申报表都是由税管员代填的。

二是在实行目标管理的税务机关中，绩效管理仍然存在很多问题，如目标责任面面俱到，重点不突出。例如，某税务分局实行"岗位目标责任制"，某岗位目标包括税收政策贯彻及时到位；按规定时限核实、上报、审核、登记信息及归档；适用法律、法规和政策准确，程序规范合法；档案资料登录信息齐全、准确等。这种岗位目标几乎是对税务机关日常工作的具体描述和列举，过于面面俱到。事实上，目标过多就如同没有目标，无法突出重点就相当于只有一个要求：所有工作都要干好。目标无法起到管理导向的作用，对管理的作用用自然就不大。

三是评价过程中存在重结果、轻过程和行为的问题。例如，某纳税评估的岗位责任包

括:政策贯彻不及时而延误工作,每次扣1分;政策适用不正确造成失误,每次扣2分;等等。其他的考核标准还包括收入计划完成情况、申报率、入库率、欠税率等。这些标准都是在对工作结果进行衡量,却对造成这些结果的原因不予分析。绩效评估可以对结果进行评价,也可以对过程和行为进行评价,但强调结果评价会导致被评价者的短视行为,只有对过程和行为进行评价,才能够引导被评价者规范自己的行为,最终产生预期结果。

四是绩效评估多依据最低标准。例如,评估不及时每延误一天扣0.5分,出现差错每次扣2分;组织协调不力延误工作,每次扣2分;未落实扣1分;考核不到位每次扣2分等。几乎都是扣分,很少有加分的现象。这样做的结果就是,规定的最低标准全部变为最高标准,即合格成为最高标准。这种绩效评估导向只能使工作维持不失误,却不能使工作整体向前推进。

五是绩效管理制度忽视客户(纳税人)的重要性。由于税务机关是国家的行政管理部门,几乎没有生存的压力,而纳税人在一定程度上又不能自主选择为其服务的税务机关,因此税务工作人员很容易产生心理优势,服务态度很容易不好,纳税评估的质量最终会受到不利影响。

六、平衡计分卡与税务机关的职能融合

任何组织开展绩效评估的基础都是它的职能目标。对税务机关进行绩效评估,首先要弄清楚税务机关的职能目标。根据我国国家税务总局的界定,直接从事纳税评估工作的基层税务机关的主要职能包括[1]:一是贯彻执行国家各项税收法律、法规、规章和上级依法制定的制度和方法,负责区域内税款征收管理和稽查工作;二是根据经济税源和上级下达的税收计划,编制、分配、下达本系统收入计划并组织实施;三是监督本系统的税收执法工作,负责税务行政处罚、听证、复议和诉讼工作;四是负责本系统的税务会计、统计及经费、财务、基本建设和资产管理工作;五是负责本系统机构、编制、人事管理以及精神文明建设、思想政治教育培训和纪检监察工作;六是研究税收理论和税收政策,分析税收信息,掌握税收动态,开展税收宣传工作。

从上述职能范围可以看出,当前税务机关的职责仍然保留了很多过去计划经济时代的特征:一是贯彻上级指示较多,考虑纳税人实际情况较少;二是被动性执行职能较多,主动性改革职能较少;三是管理内容较多,服务职能较少;四是定性描述较多,定量描述较少。

随着机构改革和政府职能的进一步转换,税务机关也应加快改革步伐,以服务纳税人为宗旨,将服务融入各类税务管理当中去,以提供优质的服务促进税收管理工作。例如,积极提供各种税收政策的宣传、培训、辅导服务以及各类税费减免和其他涉税事项审查报

---

[1] 金人庆,《中国当代税收要论》,人民出版社,2002年。

批的服务;做好各类纳税评估、数据测算、税源监控分析,为政策制定和执行提供有效的依据及建议。

七、平衡计分卡与纳税评估绩效评估体系的构建

在将平衡计分卡应用到税务机关的纳税评估与应用到企业中时有很大的不同,必须充分体现纳税评估的公共性和非营利性。借鉴专家意见法的原则,可以设计出税收完成额增长率、征税成本等多项绩效评估指标体系。

专家意见法,又称德尔菲加权法,其主要做法是:根据指标对考评结果的影响程度,采用专家问卷回收并进行统计运算,其间,专家之间不得相互讨论,不发生横向联系,只能与调查人员联系,通过多轮次调查专家对问卷所提问题的看法,将运算结果再次征求专家意见,最后确定每个指标的权重。

(一)纳税人维度:客户维度

该维度的主要目标是提高纳税人对纳税评估的满意度和信任度。这里的纳税人是指接受纳税评估的对象,主要包括纳税人、纳税担保人、代扣代缴义务人等纳税评估相对人。纳税人维度主要考虑纳税人需要什么、纳税评估能为纳税人带来什么等问题。

税务机关应以纳税人的需求为导向,从服务纳税人的角度进行绩效评估的指标设置,如表6-3所示。一方面要提供优质服务,降低纳税人的纳税遵从成本,让纳税人满意;另一方面要维护纳税人的合法权益,与纳税人充分交流,认真处理纳税人的投诉,积极采纳纳税人的合理建议,同时应加强对纳税人的税收宣传服务工作,提高税务机关的公信度。

表6-3 纳税人(客户)维度绩效指标

指标名称	指标含义
纳税人满意度	评估纳税人对税务机关纳税评估的认可程度,可以从服务质量、业务水平、工作效率、仪表举止、廉政勤政、公平公开办税等方面模糊综合评估,以有利于服务型税务机关的建设
纳税成本率	纳税成本,又称税务执行成本,是纳税人依照税法要求接受纳税评估所发生的费用,如纳税人支付给税务代理机构的费用、税控装置购置费等。该指标评估纳税评估人员能否为纳税人提供方便、快捷的纳税服务,可以促使税务机关改进纳税评估的工作流程
投诉率	考核纳税评估工作存在的不足,有助于税务机关分析存在的问题,改善工作,提高服务质量
纳税人建议被采纳率	提高纳税人参与纳税评估绩效建设的积极性,形成良好的征纳互动关系,形成阳光税务、公开税务

(二) 财务维度

该维度的指标主要评价纳税评估工作对税收收入增长和征税成本降低的贡献,如表 6-4 所示。此外,随着我国依法治税和税收法律救济制度的不断完善,税务机关所面对的行政诉讼、行政复议和行政赔偿等方面的成本也越来越大,这也是纳税评估的财务维度在新形势下需要考虑的部分。如果抛开外部不可控因素的影响,该维度的绩效一方面取决于税务机关纳税评估内部管理的规范性,另一方面取决于纳税人依法纳税的自觉性。

表 6-4 财务维度绩效指标

指标名称	指标含义
税收完成额增长率	税收收入是纳税评估工作的重点,要做到应收尽收,在保证收入质量的基础上争取税收收入又好又快的增长
年度税收计划准确率	税收计划管理作为我国税收管理的重要组成部分,对调动各级税务机关组织收入的积极性、促进征管水平的提高、完成国家财政收入任务具有非常重要的作用。该指标可以促使税务机关做好纳税评估、税收分析等相关工作
新税源培植率	考察纳税评估拓展税基、培植新税源、服务经济社会的能力
征税成本率	征税成本,是指税务机关纳税评估过程中,为征集税款所花费的行政管理费用和其他相关支出。按用途分为四项:一是人力资本费用,包括纳税评估相关人员的工资、奖金、津贴和福利保险费等;二是办公经费,包括纳税评估过程中所消耗的材料费用、办公费用等;三是设备费,主要包括车辆、计算机等设备的购置、保养、修缮费用等;四是基建费,主要包括办公楼、宿舍和公用设施的基建投资、维护费用和租金等。纳税评估只有在收入既定的情况下降低成本支出或在成本既定的情况下增加收入,才能为国家多做贡献。而根据经济对税收的决定关系,在一定时期一定的经济规模下,税收收入是有上限的,此时降低成本支出是其提高贡献水平的唯一途径。因此,征税成本率是反映纳税评估工作行政效率的重要指标
税务行政赔偿费用增长率	税务行政赔偿,是指纳税评估过程中因违法行为而损害了纳税人、扣缴义务人、纳税担保人及其他相关人的合法利益而依法应当承担的赔偿责任。该指标有助于促使纳税评估依法进行

(三) 内部业务流程维度

该维度是要提高税收征管和服务质量,加强税务监管,加强税收行政执法责任制和加强税收宣传,提高纳税人和纳税评估工作人员对税法等法律、法规的遵从度,重点在增加税收收入和纳税人满意度的内部控制业务流程上。详见表 6-5。

表 6-5 内部业务流程维度绩效指标

指标名称	指标含义
税务登记率	主要用于衡量税务登记管理对漏管户的控制程度,以强化税源控管,清理和减少漏管户

(续表)

指标名称	指标含义
纳税申报率	主要用于衡量纳税人依法申报的遵从程度,以改善服务措施,强化纳税评估,提高纳税人的遵从水平
税款入库率	主要用于衡量纳税人实际履行税款支付义务的程度,以采取多种形式,确保税款及时、足额入库
滞纳金加收率	主要用于衡量税务机关对逾期未缴税款加收滞纳金的执行到位程度以及滞纳金入库程度,以严格按照规定加收滞纳金,促进滞纳金及时足额入库
欠税增减率	主要用于衡量清理欠税的程度,以及时采取措施有针对性地开展清欠工作
处罚率	主要用于衡量纳税评估对税收违法行为的惩罚力度,以促进执法水平的不断提高,树立纳税评估的威慑力
偷逃抗骗税案增减率	主要用于衡量纳税评估的力度和对涉税案件的处理程度,以促进纳税人提高税收遵从度,激励税务机关不断打击偷逃税款行为,为国家挽回损失
税务人员违规违纪增减率	对税务人员的业务管理、执法管理和行政管理情况进行评估,以促使纳税评估依法实施,明确行政执法责任制,自觉遵守各项规章制度,廉洁奉公
电子化服务度	促使纳税评估积极实施电子政务,即内部核心政务电子化、信息公布与发布电子化、信息传递与交换电子化、公众服务电子化等,使纳税评估做到信息化服务、自动化办公

(四)学习和成长维度

学习和成长是纳税评估实现财务、纳税人、内部业务流程的推动力量,只有通过创新和学习,才能将纳税人、内部业务流程等指标整合起来,使税务机关具备前进发展的动力。该维度的目标是提高员工的素质和机关的创新能力。详见表6-6。

表6-6 学习和成长维度绩效指标

指标名称	指标含义
税务人员的在职培训率	主要考察纳税评估工作人员对再教育和素质提高的重视程度
税务人员满意率	考察税务机关为纳税评估工作人员创造的学习和成长环境,增强其人文关怀
信息网络覆盖率	考察纳税评估信息化建设程度,为工作人员提供工作、学习、交流的便利条件
税务信息系统使用率	考察税务机关内部信息系统的使用程度和员工的应用水平,有助于税务机关提高对纳税人的管理效率,可以根据信息系统分析纳税人的经营状况,及时提出改进征管的相关建议,同时更好地对纳税评估工作人员的执法情况进行管理
调研成果率	考察纳税评估人员的研究创新能力,以提高其整体素质和业务水平

中央提出打造学习型政府的目标之后,各地的税务机关也掀起了打造学习型税务机关的热潮,但这种运动式的学习活动不能持续提高纳税评估干部的学习能力。而构建基

于平衡计分卡的纳税评估绩效考评体系,有助于缓解这一问题,使纳税评估干部达到自发学习的效果,克服税务机关为应付上级而突击培训的短期行为。组织通过人文关怀,采取目标激励、机会激励、荣誉激励等形式,科学合理地制定出每个纳税评估工作者的目标和努力方向,在工作中及时给予政策和情感上的支持,多给纳税评估工作人员提供、创造有利于个人发展和成长的机会,最终会有助于整个纳税评估工作的推进。

(五)基于平衡计分卡的纳税评估绩效评估体系

通过以上的研究和分析,我们发现提高纳税人满意度和税收效率是实现纳税评估战略目标的两个最为关键的因素。通过对纳税评估各目标指标间的因果关系分析,我们得出推动这两个关键目标实现的最核心因素是人员因素。税务机关可以加强教育培训,使人员素质提高、内部信息系统使用质量上升和部门协调合作能力加强,从而提高组织的整体创新能力,最终使纳税人满意度和税收效率得到共同提升。一方面,从税务机关内部来说,加强纳税评估势必为税收收入的完成提供保障;另一方面,从税务机关外部来说,纳税评估质量的改进和程序的完善,则会促使纳税人满意度和纳税人主动自觉纳税的积极性提升,从而促使税务机关职能的完善和税收管理的良性发展。

通过分析这些要素之间的逻辑关系,可以得出每一维度目标的核心绩效推动因素,将其连接起来,可以绘制出通向战略目标的蓝图,得出纳税评估绩效评估的平衡计分卡(参见图6-5)。

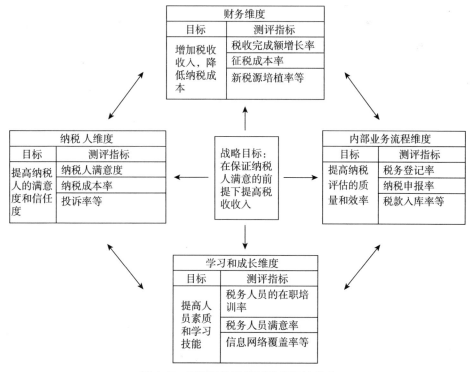

图6-5 纳税评估绩效评估平衡计分卡

关键概念

质量控制　PDCA 工作循环法　排列图法　纳税评估质量控制　全面控制
绩效考核　平衡计分卡

 复习思考题

1. 控制系统的要素构成包括哪些？
2. 质量控制的基本方法包括哪些？
3. 纳税评估的岗位责任体系包括哪些内容？
4. 纳税评估的质量管理目标包括哪些？
5. 我国现行纳税评估的绩效管理中存在哪些问题？
6. 简述如何将平衡计分卡运用于纳税评估的质量控制当中来。

第七章

增值税的纳税评估

本章导读

增值税是我国现行税制中收入规模最大的税种,也是最为复杂的税种之一。本章主要介绍增值税纳税评估的指标和相关方法,并对一般纳税人的纳税评估进行具体介绍,最后通过案例的形式进一步说明。

第一节 增值税概况

增值税,是以商品、劳务交易活动中新增价值额作为课税对象的一种流转税。增值税是由传统的一般销售税演化而来的一种新型的商品劳务税。

一、增值税简史

早在1918年第一次世界大战结束之后不久,德国工业资本家乔治·威廉·冯·西门子(Georg Wilhelm Von Siemens)就提出了增值税的设想,并建议用增值税取代传统的流转税。此后不久,1920年,美国耶鲁大学经济学教授 T. S. 亚当斯(T. S. Admas)建议用增值税取代公司所得税。到了20世纪50年代初,日本也有开征增值税的想法,但始终未能实行。与此同时,法国改革了生产税,最先试行了分阶段的净营业税,即增值税,并于1954年由生产阶段扩大到批发阶段,1968年开始在零售环节课征,标志着完整的增值税制度已经初步形成。此后,许多国家也相继实行增值税。目前,增值税已经成为世界上最普遍的税种之一。除美国外,OECD中所有成员国都推行了增值税;实行增值税还是加入欧盟的一个前提条件。

二、我国增值税发展概述

我国自20世纪80年代开始试行增值税。1994年工商税制改革时,增值税被列为改革的核心内容。现行的增值税征税范围包括在我国境内销售货物,提供加工、修理修配劳务,销售服务、无形资产、不动产,以及进口货物,同时对视同销售货物、混合销售行为和兼营行为还做了特殊规定。

(一)增值税转型

目前,在实施增值税的国家中,绝大多数国家采用的都是消费型增值税,采用收入型增值税和生产型增值税的国家很少。我国在1994年税制改革中,选择了生产型增值税,对纳税人外购固定资产所含的增值税款不允许抵扣。这一方面是从财政收入角度考虑的,因为这样做有利于在我国财政收入比重过低的情况下提高我国财政收入占GDP的比重,增加财政实力;另一方面是因为当时的宏观经济形势是投资过热,选择生产型增值税可以在一定程度上起到抑制投资的作用。

但是,随着经济社会的发展变迁,原有的生产型增值税已经不再适应时代发展,为了减少重复征纳环节,党中央、国务院根据经济社会发展的新形势,不断推进生产型增值税向消费型增值税转变。自2009年1月1日起,在全国所有地区实施消费型增值税。推动增值税从生产型转向消费型,可以增加对机器设备所含增值税的抵扣,促进企业增加资本性投资,加快企业技术进步的升级。同时,增值税转型的意义还在于,将我国以间接税为主的税制结构向着直接税和间接税并重的方向转变,增强我国税制对收入分配的再调节职能。

(二)营业税改增值税

随着增值税转型的深入,需要进一步扩大增值税这种"良税"的征税范围,也就是将之前缴纳营业税的应税项目改成缴纳增值税,降低重复课税的比重。从2012年1月1日起,上海市作为首轮试点,对交通运输业及部分现代服务业实行"营改增"。2013年8月1日,"营改增"范围已推广到全国试行,将广播影视服务业纳入试点范围。2014年1月1日起,将铁路运输和邮政服务业纳入营业税改征增值税试点,至此交通运输业已全部纳入营改增范围。2016年5月1日,全面推开营改增试点,将建筑业、房地产业、金融业、生活服务业全部纳入营改增试点,至此,营业税退出历史舞台。这是自1994年分税制改革以来,财税体制的又一次深刻变革。

三、我国现行增值税概况

目前增值税是我国最主要的税种之一,自 2016 年全面"营改增"实施以来,增值税税收收入占全部税收收入的比重逐步上升至 40%左右(见图 7-1)。增值税的纳税义务人是所有销售应税货物和提供应税劳务的工商企业及其他单位和个人。我国现行增值税为比例税率,根据应税行为一共分为 13%、9%、6%、0 四档税率及 5%、3%两档征收率。纳税人出口货物适用零税率,但国务院另有规定的除外。2021 年 3 月,十三届全国人民代表大会第四次会议提出,将小规模纳税人增值税起征点从月销售额 10 万元提高到 15 万元。

图 7-1 2013—2020 年增值税征收情况

资料来源:国家统计局。

第二节 增值税评估指标与分析方法

一、增值税评估分析指标及使用方法

（一）增值税税收负担率

增值税税收负担率可简称为税负率,其计算公式为

$$税负率 = (本期应纳税额 \div 本期应税主营业务收入) \times 100\%$$

计算分析纳税人的税负率时,可以与销售额变动率等指标配合使用,将销售额变动率和税负率与相应的正常峰值进行比较:销售额变动率高于正常峰值、税负率低于正常峰值的,销售额变动率低于正常峰值、税负率低于正常峰值的以及销售额变动率和税负率均高于正常峰值的均可列入疑点范围。可以运用全国丢失、被盗增值税专用发票查询系统对纳税评估对象的抵扣联进行检查验证。

纳税评估对象的抵扣联进行检查验证。

根据评估对象报送的增值税纳税申报表、资产负债表、损益表和其他有关纳税资料，进行毛利率测算分析、存货、负债、进项税额综合分析和销售额分析指标的分析，对其形成异常申报的原因做出进一步判断。

销售额变动率高于正常峰值及税负率低于预警值或者销售额变动率正常而税负率低于预警值的，以进项税额为评估重点，查证有无扩大进项抵扣范围、骗抵进项税额、不按规定申报抵扣等问题，对应核实销项税额计算的正确性。

对销项税额的评估应侧重于查证有无账外经营、瞒报、迟报计税销售额、错用税率等问题。

应用增值税税负率指标时还需考虑相关配比因素，这是因为，增值税一般纳税人应纳增值税 = 销项税额 − 进项税额，而销项税额和进项税额往往并不是同步实现的。

（二）工（商）业增加值分析指标

1. 应纳税额与工（商）业增加值弹性分析

应纳税额与工（商）业增加值弹性系数 = 应纳税额增长率 ÷ 工（商）业增加值增长率

其中，

应纳税额增长率 =（本期应纳税额 − 基期应纳税额）÷ 基期应纳税额 × 100%

工（商）业增加值增长率 = [本期工（商）业增加值 − 基期工（商）业增加值] ÷ 基期工（商）业增加值 × 100%

应纳税额是指纳税人缴纳的增值税应纳税额，工（商）业增加值是指工资、利润、折旧、税金的合计。如果弹性系数小于预警值，则企业可能有少缴税金的问题，应通过其他相关纳税评估指标与评估方法，并结合纳税人生产经营的实际情况进一步分析，对其申报真实性进行评估。

2. 工（商）业增加值税负分析

工（商）业增加值税负差异率 = [本企业工（商）业增加值税负 ÷ 同行业工（商）业增加值税负] × 100%

其中，

本企业工（商）业增加值税负 = 本企业应纳税额 ÷ 本企业工（商）业增加值

同行业工（商）业增加值税负 = 同行业应纳税额总额 ÷ 同行业工（商）业增加值

应用该指标分析本企业工（商）业增加值税负与同行业工（商）业增加值税负的差异，如低于同行业工（商）业增加值平均税负，则企业可能存在隐瞒收入、少缴税款等问题，应结合其他相关评估指标和方法进一步分析，对其申报真实性进行评估。

（三）进项税额控制额

本期进项税额控制额 =（期末存货较期初增加额 + 本期销售成本 + 期末应付账款

较期初减少额）×主要外购货物的增值税税率＋本期运费支出数×7%

可以对增值税纳税申报表计算的本期进项税额，与纳税人财务会计报表计算的本期进项税额进行比较，与该纳税人历史同期的进项税额控制额进行纵向比较，与同行业、同等规模的纳税人本期进项税额控制额进行横向比较，与税收管理员掌握的本期进项税额实际情况进行比较，从而查找问题，对评估对象的申报真实性进行评估。

具体分析时，先计算本期进项税额控制额，以进项税额控制额与增值税申报表中的本期进项税额核对，若前者明显小于后者，则可能存在虚抵进项税额和未付款的购进货物提前申报抵扣进项税额的问题。

二、增值税辅助指标分析

（一）投入产出评估分析指标

投入产出评估分析指标＝当期原材料（燃料、动力等）投入量÷
单位产品原材料（燃料、动力等）使用量

单位产品原材料（燃料、动力等）使用量是指同地区、同行业单位产品原材料（燃料、动力等）使用量的平均值。对投入产出指标进行分析，可以测算出企业实际产量。根据测算的实际产量与实际库存进行对比，确定实际销量，从而进一步推算出企业销售收入。如果测算的销售收入大于其申报的销售收入，则企业可能有隐瞒销售收入的问题。通过其他相关纳税评估指标与评估方法，并与税收管理员掌握的税负变化的实际情况进行比较，可以对评估对象的申报真实性进行评估。

（二）消耗率指标

消耗率指标是指单位完工产品原材料（燃料、动力等）使用量。单位产品原材料（燃料、动力等）使用量是指同地区、同行业单位产品原材料（燃料、动力）使用量的平均值。这部分指标是控制评估法分析应用的主要指标。

产值（量）物耗率＝原材料投入金额（量）÷按评估计算的完工产成品金额（量）

产值（量）耗工率＝生产工人工资支出÷完工产成品金额（量）

产值（量）耗电率＝生产耗用电费（量）÷完工产成品金额（量）

产值（量）耗燃率＝生产耗用燃料费（量）÷完工产成品金额（量）

产值（量）耗水率＝生产耗用水费（量）÷完工产成品金额（量）

产值（量）耗气率＝生产耗用气费（量）÷完工产成品金额（量）

产值包装费率＝生产用包装费支出÷完工产成品金额

产量包装率＝生产用包装物数量÷完工产成品数量

可以对各类消耗率指标进行横向分析（与同期同行业的预警值比较）和纵向分析（与本纳税人基期数据比较）。若指标过高，则可能存在少计产成品数量或加工收入，或多计原材料成本、少计销售收入等问题。

（三）产品材料储备分析指标

产成品储备率 = 期末库存产成品余额 ÷ 当期销售收入

在产品储备率 = 期末库存在产品余额 ÷ 完工产成品金额

主要材料储备率 = 期末库存主要材料余额 ÷ 完工产成品金额

可以进行横向分析（与同期同行业的预警值比较）和纵向分析（与本纳税人基期数据比较）。若上述指标过高，则可能存在货物发出未及时结转收入、货物积压或调整成本等问题。

（四）销售价格分析

平均单价 = 销售收入 ÷ 销售数量

可以进行横向分析（与同期同行业的预警值比较）和纵向分析（与本纳税人基期数据比较），若指标过低，需关注存货销售未计收入、以货物换取其他利益和关联交易。若指标过高，需关注关联交易、利用优惠政策虚构业务换取其他利益等。

（五）销售运费分析

销售运费率 = 营业运费发生额 ÷ 主营业务收入 × 100%

可以进行纵向分析（与纳税人基期数据比较）。若该指标过高，可能存在少计收入问题；反之，则可能存在调整收入问题。

第三节 增值税一般纳税人专用评估指标

上一节中的很多评估指标都是增值税一般纳税人和小规模纳税人的通用指标，下面我们分析增值税一般纳税人的专用评估指标。

一、本期进项税额控制额

本期进项税额控制额 =（期末存货较期初增加额 + 本期销售成本 + 期末应付账款较期初减少额）× 主要外购货物的增值税税率 + 本期运费支出数 × 7%

计算本期进项税额控制额，对进项税额控制额与增值税申报表中的本期进项税额进行核对，若前者明显小于后者，则可能存在虚抵进项税额和未付款的购进货物提前申报抵扣进项税额的问题。

二、运费发票抵扣凭证税额突增分析

运费发票抵扣凭证税额突增分析指标 = 各月运费抵扣凭证税额 ÷

平均运费发票抵扣凭证税额

其中,

平均运费发票抵扣凭证税额 = 各月运费发票抵扣凭证税额合计 ÷ 月数

若评估期该指标值高于预警值上限,则可能存在接受虚开运费发票抵扣凭证问题。

三、农产品收购发票抵扣凭证税额突增分析

农产品收购发票抵扣凭证税额突增分析指标 = 各月农产品收购发票抵扣凭证税额 ÷ 平均农产品收购发票抵扣凭证税额

其中,

平均农产品收购发票抵扣凭证税额 = 各月农产品收购发票抵扣凭证税额合计 ÷ 月数

若评估期该项指标值高于预警值上限,则可能存在虚开农产品收购发票抵扣凭证问题。

专栏 7-1　废旧物资增值税抵扣规定的修改

我国增值税进项税额的抵扣,除了按票抵税,原来还有运费、农产品、废旧物资等三项计算抵税的规定。但是,这三项计算抵税政策在实施的过程中存在管理上的困难,经常会导致通过虚开发票偷逃增值税的问题,其中以废旧物资相关问题最为突出。为此,《财政部、国家税务总局关于再生资源增值税政策的通知》(财税〔2008〕157号)规定:为了促进再生资源的回收利用,促进再生资源回收行业的健康有序发展,节约资源,保护环境,促进税收公平和税制规范,经国务院批准,决定调整再生资源回收与利用的增值税政策。

一是取消"废旧物资回收经营单位销售其收购的废旧物资免征增值税"和"生产企业增值税一般纳税人购入废旧物资回收经营单位销售的废旧物资,可按废旧物资回收经营单位开具的由税务机关监制的普通发票上注明的金额,按10%计算抵扣进项税额"的政策。

二是单位和个人销售再生资源,应当依照《中华人民共和国增值税暂行条例》《中华人民共和国增值税暂行条例实施细则》及财政部、国家税务总局的相关规定缴纳增值税。但个人(不含个体工商户)销售自己使用过的废旧物品免征增值税。增值税一般纳税人购进再生资源,应当凭取得的扣税凭证抵扣进项税额,原印有"废旧物资"字样的专用发票停止使用,不再作为增值税扣税凭证抵扣进项税额。

四、低税率收入突增分析

低税率收入突增分析指标 =（本期低税率收入÷本期总收入）÷
（上期低税率收入÷上期总收入）

该指标用于分析低税率收入突增期间的纳税状况。若该指标值高于预警值上限,则可能存在将高税率收入计入低税率收入的情况。

五、高税率购进项目突增分析

高税率购进项目突增分析指标 =（本期高税率进项÷本期总进项）÷
（上期高税率进项÷上期总进项）

若评估期该指标值超过预警值,可能存在将低税率进项计入高税率进项多抵扣进项税额的问题。

六、免税收入突增分析

免税收入突增分析指标 =（本期免税收入÷本期总收入）÷（上期免税收入÷上期总收入）

若评估期该指标值超过预警值上限,则可能存在将应税收入计入免税收入的问题。

七、出口收入对应进项税额转出分析

差额 = 企业出口退税系统计算的免抵退税出口货物不得抵扣进项税额 −
转出免抵退税办法出口货物不得抵扣进项税额

若差额 > 0,则重点分析是否存在不按规定转出出口货物不得抵扣的进项税额。

八、免税收入对应进项税额转出分析

差额 = 应转出进项税额 − 实际转出进项税额

应转出进项税额 = 免税收入÷全部收入×全部进项税额

若差额 > 0,则可能存在不按规定转出免税收入分摊的进项税额。

第四节 同业税负分析在增值税纳税评估中的应用

上一节中我们列举了适用于增值税一般纳税人的专用评估指标,下面我们将通过一个简化案例展示如何利用评估指标,通过同业税负分析进行增值税纳税评估。

表 7-1　某市某行业 10 户企业 201×年的有关数据　　　　　（单位:万元）

企业名称	主营收入	主营成本	利润总额	计税销售收入	应交税金	销项税额	进项税额
企业 1	88 782	77 511	1 867	92 528	5 666	15 730	10 104
企业 2	62 688	59 811	296	74 879	1 655	12 505	10 928
企业 3	17 423	16 845	398	17 515	237	2 927	2 657
企业 4	117 460	114 263	254	101 823	2 709	15 251	15 361
企业 5	30 022	28 257	200	30 575	637	5 197	4 560
企业 6	1 768	1 629	17	1 799	67	304	239
企业 7	21 717	20 234	93	19 868	462	3 381	3 091
企业 8	9 911	9 596	109	9 915	582	1 685	1 104
企业 9	29 767	25 730	2 383	19 681	1 202	3 326	2 543
企业 10	25 983	21 878	2 021	26 527	1 015	4 509	3 494
合计	40 5521	375 754	7 638	395 110	14 232	64 815	54 081

一、行业税负特征的测算

按照行业税负测算过程,具体计算方法如下。

① 计算地区行业的平均税负:

$$\overline{\mathrm{TB}}_i = \frac{\sum_{i=1}^{N} \mathrm{TAX}_i}{\sum_{i=1}^{N} \mathrm{CR}_i} \times 100\% = 3.602\%$$

其中,$\overline{\mathrm{TB}}_i$ 为增值税平均负担,TAX_i 为税收,CR_i 为计税收入或所得。

② 计算行业税负的修正标准差:

$$S = \sqrt{\sum_{i=1}^{N} f_i (\mathrm{TB}_i - \overline{\mathrm{TB}}_i)^2} = 1.736\%$$

其中,S 为行业税负修正标准差,f_i 为企业结构性指标的权数,本例中为计税销售收入占全体销售收入的比重。

③ 计算行业税负的离散系数:

$$\delta = \frac{S}{\overline{\mathrm{TB}}_i} = 0.482$$

其中,δ 为离散系数。

④ 确定行业税负的预警值下限:

$$\mathrm{RATB} = \overline{\mathrm{TB}}_i - S = 3.602\% - 1.736\% = 1.866\%$$

二、其他配比指标的测算

由于利润率是增加值的组成部分,利润率的高低在一定程度上可以说明增值税税负的合理性,因此,需要对企业的利润率进行测算,如表 7-2 所示。

表 7-2 企业税负与利润率

企业名称	增值税税负率	主营业务利润率
企业 1	6.12%	2.10%
企业 2	2.21%	0.47%
企业 3	1.35%	2.28%
企业 4	2.66%	0.22%
企业 5	2.08%	0.67%
企业 6	3.72%	0.96%
企业 7	2.33%	0.43%
企业 8	5.87%	1.10%
企业 9	6.11%	8.01%
企业 10	3.83%	7.78%
平均	3.60%	1.88%

该行业整体税负的标准差为 1.736%,离散系数为 0.482,说明该行业的税负有一定的波动,税负存在较大差异。通过对样本税负和销售利润率的比较,可以确定企业 3 作为重点评估对象,其原因主要有两方面:一是企业税负较低,企业 3 应缴增值税税负最低,仅为 1.35%,比预警值下限低 0.51 个百分点;二是企业税负与盈利能力不配比,企业 3 的税负在同行业的 10 个企业中最低,但其主营业务利润率却比平均水平高 0.4 个百分点,在 10 个企业中位于第三位。

三、进、销项税额关系的测算

为了进一步分析企业 3 税负低的原因,分别计算企业的销项税额负担率和进项税额负担率,如表 7-3 所示。

表 7-3 税负计算表

企业名称	应缴增值税税负率	销项税额负担率	进项税额负担率
企业 1	6.12%	17.00%	10.92%
企业 2	2.21%	16.70%	14.59%
企业 3	1.35%	16.71%	15.17%

(续表)

企业名称	应缴增值税税负率	销项税额负担率	进项税额负担率
企业 4	2.66%	14.98%	15.09%
企业 5	2.08%	17.00%	14.91%
企业 6	3.72%	16.90%	13.29%
企业 7	2.33%	17.02%	15.56%
企业 8	5.87%	16.99%	11.13%
企业 9	6.11%	16.90%	12.92%
企业 10	3.83%	17.00%	13.17%
平均	3.60%	16.40%	13.69%

由上述数据不难发现，企业 3 的销项税额负担率为 16.71%，基本正常，但其进项税额负担率为 15.17%，比行业平均值高 1.48 个百分点。因此，该行业可能在进项抵扣环节存在问题。

第五节 某纸制品有限公司纳税评估案例分析[①]

某纸制品有限公司成立于 2009 年 6 月，为增值税一般纳税人，私营，注册资本 300 万元，职工人数 20 人，主要从事瓦楞纸板加工销售，2015 年度实现销售收入 23 222 921.44 元，应纳增值税 351 339.04 元，应纳所得税 21 692.97 元。

一、案例介绍

（一）分析选案

鉴于该企业为瓦楞纸板加工行业的龙头企业，又处于整个纸品生产链条的中间环节，具有较强的代表性，2016 年 6 月，评估人员在报经分局领导批准后，对该企业 2015 年度增值税和企业所得税申报缴纳情况进行纳税评估。

（二）指标选择与分析

1. 内部涉税指标

通过查询山东省国家税务局数据综合分析利用平台（数据来源于金税三期管理系统），该行业近 3 年全省平均增值税税负率、全省平均所得税贡献率信息如表 7-4 所示。

---

① 本案例节选自：庄萌，《瓦楞纸板行业增值税纳税评估模型构建研究》，山东师范大学硕士学位论文，2018 年，编者有改动。

表 7-4　某纸制品企业涉税数据与全省平均数据对比

年度	应税销售额（万元）	营业收入（万元）	应纳税增值额（万元）	增值税税负率(%)	全省平均增值税税负率(%)	应纳税所得额（万元）	应纳所得税额（万元）	所得税贡献率(%)	全省平均所得税贡献率(%)
2014	991	991	14	1.5	3.1	9.0	2.2	0.23	1.26
2015	2 322	2 322	35	1.5	2.0	8.7	2.2	0.09	0.58

从表7-4中的数据来看，该企业的增值税税负率、企业所得税贡献率均低于全省同行业的平均值。

2. 企业财务指标

评估人员通过山东省国家税务局数据综合分析利用平台查询，获取了企业的异常数据如下：

第一，增值税与所得税弹性系数异常，本期应纳增值税变动率为141.48%，应纳所得税变动率为-3.14%，弹性系数为-45.04。

第二，销售利润率偏低异常，利润总额86 707.88元，主营业务收入23 222 921.44元，营业利润率为0.37%，全省平均值为0.49%，比全省平均值低24.49%。

第三，成本费用利润率偏低异常，利润总额86 707.88元，成本、费用总额23 116 224.42元，成本费用利润率为0.38%，全省平均值为0.49%，比全省平均值低24.45%。

第四，期间费用与营业收入弹性异常，期间费用变动率为217.49%，营业收入变动率为134.25%，弹性系数为1.62，全省平均值为1.20，比值大于1且相差35%。

第五，企业所得税贡献率偏低，应纳所得税额21 692.97元，营业收入23 222 921.44元，所得税贡献率为0.09%，全省平均值为0.58%，比全省平均值低84%。

(三) 实地核查

评估人员通过案头取得相关数据后，又到企业的财务室、生产调度室、仓库保管部门和生产车间进一步采集了以下相关涉税信息。

第一，生产设备及动力：五层纸板流水线（宽幅1.8米），动力为电能。

第二，产品种类：五层瓦楞纸板、三层瓦楞纸板两种产品。

第三，企业产品实际库存数量：通过仓库保管账进行核查，实际存货33.08万平方米。

第四，生产要素数据。

(四) 税收差异的测算

评估人员通过案头和实地核查取得相关数据后，运用"瓦楞纸板评估模型"进行测算。

1. 原材料纸投入产出测算法

根据表7-5中的基础数据,计算可得:

表7-5 耗用原材料数量

面纸	4 056.17 吨
里纸	597.63 吨
瓦楞纸	2 034.78 吨
玉米淀粉	146 879 公斤
电能	275 112 千瓦时

2015年投入面纸(170克重)4 056.17吨,

领用面纸数量 = 4 056.17 × 1 000 × 1 000/170 = 2 385.98 万平方米

全部瓦楞纸板产量 = 2 385.98 万平方米 × 0.965/2 = 1 151.24 万平方米

领用里纸数量 = 597.63 × 1 000 × 1 000/100 = 597.63 万平方米

五层瓦楞纸板产量 = 597.63 万平方米 × 0.98 = 585.68 万平方米

由于三层瓦楞纸板不耗用里纸,所以通过里纸测算的瓦楞纸板产量585.68万平方米是五层瓦楞纸板的产量,同时推算出三层瓦楞纸板产量 1 151.24 万平方米 - 585.68 万平方米 = 565.56 万平方米。

2. 玉米淀粉投入产出测算法、电能耗用测算法综合运用

设定三层瓦楞纸板产量为 X,五层瓦楞纸板产量为 Y,给出下列方程式①:

$$\begin{cases} 0.019X + 0.028Y = 275\,112 \\ X/120 + Y/60 = 146\,879 \end{cases}$$

通过计算得出三层瓦楞纸板产量567.1万平方米,五层瓦楞纸板的产量597.7万平方米,推算的瓦楞纸板产量合计 1 164.8 万平方米。

从以上测算的产量可以看出,该企业2015年瓦楞纸板产量大约在 1 151.24 万—1 164.8万平方米左右,而企业账簿记载产量为 1 138.08 万平方米,相差13.16万—26.72万平方米左右。企业可能存在产量记载不实、隐瞒产量的情况。评估人员决定对企业进行约谈,弄清企业的真实情况。

(五)约谈举证

评估人员根据上述测算出的数据和分析出的疑点问题拟定了约谈提纲,对疑点涉及

---

① 耗电量的行业平均参考值为三层瓦楞纸板0.019kWh/平方米,五层瓦楞纸板0.028kWh/平方米,玉米淀粉耗用的行业平均参考值为每公斤玉米淀粉可生产110—120平方米三层瓦楞纸板或55—60平方米五层瓦楞纸板。

的相关税收政策进行了梳理,在履行法定程序后对企业负责人和财务人员进行了约谈,在详细的数据指标和科学的逻辑分析面前,企业如实地承认了自身存在的问题:

第一,在销售时有一部分未开具增值税发票,未作为收入记账申报销售。2015年共生产三层瓦楞纸板549.42万平方米、五层瓦楞纸板605.2万平方米,合计1 154.62万平方米。发出三层瓦楞纸板8.2万平方米、五层瓦楞纸板5.03万平方米未申报作为销售,共计少申报销售数量13.23万平方米、少计销售收入241 520元,对应的销售成本已经进行了结转。这与评估人员利用评估模型测算的产量差异基本吻合。

第二,在销售时有一部分下脚料收入未记账申报销售。未作为收入的下脚料销售数量44吨,不含税金额40 100元。

第三,2015年有一笔退货销售成本130 350元没有及时冲回。

(六)评估处理

对企业存在的疑点问题,评估人员利用评估模型测算税收差异后,经评估约谈,评定处理结果如下:对该企业未申报销售收入281 620元,补缴增值税47 875.40元。对该企业未申报销售收入281 620元,调增应纳税所得额281 620元;对该企业未及时冲回的销售成本130 350元,调增应纳税所得额130 350元,合计调增应纳税所得额130 350 + 281 620 = 411 970.00元,补缴企业所得税102 992.50元,并按规定加收了滞纳金。

该企业经纳税评估处理后,其增值税税负率达到了1.7%,略低于全省同行业平均税负率2%。所得税贡献率达到0.8%,高于全省同行业平均贡献率0.58%,并形成"纸板加工行业税源监控管理建议"向各基层税源管理单位下发,作为以后对该行业进行监控分析的重要依据和分析指标,由此建立了该行业的征管长效措施。

利用上述评估模型和评估方法,在对该行业其他3家瓦楞纸板加工企业进行约谈、评估后,评估入库增值税税款45万元,行业税负率与全省平均值基本持平。

二、案例分析总结

通过对该企业的纳税评估,可以发现许多中小企业在申报纳税中存在的共性问题,同时也反映出税务机关在日常税源管理工作中存在的不足,具体表现为:

(一)部分中小企业财务信息失真、管理制度不健全

财务资料涉税信息失真,不能真实反映企业的生产经营情况。本案例中,该企业有一部分销售收入未开具增值税发票,便不计提销项,不计收入,造成了增值税的减少。企业收到客户退货后未及时冲回成本,造成成本增加,利润减少,企业所得税减少。

(二)中小企业税收遵从度较低,涉税风险较大

中小企业生产经营过程中技术壁垒较少,同行业竞争激烈,造成大部分企业只能靠降

低成本来实现盈利。而其中部分企业则通过减少"税收"成本以实现整体成本的降低,例如原材料采购不要求供货方开具发票从而降低原材料价格,销售产品不开具发票从而降低产品价格,进行账外经营等。这些行为都使企业存在较大的税收风险。

(三)基层税源管理部门日常监管重点不突出

基层税源管理人员在日常税源管理中往往依据纳税评估系统和企业申报的涉税数据对企业进行生产经营情况及税收情况的判断,缺乏对企业进行实地调查核实的了解,缺乏对企业购销渠道及上下游企业的调查了解,缺乏对与企业涉税相关的第三方信息的获取等。

(四)纳税评估系统预警指标设计不够全面

纳税评估系统对企业进行日常税收监控,侧重于对单个企业的管理,并未对企业的上下游企业一并进行税收指标分析。这就造成了企业对部分业务进行账外经营、设"账外账"难以被发现。对单个企业的管理偏重于对税负率的监控,缺乏对计税收入、原材料成本的监控。

关键概念

增值税　消费型增值税　营业税改征增值税　税负率　应纳税额增长率　税负差异率

复习思考题

1. 简述我国增值税纳税评估指标及其使用方法。
2. 增值税一般纳税人的专用评估指标包括哪些?
3. 如何将同业税负分析运用到增值税的纳税评估当中来?

第八章

消费税的纳税评估

本章导读

消费税是我国现行税制中重要的中央税,近年来我国多次对消费税制进行了改革和完善。本章在对消费税制概况进行介绍的基础上,分析了消费税纳税评估的指标和方法,并结合相关案例进行了说明。

第一节 消费税概况

一、我国消费税制概况

消费税是以消费品和消费行为的流转额为课税对象而征收的一种税。目前大约有 120 个国家和地区征收消费税。根据征税范围的大小,消费税可以区分为一般消费税和特别消费税。一般消费税是对所有消费品和消费行为的流转额普遍课税;特别消费税,或称特种消费税,是对某些特定的消费品和消费行为的流转额有选择地征税。为了发挥特定的调节作用,目前各国开征的消费税基本都属于特别消费税。

我国现行的消费税是 1994 年工商税制改革中新设置的一个税种,相关的现行法规是 2008 年修订的《中华人民共和国消费税暂行条例》。根据国民经济的发展状况,我国 2014 年与 2015 年对消费税做了改革,包括取消汽车轮胎税目①,对电池、涂料征收消费税②。从消费税的具体征收项目来看,考虑到我国现阶段的经济发展状况、消费税政策、居民消费水平、消费结构和财政需要,借鉴其他国家征收消费税的成功经验和通行做法,我国选择了四种类型的 15 种消费品作为消费税的征税范围:第一类是过度消费会对人身健康、社会秩序、生态环境造成危害的特殊消费品,包括烟、酒、鞭炮和焰火、涂料、电池共 5 个税目;第二类是非生活必需品中的一些奢侈品,包括高档化妆品、贵重首饰及珠宝玉石、高尔夫球及球具、高档手表共 4 个税目;第三类是高能耗及高档消费品,包括摩托车、小汽车和游艇共 3 个税目;第四类是不可再生且不易替代的稀缺性资源消费品,包括成品油、木制一次性筷子和实木地板共 3 个税目。

消费税的税率有比例税率、定额税率和复合税率三种。一般来讲,对于供求关系平衡、价格差异不大、计量单位规范的应税消费品,采用从量定额征收的方式比较合适,以简化税收征管,计算公式为应纳税额 = 销售数量 × 定额税率;对于供求矛盾较突出、价格差异变化不大、计量单位不规范的应税消费品,较宜采取从价定率征收的方式,计算公式为应纳税额 = 销售额 × 比例税率;而对于价格和利润差异变化较大、企业容易通过转让定价方法来避税的应税消费品,则可采用复合计税征收的方式,计算公式为应纳税额 = 销售额 × 比例税率 + 销售数量 × 定额税率。综合不同应税消费品的特点设置适用纳税方法,可以更好地发挥消费税的调节作用。

二、我国成品油消费税改革与展望

(一) 成品油消费税改革背景

1. 成品油消费税发展历程

成品油为我国消费税法规中的重要税目之一,1993 年 11 月 26 日国务院第 12 次常务会议通过的第一版《中华人民共和国消费税暂行条例》中就已经设立,其采用从量定额办法计算应纳税额,最初仅对汽油与柴油征收,税率分别为 0.2 元/升和 0.1 元/升。

成品油消费税在 2008 年至 2009 年经历了第一次集中改革。一是增设税目,2008 年 2 月 2 日,财政部与国家税务总局颁布《财政部 国家税务总局关于调整部分成品油消费税政策的通知》(财税〔2008〕19 号),对石脑油、溶剂油、润滑油、燃料油开征消费税。随后,《中华人民共和国消费税暂行条例》在 2008 年 11 月 5 日国务院第 34 次常务会议上修订通过,对航空煤油开征消费税。2008 年的改革使成品油消费税由两个分税目发展成延续至今的汽油、柴油、航空煤油、石脑油、溶剂油、润滑油、燃料油七个分税目的格局。二是提

---

① 详见《财政部 国家税务总局关于调整消费税政策的通知》(财税〔2014〕93 号)。
② 详见《财政部 国家税务总局关于对电池、涂料征收消费税的通知》(财税〔2015〕16 号)。

高税率,为促进节能减排以及增加财政收入以更好地支持交通设施维护与建设,2008 年年末颁布的《财政部 国家税务总局关于提高成品油消费税税率的通知》(财税〔2008〕167 号)对各种油品税率均进行了较大幅度的调升。

成品油消费税在 2014 年至 2015 年经历了第二次集中改革。一是税目调整,为适应汽油行业的变革,《财政部 国家税务总局关于调整消费税政策的通知》(财税〔2014〕93 号)规定,自 2014 年 12 月 1 日始,取消车用含铅汽油消费税,统一按照无铅汽油税率征收消费税。二是税率调升,为促进环境治理和节能减排,2014 年年末到 2015 年年初,成品油消费税单位税额连续三次上调(参见表 8-1)。

表 8-1 成品油消费税税率变化历程　　　　　　　　　　(单位:元/升)

有关规范性文件	改革时间及改革后税率			
		财税〔2014〕94 号	财税〔2014〕93 号和财税〔2014〕106 号	财税〔2015〕11 号
成品油税目	2014.11 前	2014.11.28	2014.12.12	2015.01.12
1.汽油	含铅 1.40　无铅 1.00	含铅 1.52　无铅 1.12	1.40	1.52
2.石脑油	1.00	1.12	1.40	1.52
3.溶剂油	1.00	1.12	1.40	1.52
4.润滑油	1.00	1.12	1.40	1.52
5.柴油	0.80	0.94	1.10	1.20
6.航空煤油	0.80	0.94	1.10	1.20
7.燃料油	0.80	0.94	1.10	1.20

注:财税〔2014〕93 号文件正式生效时间是 2014 年 12 月 1 日,财税〔2014〕94 号文件正式生效时间为 2014 年 11 月 29 日。

2.成品油消费税征收现状及其成因

随着成品油消费量和成品油消费税单位税额不断提高,我国成品油消费税收入也随之上升(参见图 8-1)。2007 年,全国成品油消费税收入仅为 260.13 亿元,而在 2018 年达 3 652.00 亿元。近年来成品油消费税收入变化趋势主要有两个节点。其一,2009 年我国实施成品油税费改革,取消养路费,成品油各税目单位税额均有较大幅度提高,含铅汽油单位税额由 0.28 元/升提高到 1.4 元/升,无铅汽油、石脑油、溶剂油、润滑油的单位税额由 0.2 元/升提高到 1 元/升,柴油、燃料油、航空煤油消费税单位税额由 0.1 元/升提高到 0.8 元/升,使当年成品油消费税收入大幅增至 2 024.66 亿元。其二,2014 年年末到 2015 年年初,成品油消费税单位税额连续三次上调,汽油、石脑油、溶剂油、润滑油的单位税额由 1 元/升提高到 1.52 元/升,柴油、燃料油、航空煤油单位税额由 0.8 元/升提高到 1.2 元/升,使 2015 年成品油消费税收入大幅上升,达 4 003.07 亿元。

然而,在 2016 年、2017 年,各税目单位税额不变、成品油消费量保持增长的情况下,全国成品油消费税收入却有较大下降(如图8-1),这种相反走势的出现与一些独立炼厂偷逃税款密切相关。一些独立炼厂在利益驱动下规避监管、偷逃税款,实现油品非法低价销售,使照章纳税的守法经营单位的市场份额被不断侵蚀。以2016年为例,该年山东省小炼厂加工量7 900多万吨/年,同比增加2 000多万吨,增幅约40%,平均开工负荷同比提高约13%;而同年主营炼厂①加工量同比下降近500万吨②。偷逃税款企业获得更多市场份额,使得我国成品油消费税税收流失更为严重。

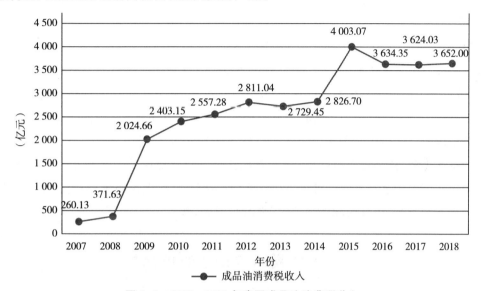

图8-1　2007—2018年我国成品油消费税收入

资料来源:2007—2017年数据来自《中国税务年鉴》,2018年数据来自国家税务总局。

3. 成品油消费税进一步改革具有重要意义

成品油消费税改革是关乎国计民生的一项重大改革,其既与人民群众的日常生活息息相关,又和国家宏观经济运行密切联系,可以说成品油消费税改革牵一发而动全身,是我国现代化税制改革中的重要组成部分,也是我国解决发展不平衡不充分基本矛盾的重要着力点。《关于成品油消费税征收管理有关问题的公告》(国家税务总局公告2018年第1号)等政策的出台、执法打击力度加强等举措,有效抑制了成品油市场部分违法行为,然而长期跟踪和大量实地调研结果表明,成品油消费税偷逃行为屡禁不止③,造成国家税收大量流失,并严重扰乱市场秩序。因此,加快和深化改革,克服成品油消费税制度体系、监管能力、法制建设中仍存在的诸多缺陷,既是实现成品油市场健康稳定发展的必要举措,也是国家税收治理体系现代化建设的迫切需求。为此,亟须深化成品油消费税制改

---

① 成品油主营单位主要指中国石油化工股份有限公司、中国石油天然气股份有限公司、中国海洋石油集团有限公司("三桶油")等国有石化企业。
② 郭焦锋、白彦锋,《成品油消费税征管需强化》,《国企管理》,2017年第12期。
③ 其中的重要原因在于利益诱惑大、监管不到位、违法成本低。成品油消费税占终端零售价格的20%以上,汽油消费税每吨达2 110元,柴油消费税每吨达1 410元。

革,实施"一降一升一征一收"①的结构性减税,将每年偷逃的上千亿元成品油消费税应收尽收,打造鼓励纳税、严惩逃税的正向激励机制。这既可实现堵塞漏洞、公平税负,促进税收治理体系现代化,又可实现结构性减税,每年减轻中低收入群体柴油消费税负担1 000亿元以上,降低实体经济成本②,惠及民生③,保障国家石油安全。

(二)改革方向

将成品油消费税征税环节提前,从生产环节的产品出货环节改为原料进货环节。目前我国的成品油消费税征收大多在产品出货环节完成,但是这一制度存在监管缺位的情况,固有弊端日益凸显,主要表现在成品油生产工艺复杂造成应税商品难以确定、应税收入难以掌握。由于生产工艺复杂、产品体系繁多,税务人员难以掌握必要的专业基础知识,导致税务部门很难对其实施精细化、专业化征管,纳税人申报多少、税务部门就征多少的征管窘境一直延续至今。将成品油消费税征收核算环节提前有利于防止企业在产品出货环节中以"变票"的形式偷逃税。在原料进货环节,税务部门可以根据原料使用情况和炼厂的具体工艺,核定成品油产品产量,直接按规定税额征税,"以进控销",从而减少在企业申报环节的偷逃税可能。对免予征税的化工产品,由企业承担举证责任,结合企业纳税信用状况分为"不予征收和即征即退"两种情况处理。

第二节　消费税纳税评估的指标与方法

一、从价计征(含复合计税从价计征部分)

由于从价计征消费税的税基与增值税销项税额税基相同,而其税率一定,因此只需考虑企业销售收入的真实性即可,同时可以参考收入类共用评估指标。

二、从量计征(含复合计税从量计征部分)

(一)应税销售数量变动率

应税销售数量变动率 =(本期应税销售数量 − 上年同期应税销售数量)÷ 上年同期应税销售数量 × 100%

若本期应税销售数量变动率与同行业上年平均水平相比相差较大,当低于预警值下限时,可能存在不计或少计应税销售数量的问题。

---

① "一降一升一征一收"是指大幅降低柴油消费税,适当提高汽油消费税,适时恢复征收航空煤油消费税并堵住税收漏洞,做到应收尽收。

② 降低柴油消费税有助于降低物流运输成本,对深化供给侧结构性改革、降低实体经济用能成本具有重要意义。

③ 统计数据显示,2017年民用载货汽车保有量超过2 000万辆,其中有1 700万辆属于个体夫妻经营,是一个家庭的主要生计。按一家三口计,涉及中低收入群体超过5 000余万人。大幅调低柴油消费税可实现对这类中低收入群体的精准减税,提高其家庭收入,是惠及民生的有效举措。

（二）应纳消费税额变动率与应税销售数量变动率配比值

变动率配比值 = 应税销售数量变动率 ÷ 应纳税额变动率

其中，

应纳税额变动率 =（本期应纳税额 - 上年同期应纳税额）÷ 上年同期应纳税额 × 100%

本指标是应税销售数量变动率与应纳税额变动率的对比分析。进行横向分析（与同期同行业的预警值比较），正常情况下二者应基本同步增长。当出现以下三种情况时，可能存在少计、不计消费税问题或不计、少计应税销售数量的问题：当比值大于预警值上限，二者都为负值时；当比值小于预警值下限，二者都为正值时；当比值为负数，前者为正值、后者为负值时。

（二）应税销售数量变动率与主营业务成本变动率配比值

变动率配比值 = 主营业务成本变动率 ÷ 应税销售数量变动率

其中，

主营业务成本变动率 =（本期主营业务成本 - 上年同期主营业务成本）÷ 上年同期主营业务成本 × 100%

应税销售数量变动率 =（本期应税销售数量 - 上年同期应税销售数量）÷ 上年同期应税销售数量 × 100%

进行横向分析（与同期同行业的预警值比较），本指标是销售数量变动率与主营业务成本变动率的对比分析。正常情况下二者应基本同步增长。当出现以下三种情况时，可能存在不计、少计应税销售数量的问题：当比值大于预警值上限，二者都为负值时；当比值小于预警值下限，二者都为正值时；当比值为负数，前者为正值、后者为负值时。

第三节　消费税纳税评估案例分析

一、消费税税负评估分析

以某地区饮料行业中的啤酒业为例。按照消费税微观指标体系的要求，通过纳税申报表和企业财务报表（资产负债表、利润表、现金流量表），可以得出消费税相关指标情况（见表8-2）。

表8-2　202×年啤酒行业税负情况

项目	企业1	企业2	企业3	企业4	企业5	企业6	合计
内销货物计征消费税产品销售额（万元）	9 830	5 405	21 718	26 743	5 601	3 093	72 390
期初未缴消费税额（万元）	5 928	213	441	5 118	79	3 910	15 689

(续表)

项目	企业1	企业2	企业3	企业4	企业5	企业6	合计
本期应纳消费税额(万元)	5 159	1 489	3 402	3 835	328	530	14 743
本期已缴消费税额(万元)	2 249	1 402	3 308	3 354	246	259	10 818
期末未缴消费税额(万元)	5 965	228	494	5 118	116	3 970	15 891
消费税名义税负(%)	52.48	27.55	15.66	14.34	5.86	17.14	20.37
消费税实际税负(%)	22.88	25.94	15.23	12.54	4.39	8.37	14.94

按照行业税负测算过程,具体计算方法如下。

① 计算地区行业的平均税负:

$$\overline{TB}_i = \frac{\sum_{i=1}^{N} TAX_i}{\sum_{i=1}^{N} CR_i} \times 100\% = 20.37\%$$

其中,$\overline{TB}_i$ 为消费税平均负担,TAX_i 为税收,CR_i 为计税收入或所得。

② 计算行业税负的修正标准差:

$$S = \sqrt{\sum_{i=1}^{N} f_i (TB_i - \overline{TB}_i)^2} = 13.44\%$$

其中,S 为行业税负修正标准差,f_i 为企业结构性指标的权数,本例中为计征消费税产品销售额占全体销售额的比重。

③ 计算行业税负的离散系数:

$$\delta = \frac{S}{\overline{TB}_i} = 0.66$$

其中,δ 为离散系数。

④ 确定行业税负的预警下限:

$$RATB_i = \overline{TB}_i - S = 20.37\% - 13.44\% = 6.93\%$$

⑤ 筛选税负异常企业:

企业5:5.86% - 6.93% = -1.07% < 0,为税负异常企业。

二、消费税纳税评估分析

消费税纳税评估是在税负评估分析的基础上,进行两个层面的分析:一是把税负偏低的企业筛选出来,利用比率分析和比较分析等方法具体分析其异常财务指标,找出出现问题的原因,以使税务稽查有的放矢;二是反向寻找税负水平高的企业,考察连续多年的情况,并将信息反馈给政策制定者,作为政策调整的参考。

表 8-3　消费税横向评估情况　　　　　　　　　　（金额单位：万元）

项目	序号	企业1	企业2	企业3	企业4	企业5	企业6	合计
一、主营业务收入净额	1	9 922	6 722	20 932	26 583	2 679	3 164	70 002
主营业务成本	2	7 292	3 756	10 364	14 872	1 399	2 307	39 990
二、原材料费用	3	4 329	2 290	6 342	9 118	863	1 425	24 200
三、营业利润	4	−2 485	−461	−302	1 561	200	−89	−1 576
四、利润总额	5	−2 518	−486	−361	890	141	−214	−2 548
五、期末企业资产总额	6	35 379	18 056	48 163	63 088	6 532	6 469	177 687
流动资产	7	32 345	10 012	33 712	52 650	4 910	5 092	138 721
应收账款	8	3 180	181	233		187	159	3 940
存货	9	6 108	2 884	9 175	9 286	945	1 853	30 251
待摊费用	10	598	72	354	176	38	65	1 303
流动负债	11	32 016	8 863	15 554	25 325	2 923	3 086	87 767
期末所有者权益	12	3 141	2 488	5 114	37 232	1 399	1 834	51 208
六、财务比率	13							
销售毛利率[14=(1−2)/1]	14	26.51%	44.12%	50.49%	44.05%	47.78%	27.09%	42.87%
销售利润率(15=4/1)	15	−25.38%	−7.23%	−1.72%	3.35%	5.26%	−6.76%	−3.64%
资产收益率(16=5/6)	16	−7.12%	−2.69%	−0.75%	1.41%	2.16%	−3.31%	−1.43%
资产周转率(17=1/12)	17	3.16	2.70	4.09	0.71	1.91	1.73	1.37
原材料费率(18=3/1)	18	43.63%	34.06%	30.30%	34.30%	32.23%	45.04%	34.57%
销售成本率(19=2/1)	19	73.49%	55.88%	49.51%	55.95%	52.22%	72.91%	57.13%
流动比率(20=7/11)	20	1.01	1.13	2.17	2.08	1.68	1.65	1.58
速动比率[21=(7−9−10)/11]	21	0.80	0.80	1.55	1.71	1.34	1.03	1.22

从表 8-3 中的数据可以看出，税负偏低的企业 5 各项财务比率均高于正常值，但税负偏低，可能存在隐瞒产品销售数量或计税收入的问题。企业 1、企业 6 的成本过高，造成收益性指标、流动性指标比率下降。企业 1 的主营业务收入较低，但税负却很高，可能存在隐瞒产品销量和计税收入的问题。

关键概念

消费税　变动率配比值　从量计征　从价计征　复合计征　横向分析

复习思考题

1. 简述我国成品油消费税进一步改革的重要意义。
2. 简述消费税纳税评估的指标和方法。

第九章

企业所得税的纳税评估

本章导读

企业所得税是我国现行税制中最重要的所得税之一。我国 2008 年内外资企业所得税统一之后的新企业所得税具有法人所得税的性质,此后在 2017 年的十二届全国人大常委会第二十六次会议及 2018 年的十三届全国人大常委会第七次会议上进行了两次修正。本章重点介绍企业所得税纳税评估指标及其运用情况,并结合案例进行说明。

第一节 企业所得税概况

一、我国企业所得税的性质

我国的企业所得税具有法人所得税的性质。第十届全国人民代表大会第五次会议于 2007 年 3 月 16 日通过了《中华人民共和国企业所得税法》,并于 2008 年 1 月 1 日起施行。企业所得税法的颁布,统一了我国长期分置的内外资企业所得税,建立了各类企业统一适用的科学规范的企业所得税制度,为各类企业创造了公平的市场竞争环境。2017 年 2 月 24 日第十二届全国人民代表大会常务委员会第二十六次会议通过了《关于修改〈中华人民共和国企业所得税法〉的决定》,主要变动为公益性捐赠支出超过年度利润总额 12% 的部分,准予结转以后三年扣除。2018 年 12 月 29 日第十三届全国人民代表大会常务委员会第七次会议通过了《关于修改〈中华人民共和国电力法〉等四部法律的决定》，主要变动为多机构、场所非居民企业汇总纳税由原来的审查制变为核准制。

我国企业所得税法纳税人的认定标准选择了法人组织。① 法人是与自然人相对应的法律用语。法人，是指按照国家有关法律成立，有必要的财产和组织结构，享有独立民事权利和承担民事义务的社会组织。从范围上讲，法人包括企业法人、机关事业单位法人和社会团体法人。相应设立法人所得税法和个人所得税法，不仅符合法理依据，而且能够涵盖所有纳税人。笼统来讲，凡是具备法人资格的就征收法人所得税；不具备法人资格的，属于自然人性质的，就征收个人所得税。相比于企业所得税，法人所得税将法人作为该税的纳税人易于认定；相比于公司所得税，法人所得税涵盖了一些从事营利活动的事业单位和社会团体。

二、纳税主体的确定

法人所得税的纳税主体可分为居民纳税人和非居民纳税人。居民纳税人负有无限纳税义务，就其来源于世界范围的所得缴纳所得税；非居民纳税人承担有限纳税义务，仅就来源于国境之内的所得缴纳所得税。

法人所得税中所谓"居民企业"的概念，是从"住所""居所"的基本概念中延伸出来的。就法人单位而言，各国通行的认定居民的标准大体有三种。一是登记注册标准，即依法人注册地点而确定的纳税人身份。也就是说，在某国登记注册就是该国的居民纳税人；反之，均系非居民纳税人。二是总机构标准，是依据法人总机构设立地点而确定纳税人身份。也就是说，若总机构设在某国，就是该国的居民纳税人；反之，均系非居民纳税人。三是管理中心标准，即依据实际控制或实际管理中心的所在地确定纳税人身份。也就是说，若法人的实际控制或实际管理中心在某国，就是某国的居民纳税人；反之，均系非居民纳税人。

我国《企业所得税法》第二条将企业分为居民企业和非居民企业。其中，居民企业，是指依法在中国境内成立，或者依照外国（地区）法律成立但实际管理机构在中国境内的企业；非居民企业，是指依照外国（地区）法律成立且实际管理机构不在中国境内，但在中国境内设立机构、场所的，或者在中国境内未设立机构、场所，但有来源于中国境内所得的企业。从上述居民企业和非居民企业的界定来看，我国《企业所得税法》对居民企业和非居民企业的判断采取了"登记注册标准"和"实际管理机构标准"相结合的认定方法。

---

① 金人庆，《企业所得税法：我国社会主义市场经济体制走向成熟的重要标志》，《求是》，2007年第13期。但是，正如"企业所得税"这一表述不尽科学一样（因为个人独资企业、合伙制企业等自然人性质的企业缴纳的并不是企业所得税，而是个人所得税），法人所得税的称谓看来也存在问题，因为中央政府、地方政府等依据公法成立、行使国家职能、不参与营利活动的公法人是不应纳入法人所得税调节范围的，而包括一些未注册法人的民间协会等无法人资格的社会团体则是需要缴纳法人所得税的。廖军，《中国企业所得税制改革及立法若干问题研究》，清华大学硕士学位论文，2005年。

三、企业所得税的税率

企业所得税实行比例税率,其基本税率为25%。但对于非居民企业在中国境内未设立机构、场所的,或者虽设立机构、场所但取得的所得与其所设机构、场所之间没有实际联系的,其来源于中国境内的所得适用20%的税率。

为了照顾众多小型微利企业的实际困难,我国《企业所得税法》规定,对符合《企业所得税法实施条例》条件的小型微利企业①,减按20%的税率征收企业所得税。《财政部 税务总局关于实施小微企业普惠性税收减免政策的通知》(财税〔2019〕13号)规定,为了进一步支持小微企业发展,对符合该文件规定的小型微利企业②,其年应纳税所得额不超过100万元的部分,减按25%计入应纳税所得额;超过100万元但不超过300万元的部分,减按50%计入应纳税所得额,所有应纳税所得额均按20%的税率计算企业所得税。

为了鼓励高新技术企业的发展,在国家需要重点扶持的高新技术行业③,对符合条件的高新技术企业④,减按15%的税率征收企业所得税。

第二节 企业所得税评估分析指标及其运用

一、企业所得税评估分析指标及使用方法

(一)分析指标

1.所得税税收负担率

$$税收负担率 = 应纳所得税额 \div 利润总额 \times 100\%$$

与当地同行业同期及本企业基期所得税负担率相比,低于标准值可能存在不计或少计销售(营业)收入、多列成本费用、扩大税前扣除范围等问题,可运用其他相关指标深入评估分析。

2.主营业务利润税收负担率

$$利润税收负担率 = (本期应纳税额 \div 本期主营业务利润) \times 100\%$$

上述指标设定预警值并与预警值对照,与当地同行业同期及本企业基期所得税利润

---

① 2019年修正的《企业所得税法实施条例》规定,小型微利企业是指:年度应纳税所得额不超过30万元、从业人数不超过100人、资产总额不超过3 000万元的工业企业或年度应纳税所得额不超过30万元、从业人数不超过80人、资产总额不超过1 000万元的其他类型企业。
② 此处小型微利企业定义与《企业所得税法实施条例》不同,其要求企业从事国家非限制和禁止行业,年度应纳税所得额不超过300万元、从业人数不超过300人、资产总额不超过5 000万元。
③ 详见《国家重点支持的高新技术领域》。
④ 详见《科技部 财政部 国家税务总局关于修订印发〈高新技术企业认定管理办法〉的通知》(国科发火〔2016〕32号)。

负担率相比,如果低于预定值,企业可能存在销售未计收入、多列成本费用、扩大税前扣除范围等问题,应做进一步分析。

3. 应纳税所得额变动率

应纳税所得额变动率 = (评估期累计应纳税所得额 − 基期累计应纳税所得额) ÷ 基期累计应纳税所得额 × 100%

关注企业处于税收优惠期前后时,该指标如果发生较大变化,则可能存在少计收入、多列成本等人为调节利润问题,也可能存在费用配比不合理等问题。

4. 所得税贡献率

所得税贡献率 = 应纳所得税额 ÷ 主营业务收入 × 100%

将当地同行业同期与本企业基期所得税贡献率相比,低于标准值视为异常,可能存在不计或少计销售(营业)收入、多列成本费用、扩大税前扣除范围等问题,应运用所得税变动率等相关指标进一步评估分析。

5. 所得税贡献变动率

所得税贡献变动率 = (评估期所得税贡献率 − 基期所得税贡献率) ÷ 基期所得税贡献率 × 100%

与企业基期指标及当地同行业同期指标相比,低于标准值可能存在不计或少计销售(营业)收入、多列成本费用、扩大税前扣除范围等问题。

运用其他相关指标深入详细评估,并结合上述指标评估结果,进一步分析企业销售(营业)收入、成本、费用的变化和异常情况及原因。

6. 所得税负担变动率

所得税负担变动率 = (评估期所得税负担率 − 基期所得税负担率) ÷ 基期所得税负担率 × 100%

与企业基期及当地同行业同期指标相比,低于标准值可能存在不计或少计销售(营业)收入、多列成本费用、扩大税前扣除范围等问题。

运用其他相关指标深入详细评估,并结合上述指标评估结果,进一步分析企业销售(营业)收入、成本、费用的变化和异常情况及原因。

(二)评估分析指标的分类与综合运用

1. 企业所得税纳税评估指标的分类

对企业所得税进行评估时,为便于操作,可对通用指标中涉及所得税评估的指标进行分类并综合运用。

一类指标:主营业务收入变动率、所得税税收负担率、所得税贡献率、主营业务利润税收负担率。

二类指标:主营业务成本变动率、主营业务费用变动率、营业(管理、财务)费用变动率、主营业务利润变动率、成本费用率、成本费用利润率、所得税负担变动率、所得税贡献变动率、应纳税所得额变动率及通用指标中的收入、成本、费用、利润配比指标。

三类指标:存货周转率、固定资产综合折旧率、营业外收支增减额、税前弥补亏损扣除限额及税前列支费用评估指标。

2. 企业所得税纳税评估指标的综合运用

各类指标出现异常时,应对可能影响异常的收入、成本、费用、利润及各类资产的相关指标进行审核分析。

第一,一类指标出现异常,要运用二类指标中的相关指标进行审核分析,并结合原材料、燃料、动力等情况进一步分析异常情况及其原因。

第二,二类指标出现异常,要对三类指标中的有关项目进行审核分析,并结合原材料、燃料、动力等情况进一步分析异常情况及其原因。

第三,在运用上述三类指标的同时,对影响企业所得税的其他指标,也应进行审核分析。

二、外商投资企业和外国企业所得税评估分析指标及使用方法

(一)综合对比审核分析

在对外商投资企业和外国企业所得税进行纳税评估时,除按《纳税评估管理办法》第十六条的内容审核外,还应包括以下内容:

第一,会计师查账报告中涉及的税收问题是否在纳税申报中做出了正确的反映或说明;

第二,预提所得税代扣代缴是否完整、及时,所涉及的使用费转让是否有合同,收取比例是否合理;

第三,纳税人存在关联交易的,是否就其关联交易进行申报,与关联企业的业务往来是否有明显异常;

第四,主管税务机关认为应审核分析的其他内容。

在纳税评估审核分析时,应特别关注下列类型的企业:长期亏损企业;由免税期或减税期进入获利年度后,利润陡降或由赢利变亏损的企业;赢利但利润率水平明显低于同行业平均水平或持续低于同行业利润水平的企业等。

(二)分析指标

1. 所得税税收负担率(同内资企业所得税指标,公式及使用方法略,以下简称"同略")

(1)主营业务收入税收负担率=(本期应纳税额÷本期应税主营业务收入额)×100%

（2）主营业务利润税收负担率（同略）

2. 应纳税所得额变动率（同略）

3. 资本金到位额

$$\text{不得税前列支的利息支出} = \text{按规定而未到位资本} \times \text{借款利率}$$

如果注册资本金未按照税法规定实际到位，则相应的利息支出不得在税前列支。

4. 境外应补所得税发生额

如果存在境外应补所得税额不实或者有误等问题，应进一步审核、分析。

5. 借款利息

分析时应考虑：是否存在关联企业间借贷利息支出问题，借款金额是否过大。如果存在关联企业间借款金额过大，应考虑借款和权益的比率[①]，分析是否存在资本弱化现象。

6. 出口销售毛利率

$$\text{出口销售毛利率} = (\text{出口收入} - \text{出口成本}) \div \text{出口收入} \times 100\%$$

按照公平交易原则，如果该指标明显低于可比对象，则可能存在关联企业间交易价格偏低的现象，有转移利润的嫌疑，需提示做进一步反避税调查。

7. 资产（财产）转让利润率

$$\text{资产（财产）转让利润率} = [\text{资产（财产）转让实际收取的价款} - \text{资产（财产）原账面价值} - \text{转让费用}] \div \text{资产（财产）原账面价值}$$

如果该指标小于零，可能存在企业向较低税率的关联企业转让资产（财产）避税的问题。

8. 关联出口销售比例

$$\text{关联出口销售比例} = \text{关联出口收入} \div \text{主营业务收入} \times 100\%$$

如果该指标较大并且可能存在关联交易，应重点关注。

9. 关联采购比率

$$\text{关联采购比率} = \text{关联采购额} \div \text{全部采购额} \times 100\%$$

本比值重点分析购销价格，如果关联采购额占全部采购额的比值较大，则应对相关纳税人予以重点关注。

10. 无形资产关联交易额

要特别关注特许权使用费，如果数额较大且超过预警值，则应对相关纳税人予以重点关注。

[①] 不得扣除利息支出 = 年度实际支付的全部关联方利息 ×（1 - 标准比例/关联债资比例），其中，标准比例为金融企业 5∶1；其他企业 2∶1。详见《国家税务总局关于印发〈特别纳税调整实施办法（试行）〉的通知》（国税发〔2009〕2号）及《财政部 国家税务总局关于企业关联方利息支出税前扣除标准有关税收政策问题的通知》（财税〔2008〕121号）。

11. 融通资金关联交易额

应特别关注筹资企业的负债与权益比例,如果融通资金数额较大,或者可能存在资本弱化问题,则应对相关纳税人予以重点关注。

12. 关联劳务交易额

如果劳务费数额过高,或劳务费收取标准高于市场水平,则应对相关纳税人予以重点关注。

13. 关联销售比率

$$关联销售比率 = 关联销售额 \div 全部销售额 \times 100\%$$

如果该比值较大,则应作为反避税重点做进一步的分析。

14. 关联采购变动率

$$关联采购变动率 = (本期关联采购额 - 上期关联采购额) \div 上期关联采购额 \times 100\%$$

本指标通过分析关联企业间采购的变动情况,了解企业是否存在通过转让定价转移利润的问题。如果该比值较大并且可能存在关联交易,则应重点关注。

15. 关联销售变动率

$$关联销售变动率 = (本期关联销售额 - 上期关联销售额) \div 上期关联销售额 \times 100\%$$

如果该比值较大并且可能存在关联交易,则应重点关注。

(三) 关联交易类配比分析

1. 关联销售变动率与销售收入变动率配比分析

重点分析关联销售商品金额占总销售商品金额比例较大的企业,如果关联销售变动率<销售收入变动率,则说明企业关联销售商品金额的变化没有带来相应的关联销售收入的变化。销售同样数量的商品,关联销售收入小于非关联销售收入,可能存在关联交易定价低于非关联交易定价的问题,存在转让定价避税嫌疑。

2. 关联销售变动率与销售利润变动率配比分析

重点分析关联销售商品金额占总销售商品金额比例较大的企业,如果关联销售变动率 > 销售利润变动率,则说明企业关联销售商品金额的变化没有带来相应的销售利润的变化。销售同样数量的商品,关联销售利润小于非关联销售利润,可能存在关联交易定价低于非关联交易定价的问题,存在转让定价避税嫌疑。

3. 关联采购变动率与销售成本变动率配比分析

重点分析关联购进原材料金额占总购进原材料金额比例较大的企业,如果关联采购变动率 > 销售成本变动率,则说明企业关联购进原材料金额的变化导致过大的关联销售成本的变化。采购同样数量的原材料,关联采购成本大于非关联采购成本,可能存在关联交易定价高于非关联交易定价的问题,存在转让定价避税嫌疑。

4. 关联采购变动率与销售利润变动率配比分析

重点分析关联购进原材料金额占总购进原材料金额比例较大的企业,如果关联采购变动率 > 销售利润变动率,则说明企业关联购进原材料金额的变化导致过大的关联销售成本的变化,影响了销售利润。采购同样数量的原材料,关联采购成本大于非关联采购成本,可能存在关联交易定价高于非关联交易定价的问题,存在转让定价避税嫌疑。

5. 无形资产关联购买变动率与销售利润变动率配比分析

重点分析存在无形资产关联交易的企业支付特许权使用费等,如果无形资产关联购买变动率 > 销售利润变动率,则说明企业购买的无形资产没有带来相应的收益增长,可能支付了过高的无形资产购买价格或通过购买无形资产的形式转移利润,存在转让定价避税嫌疑。

三、企业所得税评估指标的综合应用

企业所得税是比较复杂的税种,其评估的难度也较大,指标众多。企业所得税和应纳税额是其生产经营及财务核算情况的综合反映,在所得税评估工作当中,不能仅靠单项指标,而要考虑多种可能性,注意各项指标的综合运用。评估人员可以将相对独立的指标通过合理的搭配,对纳税人的申报材料进行评析。例如,纳税人的申报材料表明,主营业务收入变动率增长 5%,主营业务成本变动率增长 12%(假设均未超过设定的预警标准值)。但我们可以发现,主营业务成本变动率增长 12% 与主营业务收入变动率增长 5% 不匹配。针对这一情况,应选取与成本相关的各项指标,重点是进一步分析纳税人的成本变化情况,分析是否存在问题。这样做的目的是使评估工作更具有针对性,为发现纳税人疑点提供有效的途径。

(一)主营业务收入变动率

如果主营业务收入变动率发现异常,应选择与收入变动有密切关系的辅助指标进行分析。随着销售收入的增加,正常条件下,企业的应收账款也应相应增加。可以通过应收账款增长率判断纳税人的应收账款是否符合主营业务收入的增长水平。销售的增长势必会影响企业的材料购进和产成品的销售、挤压,引起存货的变化,应分析存货周转率、存货变动率是否与主营业务收入的变动匹配。利润是收入增加的最终产物,应重点对主营业务利润率进行分析,对比利润和收入的变动是否同步;相同情况下,将同行业的平均毛利率与企业的毛利率进行比较,观察其变动幅度是否超过了同行业的变动幅度,或存在其他方面的问题;还可以延伸到对收入费用变动率和收入成本变动率等主、辅指标进行分析。

(二)销售毛利率

销售毛利率反映了企业主营业务的盈利能力。该指标越高,表明企业主营产品的附

加值越高,盈利水平越高。如果该指标变动超过警戒水平,在对该指标进行分析的基础上,可直接引入主营业务收入变动率和主营业务成本变动率的分析方法,从收入和成本两方面分析其变动的原因。

（三）主营业务利润变动率

主营业务利润变动率的分析,可以直接反映企业应纳税所得额的变动情况。对该指标的相关分析应当是比较全面的。如果该指标的变动幅度超过了警戒幅度,可以使用所有的主、辅指标进行全面分析,分别将收入、成本、费用以及对税收影响的指标,如税额负担率等一并纳入分析。

（四）收入费用率

通过对收入费用率的纵向（年度间）和横向（行业间）分析,可以发现企业是否存在多计费用的问题。为了进一步验证有关疑点,可以通过对期间费用率指标的分析,评价企业期间费用的变动幅度,再使用财务费用变动率、管理费用变动率和营业费用变动率等指标,继续分析企业究竟是在什么费用中存在较大的变化,从而为评估提供方向。费用的变化影响了企业的盈利水平,通过主营业务利润率的变化对比,也同样可以为收入费用率的变动提供佐证。

（五）主营业务成本变动率

如果主营业务成本变动率超过了同行业的平均水平,则可能是由于企业存在多计销售成本、错误分配在产品和产成品比例等问题导致的。

如果企业多计成本,就会与原材料购进形成一定的差异。通过存货周转率的变化,可以分析存货的变动是否存在异常情况。成本增加会引起企业货币资金和应付账款的变化,通过应付账款增长率的分析,可以验证企业是否存在真实的货物购销,分析企业是否存在人为调节成本、控制利润变化的情况。如果以上指标仍然无法表明是否存在异常情况,则可以引入投入产出率的分析。通过本期与上期投入产出率的对比分析,验证企业的收入是否被隐匿了,从而造成成本在生产环节的滞留。如果有关数据可以真实获得,也可以通过关键物件单位消耗分析指标等,继续进行相应的配比分析。成本的变化势必要影响利润的实现,通过成本费用利润率的分析,以及主营业务成本变动率和主营业务收入变动率的配比分析,可以全面发现企业在成本方面存在的疑点问题。

（六）其他业务利润率

其他业务利润率反映了企业其他业务的盈利水平。由于部分企业经营范围的原因,纳税申报表中仅仅可以获得其他业务收入、其他业务支出、其他业务利润的数据,无法直接对其实施更加详尽的分析。但是通过对其他业务利润的纵向比较,可以发现企业在这方面存在的问题。

（七）关联销售比率

关联销售比率反映了关联企业间业务往来的程度，是衡量关联交易的主要指标。如果该指标值比较大，超过了预警值，要同时将指标体系中的资产转让利润率、出口销售比率、关联采购比率、无形资产关联交易额、融通资金关联交易额、关联劳务交易额等指标纳入分析范围。在此基础上，使用主营业务利润率、销售毛利率等指标，分析企业是否与同行业纳税人存在较大差异，是否存在转让定价问题。

第三节 企业所得税纳税评估案例分析[①]

一、评估对象基本情况

河北省某钢铁企业成立于1943年，位于我国重要钢铁基地唐山市，是河北钢铁集团下属企业，1997年于深交所挂牌。该企业产品线较为丰富，生产产品140余种，产品型号400余种，每年可产钢材1 000万吨，年产量最高可达1 800万吨。

钢铁生产简单来说可以分为四步：一是矿料的烧结；二是高炉炼铁，即将不同的矿料以一定比例送入炼铁高炉冶炼，得到铁水；三是将铁水冶炼成钢；四是轧钢成型。

高炉炼铁是钢铁生产的核心环节，无论是什么类型的钢企，其高炉炼铁单位耗电量均相差不大，与所用高炉型号及规格无关。此外，在同种原料、同一操作及相同动力源的条件下，高炉炼铁耗电量与其产出成正比。

二、选案背景

"营改增"全面完成。2016年5月1日，我国全面实施了增值税改革，营业税退出历史舞台，深刻改变了企业纳税义务的履行规则，要求企业财务人员学习与适应新的税务制度。

"去产能"持续推进。中央经济工作会议把"去产能"列为2016年五大结构性改革任务之首，钢铁行业产能过剩是存在已久的问题，也是"去产能"的重点对象之一，2018年河北省政府公布，要进一步压减退出钢铁产能4 000万吨。[②]

"减税降费"继续落实。"减税降费"具体包括"税收减免"和"取消或停征行政事业性收费"两部分。从2016年开始，我国持续推进"减税降费"政策，切实降低企业税负，提升经济活力。

---

① 本案例节选自冯若凡，《XL钢铁有限责任公司纳税评估研究》，辽宁大学硕士学位论文，2019年。
② 资料来源：中央人民政府门户网站，http://www.gov.cn/xinwen/2018-12/10/content_5347469.htm?_zbs_baidu_bk，2018-12-10，访问日期为2021年6月17日。

环保政策更加严格。钢铁行业因其自身的需求,在生产主要产品的同时,必然伴随有大量废弃物的产生。国家对于绿色环保的重视进一步提高,要求企业按照绿色环保无污染的标准进行整改。

三、分析基础

1. 采集纳税人财务指标信息

采集纳税人的利润表、资产负债表、销售(营业)收入明细表、销售(营业)成本明细表、管理(销售)费用明细表、税前弥补亏损明细表、公益救济性捐赠明细表、坏账损失明细表、资产折旧摊销明细表、其他收入明细表等。

2. 从省征管系统中采集纳税人申报缴纳和税务登记信息

纳税人、扣缴义务人的纳税申报或代扣代缴、代收代缴税款报告表的主要内容包括税种、税目、应纳税项目或者应代扣代缴、代收代缴税款项目、适用税率或者单位税额、计税依据、扣除项目及标准、应纳税额或者应代扣代缴、代收代缴税额、税款所属期限等。

税务登记种类包括开业登记、变更登记、停业登记、复业登记、注销登记和外出经营报验登记。

3. 从国税、工商等部门采集纳税人工商登记、申报缴纳增值税等信息

工商企业应当登记的主要事项包括企业名称、地址、负责人姓名、筹建或者开业日期、经济性质、生产经营范围、生产经营方式、资金总额、职工人数或者从业人数。

申报缴纳增值税主要包括《增值税纳税申报表》以及《发票领用存月报表》《增值税(专用/普通)发票使用明细表》《增值税(专用发票/收购凭证/运输发票)抵扣明细表》三个附表。

该企业 2015—2017 年基础财务和纳税数据如表 9-1、表 9-2、表 9-3 和表 9-4 所示,表 9-5、表 9-6 和表 9-7 中的各评估指标根据基础财务和纳税数据计算而来,可作为练习供读者自行计算验证。

表 9-1 该企业 2015—2017 年增值税纳税情况　　　　(单位:万元)

时间	2015 年	2016 年	2017 年
增值税	975.38	960.55	647.22

表 9-2 该企业 2015—2017 年利润简表　　　　(单位:万元)

名称	2015 年	2016 年	2017 年
一、主营业务收入	25 174.81	30 985.47	24 797.67
减:主营业务成本	21 032.46	25 634.67	20 292.40

(续表)

名称	2015年	2016年	2017年
营业税金及附加	20.71	25.79	21.25
二、主营业务利润	4 142.35	5 350.80	6 273.81
加:其他业务利润	65.38	79.85	83.21
减:营业费用	152.43	162.82	169.98
管理费用	307.81	351.56	424.93
财务费用	48.27	50.23	54.32
三、营业利润	3 699.22	4 866.04	4 185.77
减:营业外支出	11.32	12.72	12.85
四、利润总额	3 687.90	4 853.32	4 172.92
减:所得税	737.58	1 213.33	1 043.23
五、净利润	2 950.32	3 639.99	3 129.69

表9-3 该企业2015—2017年增值税、企业所得税、印花税数据 （金额单位:万元）

	项目	2015年	2016年	2017年	预警值
增值税	应税销售收入	25 174.81	30 985.47	24 797.67	—
	应纳税额	975.38	960.55	647.22	—
	增值税税负率	3.87%	3.10%	2.61%	2.73%—3.98%
	税负差异率	18.51%	19.12%	42.37%	20%
企业所得税	营业收入	25 317.94	30 997.21	24 856.37	
	营业成本	21 032.38	30 944.51	25 181.99	
	期间费用	508.51	564.61	649.22	
	利润总额	3 687.90	4 853.32	4 172.92	
印花税	印花税	5.78	6.21	5.14	
	印花税负担率	0.46%	0.57%	0.37%	
	税负变动系数	—	1.34	0.73	

表9-4 该企业2015—2017年资产负债表简表 （单位:万元）

	2015年	2016年	2017年
存货	614.58	725.38	826.51
应收账款	49.20	59.68	124.73
长期借款	150.23	208.51	276.92
进项税额控制数	—	4 376.73	3 466.90
实际进项税额	3 428.74	4 371.83	3 573.18
差额	—	4.90	-106.28

表 9-5 该企业 2015—2017 年收入费用类指标变动表　　　　（单位:%）

项目	2015 年	2016 年	2017 年
收入变动率	—	14.42	-19.97
成本变动率	—	18.35	-20.84
营业费用变动率	—	6.81	4.40
管理费用变动率	—	14.21	20.87
财务费用变动率	—	4.06	8.14

表 9-6 该企业 2015—2017 年营业外支出变动表　　　　（单位:万元）

项目	2015 年	2016 年	2017 年
营业外支出	9.81	12.72	25.38
营业外支出变动率	—	29.66%	101.89%

表 9-7 该企业 2015—2017 年个人所得税评估指标分析表　　（单位:万元）

项目	2015 年	2016 年	2017 年
主营业务收入	25 174.81	30 985.47	24 797.67
个人所得税	184.37	213.26	143.37

四、案头测算

第一,增值税的疑点。①2017 年企业的增值税税负率(2.61%)仍然低于河北省平均税负率,税负差异率(42.37%)远超预警线。②2017 年进项税额控制数和实际进项税额的差额(106.28 万元)过大,增值税专用发票预警系统显示红字专用发票异常。

第二,企业所得税的疑点。①2017 年管理费用变动率(20.87%)过高,与其他指标变动率变化极不协调。②2017 年营业外支出变动率(101.89%)与 2016 年(29.66%)相比差距过大。

第三,印花税的疑点。在正常情况下,本年印花税负担率和去年印花税负担率之间的比值应该在 1 左右,但该企业 2017 年的印花税税负变动系数(0.73)小于 1。

第四,个人所得税的疑点。主营业务收入同比下降 19.97%,个人所得税同比下降 32.77%,两者下降比例不匹配。

五、约谈举证

(一)确认部分疑点

第一,关于增值税的疑点。一是由于国家近年来推行供给侧结构性改革,钢铁产品市场需求量不断下降,公司业绩大幅下降;二是为了适应国家环保要求,企业投入大量环保设备,导致成本增加。税务工作人员依据该公司提供的解释调查分析了本区域同类钢铁企业的财务报表,结果显示在 2017 年,多数企业的销售收入或多或少都有所下滑。基于此,税务机关认为 2017 年该企业的销售收入有所减少是合理情况。

第二,关于企业所得税的疑点。一方面,该企业在自查过程中指出,在企业所得税中没有对业务招待费做出相应的纳税调整;该公司在 2017 年的管理费用中记录了 216.58 万元的业务招待费,却没有对其做出相应调整。公司的会计按照有关税法规定对符合列支要求的业务招待费扣除限额进行了计算,在 216.58 × 60% = 129.95 万元和 24 797.67 × 0.5% = 123.99 万元中选取了最低额,也就是 123.99 万元,从而得出应调增应纳税所得额为 216.58 - 123.99 = 92.59 万元。①

另一方面,该公司在内部自查过程中发现没有对员工工资实施纳税调整;①2017 年共发放职工工资 1 251.64 万元(其中残疾人员工资 12.54 万元);②发生职工福利费支出 276.85 万元,拨缴工会经费 37.92 万元并取得专用收据,发生职工教育经费支出 21.39 万元,以前年度累计结转至本年的职工教育经费未扣除额为 2.18 万元;③另为投资者支付商业保险费 15.76 万元。

《企业所得税法》第三十条有如下规定:允许扣除安置残疾人员及国家鼓励安置的其他就业人员所支付的工资。根据该规定,残疾人员工资 12.54 万元应该按 100% 加计扣除,应调减应纳税所得额 12.54 万元。

《企业所得税法实施条例》第四十条、第四十一条和第四十二条有如下规定:企业支出的员工福利费用,最多可在薪资总额中占到 14%;企业支出的工会经费,最多可在薪资总额中占到 2%;企业支出的员工教育培训经费,少于薪资总额 2.5% 的部分可以扣除。根据以上规定,可以扣除的职工福利费限额为 1 251.64 × 14% = 175.23 万元,因此应调增应纳税所得额 276.85 - 175.23 = 101.62 万元;准予扣除的职工工会经费限额为 1 251.64 × 2% = 25.03 万元,应调增应纳税所得额 37.92 - 25.03 = 12.89 万元;可以扣除的职工教育经费限额为 1 251.64 × 2.5% = 31.29 万元,故本年职工教育经费支出可以全额扣除,并且可以扣除上年结转的未扣除的 2.18 万元。

为投资者支付的商业保险费不能税前扣除,应调增应纳税所得额 15.76 万元。

第三,关于印花税的疑点。该企业核查结果显示,其共有技术合同 231.87 万元、货物运输合同 61.83 万元以及加工承揽合同 32.54 万元未如实申报缴纳印花税。

第四,关于个人所得税的疑点。该企业财务人员解释,之所以会出现异常申报个人所得税的情况,主要是由于部分二级部门未及时向公司提供奖金分配比例表,使得员工工资表中没有记录该部分奖金,从而出现了异常申报情况。

---

① 《企业所得税法实施条例》第四十三条规定:企业发生的与生产经营活动有关的业务招待费支出,按照发生额的 60% 扣除,但最高不得超过当年销售(营业)收入的 5‰。

（二）不能取得一致的

第一，增值税方面，对评估小组提出的企业的增值税进项发票取得是否合法、是否可能存在违规抵扣进项税额等问题坚决表示没问题，反复强调增值税进项发票的合法性以及红字发票的真实性，但却无法解释出现差异的原因。

第二，企业所得税方面，评估人员询问该公司的营业外支出账户中有没有需调整的项目，公司的财务负责人解释称该账户中不存在需调整的内容，所有支出都在合理范围内。

六、实地调查

针对约谈后无法消除的疑点问题，在实地调查中有针对性地查阅相关账簿凭证和财务报表。

① 2017年商品的账面库存数目和理论库存数目不一致。公司的法人代表称曾有2.1吨生铁丢失，直接作为财产损失在当期扣除了，且未进行增值税进项税转出。这部分原材料大概价值568.98万元，进项税额应转出96.73万元。

② 存在一些虚假发票以及不可抵扣的普通发票，这些发票总金额为58.19万元，有9.89万元的不可抵扣进项税额。

③ 核查营业外收支项目明细发现有一笔24.58万元的坏账损失，但是在该公司的年度申报表中并没有显示出该笔坏账损失，同时也不具备相应的扣除审批记录。《企业资产损失所得税税前扣除管理办法》第四条规定"企业实际资产损失，应当在其实际发生且会计上已作损失处理的年度申报扣除。"

④ 一份金额为3 275.83万元的合同未缴纳足额印花税，这是一份以货换货的合同，以货换货的合同可看作既购又销，应计算两次同等金额的购销合同的印花税，而该企业由于对这方面税法的缺失只计算了一次，因此应该补缴同等金额购销合同的印花税。

⑤ 实际发放的工资是在扣除了"现金交通补助"以后申报纳税的。

⑥ 企业在年底会评选优秀员工，并给这些员工发放奖金，然而该公司在计算获奖员工的个人工资时，并未加上这部分奖金，也没有缴纳这部分奖金的个人所得税。

⑦ "管理费用"明细核查结果显示，在业务招待费中存在部分钢笔、茶叶和其他物品费用。

七、评估处理

① 企业由于管理不善，导致生铁材料丢失，属于非正常损失，因此这部分购进的生铁的进项税额应做进项税转出的处理，这部分材料大概价值568.98万元，进项税额应转出96.73万元。

② 企业对总金额为58.19万元的普通发票和虚假发票补缴增值税9.89万元，同时为

了使企业在以后的纳税中更好地做到自查自省,税务机关决定除补缴少缴的增值税以外,对企业收取1 000元的罚款,以表惩戒。

③ 调整了该公司列支的业务招待费用,计算出应调增应纳税所得额92.59万元,故应责令企业补缴企业所得税共计23.15万元。

④ 计算后发现,该企业职工福利费支出应调增应纳税所得额175.23万元,补缴企业所得税43.81万元;企业职工工会经费应调增应纳税所得额12.89万元,补缴企业所得税3.22万元;企业的职工教育经费支出未超过限额,可以全部抵扣,并且上一年结转的未扣除的2.18万元也可以抵扣。

⑤ 因为该企业聘用了残疾职工,故残疾人员工资12.54万元应该按100%加计扣除,应调减应纳税所得额12.54万元。

⑥ 不可在税前扣除给投资者缴纳的商业保险费用,应调增应纳税所得额15.76万元,补缴3.84万元的企业所得税。

⑦ 该企业的财务人员对超期限的坏账损失进行了扣除,对此税务机构要求其主动调增应纳税所得额24.58万元,并补缴企业所得税6.15万元。

⑧ 企业应就未缴纳印花税的技术合同、货物运输合同以及加工承揽合同补缴1 167.46元。对于企业未足额缴纳印花税的以货换货的金额为3 275.83万元的购销合同,应该补缴印花税9 827.49元。

⑨ 薪资总额中的"现金交通补助"需要补缴51 582.37元的个人所得税;营业费用中"员工劳动先进奖"应补缴个人所得税34 481.74元;管理费用中业务招待费发生的礼品费用需补缴27 835.69元的个人所得税。

八、评估小结

1. 加强日常管理,选准评估疑点,做到心中有数

评估人员要形成职业敏感度,善于对纳税人当期申报情况与上期申报情况、当期申报情况与日常掌握情况进行比对,从而选准评估疑点,不要被企业的"合理解释"搪塞过关。

2. 注重纳税服务,加强评中辅导

纳税评估的最终目的是提高纳税人的长期申报质量,评估过程中要注重向纳税人宣传税法,使其心服口服,提高税法遵从度。

专栏9-1 有关"公益性捐赠"的税法规定

《企业所得税法》第二章第九条规定:

企业发生的公益性捐赠支出,在年度利润总额12%以内的部分,准予在计算应纳税所

得额时扣除;超过年度利润总额12%的部分,准予结转以后三年内在计算应纳税所得额时扣除。

《财政部 税务总局 民政部关于公益性捐赠税前扣除有关事项的公告》(财政部公告〔2020〕第27号)(节选)

二、本公告第一条所称公益慈善事业,应当符合《中华人民共和国公益事业捐赠法》第三条对公益事业范围的规定或者《中华人民共和国慈善法》第三条对慈善活动范围的规定。

三、本公告第一条所称公益性社会组织,包括依法设立或登记并按规定条件和程序取得公益性捐赠税前扣除资格的慈善组织、其他社会组织和群众团体。公益性群众团体的公益性捐赠税前扣除资格确认及管理按照现行规定执行。依法登记的慈善组织和其他社会组织的公益性捐赠税前扣除资格确认及管理按本公告执行。

四、在民政部门依法登记的慈善组织和其他社会组织(以下统称社会组织),取得公益性捐赠税前扣除资格应当同时符合以下规定:

(一)符合企业所得税法实施条例第五十二条第一项到第八项规定的条件。

(二)每年应当在3月31日前按要求向登记管理机关报送经审计的上年度专项信息报告。报告应当包括财务收支和资产负债总体情况、开展募捐和接受捐赠情况、公益慈善事业支出及管理费用情况(包括本条第三项、第四项规定的比例情况)等内容。

首次确认公益性捐赠税前扣除资格的,应当报送经审计的前两个年度的专项信息报告。

(三)具有公开募捐资格的社会组织,前两年度每年用于公益慈善事业的支出占上年总收入的比例均不得低于70%。计算该支出比例时,可以用前三年收入平均数代替上年总收入。

不具有公开募捐资格的社会组织,前两年度每年用于公益慈善事业的支出占上年末净资产的比例均不得低于8%。计算该比例时,可以用前三年年末净资产平均数代替上年末净资产。

(四)具有公开募捐资格的社会组织,前两年度每年支出的管理费用占当年总支出的比例均不得高于10%。

不具有公开募捐资格的社会组织,前两年每年支出的管理费用占当年总支出的比例均不得高于12%。

(五)具有非营利组织免税资格,且免税资格在有效期内。

(六)前两年度未受到登记管理机关行政处罚(警告除外)。

(七)前两年度未被登记管理机关列入严重违法失信名单。

（八）社会组织评估等级为3A以上（含3A）且该评估结果在确认公益性捐赠税前扣除资格时仍在有效期内。

公益慈善事业支出、管理费用和总收入的标准和范围，按照《民政部 财政部 国家税务总局关于印发〈关于慈善组织开展慈善活动年度支出和管理费用的规定〉的通知》（民发〔2016〕189号）关于慈善活动支出、管理费用和上年总收入的有关规定执行。

按照《中华人民共和国慈善法》新设立或新认定的慈善组织，在其取得非营利组织免税资格的当年，只需要符合本条第一项、第六项、第七项条件即可。

九、纳税评估开展过程中应注意的问题

1. 纳税评估要与现行的征管模式充分结合

充分挖掘现在较为完善的征管应用网络系统、纳税人分类管理系统，精细化管理机制。

2. 纳税评估要注意与税务稽查相区分

税务稽查注重利用《中华人民共和国税收征收管理法》赋予的检查权去获得纳税人偷逃税款的确凿证据，纳税评估则要充分利用税务机关已经掌握的信息对纳税人的纳税情况进行分析判断。

3. 纳税评估的规范

税务稽查和纳税评估指向的都是当前社会上普遍存在的纳税意识较弱、纳税率较低的情况。税务稽查侧重对税收违法行为的围追堵截，纳税评估侧重对纳税人过错、疏漏行为的纠正和疏导。此外，纳税评估的覆盖面宜宽不宜窄，以体现对所有纳税人的一视同仁；纳税评估既要注重效率，又要常态化、动态化。

4. 拓宽信息渠道，整合信息资源

运用计算机技术，对分散在税收征管信息系统、金税工程系统、进出口退税系统、生产企业免抵退系统和工商、银行等内部、外部系统的纳税人的各种经济信息进行信息整合，实现涉税信息共享。

5. 区分纳税人类型，合理设置评估周期

在充分利用征管资源的前提下，对纳税人按行业、规模、所有制形式、管理方式、财务核算水平、以往的纳税记录进行合理分类；企业所得税及其他多数小税种都是按月或按季申报纳税，并报送相应的财务报表，这就为分期进行纳税评估提供了可能。

关键概念

法人所得税　利润税负率　主营业务收入变动率　收入费用率

 复习思考题

1. 简述我国企业所得税制的基本情况。
2. 简述我国企业所得税纳税评估指标及其运用情况。
3. 谈谈你对企业所得税纳税评估案例的思考。
4. 比较新旧企业所得税法以及个人所得税法关于"公益性捐赠"的不同规定。

第十章

个人所得税的纳税评估

本章导读

个人所得税是近年来我国增长最快的税种之一。本章不仅介绍了我国个人所得税的概况及其纳税评估情况,还探讨了国外附加福利税(fringe benefits tax,FBT)对我国个人所得税纳税评估的启示。

第一节 个人所得税概况

个人所得税,最早产生于1798年的英国。其最初的目的是用于战争所引起的庞大的国家经费开支。但此后战争平息,此税种一度取消,所以也被称作"战争税"。76年(1874年)以后,威廉·格拉斯顿担任英国首相时,个人所得税才在英国正式固定下来,成为个人所得税的雏形。[①]

不同于西方国家,我国的个人所得税起步较晚。我国最早开征个人所得税的记录可以追溯到清朝政府在1909年颁布的《所得税章程》。之后由于战争与动荡,个人所得税也没有得到很好的发展,直到1949年中华人民共和国成立,个人所得税制度才进入新的发展阶段。

---

① 温海滢,《西方个人所得税制度设计思想及其文献综述》,《中南财经政法大学学报》,2007年第5期。

个人所得税是以自然人所得为课税对象的一种所得税。目前,个人所得税已经成为一个世界性的重要税种,在一些国家还成了其税制体系中的首要税种。

一、我国现行个人所得税的特点

1. 在征收制度上实行综合与分类相结合的征收制

我国现行的个人所得税采取综合与分类相结合的所得税制,即将个人取得的各项所得划分为9类,并对不同的应税项目实行不同的税率和不同的费用扣除标准,实行按年、按月或按次计征等,其中,居民个人的工资薪金所得、劳务报酬所得、稿酬所得和特许权使用费所得作为综合所得按纳税年度统一计税,从而简化计算,方便征纳双方,以控制税源。

2. 在费用扣除上定额扣除和定率扣除并用

现行的个人所得税对各项应税所得,根据情况不同分别在费用扣除上实行定额扣除和定率扣除两种方法,其中,定额扣除的标准为5 000元,定率扣除的标准为20%。该标准有利于将征税重点集中在高收入者身上,以体现多得多征、少得少征和公平税负的政策精神。

3. 在税率上累进税率和比例税率并用

现行的个人所得税在税率上,根据不同的应税所得分别实行累进税率和比例税率两种形式。对综合所得和经营所得实行超额累进税率,对其他所得实行比例税率,从而实现了对个人收入差距的合理调节。

4. 在申报缴纳上采用自行申报和代扣代缴两种方法

我国现行的个人所得税在申报缴纳的方式上,对纳税人应纳税额分别采取由支付单位代扣代缴和纳税人自行申报两种方法。对于在应税所得的支付环节扣缴的,均由法定的扣缴义务人——支付应税所得的单位或个人,在向纳税人支付应税所得额时代扣代缴个人所得税的税款;对于没有扣缴义务人的,以及取得综合所得需要办理汇算清缴等情况的,实行由纳税人自行申报纳税的方法,即由纳税人自行向税务机关申报缴纳个人所得税税款。这样有利于控制个人所得税税款的流失,也便于个人所得税的征管。

专栏10-1 日本个人所得税自行纳税申报制度与纳税评估

日本与我国一样,实行的是综合与分类相结合的个人所得税制度,采取个人自行纳税申报和源泉扣缴申报两种征收方式。日本个人所得税自行纳税申报制度的有效运行主要依赖预扣税和自行报税两种机制。在预扣税机制下,纳税人在收到工资、退休金、利息、股息、服务费等收入时,即扣缴一定数额的所得税,并缴入国库。在自行报税机制下,纳税人根据自己的全部收入情况,自行计算应纳税所得额和应纳税额,并自行申报纳税。日本2018年3月到5月的个人所得税自行申报的纳税额占个人所得税总收入的比例分别为53%、59%和87%,自行纳税申报制度对日本个人所得税的高效征收起到了重要作用。

自行纳税申报的纳税人需要就当年(1月1日至12月31日)的收入自行计算应纳税收入和税额,在下一年的截止日期前(一般为3月15日前)填报纳税申报表,将本年实际应纳税金额与预扣税款或提前支付的预估税款总和相比,多退少补。纳税评估是日本个人所得税自行纳税申报制度的一个重要环节,日本的税务征管部门配备有专门的纳税评估岗位和专业人员,对纳税人的申报内容与税务机关掌握的信息进行综合分析和评估。在正常评估中,对于提供不正确的纳税申报表的纳税人,税务机关可以在纳税申报截止之日起五年内通过调查决定其正确的收入,并将该决定通知纳税人,若发生偷税行为,这一时间会延长至七年。如果税务机关无法根据纳税人的账簿、记录和其他文件确定其收入,则税务机关可依据一些推定方法计算其收入,即进行推定评估。开展推定评估必须满足下列条件之一:纳税人没有保存账簿、记录或其他文件,因此无法计算收入和支出的实际数字;或纳税人保留了账簿、记录和其他文件,但它们不准确、不可靠;或纳税人不配合审计,无法计算收入和支出的实际数字。在实践中,日本税务机关通常采用以下的推定评估方法。一是净资产增减变动法,即比较纳税期开始和结束时纳税人资产的变化,将增加额视为收入。二是比率法,即根据收入相近者和同行业者的模式,类推特定时期的进货、营业额和利润的数字,以涵盖整个纳税期,从而得出纳税期的收入数字。三是效率法,即将类似业务的用电情况、员工成本和销售额的数据按比例放大或缩小,以计算适当纳税期间的收入数字。

相较于日本,我国对个人所得税自行申报的约束力较低,纳税人也普遍没有要进行主动纳税申报的意识。因此有必要增强个人所得税自行纳税申报的约束力,建立自然人纳税信用奖惩机制。一方面,按照纳税失信程度设定不同力度的信用惩戒措施。例如,对于未能于到期日前缴税的纳税人,限制其进行超过一定数额的高消费。对于不足申报的纳税人,情节较轻者,限制其使用信用卡;情节较重者,比如不足申报税额超过应纳税额一半,则将其列入纳税失信名单,在办理银行贷款、购房等事项时受限。对于存在欺诈行为的纳税人,强制手机停机,限制乘坐飞机、高铁以及出入境等。另一方面,对于自觉申报及缴税的纳税人,在缴税达到一定金额时给予奖励,并提高其纳税信用等级,在办理退税、银行贷款时优先处理等,营造良好的主动纳税申报及缴税环境。

资料来源:张耀文、张路乔,《日本个人所得税自行纳税申报制度特色与借鉴》,《财政科学》,2019年第6期。

5. 在计征周期上，按月、按年和按次征收相结合

计征周期方面，实行按月征收、按年征收和按次征收相结合。我国个人所得税对居民个人的综合所得、经营所得等税目实行按年征税，而对财产租赁、财产转让等收入按月或按次进行课税。

二、纳税主体的确定标准

各国确定居民身份的标准通常有以下几种：一是住所标准，即一个自然人在一国境内永久性或习惯性居住，就被确定为该国居民；二是时间标准，即一个自然人在一国境内居住或停留超过一段时间，就被确定为该国居民。不同国家对居住时间的规定并不相同，有的规定为公历年度1年，有的规定为任何12个月，有的规定为6个月，有的规定为183天。我国的规定是，在我国境内有住所，或者无住所而一个纳税年度内在我国境内居住累计满183天的，为我国的居民纳税人。

我国个人所得税的纳税人，包括按税法规定负有纳税义务的中国公民和在中国境内取得收入的外籍人员。在中国境内有住所，或者无住所而一个纳税年度内在中国境内居住累计满183天的个人，从中国境内或境外取得的所得，依法缴纳个人所得税；在中国境内无住所又不居住或者无住所而一个纳税年度内在中国境内居住累计不满183天的个人，从中国境内取得的所得，依法缴纳个人所得税。

三、我国现行个人所得税的完善

我国现行的《中华人民共和国个人所得税法》于1993年10月31日由八届全国人大常委会第四次会议审议通过，自1994年1月1日起实施。1994年1月28日，国务院颁布了《中华人民共和国个人所得税法实施条例》。应纳税的个人所得共包括11个税目：①工资、薪金所得；②个体工商户的生产、经营所得；③对企事业单位的承包经营、承租经营所得；④劳务报酬所得；⑤稿酬所得；⑥特许权使用费所得；⑦利息、股息、红利所得；⑧财产租赁所得；⑨财产转让所得；⑩偶然所得；⑪经国务院财政部门确定征税的其他所得。

九届全国人大常委会第十一次会议于1999年8月30日做出修改原《中华人民共和国个人所得税法》关于对"储蓄存款利息"不征收个人所得税的决定，决定恢复对储蓄存款利息征收个人所得税①，适用20%的比例税率。国务院于1999年9月30日颁布了《对储蓄存款利息所得征收个人所得税的实施办法》，对1999年11月1日后孳生的利息征收

---

① 1999年之所以对储蓄存款利息恢复征税，是因为在1950年政务院颁布的《全国税政实施要则》的规定中就有"储蓄利息所得税"，后于1959年取消。

个人所得税。

为了适应国民经济发展的需要,减少因物价指数上涨对居民储蓄存款利息收益的影响,增加居民储蓄存款利息收益,十届全国人大常委会第二十八次会议于2007年6月29日审议通过了《全国人民代表大会常务委员会关于修改〈中华人民共和国个人所得税法〉的决定》,将《个人所得税法》第十二条修订为"对储蓄存款利息所得开征、减征、停征个人所得税及其具体办法,由国务院规定"。2007年7月20日,国务院公布了《国务院关于修改〈对储蓄存款利息所得征收个人所得税的实施办法〉的决定》,并于8月15日起施行,决定将储蓄存款利息所得的个人所得税的适用税率由现行的20%调减为5%。为了应对金融危机的影响,国务院进一步决定,自2008年10月9日起,对储蓄存款利息所得暂免征收个人所得税。

2000年9月,财政部、国家税务总局根据国务院制定的《关于个人独资企业和合伙企业投资者征收个人所得税的规定》,规定从2000年1月1日起,对个人独资企业和合伙企业停征企业所得税,并开始对其投资者的生产经营所得征收个人所得税,从而使个人独资企业和合伙企业投资者的双重征税问题得到了解决。

2005年10月27日十届全国人大常委会第十八次会议通过了《关于修改〈中华人民共和国个人所得税法〉的决定》,对工资、薪金所得的费用扣除标准,以及纳税义务人和扣缴义务人的纳税申报和扣缴申报做了修改,将工资、薪金所得的费用扣除标准由原来的每月800元提高到1 600元。十届全国人大常委会第三十一次会议于2007年12月29日表决通过了关于修改个人所得税法的决定,个人所得税的工资、薪金所得费用扣除标准自2008年3月1日起由每月1 600元提高到2 000元。此外,在纳税申报规定方面,在2005年的"决定"中规定,个人年所得超过12万元的,或两处以上取得工资、薪金所得,或者没有扣缴义务人的情况下,纳税人应当按照国家相关规定办理纳税申报,扣缴义务人应当按照国家相关规定办理全员全额扣缴申报。

2011年9月1日起,个人所得税费用扣除标准调整为3 500元/月,同时将原有9级累进税率调整为7级,将最低税率从原来的5%降为3%。

2018年8月31日,《关于修改〈中华人民共和国个人所得税法〉的决定》经十三届全国人大常委会第五次会议表决通过。主要修改包括:工资薪金、劳务报酬、稿酬和特许权使用费等四项劳动性所得实行综合征税;费用扣除标准由每月3 500元提高至每月5 000元(每年6万元);增加子女教育支出、继续教育支出、大病医疗支出、住房贷款利息和住房租金等专项附加扣除;优化调整税率结构,扩大较低档税率级距等。"新个税法"于2019年1月1日起全面施行。2018年10月1日至2018年12月31日期间,将工资、薪金所得费用扣除标准提高至5 000元/月,并适用新的综合所得税率。

国内个人所得税费用扣除标准的提升,也是内外籍税制统一的过程。在2005—2018

年间，国内个人所得税费用扣除标准不断提高，外籍人员的费用扣除标准始终维持在4 800元/月的水平不变，这一方面体现了我国生产力的进步及物价水平的上涨，体现了国内生活水平和生活成本的不断提高，另一方面也有人民币不断升值的因素。所以随着本国人员个人所得税费用扣除标准的进一步提高，个税最终实现了外籍人员和本国人员的统一，如图10-1所示。

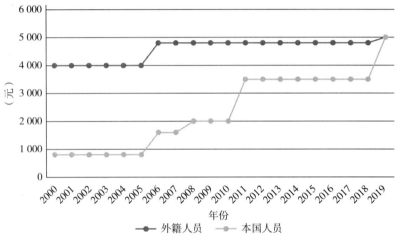

图10-1 个人所得税费用扣除标准

资料来源：《全国人民代表大会常务委员会关于修改〈中华人民共和国个人所得税法〉的决定》等个人所得税政策、法律文件。

第二节 我国个人所得税现状

我国的个人所得税自1994年税改以来，税收收入呈现稳步较快增长的态势。一方面是因为我国经济的不断发展，另一方面也同税务工作人员的努力息息相关。但随着我国经济的腾飞，国民的收入差距也在不断被拉大。这对我国个人所得税提出了新的要求，使得其不能仅仅满足于税收收入的增长，更要加大国民收入调节功能，在数量和功能上都有明显的进步与提高，真正向我国的主体税种迈进。下面就我国个人所得税的收入总量、结构状况，以及其调节国民收入分配的能力等做出具体的分析。

一、个人所得税的收入状况

我国自1980年正式开征个人所得税以来，个人所得税收入几乎保持连续的大幅增长。特别是1994年新税制实施以来，个人所得税收入以平均超过30%的年增幅稳步增长。1980年，我国仅征收个人所得税16万元，到1994年增加到72.67亿元，而到了2007年，增加到

3 185.58亿元。在1980—2007年这27年间，累计组织收入15 327亿元。[①] 其中，1994—2007年收入总额为15 215.55亿元。2018年个人所得税实现收入13 871.97亿元，比上一年增长15.92%，个人所得税收入占税收收入的比重为8.9%。具体情况见表10-1。

表10-1 我国个人所得税收入情况

年份	个人所得税（亿元）	个人所得税占税收收入[①]比重(%)	年份	个人所得税（亿元）	个人所得税占税收收入比重(%)
1994	72.67	1.4	2007	3 185.58	7.0
1995	131.49	2.2	2008	3 722.31	6.9
1996	193.19	2.8	2009	3 949.35	6.6
1997	259.93	3.2	2010	4 837.27	6.6
1998	388.64	3.8	2011	6 054.11	6.7
1999	413.66	3.9	2012	5 820.28	5.8
2000	659.64	5.2	2013	6 531.53	5.9
2001	995.26	6.5	2014	7 376.61	6.2
2002	1 211.78	6.9	2015	8 617.27	6.9
2003	1 418.03	7.1	2016	10 088.98	7.7
2004	1 737.06	7.2	2017	11 966.37	8.3
2005	2 094.91	7.3	2018	13 871.97	8.9
2006	2 453.71	7.1			

资料来源：《中国统计年鉴2019》。

注：① 此处税收收入仅包括国内增值税、国内消费税、营业税、个人所得税、企业所得税、关税。

二、个人所得税的结构状况

分析我国个人所得税的结构，如图10-2和图10-3所示，我们可以看出1994—2017年，个人所得税的收入结构发生了一些变化，其中，工资、薪金所得占比越来越大。1994年，个体户生产经营所得占所有个人所得税收入的比重最高，达到46.11%，其次是工资、薪金所得，占38.68%，第三位的是利息股息红利所得，占4.37%，其他类型所得占比为10.84%，见图10-2。到了2017年，相关数据的比例发生了很大的变化。其中，工资、薪金所得占比上升到第一位，占67.76%，财产转让所得所占比重为第二位，占11.56%，而利息股息红利所得所占比重有所上升，占8.45%，列第三位，个体户生产经营所得占比明显下降，仅占5.01%，如图10-3所示。

---

① 董旸，《个人所得税收入能力研究》，山东大学博士学位论文，2009年。

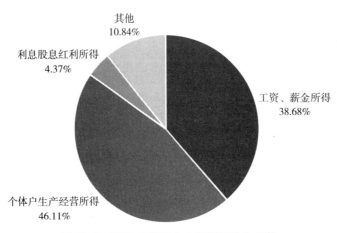

图 10-2 1994 年我国个人所得税收入结构

资料来源:国家税务总局税收收入统计,1995 年。

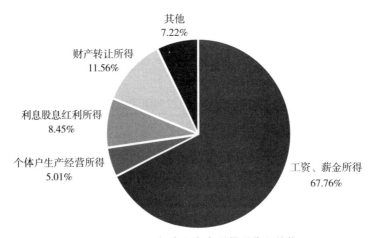

图 10-3 2017 年我国个人所得税收入结构

资料来源:国家税务总局,《中国税务年鉴 2018》,中国税务出版社,2018 年。

第三节 个人所得税评估指标

较为准确的个人所得税评估,要建立在能够基本掌握纳税人个人收入信息的情况下。但我国目前尚不具备这样的条件。特别是当前我国个人收入来源、形式多元化,现金支出占很大比重,税务部门几乎不可能掌握个人真实收入与支出情况,使得当前对个人所得税的纳税评估变得难以操作。这里只是简要给出两个分析指标,提供一种分析思路。

一、税收负担率

个人所得税税收负担率 = 个人应纳税额 ÷ 个人总所得 × 100%

可将本期个人所得税税收负担率与同等收入水平的纳税人税收负担率做横向比较,

如相差过大,说明存在不真实申报问题;若与以前年度同期做纵向比较差异过大,特别是税负率如果突然减低,则也可能存在非真实申报的问题。

二、应纳税额变动率

$$应纳税额变动率 = (评估期个人所得税额 - 基期个人所得税额) \div 基期个人所得税额 \times 100\%$$

若应纳税额变动率变动与同期、同地区社会平均居民收入增长率或个人历史收入增长趋势之间的差异过大,则可能存在非真实申报问题,需要结合纳税人收入及其构成做进一步的评估分析。

第四节 个人所得税税基评估的要素分析

正因为我国个人所得税存在以上不足,所以需要有针对性地引入纳税评估。针对我国个人所得税的纳税评估,重点是对税基的确认。其中包括对纳税人应纳税收入的确认,还包括对各种附加福利价值的确定。根据税基评估的有关定义,我们对个人所得税税基评估的要素进行分析,主要分为三类,分别是评估主体、评估客体和价值类型。我国个人所得税制尚处于转型期,其税基评估基础相对较为薄弱,故多引用外国较为完善的个人所得税体系做类比。

一、评估主体

所谓评估主体,就是负责评估工作的部门或机构。对相应的纳税人收入进行相关的评估工作是开征个人所得税的前提,因而确定由哪个机构负责开展这项评估工作就显得尤为重要。同时,在确定税基评估主体时,评估效率和评估成本这两个因素也应该被纳入考虑范围,使个人所得税税基评估真正做到高效率、低成本。

世界各国对税基进行评估的主体主要分为两类,其中一类是国家或政府设立专门的部门从事税基评估活动,而另一类是社会评估机构从事税基评估活动,主要由一些专门从事评估业务的事务所进行税基评估,即由社会中介机构作为税基评估的主体。

以政府机构为税基评估主体的国家主要有日本、澳大利亚、美国、新加坡等,这些国家虽然管理模式不尽相同,但评估机构大多由政府设立。在个人所得税的纳税评估中,较少有国家将社会中介机构作为税基评估主体。

新加坡的评税机构主要有五类。第一类是税务处理部,该部门主要从事给纳税人发放纳税评估表格、处理各种纳税相关邮件的工作,并负责文件档案的管理。第二类是纳税人服务部,该部门主要针对自然人每年的纳税申报具体情况进行分析和评估。第三类是公司服务部,该部门主要对公司法人每年的纳税申报情况进行评估。第四类是纳税人审计部,该部门对以往年度的纳税评估案件中存在的异议进行复评和审计。第五类是税务调查部,该部门主要对重大的涉税案件进行调查和评估。① 在具体运作的过程中,新加坡的纳税评估工作主要分为两部分来进行。第一部分是由纳税人服务部对当年个人所得税纳税人的纳税申报情况进行评估,第二部分是由纳税人审计部对之前年度中有异议或无异议评估案件进行抽样复评。如果发现较为重大的涉税问题,就必须转入税务调查部门进行调查。而无论税务调查部出具的结论如何,最终的纳税评估表格仍然由纳税人服务部制作和下发。我们可以看出,这些与个人所得税纳税评估相关的部门基本都是设立在新加坡税务局之下的,即新加坡的个人所得税评税工作主要是由政府机构下设部门来完成的。②

同样,日本的个人所得税纳税评估工作也是由政府部门下设机构来完成的。日本将所得税按照征管职能划分为个人所得税和住民税,并由国税局和地税局分别负责征收管理。从日本纳税人的实际情况来看,大多数家庭不但要向国税局缴纳个人所得税,还要向地税局缴纳住民税。由于纳税人缴纳所得税的种类不同,所以日本国税局和地税局也就分别针对其纳税情况进行评估。③

从政府机构作为税基评估主体来看,其优越性主要有以下两点:

第一,有助于统一管理。税基评估作为税收的一部分,如果设立于政府之下,则便于政府统一管理。此外,实施税基评估是一项比较复杂的工作,政府下设机构作为税基评估的主体,便于发挥政府的管理优势,节约评估成本。

第二,提高税基评估效率。政府下属机构众多,并且这些机构共同组成一个整体,如果由政府设立专门机构进行税基评估,则便于从政府的其他下属机构取得一些数字信息资料,而这些资料的获取将大大提高税基评估效率。

相对地,较少有国家采用中介机构来承担个人所得税的纳税评估工作,主要原因有以下三点:

第一,可信度难以保证。由于中介机构和财税部门并非利益共同体,由中介机构担任个人所得税的纳税评估部门,就可能出现纳税人与中介机构相互勾结以低估税基,从而达到减少税款的目的。为了减少和防止类似的情况发生,税务部门往往要对中介机构的评估做定期考核,而这种烦琐的评估环节往往带来评估成本的上升,这也是大多数国家没有采用中介机构承担个人所得税纳税评估工作的主要原因。

第二,数据取得难度较大。目前国际上公认的评估方法是批量评估法,而这种方法恰

---

① 陈丽平,《新加坡税收法律保护制度初探》,《法制与社会》,2009 年第 4 期。
② 王红晓,《中国与新加坡个人所得税制度的比较与借鉴》,《东南亚纵横》,2010 年第 9 期。
③ 张洪,《对日本个人所得税税制模式的借鉴分析》,《财会研究》,2009 年第 5 期。

恰需要大量评估对象的数据作为支撑。与政府部门相比,中介机构取得这些数据的难度会更大,因而会花费更多的时间和成本。

第三,税基评估效率偏低。税基评估工作往往需要同政府部门进行沟通与协调。相比政府部门的下设机构,中介部门与政府部门进行沟通则不具有优势。

我国现有的个人所得税评估工作主要由地方一级的税务部门来承担。由国外的案例我们可以看出,大多发达国家也同样选择了在政府部门下设评估机构的方式来开展个人所得税的纳税评估工作。采用这种设置,主要是防止中介机构同纳税人达成寻租协定,以隐瞒或低估评估对象的价值。而防止这种寻租行为的成本往往比较高,所以大多数发达国家倾向于采用政府部门下设机构的部门设置来开展个人所得税的纳税评估工作。

二、评估客体

税基评估的客体,就是指税基评估的评估对象,是评估最终价值的物质载体,同时也是税基评估基础理论中最基本的两个要素之一。因为我国的个人所得税在税制设计上同国外有一定的差别,所以必须分别分析国外和我国关于个人所得税纳税评估客体的选择。我国个人所得税正处于逐步发展和完善的阶段,并且税基评估在我国出现的时间也比较短。因此,我国应该充分借鉴国外的具体做法,根据自己的国情,不断完善个人所得税体系,从而促进我国个人所得税的进一步发展。

国外税基评估中涉及的税基评估客体,不仅仅局限于物业税,还常常存在因为发生财产纠纷矛盾而产生的财产税税基评估以及因企业和个人所得而产生的所得税税基评估。针对个人所得税的税基评估,往往对税基评估客体做进一步的划分。这里以纳税人的确认标准和应纳税所得的确认标准,分别用我国同其他国家的税基评估客体进行分析和对比。

(一) 纳税人的选择

根据美国税法,只要是美国公民或绿卡持有人,政府就要对其收入征税,即不管纳税人的收入来自美国国内还是国外,只要纳税人持有美国的绿卡或是美国的公民,其收入就必须向美国政府纳税。这样的纳税人选择往往会引起国家间纳税义务的重叠,事实上很多国家,特别是发展中国家,并没有采用这样的属人兼属地原则,而是采用了一种较为温和的原则。[①] 比如马来西亚的个人所得税就是按照属地原则来计征的,其规定对于来自马来西亚国内所有类型的收入计征个人所得税。为了加快发展的需要,从 2004 年起,对国外汇入马来西亚的所得全部免除个人所得税。具体来说,马来西亚对居民纳税人的确认有四种标准:①该年在马来西亚居留时间超过 182 天;②该年在马来西亚居留时间不足

---

① 汪昊、许军,《美国个人所得税征管制度的特点》,《涉外税务》,2007 年第 12 期。

182 天，但该年前一年或后一年的持续居留时间超过 182 天；③该年居留时间超过 90 天，包括该年在内的任意连续 4 年中有 3 年是居民或居留 90 天以上；④该年不在马来西亚居留，最近 3 年或者以后年度被认定为居民。不符合上述 4 个标准时才判定为非居民。这样的属地原则为税收收入的确认提供了良好的平台，也为个人所得税税基评估工作的展开奠定了良好的基础。① 类似地，澳大利亚居民纳税人的确定方法也很明确，如图 10-4 所示。

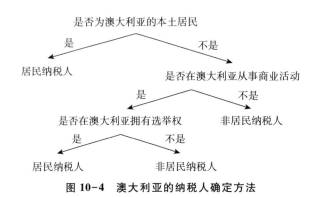

图 10-4 澳大利亚的纳税人确定方法

我国 2018 年 8 月 31 日颁布的《中华人民共和国个人所得税法》第一条规定：在中国境内有住所，或者无住所而一个纳税年度内在境内居住累计满 183 天的个人，从中国境内和境外取得的所得，依照本法规定缴纳个人所得税。在中国境内无住所又不居住或者无住所而一个纳税年度内在境内累计居住不满 183 天的个人，从中国境内取得的所得，依照本法规定缴纳个人所得税。从中我们可以看出，我国个人所得税制度中对纳税人的确认其实兼顾了属人兼属地原则。这样一方面确保了我国的个人所得税能够做到宽税基，避免个人所得税税款的无谓流失，另一方面为我国个人所得税的税基评估奠定了良好的基础，使国内外人员在中国境内所取得的所有类型的收入都纳入个人所得税税基评估的要素中来。

（二）应纳税所得的选择

在确定了纳税人的范围之后，各个国家对于其纳税人不同种类的应纳税所得，选择的评估重点也有所不同。对评估重点选择上的不同往往又受到分类与综合税制的影响。下面结合中国与一些 OECD 国家的税制，来分析其个人所得税税基评估客体的选择。

在我国，个人所得税采用的是分类与综合相结合的征收制度。按照《个人所得税法》第二条的规定，以下 9 项所得应缴纳个人所得税，包括"工资、薪金所得，劳务报酬所得，稿酬所得，特许权使用费所得，经营所得，利息、股息、红利所得，财产租赁所得，财产转让所得，偶然所得"。其中，前四项收入所得统一为综合所得，进行综合征收，其他类别收入进

---

① 杨富源，《马来西亚个人所得税初探》，《企业科技与发展》，2008 年第 8 期。

行分类征收。这也就决定了我国个人所得税税基评估的重点必然是在这些范围内征税。

在实际情况中,针对我国经济发展速度较快、个人收入差距不断扩大的问题,国家试图通过个人所得税的政策调节这种现象。2010年5月31日,国家税务总局发出了《关于进一步加强高收入者个人所得税征收管理的通知》(国税发〔2010〕54号),其中要求各地税务部门认真做好高收入者应税收入的管理和监控,要切实加强高收入者主要所得项目的征收管理,并且扎实开展高收入者个人所得税纳税评估和专项检查。这表明我国已经开始重视对高收入者的纳税评估工作。从税目来说,第一是加强财产转让所得的纳税评估,要主动掌握上市公司和即将上市公司的股东构成情况等,积极地开展纳税评估工作,保障财产转让所得信息的真实准确。第二是加强利息、股息和红利所得的征收管理及纳税评估。第三是加强对规模较大的个人独资企业、合伙企业以及个体工商户企业的经营所得的纳税评估。第四是加强劳务报酬所得的征收管理和工资薪金所得的比对管理。第五是加强外籍人员个人取得收入的征收管理。

很多欧洲国家以及部分亚洲和拉美国家实行综合所得税制,其做法是将纳税人全年不同性质的所得加总求和,并减去部分扣除额,按统一的累进率进行课征。综合的个人所得税制模式较好地体现了纳税人的实际负担水平,其不足是对不同性质所得无法进行差别的待遇,并且课税手续较为烦琐,从而对征管制度及公民的纳税意识提出更高的要求。而分类综合所得税制则介于两种税制模式之间,既坚持"量能负担"原则,即对个人不同来源的收入综合计征,同时又体现"区别对待"原则,即对列举的特定收入按特定办法和税率课征。这种税制模式征收相对简单,同时达到减少偷税的效果,因而在当今世界很多国家得到了广泛的应用,如中国、美国、加拿大、日本、葡萄牙、智利以及苏丹以外的非洲国家等,都实行这种税制。其中,不同国家对于不同来源的所得课征的情况也有所不同。例如在发达的OECD国家,个人所得税一般采用广税基的制度设计方式,其税基不仅包括货币类所得,还包括各种形式的附加福利。因此,这些国家的个人所得税纳税评估,除了要包含正常工资薪金所得和劳务报酬所得等货币形式的所得,往往还要包含以下几类附加福利:

① 个人用车。指因雇佣等原因,将雇主(或其他人或组织)提供的车用于与雇佣无关的事务。

② 放弃债权。债权提供者因与双方的雇佣有关的事项,而放弃接受者支付或清偿所欠一定数量债务的权利。

③ 提供信用。提供信用是提供者向接受者提供某种信用之后,如果整个或部分债务因雇佣原因而获豁免,接受者存在的未支付的债务,或递延利息贷款。

④ 费用支付。雇主为雇员偿还债务的一种方式,即纳税人替接受者支付或偿还一定数量的费用。

⑤ 住房。因雇佣关系，一般是雇主给予雇员占用或使用一套住房以作为常驻地的租约或权利，即给予住房的使用或所有权。

⑥ 在外住宿津贴。因雇佣关系，由雇主向雇员支付津贴，用以补偿在外工作时额外发生的不可扣除的费用，或因要求雇员不在通常住址工作等原因，补偿发生的额外不可扣除费用或其他不便。

⑦ 航班机票。因雇佣关系，雇主向雇员提供的航班机票。

⑧ 膳食费用。因雇佣关系，而由雇主向雇员或其相关者提供的、作为努力报酬或依照雇佣协议要求的膳食费用。

⑨ 会餐招待费用。因雇佣关系，由雇主向接受者提供某种会餐招待，包括住宿、旅行等。

⑩ 停车费用。由提供者的商业或其他建筑物提供的超过4小时的停车，并且停车场在建筑物一公里的半径内。

⑪ 财产。若双方存在雇佣关系，当其中一人向另一人提供财产（包括动产和不动产），并且该财产首次使用时，就认为发生了附加福利。

⑫ 其他。①

对比国内外个人所得税纳税评估的客体，我们不难发现，纳税评估的客体随着个人所得税课税客体的不同而不同。另外，对于货币类型的收入，国内外的差别并不大；而对于附加福利的征收，我国与发达的OECD国家之间尚有较大差距。与具备完善的附加福利课税体系的美国、澳大利亚等国家相比，我国并没有特别提出针对附加福利所得的纳税评估。在我国税法的规定中，附加福利属于工资薪金所得的一种，应该算入工资薪金所得，一并征收个人所得税。而现实情况下，对附加福利征税的法律并未能得到真正的实施。

三、价值类型

价值类型决定着每一项评估价值的具体价值尺度，是影响和决定税基评估价值的重要因素，同时评估方法的选择也受其制约。我们认为，价值类型的确定在个人所得税的税基评估中具有十分重要的作用。税基评估价值类型选择得正确与否，直接关系到税基评估主体能否合理确定税基评估对象。

在个人所得税的价值类型确定中，主要是针对附加福利价值类型的确定。因为工资薪金、劳务报酬以及利息股息红利所得等，都是以货币方式呈现的，其一般不需要特别的纳税评估。而企业向职工提供的附加福利，则以通讯补贴、交通补贴、住房补贴以及各种特殊津贴等多种方式下发，其价值一般难以确定，所以需要使用纳税评估的方法予以确

---

① Michael Kobetsky, Richard Krever, Ann O'Connell, Miranda Steward, Income Tax: Text, Materials and Essential Cases, The Federation Press, 2008.

认。此外,这些附加福利的价值类型多样,确定附加福利的价值类型对提高纳税评估的准确度有很大帮助。

(一)国外税基评估价值类型介绍

通过对国外个人所得税税基评估的研究,我们可以得出在税基评估领域大体上存在如下五种价值类型:

1. 计税价值

计税价值是指从价计征的税种在计算应纳税额时,用来作为计税依据的价值。计税价值是计税价格范畴中的组成计税价格。组成计税价格可以通过采用会计方法和评估方法对评估对象的"工、本、费、利"的计量来确定。

2. 税基市场价值

税基市场价值,也就是税基当前价值,是指在税法规定的某一年度时点上的市场价值。所以对同一税种的纳税人而言,他们所采用的税基市场价值都是在同一税基评估域内的同一时点上。

3. 税基法定估算价值

税基法定估算价值,也就是按规定比例估算的税基价值,是指对于一些无法正常采用市场法、收益法和成本法途径进行评估的特殊应税对象,采用的一种基于非市场价值的法定特别估算办法所取得的税基价值。

4. 税基评估价值

税基评估价值,也就是税基的实际价值,是由税基市场价值和税基法定估算价值所共同组成的税基价值。

5. 评估的计税价值

评估的计税价值与会计方法获得的计税价值共同组成计税价值。它是在得出税基评估价值后,严格按税法的相关规定,对符合相关规定的一些税收豁免价值进行扣除,再对评估结果进行折减后所估算出的价值。

(二)我国税基评估的价值类型

依据市场条件,我国资产评估的价值类型既包括市场价值,也包括非市场价值。在《国际评估准则》(International Valuation Standards)中,市场价值有如下的定义:市场价值是指自愿买方与自愿卖方,在评估基准日进行正常的市场博弈后所达成的公平交易中,某项资产应当进行交易的价值估计数额。其中还规定,当事人双方应各自精明、谨慎行事,不受任何强迫压制。

税基评估可以看作资产评估业务范围的一个延伸,并且税基评估的最终结果既要体现公平、公正,同时还要反映评估对象的市场价值。由此,税基评估的价值类型很大程度上与资产评估价值类型有相似之处。所以,在确定税基评估价值类型时可以积极借鉴我国评估领域的各种价值类型,尤其是市场价值的类型。

观察个人所得税制较成熟的国家,我们发现其多采用税基市场价值,而这一价值类型比较类似于我国资产评估领域的市场价值。它侧重于对对象的使用状态进行评估,这样可以反映市场条件和资产的使用状态,并且更能体现评估值的公平。所以,在确定我国税基评估的价值类型时,我们应该综合分析我国当前税基评估的特点、目的以及结果的适用范围,以便使我国的税基评估价值类型成为公平市场条件下的税基市场价值。

第五节　个人所得税税基评估技术研究

根据个人所得税税基评估客体的不同,我们将个人所得税的税基分为两部分,分别是货币性质的所得以及实物性质的附加福利所得,并分别就其纳税评估方法做探讨。在本节中,我们针对货币性质的所得,就其纳税评估方法和实例展开讨论。关于附加福利课税的方法和实例,将在后面的章节中进行详细的论述。

关于货币性质所得的纳税评估,尽管开展的历史长短有所不同,但中西方国家的评估思路大体一致。这里将通过对比国内外使用的方法,结合我国个人所得税纳税评估的具体案例,说明我国针对货币性质收入的纳税评估的优势和不足。

一、新加坡个人所得税的纳税评估方法

新加坡主要采用两种评税方法。第一种是核对法,是指税务机构纳税评估人员,根据所掌握的各种情报和信息,通过面谈和函调等方式,对个人所得税纳税人申报表中填写的内容进行检查和核对。第二种是财务分析法,指个人所得税纳税评估人员根据掌握的各行各业的财务指标,计算其标准值,并通过财务分析法找出偏离标准值的个体,通过面谈的方式来确认其应纳税额。

二、美国个人所得税的纳税评估方法

美国个人所得税纳税人数量很大,收入占联邦税收收入的近一半,可以说与美国个人所得税纳税评估工作的成功开展是分不开的。相比新加坡的纳税评估方法,美国的个人所得税纳税评估具有独特的优势和独到的方法。[①]

美国的个人所得税纳税评估依赖于电子化和信息化的技术。美国是一个信息化程度

[①] 汪昊、许军,《美国个人所得税征管制度的特点》,《涉外税务》,2007 年第 12 期。

非常高的国家,几乎所有纳税人的基本信息、收支和交易行为都记录在银行的电脑中,从而使税务机关通过信息的交换和数据的处理,就可以全面快捷地掌握纳税人的相关信息。美国发达的银行系统和银行信用制度,使得其纳税评估工作得以保证。在美国,个人在银行开设账户都要凭合法的身份证,并实行实名制,而且个人的身份证号码、社会保障号码以及税务代码三者是统一的,因此个人的所有收入项目都方便通过这样的号码进行汇总和查询。此外,在美国的交易,除零星小额的交易外,其他大都要通过银行转账,否则将被视为违法,所以个人不受银行监控的收入项目十分有限。税务机关通过与银行通力合作,从各银行获得纳税人的收入信息,通过计算机的集中处理,可实现对纳税人各项应税收入的监控,为税务机关的个人所得税税基评估打下良好的基础。

美国的个人所得税纳税评估采取交叉评估措施。美国政府为了保证纳税申报的真实性,防止偷漏税现象的蔓延,依托信息化,建立起了严密的交叉评估制度。首先,美国税务机关通过计算机系统,从银行、海关、卫生等部门,搜集有关纳税人的信息,并将其集中在纳税人的税务代码之下。其次,纳税评估人员将纳税人自行申报的信息与雇主预扣申报的信息进行比对和交叉评估,其中交叉评估的工作采取人机结合的方式进行,评估软件可以实现自动比对,并报告异常情况。再次,即使比对没有问题,也并不表明纳税人申报准确,因此稽核软件还要对纳税人的各项收入数据进行测算,并与设定的各项标准指标进行对比,计算机以此为依据,对纳税申报表进行进一步的分类和选择,并提出异常的申报表,由纳税评估员针对计算机提出的异常申报表进行重点的个人所得税纳税评估。在这里我们要注意,不同于我国对所有纳税者进行评估,美国对个人所得税申报表的评估仅仅占申报表总数的1%—2%左右,而且高收入者相比低收入者被评估的概率更高,因为他们申报的项目往往更为复杂,而且偷逃税的可能性也更大。

三、日本个人所得税的纳税评估方法

相比美国,日本没有如此高度发达的信息系统,无法容易地获得纳税人的所得及消费的信息数据。日本的纳税评估工作依然顺利开展,其中很大的原因就在于日本鼓励个人所得税的纳税人对自己的收入进行自我评估,以降低税务机关纳税评估的工作量,同时提高评估的准确度和工作效率。[①]

具体来说,日本的自评估体系来自"蓝色申报"制度。在日本,现行的纳税申报制度可以分为"白色申报"和"蓝色申报"两种。相对于普通申报的"白色申报"而言,"蓝色申报"指纳税义务人在得到税务机关许可的情况下,依据日本税收法规,采用蓝色申报表,向税务机关缴纳税款的一项制度。这项制度对使用蓝色申报表的纳税人会在税收检查、财

---

① 尹旭、万莎,《完善个人所得税征管机制的国际借鉴》,《中国财政》,2009年第11期。

产损失及费用的列支等项目上给予更多的优惠,以鼓励个人所得税纳税人进行"蓝色申报"。获得"蓝色申报"资格的方法是,个人所得税纳税人申请"蓝色申报"后,在两年内自行申报应税所得,并且所申报的所得额与税务机关确定的应税所得之差异小于10%,通过税务机关的纳税评估后,该纳税人就可以使用蓝色申报表纳税,之后税务机关对"蓝色申报"纳税人不再逐年进行纳税评估工作。总之,取得"蓝色申报"资格的纳税人需要具备两个条件:一是拥有用于记录其收入和支出、真实反映其应纳税所得额状况的文书,并妥善保管;二是提出"蓝色申报"的书面申请,并得到纳税地所属税务部门的许可。但成为"蓝色申报"纳税人并不表示从此可以脱离纳税评估,日本税务部门还会对其自行申报真实度进行抽查。如果纳税人在纳税评估的过程中被怀疑存在申报不实等偷漏税行为,一经核实,税务机关会立即取消其"蓝色申报"资格,并追溯其申报不实问题所产生的年度。被调查出存在问题的纳税人,不但要补缴所偷逃的税款,罚缴较重的罚金,而且可能承担一定的刑事责任。

"蓝色申报"制度不但提高了纳税人的税收意识,而且对于减轻纳税评估工作量、提高纳税评估工作效率,都起到了不错的效果。由于这种分类方式可以对纳税意识不同的纳税人从"申报表"上做客观分类,有利于税务机关对其实施不同的纳税评估手段,税务机关纳税评估人员因此便有更充分的精力和时间,来针对那些存在问题的纳税人进行更加有效的评估。总之,这种纳税评估的辅助制度设计可大大节约个人所得税纳税评估的成本和时间,并取得事半功倍的效果。

第六节 我国个人所得税评估案例

从国外的情况我们不难发现,较为准确的个人所得税评估必须建立在能够基本掌握纳税人个人收入信息的前提下,遗憾的是,我国目前尚不具备这样的条件,税务部门几乎不可能掌握个人的真实收入与支出情况,使当前对个人所得税的纳税评估变得难以操作。但自从我国开展纳税评估工作以来,针对个人所得税的纳税评估也并非没有进展。下面用一个例子来说明我国对个人所得税采用的纳税评估方法以及所取得的成果。

一、评估背景

某汽车零部件有限公司成立于2007年,经济性质为其他有限责任公司,注册资本2 000万元,经营范围包括汽车座椅、门内饰板及汽车零部件的设计、制造、销售业务。

二、发现疑点

税务部门在对该公司进行2018年纳税评估时,发现该公司在正常经营的情况下,业务量较2017年有较大增长(2017年主营业务收入为2 518万元,2018年主营业务收入为

3 745万元,同比增长48.73%),但其2018年缴纳的个人所得税的增长幅度却与其主营业务收入的增长幅度不匹配(2017年缴纳113 134元,2018年缴纳124 539元,同比增长10.08%),存在隐瞒收入和随意列支扣除项目的嫌疑,遂将其列为评估对象。

三、举证约谈

针对以上疑点,评估人员向该企业送达《税务约谈通知书》,要求其对个人所得税申报异常情况进行解释,并按规定提供工资表和财务报表等相关资料。该企业财务负责人对该疑点进行了解释:公司奖金分为三部分,包括劳动竞赛奖、原材料节约奖和销售提成,由公司分到各部门,再由部门二次分配到个人。由于各部门二次分配表格上报不及时,致使各项奖金没有全部纳入工资表,故部分奖金没有代扣个人所得税。

四、实地核查

针对约谈举证情况,该公司财务负责人所做的解释只反映了一部分情况,经主管税务机关负责人批准,评估人员对纳税人下达了《纳税评估实地核查通知书》,对其纳税评估转入实地核查环节。重点审查其账目,其中包括审查纳税申报表中的工资薪金总额与"工资结算单"的实际工资总额是否一致,发现有按将"现金伙食补贴"和"通讯补贴"扣除后实发工资申报纳税的情况;审查"生产成本"账户,发现有列支的原材料节约奖未并入人员收入计算个人所得税;审查"营业费用"账户,发现列支发放了劳动竞赛奖未并入人员收入计算个人所得税;审查"管理费用"账户,发现记载了组织职工外出旅游等福利未并入人员收入计算个人所得税;核查"应付工资"账目中年终发放的一次性奖金,发现有将年终一次性奖金按所属月份分摊的情况。

五、评估处理

经评估人员分析选案和举证约谈,纳税人针对实地核查中提示的问题进行自查,"补贴类薪金"补缴个税2 156.39元,"绩效奖金"补缴个税10 825.46元,"外出旅游"补缴个税3 160.27元,"年终一次性奖金"补缴个税18 250元,合计补缴个人所得税34 392.12元。

六、评估工作方法评价

第一,评估前准备工作要充分。评估人员在评估前应进行认真周密的准备工作,包括收集整理相关资料,同时应了解各项信息,进行审核分析对比,找出疑点,做好准备工作,可以产生事半功倍的作用。

第二,约谈前拟定提纲。纳税评估中,针对已发现的涉税疑问,在约谈前认真拟定约谈提纲,做到心中有数,防止盲目询问而使约谈陷入僵局。另外,必须清楚所涉及的税务条例文件。在上述案例中,评估小组就个人所得税的有关问题查询了许多文件并将其打印出来,在约谈过程中有理有据,最终让纳税人心服口服。

第三,加强税收宣传辅导。通过纳税评估这一手段,可以促进纳税人提高自行纳税申报的真实性、准确性。在评估过程中,通过税务机关对相关税收政策的宣传及讲解,让纳税人对税收政策有了更深的了解,从而提高纳税申报的质量。从该案例中我们可以清楚地了解到,纳税人有时并非有意隐瞒收入不报,而是不清楚具体的税收政策规定,纳税评估让纳税人增强了对税法知识的了解,从而提高了纳税遵从度,让征纳双方的关系更加和谐。

第四,纳税评估工作要取得良好成效,必须走人机结合的道路。一方面,评估工作要取得较高的质量与效率,必须依托信息化做出定量分析。另一方面,评估工作又必须发挥人的主观能动性,利用税务人员从长期税源管理实践中积累的工作经验,对纳税人纳税申报的真实性和准确性做出定性分析。二者是相辅相成、缺一不可的,缺少了哪一方面,评估工作都无法取得好的效果。因此,在开展纳税评估工作的过程中,必须做到"两手抓",一手抓信息化建设,一手抓评估人员素质。而在信息化建设方面,对数据信息的采集和占有又是关键,数据来源的广泛性、真实性、及时性是纳税评估信息化建设成败的关键所在,也是目前全国税务系统推广纳税评估工作中普遍存在的制约因素和瓶颈。因此,做好数据采集,提高数据来源的广泛性、真实性和及时性是我们开展纳税评估工作的首要任务及重点工作。同时,要加强对评估人员的培训,不断提高评估人员的素质和评估能力,在评估中做到定性与定量分析相结合。纳税评估是一项业务性强的综合性工作,这就要求纳税评估人员要做税收征管的多面手,不仅要懂得税收知识,还要注重对评估对象各类外部信息的收集,从而在多层面对纳税行为进行定性与定量分析。

第七节 附加福利纳税评估

我国对于个人所得税税基的评估,其中的一项重点应当是针对企业为员工发放福利价值的评估,虽然我国目前尚没有广泛开展这种针对福利的价值评估,可社会上的种种问题已经暴露出对附加福利课征个人所得税缺失的危害。本小节通过中外的对比,对附加福利的概念、课税模式及方法的选择、课税的意义、所带来的问题等进行探讨,并提出具体的建议。

一、附加福利课税理论

(一)附加福利的定义

关于附加福利的含义,目前没有一个普遍的共识或者形成一种统一的说法。单从理论上讲,可以将企业发放给员工的劳务报酬分为两部分,也就是工资和福利。其中,福利项目包括了公共福利和附加福利。公共福利是指,由国家和社会提供的,以改善和提高公民物质精神生活为目的的各种实物以及服务,其范畴属于基本社会保障,所以通常都予以免税。我国税法规定,在工资、薪金科目下,涉及了附加福利的概念。"工资、薪金所得,是指个人因任职或者受雇而取得的工资、薪金、奖金、年终加薪、劳动分红、津贴、补贴以及与任职或者受雇有关的其他所得。"①这种说法只是从税基的角度笼统地规定了所有与受雇者有关的所得都要缴纳个人所得税,而没有列举出具体的福利形式。根据有关学者的观点,附加福利指的是"由于雇员提供劳务,而获得的货币化工资和薪金以外的所有收益"②。根据这个定义,结合国内外附加福利的现状,对附加福利的基本特征做如下概括:

第一,从报酬获得者的角度分类。附加福利是由企业向员工支付的,而不直接与员工在企业的工作时间和薪酬挂钩,这一点有别于工资、奖金等直接性薪酬支付,属于一种间接性薪酬支付,但仍属于全部报酬的一部分。

第二,给付形式往往多样化。企业向员工提供的附加福利往往包括实物、特许权利、各种优惠、带薪假期、便利服务等非货币化工资、薪金的收益。此外,附加福利往往采用多样的组合方式,使得其比直接的薪酬形式更为灵活和复杂,以致更加难以计量和评估。

第三,附加福利产生的基础是雇佣关系。公共福利和附加福利的主要区别在于附加福利的提供必须建立在雇员已向雇主提供或者将要向雇主提供劳务的基础上。只有这种条件成立,才能判定附加福利的存在。

(二) 附加福利课税的税基

1. 国外附加福利课税的税基

目前附加福利的概念在很多经济发达国家中已经被广泛应用。不同国家对于附加福利的界定有所不同。其中,很多大陆法系的国家将所得的概念界定得非常宽泛,并且将大部分的附加福利纳入了个人所得税的征收范围内;而在很多普通法系的国家中,附加福利的范围相对比较狭窄。不过,目前这两者的区别已经不很明显,因为在宽税基的国家中,往往制定了很多税收优惠和减免政策,使得税收的调节能力更强;而窄税基的国家往往更加倾向于补充其法律、法规,从而将很多附加福利纳入个人所得税的征收范围,助推个人所得税实现横向公平。③

2. 我国附加福利课税的税基

相对于经济发达国家对附加福利广泛的课税,我国对附加福利的课税在制度和方法设计上显得较为落后。在制度设计上,我国的个人所得税法已经试图将附加福利纳入个

---

① 《个人所得税法实施条例》第六条第一款。
② 周金荣,《我国个人所得税税基选择研究》,《学术论坛》,2006 年第 4 期。
③ 杨宏华、胡瑞平,《个人所得税制度的国际比较与建立合理的中国个税制度研究》,《经济研究参考》,2011 年第 19 期。

人所得税的征收范围中来。根据《中华人民共和国个人所得税法实施条例》的规定，个人取得的应纳税所得，包括现金、实物、有价证券和其他形式的经济利益。所得为实物的，应当按照取得的凭证上所注明的价格计算应纳税所得额；无凭证的实物或者凭证上所注明的价格明显偏低的，由主管税务机关参照当地的市场价格核定应纳税所得额。根据《中华人民共和国个人所得税法实施细则》的规定，工资薪金所得，是指个人因任职或者受雇而取得的工资、薪金、奖金、年终加薪、劳动分红、津贴、补贴以及与任职或者受雇有关的其他所得。然而我国目前没有针对所有的附加福利规定一套统一的征收办法或有关规定，而仅仅是针对个别附加福利的科目，做有关问题的说明。

专栏 10-2　有关附加福利课税的政策规定

《国家税务总局关于个人所得税有关政策问题的通知》（国税发〔1999〕58号）

个人因公务用车和通讯制度改革而取得的公务用车、通讯补贴收入，扣除一定标准的公务费用后，按照"工资、薪金所得"项目计征个人所得税。按月发放的，并入当月"工资、薪金所得"计征个人所得税；不按月发放的，分解到所属月份并与该月份"工资、薪金"所得合并后计征个人所得税。

《国家税务总局关于单位为员工支付有关保险缴纳个人所得税问题的批复》（国税函〔2005〕318号）

依据《中华人民共和国个人所得税法》及有关规定，对企业为员工支付各项免税之外的保险金，应在企业向保险公司缴付时（即该保险落到被保险人的保险账户）并入员工当期的工资收入，按"工资、薪金所得"项目计征个人所得税，税款由企业负责代扣代缴。

《财政部　税务总局关于个人取得有关收入适用个人所得税应税所得项目的公告》（财政部　税务总局公告2019年第74号）

企业在业务宣传、广告等活动中，随机向本单位以外的个人赠送礼品（包括网络红包，下同），以及企业在年会、座谈会、庆典以及其他活动中向本单位以外的个人赠送礼品，个人取得的礼品收入，按照"偶然所得"项目计算缴纳个人所得税，但企业赠送的具有价格折扣或折让性质的消费券、代金券、抵用券、优惠券等礼品除外。

前款所称礼品收入的应纳税所得额按照《财政部　国家税务总局关于企业促销展业赠送礼品有关个人所得税问题的通知》（财税〔2011〕50号）第三条规定计算。

个人按照《财政部　税务总局　人力资源社会保障部　中国银行保险监督管理委员会　证监会关于开展个人税收递延型商业养老保险试点的通知》（财税〔2018〕22号）的规定，领取的税收递延型商业养老保险的养老金收入，其中25%部分予以免税，其余75%部分按照

10%的比例税率计算缴纳个人所得税,税款计入"工资、薪金所得"项目,由保险机构代扣代缴后,在个人购买税延养老保险的机构所在地办理全员全额扣缴申报。

(三) 附加福利课税的理论依据

对附加福利的认定,首先是对所得概念的判断。税收学界对所得的判断标准不尽相同。较早从事这方面研究的两位美国学者亨利·西蒙斯(Henry Simons)和罗伯特·黑格(Robert Haig)共同提出了一种判断所得的理论——纯资产增加论,并且确立了"黑格-西蒙斯准则"(The criterion of Haig and Simons),也被称为 H-S 准则。其中黑格认为,所得应该指在某个时期之内,某人的经济实力增长的货币价值。这个数额等于一定时期内,某人的实际消费数额加上其财富的净增加值。所以,黑格将所得分为两部分:一部分是货币所得本身;而另一部分就是以实物等非货币形式呈现的福利,也就是可以用货币形式来衡量的物品价值的增加值。[①] 所以附加福利作为一种所得形式,是符合"黑格-西蒙斯准则"对于所得的界定的,同样也是符合现实中的客观规律的。

在实践过程中,虽然按照"黑格-西蒙斯准则"而设计出的税制,不可避免地会因为税基评估和税额计算等问题而使得税收操作变得很困难,但这个准则给了我们很大的启示。在界定个人收入时,"收入"的范围要界定得尽可能宽泛,争取将纳税人的所有财源都纳入税基范围内。只有这样,纳税人才无法通过改变其收入形式或转移收入达到避税的目的。也就是说,尽可能地将纳税人的收入都纳入征税范围,最大限度地反映个人收入的真实水平和真实纳税能力,有利于税收公平的实现。

税收公平主要体现在三个方面。一是横向公平。横向公平是指收入相近的纳税人,所缴纳的税款也相近,从而使收入水平相近的纳税人所承担的税负大体相同,这就要求个人所得税将纳税人几乎所有的收入都包含在税基中,而更加广泛的税基恰恰能够实现这一点,即使得个人所得税的课税所得更加接近真实值,使得税负在更大程度上反映纳税人的纳税能力。二是纵向公平。纵向公平指的是收入水平具有明显差距的纳税人,其承担的税款应该有所区别,实现与纳税人收入水平相对应的税负。只有实行宽税基,对各种形式的附加福利实行普遍的课税,才能合理地界定纳税人的真实收入水平,实现这种纵向的税收公平。设想如果对附加福利等优惠不课税,那么获得这种福利的纳税人的税负就会减轻,这样就会加剧收入不公平的现象,破坏税收的纵向公平原则。三是税收中性。税收

[①] The Taxation of Employee Fringe Benefits: Report Based on the Proceedings of a Seminar Held in Florence, Italy, in 1993, during the 47th Congress of the International Fiscal Association, Kluwer Law International, 1995.现在所说的公平课税论(theory of equitable taxation)最初起源于亨利·西蒙斯的研究成果。西蒙斯的哲学思想根植于古典自由主义,强调个人自由是基本价值观,然后才是公平。他的经济纲领需要的是使政干预经济生活最小化的制度和政策,认为政府有其重要作用,但提供的服务必须是私人部门无法有效提供的服务,并通过再分配产生更大的公平。

中性是指在筹集税收收入的过程中，尽量减弱税收对经济行为的干扰，尽量不使得纳税人由于税收的存在而改变其经济行为选择。设想如果不对附加福利征收个人所得税，那么纳税人就会尽量扩大附加福利所占的比重，以达到减轻税负的目的，从而使得税收中性的原则被破坏。只有更加广泛地把各种附加福利作为个人所得税税基，才更有利于实现个人所得税的税收中性原则。

（四）我国附加福利课税的争议和意义

1. 关于附加福利是否征税的争议

对附加福利的课税在民间被形象地称为"月饼税"。对附加福利征收的这种"月饼税"是否合理，我们通过一个例子来阐释，详见专栏10-3。

专栏10-3 "月饼税"的由来与争议

2009年9月中旬，国家税务总局发布通知，明确了企业向职工发放交通、通讯补贴扣缴个税的相关问题，各类交通补贴与通讯补贴也要收税。《上海青年报》在相关报道中，为了形象地说明此事，用中秋节的月饼举例，说是单位发月饼也在缴税的范围之内。无独有偶，2009年9月16日，江苏南京市地税部门也接到一些市民电话，咨询企业发放月饼及代用券等中秋物品给员工应该如何代扣代缴个人所得税。南京市地税部门相关人士表示，根据《中华人民共和国个人所得税法实施条例》（以下简称《条例》）的规定，单位发放月饼等任何实物均应并入工资、薪金所得扣缴个人所得税。如果单位、企业未按规定扣缴税款，根据有关规定，由税务机关向纳税人追缴税款，对扣缴义务人应处应扣未扣、应收未收税款50%以上三倍以下的罚款。

根据《条例》的规定，个人取得的应纳税所得包括现金、实物和有价证券。所得为实物的，应当按照取得的凭证上所注明的价格计算应纳税所得额；无凭证的实物或者凭证上所注明的价格明显偏低的，由主管税务机关参照当地的市场价格核定应纳税所得额。

"月饼税"的支持者一方大多来自税务部门。在此之前，北京、广州、南京、西安、重庆等地的地税局就纷纷表示，这些收入虽然以实物或有价证券形式发放，按照税法规定也应计入工资、薪金扣缴个人所得税。

支持缴税者认为，税法对于福利费的解释是指由于某些特定事件或原因而给纳税人本人或其家庭的正常生活造成一定困难，其任职单位按国家规定从提留的福利费或工会经费中向其支付的临时性生活困难补助。因此，对于从福利费和工会经费中支付给本单位职工的每人都有的补贴、补助，或者单位为个人购买汽车、住房、电子计算机等补助事项，如果超出国家规定的比例或基数，那么此类事项不属于临时性生活困难补助性质的支出。

反对者则认为,单位给职工发月饼是很正常的集体福利,与个人所得税无关。根据《条例》第二条的规定,工资、薪金所得应纳个人所得税;但根据《条例》第四条的规定,福利费作为个人所得,免纳个人所得税。

还有观点认为月饼应归入工资、薪金所得范畴缴纳个人所得税。然而,根据《工资支付暂行规定》的规定,工资应当以法定货币支付,不得以实物及有价证券替代货币支付,按此规定,月饼如果作为工资、薪金所得,显然也违反了上述规定。

在现实操作中,由于单位发放的月饼数额一般都不大,而且还可能每个职工发放的金额不一,纳入工资、薪金计税手续烦琐。因此,多数企业购进的月饼,即便不能在福利费中列支,一般也会作为"礼品"等在经营费用中列支,因此很少将其计入个人所得税。

因此,如果说中秋节单位发月饼要扣缴所谓的"月饼税"具有充分的法律依据,而在现实中法律并未得到普遍的实施,那么,要么下狠心、出重拳让这一规定落到实处,要么还不如为这一规定"解套",彻底明确规定对工薪阶层在某些传统节日所获得的、由单位发放的福利性质的实物,在一定数额范围内可以免予征收个人所得税,这也算是名副其实、名正言顺。

所以,与其关心该不该缴"月饼税"以及缴多少"月饼税",倒不如关注中国的法律、政策规定中有多少仅仅是顶在头上、摆在面上,而不能落实的,不如反思为何久未落实等,这对于中国大踏步迈入真正意义上的"法治社会"显然更具有积极意义。

在财政较往年紧张的背景下,国家税务总局开展了2009年全国范围内的企业税收自查工作。而此次推行的补贴征税,便是直指检查过程中不少大国企存在的补贴超标问题。此次调整,是对个税制度的纠偏,可以弥补征收上的漏洞。但是,因是对既得利益者开刀,减少其福利收入,减少单位的不当开支,所以势必引发一定的舆情反弹。

资料来源:石勇,《"月饼税"的伦理叩问》,《南风窗》,2011年第19期。

2. 开征附加福利税的意义

第一,减少附加福利侵蚀个人所得税税基。虽然在现行的《中华人民共和国个人所得税法实施条例》中已经明确规定了对部分实物形式的附加福利课征个人所得税,但针对不同形式的附加福利分别做出规定很难达到对附加福利征税的整体效果。就工资、薪金所得来讲,如果雇主用附加福利替代薪酬进行支付,就可以容易地达到减少缴纳个人所得税的目的,这样的情况实质上构成了对个人所得税税基的侵蚀,而且很容易破坏税收的中性效应。设计完整的附加福利相关税制,则可以减少这种对个人所得税税基的侵蚀。

第二,缩减贫富差距,提高个人所得税的公平效应。目前的个人所得税,在工资、薪金科目中,对于薪酬的给付往往能够实现较强的累进性,达到税收公平效应的作用。但是,随着收入形式的多元化,现金收入不再是人们唯一的收入形式。相应地,人们的工作报酬正逐渐在附加福利上得以反映,比如车辆的配备、电话使用补贴以及食宿补贴等已经成为很多高管的必备福利。针对附加福利课税,能够将这部分福利性质的收入纳入税基中来,从而有效调节高福利者的收入水平,更好地实现个人所得税的公平效应。

第三,对附加福利进行课税有利于加快我国税制与国际接轨。在我国税制不断向国际化的方向发展的过程中,附加福利课税其实同样关系到与国际税收接轨的问题。现在各国之间避免双重征税的主要途径是通过互相签订税收协定来达成的,以便保证纳税人至少在一个国家纳税,同时又能有效避免双重征税。① 设想如果在协议一方的国家税制中没有对附加福利进行课税的规定,但另一方却针对附加福利进行征税,那么这样就会出现外国所得抵免不了或者纳税人利用税基的差别进行国际避税的情况,最终会使纳税人税负与其收入水平不对称。目前,在与我国签订有税收协定的几十个国家中,大多数国家都对附加福利征税。这样就造成双方个人所得税税基差别较大,不利于我国个人所得税的国际化。所以说针对附加福利课税是我国税制与国际接轨的必然选择。

总的来看,虽然国内对目前是否针对附加福利进行课税尚且存在不同的观点,但从我国税制的规范、长期发展的需要以及我国税制国际化的需要来看,对附加福利课税是一种必然。解决了是否课税的问题,那么如何课征便成为下一步的议题。

二、附加福利课税方法选择

(一) 开征模式的选择

国际上目前对附加福利征税的模式主要有两种:独立开征福利附加税或并入个人所得税一同征收。

1. 开征独立的福利附加税

很多 OECD 成员采用独立征收附加福利税的模式,其中以新西兰和澳大利亚为典型。在新西兰,主要对五类附加福利进行课税,分别是私人使用的机动车辆、低息贷款的优惠、免费或打折的产品或服务、雇主对雇员提供的各种抚恤金和保险金以及一次性支付的退休津贴等。澳大利亚附加福利的课税对象与新西兰相似。在这种独立开征的附加福利税中,往往根据附加福利的目的,分别采用列举法的方式确定征税范围。

2. 将附加福利并入个人所得税的征税范围

除了新西兰和澳大利亚等少数国家,大部分国家还是选择将附加福利归入个人所得税的征税范围。比如美国,其强调征税所得额与个人经济福利增长和纳税能力提高的内在联系,并通过《国内收入法典》,采用反向列举法列举出不征税所得,没有列举的其他一

---

① 宋生瑛、罗昌财,《论对附加福利的课税——我国个人所得税完善的一个重要方向》,《涉外税务》,2001 年第 10 期。

切所得项目都是需要征税的附加福利。①其列举出的不计税的福利附加项目总共有8项，可以分为两大类。第一类是为了实现社会目标的福利附加项目。其中主要包括集体人寿保险、定额内的教育资助项目付款、合格的退休金计划的付款、定额内的照料儿童和被扶养者的补贴收入、健康和事故保险费等。第二类是征管成本较高的福利附加项目。其中主要包括雇员折扣、雇主提供的在生产经营地的食宿、无额外成本的服务、使用雇主提供的娱乐设施、小额的附加福利、工作条件附加福利等。如果这些附加福利以平常的实物或福利形式出现，则免征税款。但如果其以现金的方式出现，则应当计入应纳税所得中。美国除此以外的附加福利项目，均应当列入计征个人所得税的范围之内。

还有很多国家没有采用美国的反向列举法，比如英国采用的就是正列举法，即列举出应当课征附加福利税的税目，以判断某项附加福利收入是否应征收个人所得税。

从目前国际税收改革趋势看，虽然世界各国都在扩大附加福利的税基范围，将越来越多的附加福利科目纳入计税范围内，但多数国家都不约而同地将为了达成社会目标的附加福利项目以及征管成本较高的附加福利项目等排除在征税范围之外。

我国目前没有针对附加福利设立单独的附加福利税，而是将附加福利作为工资薪金的一种，试图将其纳入个人所得税的纳税范围。根据规定，任何形式的附加福利都要计入工资薪金所得科目，这也为实际征收中附加福利的确定带来了很大的困难。我国应该借鉴国外的先进经验，对附加福利有所征，同时有所不征，以实现纳税效率和公平的平衡。

（二）征收办法的选择

世界各国对附加福利的征收办法大体上可以分为三类。第一类是直接把雇员从工作中得到的附加福利归入工资薪金科目当中一并征税；第二类是通过规定雇主提供的附加福利不能予以扣减的间接方式，来达到征税的效果；第三类是通过附加福利税这样的特定税种来对雇主提供的附加福利进行征税。每一种课征方式都有其优缺点。②

第一种方式中，附加福利的负担直接由获得附加福利的纳税人来承担。在多数国家采用的累进制个人所得税下，这种方式能够有效地体现税收能力负担原则，并且符合大多数人的思维模式。但是，在附加福利价值的评估中，这种方式仍然存在很大的问题。从税务部门征收税款的角度来看，如果这些附加福利的信息由雇员来提供，则信息的获取成本很高，并且真实度难以保证。如果这类信息由雇主负责收集和提供，那么对附加福利征税的管理就会变得相对容易，可以降低税收成本，提高征收效率。

第二种方式中，对附加福利的征税是通过代理实现征收的，也就是通过禁止雇主扣除所提供的附加福利成本的方式，在效果上实现对附加福利的征税。人们对这种方法同样

---

① 王德祥、刘中虎，《美国的个人所得税制度及其启示》，《世界经济研究》，2011年第2期。
② 陶其高，《西方国家对附加福利征税的主要模式》，《经济研究参考》，2004年第23期。

存在争论,其中之一是雇主和雇员是否能执行统一的税率,如果不统一就会造成两者不同的税收待遇,而且禁止扣除的规定也会影响到税收纵向公平的实现。还有一种争论是针对附加福利的价值衡量的,即附加福利通常是以市场价格来衡量的,但雇主提供的附加福利往往是以内部价提供的产品或服务,由此造成其衡量的标准不同,从而容易引起税务部门和纳税人之间计税依据的不统一,为税收征纳带来不必要的困难。

第三种方式中,附加福利的课税是针对雇主而不是雇员。比如巴西针对雇主向雇员提供附加福利的征税实行预扣制度。而澳大利亚则单独开征附加福利税,并实行与个人所得税制度完全独立的征收机制。在这种方式中,因为课税对象是雇主,所以获取有关附加福利的信息就变得相对较为容易,可以有效减轻课税成本。但针对雇主而不是雇员课税,往往不能有效体现税收的能力负担原则,也就是获得收益的纳税人没有承担相应的税负,反而是提供福利的纳税人承担了税负。

我国目前针对附加福利课税的征收办法,是向获得附加福利的纳税人征收税款。这种方式能够体现收入与税收负担相符合的思想,但是由于纳税人获得福利的具体信息难以获得,造成目前这类税款难以课征,是我国针对附加福利征税中亟待解决的问题。

(三)免税规定的设定

世界各国对于附加福利征收税款,并不是对所有类型的附加福利都进行课税,而是有选择地对部分类型的福利课税,有的有免税规定。我们用澳大利亚和中国附加福利课税中的免税规定做对比,来分析中国有关附加福利税制的进步与不足。

专栏 10-4　澳大利亚对附加福利的免税规定

出于社会、政治及征管便利等方面的考虑,澳大利亚将某些福利形式列为附加福利税的例外,予以免税。下述福利为免税福利:

1. 商品、设备、员工联谊

(1)雇员在工作日期间接受并消费了由雇主提供的商品(包含饮食),或当雇主为公司时,由另一关联公司提供的商品(包含饮食)。关于向雇员提供的机构内部"用餐设施",澳大利亚税务当局认为:在工作时间内向雇员提供的上午茶、下午茶和轻午餐(不含酒精)免于缴纳附加福利税。

(2)在工作期间或非工作期间开展员工联谊活动,使用与雇主营业活动有关或无关的营业设备(机动车辆除外),并且该设备正常情况下停置于经营场所,同时完全或主要用于雇主的营业活动。

(3)营业用途的报纸期刊。

（4）对当前或过去雇员提供的与工作岗位相关的服务，这些服务通常属于"与工作有关的咨询"定义范围之内，通常包括帮助雇员撰写个人简历、求职书以及提供面试技巧培训等。

（5）由雇主提供的儿童看护服务或儿童娱乐设施，或雇主支付一定款项使雇员获得进入私人儿童护理中心的优先权或商业性儿童护理中心的资格。

（6）每年每个雇员最大限额500澳元的"机构内部"福利。

2. 奖励

（1）对服务年份在15年或更多的雇员提供"长期服务奖励"，但奖励价值不得超过规定的限额。

（2）不超过200澳元应税价值的安全奖励。

3. 机动车辆、停车费

（1）雇员个人使用雇主提供的机动车辆，并且该车在整个纳税年度末未进行注册登记，而且主要用于经营用途。

（2）对残疾雇员提供的停车福利，否则他们按照有效的许可规定也可以使用残疾人士停车位。

（3）小型企业提供的停车福利。小型企业是指年总所得少于1 000万澳元的纳税人（不含政府团体或一些公共企业及其子公司）。这项免税规定自1998年4月1日起生效。

4. 工作调动

（1）雇员在工作期间因工作原因由甲地调动至乙地的特定调动成本，包括雇员及其家庭因调动而发生旅行花费（含食宿费用）在内的福利。

（2）搬运家庭用品的成本。

（3）在旧职所在地或新职所在地提供临时性住宿成本。

（4）由于临时性住宿而租借的家具和其他家居设施的成本。

（5）临时性住宿期间的用餐费用。

（6）临时性住宿需预缴的有关款项如水电费等。

（7）在销售和购买住处过程中发生的印花税等。

（8）电话重新接入的成本等。

5. 海外工作岗位

在海外工作的澳大利亚雇员的所得是免税的，因此其附加福利也是免税的。

6. 旅行、交通

（1）与调动有关的旅行。

（2）由于求职面试或筛选考试对当前或未来雇员发生的旅行费用进行弥补的福利。

（3）解决从指定的发展中国家出发进行医学治疗而发生的旅行费用的福利。

（4）如果雇员在雇用期间离家居住或离家出差,由于自己或直系亲属重病或丧礼而造成的旅行费用。

（5）如果雇主经营的是为公众提供运输服务(不含航空运输)的业务,其向雇员提供的免费或优惠公共交通运输的福利。

（6）如果雇主和经营航空业务的某个组织签订协议,那么航空公司为经常飞行的旅客推出的特别项目通常将不被视为附加福利。

7. 住宿、用餐

（1）由于工作调动导致的临时性住宿和用餐。

（2）对居住在宗教场所内的本国雇员提供的住宿和食品。

（3）政府团体、宗教机构或非营利团体雇用看护人员入住当地,照看残疾人士和处于紧急情况下的人士,而向雇员提供的住宿。然而,提供的福利若超过1 000澳元,则要对雇员的信息进行登记。

（4）根据澳大业培训制度向有关受训人员提供的食宿。

8. 教育

（1）雇主为海外工作的雇员支付的子女教育费用。

（2）雇主为不指定特定对象的海外雇员子女教育计划支付的费用。

9. 医院、医护、急救

（1）根据雇员补偿金规定,应由雇主支付的因工伤而造成的住院费用和医学治疗费用等福利。

（2）主要为治疗工伤而在工作现场提供有关医疗设施和医疗服务。

（3）在紧急时刻向立即疏散的雇员及其家庭提供的急救食品、衣物和住所等福利。

（4）运动俱乐部向在比赛或训练中受伤的运动员提供的医疗/住院费用报销,并且这些福利是根据雇员补偿法提供的或被视为合理的。

10. 公共慈善机构、宗教机构、公共医院

向公共慈善机构雇员提供的福利,对于工作职责与公共医院有关但从技术上考虑由政府团体而不是医院雇用的员工,其在工作期间接受的福利。然而,提供的福利若超过1 000澳元,则要对雇员的信息进行登记。

11. 小额福利、偶然性福利

（1）小于300澳元的偶然性福利或难以记录价值的福利,如在偶然场合为使雇员不致上班迟到而向雇员提供的出租车费等。

（2）圣诞节期间的普通礼品。

（3）因特别原因如交通运输业罢工,偶然使用雇主汽车。

（4）允许雇员因个人用途使用的文具。

（5）使用办公室设施打印文章等诸如此类的小额福利。"经常性"的小额福利不可以免税。

资料来源：Stephen Barkoczy，*Foundations of Taxation Law*，*Tenth Edition*，Oxford University Press，2018.

专栏10-5 我国个人所得税法中规定的免税附加福利的项目

我国个人所得税法中同样对附加福利做了许多减免规定，如《个人所得税法》第四条规定省级人民政府、国务院部委和中国人民解放军军以上单位，以及外国组织、国际组织颁发的科学、教育、技术、文化、卫生、体育、环境保护等方面的奖金免征个人所得税；福利费、抚恤金、救济金免征个人所得税。《个人所得税法实施条例》中进一步明确："个人所得税法第四条第一款第三项所称按照国家统一规定发给的补贴、津贴，是指按照国务院规定发给的政府特殊津贴、院士津贴，以及国务院规定免予缴纳个人所得税的其他补贴、津贴；个人所得税法第四条第一款第四项所称福利费，是指根据国家有关规定，从企业、事业单位、国家机关、社会组织提留的福利费或者工会经费中支付给个人的生活补助费；所称救济金，是指各级人民政府民政部门支付给个人的生活困难补助费。"

资料来源：国家税务总局网站。

对比中国和澳大利亚的免税规定，可以看出我国设计的免税条款在系统性和目的性上尚存在不足。

在系统性上，澳大利亚的免税条款涉及工作生活的方方面面，已经成为一个完整的体系。而我国的免税条款还停留在主要以相关规定进行列举的阶段，尚未形成较为完整的体系。由此，完善免税体系同样成为我国完善附加福利课税制度的必要环节。

在目的性上，我国的免税条款主要根据福利的目的或用途来判断是否对其予以免税。而观察澳大利亚的税款，其免税条款的设计目的还将征收成本和收益考虑进来，并将征收成本较高且税收收益很小的附加福利项目规定为免税项目。这样的规定大大方便了税务部门的征收管理，能够有效地提高税收效率，应当为我国所借鉴，成为设置免税条款时的另一种考虑方式。

三、附加福利税基评估方法选择

无论公司向雇员提供的福利种类是商品还是服务，只有对福利的价值进行评估，附加福利课税工作才能有效展开。对福利价值进行评估，也就是对附加福利的税基的价值进

行评估。观察已经对附加福利课税时间较久、具有相当成果的国家,可以发现通常采用的评估方法有三种[①],分别是:

第一,规定价值法。按照税收规定中确定的某种福利的价值和公式计算其评估价值,如公司为雇员提供汽车,就按照其成本和里程等计算福利价值。

第二,市场价值法。按照公司为雇员提供的商品或服务在市场上流通的价值,也就是一般消费者愿意为这种商品或服务支付的价格,来计算雇员所获得的附加福利价值大小。

第三,雇主成本法。按照公司为员工提供福利时实际支出的成本,来衡量雇员所获得福利的价值。

之所以要强调这些差别,是因为附加福利形式繁杂,价值评估成本高昂,如果不及时在税制中做出相应调整,可能使我国未来的附加福利税疲于应付、流于形式,而且要付出极高的征管成本。在澳大利亚,计算一项福利应纳税款的多少主要有四个步骤,即还原该项福利的实际价值(Value)、附加福利税计税价值的确认(FBT amount)、适用税率(FBT%和 GST%)及计算方法的确认,最后计算税金。这里以附加福利的一种主要形式——个人用车福利——来举例,说明附加福利税的整个计算过程及思想。

首先确定个人用车的实际价值,通过如下法定公式来计算:

$$\text{Value} = \frac{A \times B \times C}{D} - E$$

其中,A 为汽车的基本价值;B 为根据汽车行驶里程确定的个人使用份额;C 为雇员在一纳税年度内可以用车的天数;D 为该纳税年度内的总天数,通常为 365 天;E 为雇员自己负担的该车的汽油、泊车等维护成本。显然,其中的很多数据是需要由雇员和雇主来自己记录并提供的,这样就将实施附加福利税的主要成本转移到了雇主和雇员身上,税务机关只需通过稽查来进行核实就可以了,大大降低了税务机关的课税成本。

假设纳税人拥有一份相当于 90 000 澳元的薪酬,并且其工资中包括价值 62 000 澳元的汽车一辆,于 2001 年 3 月 1 日购买,该汽车在 2001 年内行驶了 12 000 千米。同时,雇员获得 22 000 澳元的贷款,利率为 2.5%,当时的市场贷款利率为 7.05%。

我们按照澳大利亚的税法,计算公司为雇员提供附加福利形式的汽车所应该缴纳的税款,如果公司将这些形式的福利以现金形式发放,应该缴纳多少税款。

首先计算公司为雇员提供车辆的价值。因为详细记录汽车的使用情况基本是不可能的,所以只能用法定公式法来测量该汽车的价值。该汽车的价值是 62 000(基准值)× 0.26 = 16 120 澳元。(0.26 为法定系数,确定方法如表 10-2 所示。因为汽车的使用天数为 365 天,与附加福利计算天数相等,所以不用另外计算。)

[①] 王亚、尉京红,《国外税基评估理论与方法及对我国的启示》,《会计之友》,2008 年第 5 期。

表 10-2 车辆行驶里程所对应的法定系数

车辆总行驶里程(千米)	法定系数
少于 15 000	0.26
15 000 到 24 999	0.20
25 000 到 40 000	0.11
大于 40 000	0.07

然后计算公司为雇员提供低息贷款的价值。公司为雇员提供贷款的利率为 2.5%,而同期基准利率为 7.05%,因此公司为雇员提供低息贷款的价值 = 22 000 × (7.05% − 2.5%) = 1 001 澳元。

这些价格都应该是含税价格,也就是价内税,并且公司为雇员提供贷款不包含增值税,所以计算贷款适用的计税价值的公式为 $\text{FBT amount} = \dfrac{\text{Value}}{1 - \text{FBT\%}}$,带入附加福利最高边际税率 48.5%,得到这里贷款的计税价格 $= \dfrac{1\ 001}{1 - 48.5\%} = 1\ 944$ 澳元,贷款应纳附加福利税 = 1 944 × 48.5% = 942.84 澳元。

而公司为雇员提供汽车则应包含增值税,所以计税价值的计算公式为 $\text{FBT amount} = \dfrac{\text{Value} \times (\text{FBT\%} + \text{GST\%})}{(1 - \text{FBT\%}) \times (1 + \text{GST\%}) \times \text{FBT\%}}$①,带入增值税税率 10%,最高个人所得税税率 48.5%,这样就能够得到公司为雇员提供汽车的计税价格 $\text{FBT amount} = \dfrac{16\ 120 \times (48.5\% + 10\%)}{(1 - 48.5\%) \times (1 + 10\%) \times 48.5\%} = 34\ 323$ 澳元,所以公司为雇员提供汽车应纳税款 = 34 323 × 48.5% = 16 646.66 澳元。

附加福利总应纳个税税额 = 942.84 + 16 646.66 = 17 589.5 澳元。

我们注意到,该雇员的总工资额为 90 000 澳元,而公司因为员工提供附加福利需要缴纳的税款就高达 17 589.5 澳元,可见澳大利亚针对附加福利的税率是非常高的。高税率可以减少公司向雇员发放福利占工资的比例,使得员工的工资透明化,从而便于个人所得税税基的测量。

通过计算汽车附加福利计税价值,我们不难发现影响其计税价值的因素,除了汽车本身的价值,还有一个系数 B,而系数 B 是随着汽车行驶里程的增加而下降的,也就是说,汽车的利用率越高,所征收的附加福利税就越少。如果纳税人的实际私用比例的确远低于税法中规定的系数,那么他就有动力向税务机关提供车辆使用的详细记录,以避免按法定系数核定附加福利收入,进而提升应纳税所得额。相应地,我国在推进针对附加福利课税

---

① Michael Kobetsky, Richard Krever, Ann O'Connell, Miranda Steward, *Income Tax: Text, Materials and Essential Cases*, The Federation Press, 2008.

的工作中,同样要重视对附加福利价值评估方法的选择。行之有效的方式可以对附加福利的价值做出较为准确可信的评估。

四、推进我国附加福利纳税评估的相关建议

(一)征收对象应为雇主而非雇员

现阶段我国针对附加福利课税,应该将纳税主体定为企业而不是个人,主要有三点考虑。

第一,降低征税阻力,确保税收工作的顺利开展。将附加福利的课税对象设定为企业而不是雇员的做法,主要考虑的是降低征税的阻力,以减少税收过程中的征管成本,使附加福利课税得以有效推进。如果对企业课征该税种,就能够避免直接涉及雇员的福利,雇员的税收痛苦程度就会小得多,所以税收征管工作的开展也就会相对容易很多。在我国目前针对附加福利的课税无法正常开展的情况下,针对企业课税可以先保证此税目的有效开征,这应该是当务之急。

第二,信息来源准确,降低征管成本。对于附加福利课税的成本更多地来自对附加福利价值评估的成本,如果对企业员工征税,那么对福利价值的评估必然成为制约此税目发展的一大障碍。因为员工往往不清楚所获得福利的真实价值,即使清楚地知道其价值,由于主观意愿上不愿承担税负,低报或瞒报的现象也必然会发生,这样无形中就会提高税收的征管成本。相反,如果将企业界定为附加福利的课税对象,福利的真实价值就可以通过查询企业的账款而得到,这样就能达到降低征管成本的目的,从而提高征税效率,使税收效率得到有效提高。其实我国消费税制的"源泉课税"和现行个人所得税制的代扣代缴都提供了较为成功的征管经验,其背后的思想就是对即将发生的纳税义务即时征收税款,以防税收的流失。借鉴这样的思想,可以在企业购入福利时,即时对其征收一定比例的福利税(这里的比例略高于企业福利税的均值),以保证相关的税款不流失,等到企业确定其中用于生产的部分和用于福利的部分并提供相关证明时,再将多征收的福利税退回。这样既可以保证国家税款不流失,又能够促进企业明晰其福利的规模,有助于推动福利税课征的有效开展。

第三,提高正外部效应,利于个人所得税制度的长远发展。如果对雇主下发的附加福利课征税款,无形中就会增加雇主运营的成本,影响到雇主为职工下发福利的决策。如果雇主给予员工福利的成本远远高于给予货币性质工资的成本,那么雇主就会更加倾向于将职工的报酬以货币形式下发。由于货币形式的薪金报酬更加利于税务部门监管,这无形中就形成了正的外部效应,并有利于个人所得税税基的扩展,有利于征收度的提高,对个人所得税制度的长期发展起到有力的推动作用。

（二）逐步扩展税基

考虑到目前阶段我国针对附加福利的课税尚处于起步阶段，对福利的课税应当遵守由易到难、由重要到一般的规律。我们认为，当前适宜纳入附加福利的对象主要可以分为四类。

第一，雇主为雇员提供车辆。在我国，为处级以上的领导干部配备车辆的情况已经较为普遍。如果针对公车私用进行课税，那么不会明显减少公车的使用，而且是有利于保持税收中性的。新西兰课征附加福利税的经验同样表明，汽车具有较高的"情感"价值，表现为其需求弹性很小。①

第二，个人持有公司的股份。按照我国目前的情况，公司高管的薪酬中除了固定薪酬，还可以包括公司股份或公司股票的期权。在目前实行的个人所得税制度中，对股票转让的所得税适用20%的比例税率，而这部分股票转让的获利者往往属于高收入阶层，这就使得个人所得税的收入调节功能无法有效发挥出来。针对雇主为雇员提供股票或期权等附加福利的方式，应该有针对性地设立税目，将其纳入附加福利税基中来，提高其适用税率，从而更好地实现个人收入调节功能。

第三，将现有工资薪金所得科目中应纳税的实物调整到附加福利税目中。如果按照现有税制设计对雇员获得的福利课征税款，那么会大大增加税收征纳的阻力，同时也会提高福利价值评估的难度，因此对雇主课税是较为合理的选择。这样一来，原先在工资薪金科目中的附加福利项目就应当调整到附加福利税目下，这样有助于实现课税主体和税目的对应，以便税制进一步的规范和完善。

第四，税基拓展的下一步设计。在针对以上福利成功课税之后，下一步可以考虑对征税条件较为成熟的福利形式予以课税，主要包括福利住房等福利。

专栏10-6　股票期权、限制性股票与个人所得税的相关规定

《上市公司股权激励管理办法》（节选）

第二十二条

本办法所称限制性股票是指激励对象按照股权激励计划规定的条件，获得的转让等部分权利受到限制的本公司股票。限制性股票在解除限售前不得转让、用于担保或偿还债务。

---

① 周优，《澳大利亚个人所得税信息化管理的经验及借鉴》，《涉外税务》，2009年第1期。

第二十三条

上市公司在授予激励对象限制性股票时,应当确定授予价格或授予价格的确定方法。授予价格不得低于股票票面金额,且原则上不得低于下列价格较高者:(一)股权激励计划草案公布前1个交易日的公司股票交易均价的50%;(二)股权激励计划草案公布前20个交易日、60个交易日或者120个交易日的公司股票交易均价之一的50%。上市公司采用其他方法确定限制性股票授予价格的,应当在股权激励计划中对定价依据及定价方式作出说明。

第二十四条

限制性股票授予日与首次解除限售日之间的间隔不得少于12个月。

第二十五条

在限制性股票有效期内,上市公司应当规定分期解除限售,每期时限不得少于12个月,各期解除限售的比例不得超过激励对象获授限制性股票总额的50%。当期解除限售的条件未成就的,限制性股票不得解除限售或递延至下期解除限售,应当按照本办法第二十六条规定处理。

《中华人民共和国证券法》(节选)

第四十四条 上市公司、股票在国务院批准的其他全国性证券交易场所交易的公司持有百分之五以上股份的股东、董事、监事、高级管理人员,将其持有的该公司的股票或者其他具有股权性质的证券在买入后六个月内卖出,或者在卖出后六个月内又买入,由此所得收益归该公司所有,公司董事会应当收回其所得收益。但是,证券公司因购入包销售后剩余股票而持有百分之五以上股份,以及有国务院证券监督管理机构规定的其他情形的除外。

前款所称董事、监事、高级管理人员、自然人股东持有的股票或者其他具有股权性质的证券,包括其配偶、父母、子女持有的及利用他人账户持有的股票或者其他具有股权性质的证券。

公司董事会不按照第一款规定执行的,股东有权要求董事会在三十日内执行。公司董事会未在上述期限内执行的,股东有权为了公司的利益以自己的名义直接向人民法院提起诉讼。

公司董事会不按照第一款的规定执行的,负有责任的董事依法承担连带责任。

《财政部 国家税务总局 证监会关于个人转让上市公司限售股所得征收个人所得税有关问题的通知(财税〔2009〕167号)》(节选)

三、个人转让限售股,以每次限售股转让收入,减除股票原值和合理税费后的余额,为应纳税所得额。即:

$$应纳税所得额 = 限售股转让收入 - (限售股原值 + 合理税费)$$

$$应纳税额 = 应纳税所得额 \times 20\%$$

本通知所称的限售股转让收入,是指转让限售股股票实际取得的收入。限售股原值,是指限售股买入时的买入价及按照规定缴纳的有关费用。合理税费,是指转让限售股过程中发生的印花税、佣金、过户费等与交易相关的税费。

如果纳税人未能提供完整、真实的限售股原值凭证的,不能准确计算限售股原值的,主管税务机关一律按限售股转让收入的15%核定限售股原值及合理税费。

……

八、对个人在上海证券交易所、深圳证券交易所转让从上市公司公开发行和转让市场取得的上市公司股票所得,继续免征个人所得税。

(三) 设定适宜的税率

对于附加福利税率的设定,目前学术界有两种主流的观点。一种是设定适中的税率,以达到与工资薪金所得科目相协调的目的。这种考虑的主要依据是我国现有规定将各种福利纳入工资薪金所得科目,所以如果制定不同的税率,就难以达到与此税目中其他税种的协调。

另一种观点是将附加福利的税率设定为工资薪金所得适用的最高边际税率。为附加福利设计较高的边际税率主要出于两点考虑。第一,较高的边际税率能够有效地防止附加福利侵蚀个人所得税的税基。澳大利亚等国税制改革的经验表明,当附加福利采用低税率或免税时,雇主向雇员支付的报酬中非税福利的比重很高,即使开征附加福利税,如果附加福利税的最高边际税率低于个人所得税的最高边际税率,那么附加福利仍具有一定的避税效果。而采取这种较高的边际税率,可以在很大程度上降低雇主对雇员支付报酬中福利所占的比重,从而促使雇主更加倾向于选择货币作为支付报酬的形式,以达到减少对个人所得税税基侵蚀的目的。第二,较高的边际税率有助于税收纵向公平的实现。正如上文所述,获得高额附加福利的人群通常属于高收入阶层,他们的负税能力往往较强。针对其所获得的附加福利制定较高的税率能够使个人所得税的调节功能得到更有效的发挥。

(四) 提高人员及信息保障

即使附加福利的课税对象从雇员变为企业,对福利价值的评估依然是附加福利税开征的必要条件。评估具体的福利价值,对纳税评估人员的综合素质提出了新的要求。我国的评估行业较欧美等发达国家来说起步较晚,纳税评估体系更是这几年才开始建设,这导致我国纳税评估人才的缺乏和评估能力的不足,并且成为制约我国对附加福利课税的重要原因之一。所以,培养高素质、理论和实践并重、具有创新力的纳税评估人才,是保证附加福利课税稳定运行的动力,更是我国税收征管工作能够行之有效、长久不衰地开展下去的保证。

除了评估人员的保障,健全相关信息的有效获取渠道以及建设信息收集和处理的数据库,同样至关重要。针对不同类型的福利形式,如果单独进行评估,工作量和评估成本无疑是很高的。但根据市场规律,一定种类的商品往往有与其相似的产品在当前或过去的市场上流通。如果能够有效地获取这些数据,就能够有效地减少福利评估的工作量,大大提高评估效率和减少征税成本。而且,如果能够建立起数据库,自动收集和处理福利的价值信息,并将与市场价格或往期价格偏离较大的福利申报值自动挑出来,提供给评估人员进行复审,那么评估工作的效率和准确度又将有质的飞跃。由此可见,评估相关信息及软件对于附加福利课税工作的有效展开是至关重要的。

(五)采用合适的评估方法

仅仅从税收征管的角度来看,最合适的评估方法就是将纳税人享受福利的市场价值作为评估价值。由于企业为雇员提供福利的形式往往多种多样,如此单一的税制设计也许无法实现客观公平的评估,因此,有必要针对不同类型的福利,有针对性地设计不同的评估方法。

通常来说,市场价格是流通中买方和卖方通过博弈而形成的交易价,以市场价格作为评估价格最能体现对附加福利课税的公平原则。但是,不是所有种类的福利都有相对应的市场价值或往期的价值。某些福利没有明确的市场价或使用周期很长,不宜一次性将其市场价作为当期获得福利的价值,因此对于这些福利价值的评估,就要考虑其他的方法。比如针对企业为雇员提供汽车及加油补贴,可以采取不同的评估方法。企业当期为雇员提供的汽油补贴有明确的市场价,可以使用其市场价值作为附加福利税基的价值来进行课税。但是企业为雇员提供的汽车,由于其价值过高,并且使用期远远超过一个纳税期,将其市场价值作为福利评估价值就显得不够妥当。较为合理的做法是根据汽车的价值,结合雇员使用汽车的里程数,计算汽车的折旧率,并相应地得出雇员当期通过获得该汽车的使用权而享受的福利价值大小,从而判断附加福利税基的大小。

第八节 专项附加扣除评估

2019年1月1日,新修订的《中华人民共和国个人所得税法》正式实施。个人所得税改革首次增加包括子女教育、继续教育、住房贷款利息、住房租金、大病医疗和赡养老人支出等六项专项附加扣除,2022年在此六项的基础上,增加3岁以下婴幼儿子女照护一项,2023年再次上调了专项附加扣除标准,有利于进一步发挥个人所得税的收入调节作用。

专栏 10-7　个人所得税专项附加扣除

专项附加扣除是 2019 年个人所得税改革的重要亮点，此后该制度又经过了多次完善，以下是现行专项附加扣除的具体规定。

1. 子女教育：纳税人的子女接受全日制学历教育的相关支出，按照每个子女每月 2 000 元的标准定额扣除。

2. 继续教育：纳税人在中国境内接受学历（学位）继续教育的支出，在学历（学位）教育期间按照每月 400 元定额扣除。纳税人接受技能人员职业资格继续教育、专业技术人员职业资格继续教育的支出，在取得相关证书的当年，按照 3 600 元定额扣除。

3. 大病医疗：在一个纳税年度内，纳税人发生的与基本医保相关的医药费用支出，扣除医保报销后个人负担累计超过 15 000 元的部分，由纳税人在办理年度汇算清缴时，在 80 000 元限额内据实扣除。

4. 住房贷款利息：纳税人本人或者配偶单独或者共同使用商业银行或者住房公积金个人住房贷款为本人或者其配偶购买中国境内住房，发生的首套住房贷款利息支出，在实际发生贷款利息的年度，按照每月 1 000 元的标准定额扣除，扣除期限最长不超过 240 个月。

5. 住房租金：纳税人在主要工作城市没有自有住房而发生的住房租金支出，可以按照以下标准定额扣除。（一）直辖市、省会（首府）城市、计划单列市以及国务院确定的其他城市，扣除标准为每月 1 500 元；（二）除第一项所列城市以外，市辖区户籍人口超过 100 万的城市，扣除标准为每月 1 100 元；市辖区户籍人口不超过 100 万的城市，扣除标准为每月 800 元。

6. 赡养老人：纳税人赡养一位及以上被赡养人的赡养支出，统一按照以下标准定额扣除。（一）纳税人为独生子女的，按照每月 3 000 元的标准定额扣除；（二）纳税人为非独生子女的，由其与兄弟姐妹分摊每月 3 000 元的扣除额度，每人分摊的额度不能超过每月 1 500 元。可以由赡养人均摊或者约定分摊，也可以由被赡养人指定分摊。约定或者指定分摊的须签订书面分摊协议，指定分摊优先于约定分摊。具体分摊方式和额度在一个纳税年度内不能变更。

7. 3 岁以下婴幼儿子女照护：纳税人照护 3 岁以下婴幼儿子女的相关支出，按照每个婴幼儿每月 2 000 元的标准定额扣除。父母可以选择由其中一方按扣除标准的 100% 扣除，也可以选择由双方分别按扣除标准的 50% 扣除，具体扣除方式在一个纳税年度内不能变更。

资料来源：《国务院关于印发个人所得税专项附加扣除暂行办法的通知》（国发〔2018〕41 号），《国务院关于设立 3 岁以下婴幼儿照护个人所得税专项附加扣除的通知》（国发〔2022〕8 号），《国务院关于提高个人所得税有关专项附加扣除标准的通知》（国发〔2023〕13 号）。

虽然我国对专项附加扣除的范围、标准、分摊方式和额度等已在《个人所得税专项附加扣除暂行办法》中进行了具体规定，但考虑到我国人口基数大、流动性强、家庭结构比较复杂，专项附加扣除的实施过程中会遇到一些问题，在纳税评估过程中应重点关注。

《国家税务总局关于发布〈个人所得税专项附加扣除操作办法（试行）〉的公告》（国家税务总局公告 2018 年第 60 号）对纳税人所需报送和留存备查的资料进行了详细说明，这也是纳税评估应重点审查的内容。如纳税人享受住房租金专项附加扣除，应当填报主要工作城市、租赁住房坐落地址、出租人姓名及身份证件类型和号码或者出租方单位名称及纳税人识别号（社会统一信用代码）、租赁起止时间等信息；纳税人有配偶的，填写配偶姓名、身份证件类型及号码。纳税人需要留存备查的资料包括住房租赁合同或协议等。

专项附加扣除涉及的方面较广，信息采集是影响评估质量的重要因素。我国税务部门信息共享平台建设的逐步成熟有利于各项专项附加扣除标准更加精确。由于专项附加扣除涉及教育、医疗、住房等各项民生，税务部门需要与教育、卫生、社保、住房等多部门进行协调配合，降低数据采集成本，提高评估效率。如子女教育和继续教育专项附加扣除需要与各地教育部门配合，建立信息共享平台，掌握纳税人或其子女的受教育信息。

此外，外部第三方信息的采集是实施纳税评估极为重要的环节，是发现可疑数据、实施税源监控的一种辅助手段。在互联网和大数据迅速发展的时代，建立与政府政务信息资源平台相对接的共享数据辅助系统，实现无缝隙数据采集，是纳税评估第三方信息采集的主要模式。① 如住房租金专项附加扣除的纳税评估可以有效利用房屋中介平台的信息，减少信息不对称。

随着我国相关配套措施和信息共享的逐步完善，专项附加扣除的纳税评估的质量和精确性也会有所提高。

关键概念

个人所得税　专项附加扣除　税收负担率　应纳税额变动率　计税价值
附加福利税（FBT）　计税工资

复习思考题

1. 简述我国现行个人所得税的特点。
2. 简述我国个人所得税纳税评估指标及其运用情况。
3. 比较我国所得税制与 OECD 国家的异同及其原因。

---

① 何家凤、何少武，《大数据时代的纳税评估信息采集模式》，《财经理论与实践》，2015 年第 3 期。

21世纪经济与管理规划教材
税 收 系 列

第十一章

现行税制中其他税种的纳税评估

本章导读

本章介绍了我国现行税制当中城市维护建设税、资源税、印花税、房产税和城镇土地使用税、环境保护税的纳税评估。尽管这些税种的收入规模有限,但它们很多都具有自己的特点。

第一节 城市维护建设税的纳税评估

考虑到城市维护建设税附加税的性质,这里只简单介绍城市维护建设税的税制内容,城市维护建设税的纳税评估可以参照前面三大流转税的情况。

一、城市维护建设税的概念

"营改增"后,城市维护建设税是对从事工商经营且缴纳增值税、消费税(以下简称"两税")的单位和个人,按其实际缴纳的"两税"税额的一定比例征收,专门用于城市维护建设的一种附加税。

1985年2月8日,国务院发布《中华人民共和国城市维护建设税暂行条例》。2011年1月8日,国务院令第588号《国务院关于废止和修改部分行政法规的决定》对上述条例进行了修订。2019年11月21日,《中华人民共和国城市维护建设税法(草案)》通过。2020年8月11日,《中华人民共和国城市维护建设税法》在第十三届全国人民代表大会常务委员会第二十一次会议上通过,从2021年9月1日起施行,《中华人民共和国城市维护建设税暂行条例》同时废止。

城市维护建设税属于特定目的税,是国家为加强城市的维护建设而征收的一种税。因此,城市维护建设税具有以下特点:

第一,具有附加税性质。它以纳税人实际缴纳的"两税"税额为计税依据,附加于"两税"的税额之上,本身并没有特定的、独立的课税对象。

第二,具有特定目的性,其税款专门用于城市的公用事业和公共设施的维护建设,与其他"一般用途"的税种有着明显的不同。

第三,具有"受益税"的特征。城市维护建设税为开发建设新兴城市,扩展、改造旧城市,发展城市公用事业,以及维护公共设施等提供了稳定的资金来源,使城市的维护建设随着经济的发展而不断发展,体现了对受益者课税、权利与义务相一致的原则。

二、课税范围

城市维护建设税在全国范围内征收,征税范围包括城市、县城、建制镇以及税法规定征税的其他地区,即只要征收增值税、消费税的地方,除税法另有规定的之外,都属于城市维护建设税的课税范围。城市、县城、建制镇的范围应根据行政区划作为划分标准,不得随意扩大或缩小各行政区域的管辖范围。

三、纳税义务人

城市维护建设税的纳税义务人,原规定是指负有缴纳增值税、消费税义务的单位和个人,包括国有企业、集体企业、私营企业、股份制企业、其他企业和行政单位、事业单位、军事单位、社会团体、其他单位,以及个体工商户和其他个人,但不包括外商投资企业、外国企业和进口货物者。自2010年12月1日起,外商投资企业、外国企业及外籍个人需要缴纳城市维护建设税。2016年5月1日实行全面"营改增"后,现行税法规定,城市维护建设税的纳税人是在征税范围内从事工商经营且缴纳"两税"中任意一种或两种的单位和个人。

城市维护建设税的代扣代缴、代收代缴,比照增值税、消费税的有关规定办理。增值税、消费税的代扣代缴、代收代缴义务人同时也是城市维护建设税的代扣代缴、代收代缴义务人。

四、计税依据

城市维护建设税的计税依据,是指纳税人实际缴纳的"两税"税额。纳税人违反"两税"有关税法而加收的滞纳金和罚款,是税务机关对纳税人违法行为的经济制裁,不作为城市维护建设税的计税依据,但纳税人在被查补"两税"和被处以罚款时,应同时对其偷漏的城市维护建设税进行补税、征收滞纳金和罚款。

城市维护建设税以"两税"税额为计税依据并同时征收,如果要免征或者减征"两税",也就要同时免征或者减征城市维护建设税。

自1997年1月1日起,供货企业向出口企业和市县外贸企业销售出口商品时,以增值税当期销项税额抵扣进项税额之后的余额,计算缴纳城市维护建设税。但对出口产品退还增值税、消费税的,不退还已缴纳的城市维护建设税。

自2005年1月1日起,经国家税务总局正式审批核准的当期免抵的增值税税额应纳入城市维护建设税和教育费附加的计征范围,分别按规定的税(费)率征收城市维护建设税和教育费附加。2005年1月1日前,已按抵免的增值税税额征收的城市维护建设税和教育费附加不再退还,未征的不再补征。

五、税率

城市维护建设税的税率,是指纳税人应缴纳的城市维护建设税额与纳税人实际缴纳的"两税"税额之间的比率。城市维护建设税按纳税人所在地的不同,设置了三档地区差别比例税率:①纳税人所在地为市区的,税率为7%;②纳税人所在地为县城、镇的,税率为5%;③纳税人所在地不在市区、县城和镇的,税率为1%;开采海洋石油资源的中外合作油(气)田所在地在海上,其城市维护建设税适用1%的税率。

城市维护建设税的适用税率,应当按纳税人所在地的规定税率执行。但是,对下列两种情况,可按缴纳的"两税"所在地的规定税率就地缴纳城市维护建设税:①由受托方代扣代缴、代收代缴"两税"的单位和个人,其代扣代缴、代收代缴的城市维护建设税按照受托方所在地的适用税率执行;②流动经营等无固定纳税地点的单位和个人,在经营地缴纳"两税"的,其城市维护建设税的缴纳按经营地适用税率执行。

第二节 资源税的纳税评估

一、资源税立法与水资源税改革

2019年8月26日,《中华人民共和国资源税法》(以下简称《资源税法》)经十三届全国人大常委会第十二次会议表决通过,于2020年9月1日起正式实施。《资源税法》的通过,将自1994年开始实施的《资源税暂行条例》上升为法律,是我国落实税收法定原则背景下一项重要的立法进程。

《资源税法》规定,国务院根据国民经济和社会发展需要,依照本法原则,对取用地表水或者地下水的单位和个人试点征收水资源税。征收水资源税的,停止征收水资源费。

关于水资源费的内容,是在《中华人民共和国水法》中确定的。水资源税改革由国务院根据全国人大1985年立法授权决定依法进行,目前正在稳步推进。《资源税法》也将同水资源税改革进程相衔接。法律规定,水资源税试点实施办法由国务院规定,报全国人大常委会备案。

根据税制平移的原则,实践当中现行的税收优惠政策也被纳入《资源税法》。例如,对油气开采运输过程中自用资源和因安全生产需要抽采煤层气免征资源税;对低丰度油气田、高含硫天然气、三次采油、深水油气田、稠油、高凝油、衰竭期矿山减征资源税。同时,根据国民经济和社会发展的需要,国务院对有利于促进资源节约集约利用、保护环境等情形规定免征或者减征资源税,报全国人大常委会备案。

专栏 11-1　水资源税改革与税负评估

党的十九届四中全会强调,"健全自然资源产权制度,落实资源有偿使用制度,实行资源总量管理和全面节约制度"。在此过程中,税收无疑具有重要作用,而资源税改革作为新一轮自然资源产权制度改革和财税体制改革的交集,长期以来备受社会各界的关注。2016年5月,财政部会同国家税务总局发布《关于全面推进资源税改革的通知》。2019年8月通过的《资源税法》首次以立法的形式提出"国务院根据国民经济和社会发展需要,依照本法的原则,对取用地表水或者地下水的单位和个人试点征收水资源税。征收水资源税的,停止征收水资源费"。此次"费改税"作为一个良好的契机,不啻为资源税制度法治化的开端。

水资源作为人们生产生活赖以维系的重要资源,应严格受到"量能课税"原则的制约,确保水资源税的征收不侵犯纳税人的最低生存保障。在理论层面,水资源费改税是一条实现公平正义的理想路径。在进行水资源税的税负评价时,有以下三个问题值得考虑:

一是生活用水中税收公平原则的体现。依据最低生活资料不课税原则,理应将生产用水与生活用水相区别。如果对节约用水、正常用水与超合理范围用水均采用统一标准,就无法体现税收的级差调节功能,节约者与浪费者均采用同一标准,水资源浪费的成本极低,而且既无法实现不同用水主体之间的实质公平,也无法实现代际公平。在此次试点过程中,政策制定者对工业用水采取了级差调节制度,而未将此政策范围扩展至生活用水。与民生直接相关的水资源税应当对于生活贫困、依靠其劳作无法负担日常生活开支的水资源使用者在一定范围内免除其税收负担。德国巴登-符腾堡州即规定,年用水量2 000立方米以下的个人可以免交水资源税,在此范围外再设立累进税率,这是落实水资源税收实质公平的有效途径。

二是生产用水中的税收公平缺失,农业用水与工商业用水未能区别对待,农业用水的资源税费特殊待遇亟待细化。出于产业政策、公共利益以及社会公平的考量,不同行业之间的税收政策自然完全不同。在水资源税领域,最应协调好的是农业与其余工商业之间的水资源税政策。国无农不稳,农业是一个国家稳定发展的基础性产业,同时也是水资源使用的大户,据统计,进入21世纪后,全世界仍有超过70%的水资源被用于农业生产。农业生产是民生的基本保障,且农业生产的平均利润率显著低于工业生产和服务行业,全行业的税收负担能力也相应较低,因此无论是从实质公平的角度来说,还是从国家产业政策的角度来说,都不宜对农业用水课以过高的税收。世界各主要国家均对农业用水采取较为优惠的税费措施,以欧盟为例,农业用水的水资源税税率基本为工业生产用水的一半。我国也不例外,《取水许可和水资源费征收管理条例》规定:"农业生产取水的水资源费征收标准应当低于其他用水的水资源费征收标准,粮食作物的水资源费征收标准应当低于经济作物的水资源费征收标准。农业生产取水的水资源费征收的步骤和范围由省、自治区、直辖市人民政府规定。"据此,各地政府均制定了实施细则,除个别省区仍征收较低标准的水资源费及浙江、河北两省的限额内免征法外,均免除了农业用水的水资源费缴纳义务。这种"一刀切"降低农业水资源费征收标准的方法看似关照了农业用水,实则只做到了形式公平而远未达到实质公平的要求。因为这种做法将带来水资源使用"成本洼地"的负面影响,使得农业用水集约化程度降低,水资源浪费现象更加显著,造成了宏观层面上的水资源匮乏,降低了农业生产者的浪费成本。此种调控手段,反而会造成"人为的不公平",属于典型的反向激励机制。因此,对农业用水的税率应采取合理范围内免征与超额部分低税率相结合的计税方式。这一方式的优势在于对合理限度内的农业用水免征水资源税,给予农业生产经营者更为优惠的税收待遇,关照弱势群体利益,在一定程度上实现了税收公平,但这一改革并未解决农业领域用水浪费成本低的问题。从实现税收公平乃至代际公平的角度出发,建议进一步增加累进层级,制定更为科学的水资源税收制度。

三是水资源保护区制度中的补偿机制不足。近年来,为保障生活用水质量,我国对生活用水取水区和饮用水水源保护区实行特别保护机制,对区内的工农业生产都有较大程度的限制。高污染、高排放的企业均被禁止在区内选址,对农业生产而言,在化肥、农药的使用上都有着严格的限制,大规模养殖业基本无法在区内生存。在此情况之下,区内居民的生产生活必然受到影响。换言之,城市居民饮用水的水质保障是以保护区内居民生产生活水平下降为代价的。有鉴于此,《中华人民共和国水污染防治法》规定:"国家通过财政转移支付等方式,建立健全对位于饮用水水源保护区区域和江河、湖泊、水库上游地区的水环境生态保护补偿机制。"但这一条文应如何具体落实,法律没有明确规定,在实践中可操作性较差。以德国为代表的西方国家在这一问题上的经验值得借鉴。由于德国的水资源税是州税,因此各州拥有水资源税的立法权。1988年,巴登-符腾堡州成为第一个开征水资源税的州,其征收的主要目的就是要用税收收入补偿当地农民在流域内限用化肥而产生的损失,这种某个群体之经济利益因环境改善政策受到影响,而政府用水资源税收入对其进行补偿的立法目标随后也被德国其他各州广泛采纳,成为德国水资源税立法的一大特色。

资料来源:任俊铭,《论公平视域下水资源税费改革的最优策略研究》,《财经问题研究》,2020年第4期,编者有改动。

二、资源税评估分析指标及使用方法

(一)资源税税负变动系数

分析纳税人申报缴纳的资源税占应税产品销售收入的比例及其变化情况,评估纳税人申报的真实性。

资源税税负变动系数 = 本期资源税税收负担率 ÷ 上年同期资源税税收负担率

资源税税收负担率 = [应纳税额 ÷ 主营业务收入(产品销售收入)] × 100%

本指标是本期资源税负担率与上年同期资源税负担率的对比分析。在产品售价相对稳定的情况下,二者的比值一般应接近于1。当比值小于1时,可能存在未足额申报资源税的问题,需进入下一工作环节处理;当比值大于1时,则无问题。

(二)资源税同步增长系数

分析资源税应纳税额增长率与主营业务收入(产品销售收入)增长率,评估纳税人申报情况的真实性。

资源税同步增长系数 = 应纳税额增长率 ÷ 主营业务收入(产品销售收入)增长率

应纳税额增长率 = [(本期累计应纳税额 − 上年同期累计应纳税额) ÷ 上年同期累计应纳税额] × 100%

主营业务收入(产品销售收入)增长率 = [本期累计主营业务收入(产品销售收入) − 上年同期累计主营业务收入(产品销售收入)] ÷ 上年同期累计主营业务收入(产品销售收入) × 100%

本指标是应纳税额增长率与主营业务收入(产品销售收入)增长率的对比分析。正常情况下,二者应基本同步增长(在产品销售单价没有较大波动的情况下),比值应接近于1。当比值小于1时,可能存在未足额申报资源税的问题。分析中发现高于或低于预警率指标的要借助其他指标深入分析并按照国家税务总局《纳税评估管理办法(试行)》的规定处理。

（三）资源税的综合审核分析

① 审核《资源税纳税申报表》中项目、数字填写是否完整，适用税目、单位税额、应纳税额及各项数字计算是否准确。

② 审核《资源税纳税申报表》《代扣代缴、代收代缴税款报告表》中申报项目是否有收购未税矿产品。

③ 是否连续零申报，能否合理解释。

④ 是否以矿产品的原矿作为课税数量，折算比率是否合理。

⑤ 纳税人自产自用的产品是否纳税。

⑥ 纳税人开采或者生产不同税目的产品，是否分别核算纳税，未分别核算的，是否有从低选择税率的问题。

⑦ 纳税人本期各税目、税额与上期应纳税额、上年同期应纳税额相比有无较大差异，能否合理解释。

⑧ 减税、免税项目的课税数量是否单独核算，未单独核算或者不能准确提供课税数量的，是否按规定申报缴纳了资源税。

⑨ 与上期申报表进行比对，审核增减变化情况，并与同期矿产资源补偿费增减变化进行比对。

⑩ 审核扣缴义务人取得的《资源税管理证明》。

⑪ 审核《利润表》中的应税矿产品"销售（营业）收入"与企业产品产销存明细表中应税矿产品产量比率增减变化情况，同时与申报表中资源税申报额进行比对，审核增减变化情况。

⑫ 审核纳税人申报的课税数量与其利润表中的"主营业务收入"或者"其他业务收入"的比率是否合理，以期发现纳税人有无少申报课税数量的情况。

⑬ 是否有将销售收入直接计入"营业外收入""盈余公积"等账户。

⑭ 是否有将已实现的销售收入挂"应付账款"账户，不结转销售收入。

⑮ 审核应税产品期初库存量加当期产量减当期销量减当期自用量是否与期末库存量一致。

⑯ 其他需要审核、分析的内容。

第三节 印花税的纳税评估

一、印花税概况

（一）印花税的起源

印花税是一个很古老的税种，起源于荷兰。1624年，荷兰政府发生经济危机，财政困难。当时的统治者摩里斯(Maurs)为了满足财政上的需要，提出用增加税收的办法来解决支出的困难，于是印花税就应运而生了。印花税的设计者可谓独具匠心。由于人们在日常生活中使用契约、借贷凭证之类的单据甚多，因此，一旦征税，税源就会很大；同时规定在凭证单据上由政府盖印(或加贴印花)就成为合法凭证，在诉讼时可以受法律保障。正因为这样，印花税被西方经济学家誉为税负轻微、税源畅旺、手续简便、成本低廉的"良税"。

自1624年印花税第一次在荷兰出现后，由于印花税"取微用宏"，简便易行，欧美各国竞相效仿。丹麦在1660年、法国在1665年、美国在1671年、奥地利在1686年、英国在1694年先后开征了印花税。印花税在不长的时间内就在国际上盛行，成为各国普遍征收的一个税种。

（二）我国印花税税制的历史沿革

印花税是我国效仿西方税制的第一个税种。1840年鸦片战争以后，清政府内忧外患，财政日渐贫乏。清政府企图通过开辟税源来摆脱经济困境，并多次试办印花税，均因政府部门意见不一以及广大民众强烈反对而未能征税。中华民国成立后，北洋政府仿效西方印花税征收办法，于1912年10月21日颁布了《印花税法》，决定在中国开办印花税，于1913年在北京开征，随后推及全国。从此，我国正式开始征收印花税。

中华人民共和国成立之初，一些地区曾暂时沿用国民党统治时期旧《印花税法》征收印花税。1950年12月政务院发布了《印花税暂行条例》，统一了我国的印花税。1953—1956年进行了两次较大的修订，缩小了征税范围，减少了税目。1958年税制改革时，印花税被并入工商统一税，不再单独征收，《印花税暂行条例》及有关规定也同时停止执行。

改革开放以后，我国商品经济有了很大发展。在经济活动和经济交往中，书立和领受各种凭证的现象与行为越来越普遍，为了建立社会主义商品经济新秩序，有必要重新开征印花税。为此，1988年8月6日，国务院发布了《中华人民共和国印花税暂行条例》(以下简称《暂行条例》)，自同年10月1日起施行。同年9月29日，财政部发布了《印花税暂行条例实施细则》。2011年1月8日，根据国务院令第588号《国务院关于废止和修改部分行政法规的决定》修订《暂行条例》。

2021年6月10日，十三届全国人大常委会第二十九次会议表决通过了《中华人民共和国印花税法》(以下简称《印花税法》)，自2022年7月1日起实施，《暂行条例》同时废止。截至2021年7月，我国现行18个税种中已有12个税种制定了法律，税收法定落实进度不断加快。随着社会经济的发展，各类新的交易形式不断涌现，在《印花税法》的立法过程中按照"宽税基、低税率、严征管"的要求，在将部分新的交易纳入印花税征税范围的同时，降低了部分税目的税率，并增设了新的税收优惠条款，切实为企业减负。此外，取消了单独设置的处罚条款，统一按《中华人民共和国税收征管法》执行。

(三) 印花税的作用及意义

征收印花税意义重大。对于政府来说,征收印花税可以增加财政收入,为实现政治、经济、文化、社会等各个方面的和谐发展提供资金保障。通过对各种应税凭证贴花和检查,可以及时了解和掌握经济活动中的真实情况,便于对其他税种进行征管。有利于配合其他经济管理部门贯彻实施各项经济法规,促进经济行为规范化,促进社会主义市场经济新秩序的建立。开征印花税可以使纳税人征税后的凭证受到政府的保护,提高凭证的法律效力及兑现率,为经济行为法制化提供良好的法律环境。

(四) 印花税的特征

我国现行的印花税在执行的过程中形成了以下四个明显的特征:

一是征税范围广泛。改革开放以来,我国经济活动和经济交往中依法书立的各种凭证日益广泛,为印花税提供了广泛的税源。印花税的征税范围包括税法中列举的合同(书面合同)、产权转移书据、营业账簿和证券交易4大类17个税目,课税范围十分广泛。

二是税率低、税负轻。我国现行的印花税最高税率只有1‰,最低税率只有0.5‰。与其他税种相比,印花税税率显然要低得多,税负也要轻得多,易为纳税人所接受,这成为印花税的一大优点。

三是纳税人自行完税。其他税种一般先由纳税人办理申报纳税,再由税务机关审核确定其应纳税额,然后由纳税人办理缴纳税款的手续;印花税主要通过纳税人自行计算、自行购花、自行贴花并注销完成,即实行"三自"的纳税办法,这样就在很大程度上减轻了税务机关的征管工作量,同时有利于提高纳税人自觉纳税的意识。

四是证券交易印花税是国家对股市进行宏观调控的重要政策工具,历次调整都代表了国家的宏观调控方向,对股市的运行产生了重要影响。为应对国际金融危机对我国经济和股市造成的严重冲击,经国务院批准,财政部决定从2008年9月19日起,对证券交易印花税政策进行调整,由现行双边征收改为单边征收,税率保持在1‰。

二、印花税评估分析指标及使用方法

(一) 印花税税负变动系数

印花税税负变动系数 = 本期印花税负担率 ÷ 上年同期印花税负担率

印花税负担率 = (应纳税额 ÷ 计税收入) × 100%

本指标用于分析可比口径下印花税额占计税收入的比例及其变化情况。本期印花税负担率与上年同期对比,正常情况下二者的比值应接近于1。当比值小于1时,可能存在未足额申报印花税的问题,应进入下一工作环节处理。

(二) 印花税同步增长系数

印花税同步增长系数 = 应纳税额增长率 ÷ 主营业务收入增长率

应纳税额增长率=[(本期累计应纳税额－上年同期累计应纳税额)÷上年同期累计应纳税额]×100%

主营业务收入增长率=[(本期累计主营业务收入额－上年同期累计主营业务收入额)÷上年同期累计主营业务收入额]×100%

本指标用于分析印花税应纳税额增长率与主营业务收入增长率,评估纳税人申报(贴花)纳税情况的真实性,适用于工商、建筑安装等行业应纳税额增长率与主营业务收入增长率的对比分析。正常情况下二者应基本同步增长,比值应接近于1。当比值小于1时,可能存在未足额申报印花税的问题。分析中发现高于或低于预警值的,要借助其他指标深入分析并按照总局纳税评估管理办法的规定处理。

(三)印花税的综合审核分析

① 审核纳税申报表中本期各税目应纳税额与上期应纳税额、上年同期应纳税额相比有无重大差异,能否合理解释。

② 是否连续零申报,能否合理解释。

③ 适用税目税率等是否正确;是否有错用税目以适用低税率;有无将按比例税率和按定额税率计征的凭证相互混淆;有无将包括多项不同性质经济业务的经济合同误用税目税率,应税合同计税依据是否正确。

④ 申报单位所属行业所对应的应税凭证是否申报纳税(如工商企业的购销合同是否申报)。

⑤ 参考同行业的合同签订情况以及其他影响印花税纳税的情况,评估纳税人印花税的纳税状况。

⑥ 对于签订时无法确定金额的应税凭证,在最终结算实际金额时是否按规定补贴了印花。

⑦ 实行印花税汇总缴纳的纳税人,其"利润表"中的"主营业务收入"与申报的"购销合同"的计税金额或"加工承揽合同"的计税金额是否合理,有无异常现象,能否合理解释。

⑧ 根据"利润表"中"财务费用"以及"资产负债表"中的"短期借款"和"长期借款"项目的变动情况,确定申报"借款合同"的计税金额是否合理。

⑨ "资产负债表"中"实收资本"项目和"资本公积"项目本期数与上期数相比是否增加,增加数是否申报缴纳印花税。

⑩ "管理费用"等科目中体现的保险支出与已申报情况进行对比是否有出入。

⑪ 审核《资产负债表》中"固定资产"科目"不动产"项目的增加或减少情况,据此检查纳税人书立领受的"产权转移书据"是否缴纳了印花税。

⑫ 审核《资产负债表》中的"在建工程"科目是否有建筑、设备安装等项目,"委托加工物资"科目是否发生委托加工业务,是否申报缴纳了印花税。

⑬ 审核其他业务收入和营业外收入项目是否有应税收入。

⑭ 审核有无查补收入。

⑮ 其他需要审核、分析的内容。

第四节 房产税和城镇土地使用税的纳税评估

一、房产税

(一)房产税概况

房产税是以房屋为征税对象,依据房屋的计税余值或租金收入,向房产所有人或经营人征收的一种财产税。1951年8月8日,政务院公布《城市房地产税暂行条例》。1986年9月15日,国务院颁布《中华人民共和国房产税暂行条例》,自1986年10月1日实施。2008年年底发布的中华人民共和国国务院令第546号规定:1951年8月8日政务院公布的《城市房地产税暂行条例》自2009年1月1日起废止。自2009年1月1日起,外商投资企业、外国企业和组织以及外籍个人,依照《中华人民共和国房产税暂行条例》缴纳房产税。2011年1月8日,中华人民共和国国务院令第588号修订《中华人民共和国房产税暂行条例》。2011年1月28日,上海、重庆房产税开始试点。

专栏11-2　沪渝房产税试点

《上海市开展对部分个人住房征收房产税试点的暂行办法(沪府发〔2011〕3号)》(节选)

征收对象是指本暂行办法施行之日起本市居民家庭在本市新购且属于该居民家庭第二套及以上的住房(包括新购的二手存量住房和新建商品住房,下同)和非本市居民家庭在本市新购的住房(以下统称"应税住房")。

除上述征收对象以外的其他个人住房,按国家制定的有关个人住房房产税规定执行。

新购住房的购房时间,以购房合同网上备案的日期为准。

居民家庭住房套数根据居民家庭(包括夫妻双方及其未成年子女,下同)在本市拥有的住房情况确定。

《重庆市人民政府关于修订〈重庆市关于开展对部分个人住房征收房产税改革试点的暂行办法〉和〈重庆市个人住房房产税征收管理实施细则〉的决定(重庆市人民政府令

第 311 号)》(节选)

一、试点区域

试点区域为渝中区、江北区、沙坪坝区、九龙坡区、大渡口区、南岸区、北碚区、渝北区、巴南区(以下简称主城九区)。

二、征收对象

(一)试点采取分步实施的方式。首批纳入征收对象的住房为:

1. 个人拥有的独栋商品住宅。

2. 个人新购的高档住房。高档住房是指建筑面积交易单价达到上两年主城九区新建商品住房成交建筑面积均价2倍(含2倍)以上的住房。

3. 在重庆市同时无户籍、无企业、无工作的个人新购的首套及以上的普通住房。

新购住房是指《暂行办法》施行之日起购买的住房(包括新建商品住房和存量住房)。新建商品住房购买时间以签订购房合同并提交房屋所在地房地产交易与权属登记中心的时间为准,存量住房购买时间以办理房屋权属转移、变更登记手续时间为准。

(二)未列入征税范围的个人高档住房、多套普通住房,将适时纳入征税范围。

我国现行的房产税采用比例税率。房产税的计税依据分为从价计征和从租计征两种形式,所以房产税的税率也有两种:一种是按房产原值一次减除10%—30%之后的余值计征,税率为1.2%,实行按年计算、分期缴纳的征收办法;另一种是按房产出租的租金收入计征,税率为12%。自2008年3月1日起,个人出租住房,不区分用途,按4%的税率征收房产税。

国家税务总局2009年发布《关于房产税城镇土地使用税有关问题的通知》,明确无租使用其他单位房产的应税单位和个人,依照房产余值代缴纳房产税;产权出典的房产,由承典人依照房产余值缴纳房产税;融资租赁的房产,由承租人自融资租赁合同约定开始日的次月起依照房产余值缴纳房产税,合同未约定开始日的,由承租人自合同签订的次月起依照房产余值缴纳房产税。

(二)房产税的纳税评估

1. 应纳税额变动率

应纳税额变动率 =(评估期累计应纳税额 − 上年同期累计应纳税额)÷ 上年同期累计应纳税额 × 100%

若评估期该指标值低于预警值下限,则可能存在不计或少计房产税的问题,应重点分析该纳税人是否按规定计提了房产税。

2. 房产税变动率与固定资产变动率配比值

房产税变动率与固定资产变动率配比值 = 年度房产税变动率 ÷ 年度固定资产变动率

房产税变动率 =（评估期累计应纳房产税 − 上年同期累计应纳房产税）÷ 上年同期累计应纳房产税 × 100%

固定资产变动率 =（固定资产原价期末数 − 固定资产原价期初数）÷ 固定资产原价期初数 × 100%

该配比值如果存在以下三种情况，则可能存在少计提房产税问题：第一，房产税变动率与固定资产变动率配比值不等于1，且二者均为正值；第二，房产税变动率与固定资产变动率配比值不等于1，且二者均为负值；第三，房产税变动率与固定资产变动率配比值不等于1，前者为负值，后者为正值。

二、城镇土地使用税

（一）城镇土地使用税概况

中华人民共和国成立后，政务院在1950年1月公布《全国税政实施要则》，规定全国统一征收房产税和地产税。同年6月，为简并税种，将房产税和地产税合并为房地产税。1951年政务院公布了《城市房地产税暂行条例》。1973年工商税制改革时，把对（国有）企业征收的城市房地产税并入工商税，只对有房产的个人、外商独资企业和房产管理部门继续征收城市房地产税。1984年，国务院在对国有企业进行第二步利改税和改革工商税制时，确定恢复征收房产税。但我国的城市土地属于国家所有，土地使用者没有土地所有权，因此将城市房产税分为房产税和城镇土地使用税两个税种，并先后于1986年和1988年发布了这两个税种的暂行条例。从此，对内资纳税人征收房产税和城镇土地使用税，城市房地产税只适用于外资纳税人。房产税按房产原值进行一定比例扣除后的余值或租金的标准计算，城市房地产税按标准房价或标准地价的一定比例计算，城镇土地使用税直接按所使用的土地面积计算。

2006年12月31日，国务院发布了《关于修改〈中华人民共和国城镇土地使用税暂行条例〉的决定》，对1988年制定的《中华人民共和国城镇土地使用税暂行条例》（以下简称"原《条例》"）的部分内容做了修改，并重新公布。

国务院决定自2007年1月1日起，将城镇土地使用税每平方米年税额在原《条例》规定的基础上提高2倍，即大城市由0.5—10元提高到1.5—30元；中等城市由0.4—8元提高到1.2—24元；小城市由0.3—6元提高到0.9—18元；县城、建制镇、工矿区由0.2—4元提高到0.6—12元。

同时，将外商投资企业和外国企业纳入城镇土地使用税的征税范围。

为完善城镇土地使用税政策,堵塞税收征管漏洞,国家税务总局2009年发布《关于房产税城镇土地使用税有关问题的通知》,对房产税、城镇土地使用税有关问题进行了明确,尤其是明确了地下建筑用地的城镇土地使用税问题。对在城镇土地使用税征税范围内单独建造的地下建筑用地,按规定征收城镇土地使用税。其中,已取得地下土地使用权证的,按土地使用权证确认的土地面积计算应征税款;未取得地下土地使用权证或地下土地使用权证上未标明土地面积的,按地下建筑垂直投影面积计算应征税款。对上述地下建筑用地暂按应征税款的50%征收城镇土地使用税。

2013年12月4日,国务院第三十二次常务会议对2006年原《条例》做了部分修改,并于2013年12月7日起实施。2019年3月,国务院发布《国务院关于修改部分行政法规的决定》,对《条例》做部分修改。

(二)城镇土地使用税的纳税评估

应纳税额变动率=(评估期累计应纳税额-上年同期累计应纳税额)÷上年同期累计应纳税额×100%

若评估期该指标值低于预警值下限,则可能存在不计或少计城镇土地使用税的问题,应重点分析该纳税人是否按规定申报了城镇土地使用税,同时分析单位税额是否正确、应税土地面积是否全部进行了申报等。

第五节 环境保护税的纳税评估

一、环境保护税概况

2016年12月25日,全国人民代表大会常务委员会通过了《中华人民共和国环境保护税法》,于2018年1月1日起施行,该部税法也是我国第一部体现绿色税制、促进生态文明建设的税法。税务部门将对课税对象征收环境保护税,而此前一直由环保部门征收的排污费将退出历史舞台停止征收。按照制度平移原则进行排污费改环保税,实现排污费制度向环境保护税制度的平稳顺利转换,即根据现行排污费项目设置税目,将排污费的缴纳人作为环境保护税的纳税人,将应税污染物排放量作为计税依据,将现行排污费征收标准作为环境保护税的税额下限。

环境保护税的法律效力更高、征管机制更加严格,可以解决排污费制度存在的执法刚性不足、地方政府干预等问题,有利于提高排污企业环保意识,倒逼其治污减排。《环境保护税法》全文共5章,分别为总则、计税依据和应纳税额、税收减免、征收管理、附则。纳税人为在中华人民共和国领域和中华人民共和国管辖的其他海域,直接向环境排放应税污染物的企业事业单位和其他生产经营者。应税污染物是指大气污染物、水污染物、固体废物和噪声,具体可见表11-1。

表 11-1　环境保护税税目税额表

税目		计税单位	税额	备注
大气污染物		每污染当量	1.2—12 元	
水污染物		每污染当量	1.4—14 元	
固体废物	煤矸石	每吨	5 元	
	尾矿	每吨	15 元	
	危险废物	每吨	1 000 元	
	冶炼渣、粉煤灰、炉渣、其他固体废物（含半固态、液态废物）	每吨	25 元	
噪声	工业噪声	超标 1—3 分贝	每月 350 元	1. 一个单位边界上有多处噪声超标，根据最高一处超标声级计算应纳税额；当沿边界长度超过 100 米有两处以上噪声超标时，按照两个单位计算应纳税额。 2. 一个单位有不同地点作业场所的，应当分别计算应纳税额，合并计征。 3. 昼、夜均超标的环境噪声，昼、夜分别计算应纳税额，累计计征。 4. 声源一个月内超标不足 15 天的，减半计算应纳税额。 5. 夜间频繁突发和夜间偶然突发厂界超标噪声，按等效声级和峰值噪声两种指标中超标分贝值高的一项计算应纳税额。
		超标 4—6 分贝	每月 700 元	
		超标 7—9 分贝	每月 1 400 元	
		超标 10—12 分贝	每月 2 800 元	
		超标 13—15 分贝	每月 5 600 元	
		超标 16 分贝以上	每月 11 200 元	

二、环境保护税评估分析指标及使用方法

（一）基本逻辑

站在生产经营单位的角度看，污染物的排放与当期生产活动密切相关。因此，考察企业申报的应税污染物与生产的商品、提供的劳务是否匹配是对企业进行环境保护税评估的重点。当变动率过高时，首先需要考察企业是否有新的减排措施投入使用。如不能给出合理解释，则应当审慎进行判断。

（二）常用指标

1. 应税污染物变动率

应税污染物变动率 =（本期应税污染物量 - 上年同期应税污染物量）÷

上年同期应税污染物量 × 100%

若本期应税污染物变动率与同行业上年平均水平相比相差较大，低于预警值下限，则可能存在不计或少计应税污染物数量的问题。

2. 应纳环境保护税额变动率与应税污染物变动率配比值

变动率配比值 = 应税污染物变动率 ÷ 应纳税额变动率

应纳税额变动率 =（本期应纳税额 - 上年同期应纳税额）÷

上年同期应纳税额 × 100%

进行横向分析（与同期同行业的预警值比较），本指标是应税污染物变动率与应纳税额变动率的对比分析。正常情况下二者应基本同步增长。当出现以下三种情况时，可能存在少计、不计环境保护税或不计、少计应税污染物数量的问题：当比值大于预警值上限，二者都为负值时；当比值小于预警值下限，二者都为正值时；当比值为负数，前者为正值、后者为负值时。

3. 应税污染物变动率与主营业务收入变动率配比值

配比值 = 主营业务收入变动率 ÷ 应税污染物变动率

主营业务收入变动率 =（本期主营业务收入 - 上年同期主营业务收入）÷

上年同期主营业务收入 × 100%

进行横向分析（与同期同行业的预警值比较），本指标是应税污染物变动率与主营业务收入变动率的对比分析。正常情况下二者应基本同步增长。当出现以下三种情况时，可能存在不计、少计应税污染物数量的问题：当比值大于预警值上限，二者都为负值时；当比值小于预警值下限，二者都为正值时；当比值为负数，前者为正值、后者为负值时。

专栏 11-3　环境保护税征管中存在的问题

虽然环境保护税开征以来平稳顺利，政策的绿色效应也初步显现，但是实施过程中也暴露了一些问题。

一是目前国家税务总局和生态环境部尚未从部局层面出发，对复核工作的操作规范、文书范本、工作流程等做出统一规定。这就导致地方税务机关在提请复核的尺度和流程上差异较大，给环保税征管工作带来很多困扰。

二是税收优惠政策不完善。一方面,环境保护税减税优惠档位划分过粗;另一方面,应取消对城乡污水集中处理场所达标排放免税的优惠政策。污水处理厂是水污染物排放的大户,且超标排放甚至偷排现象严重,更有大量工业废水进入城镇污水处理厂。对污水处理厂的免税规定不符合污染者付费的原则,也不符合全国水污染形势严峻、环保要求日益严格的现实。为避免企业负担,可以根据情况通过加大达标排放税收优惠力度、提高污水处理费或者增加财政补贴等措施来缓解城镇污水处理集中场所的负担问题。

三是地方抽样测算评估方法不完善。按照《环境保护税法》的规定,制定抽样测算方法是省级环保部门的职责,目前大部分省份发布了抽样测算办法,主要集中在小型第三产业和施工扬尘等部分行业,覆盖范围较窄,且有些方法缺乏科学调查论证。

资料来源:龙凤,《环境保护税征收管理实施评估》,《冶金财会》,2019 年第 4 期。

关键概念

城市维护建设税　资源税税负变动系数　印花税同步增长系数

复习思考题

1. 简述我国现行城市维护建设税和印花税的特点。
2. 简述我国资源税的纳税评估指标及其运用情况。
3. 简述印花税纳税评估指标及其运用情况。
4. 简述我国房产税和城镇土地使用税的纳税评估。

第十二章

基于企业会计账务盘查的纳税评估

本章导读

纳税评估离不开财务会计知识。本章以企业会计盘查为基础,分别介绍流转税和所得税的纳税评估。

第一节 基于企业会计账务盘查的流转税纳税评估

一、增值税纳税评估

(一)销项税额的评估

因为销项税额等于销售额乘以税率,所以对销项税额的评估,重点是盘查销售额。而对销售额进行盘查时,需要注意两个方面的问题:一是所查纳税人从事的是什么类型的行业,不同类型的行业反映销售额的会计科目不同;二是对纳税义务发生时间的确认。

1. 有关增值税销项税额会计处理的规定

(1)纳税人销售货物或者提供应税劳务(包括将自产、委托加工或购买的货物分配给股东或投资者),按照实现的销售收入和按规定收取的增值税额,借记"应收账款""应收票据""银行存款"等科目,按照按规定收取的增值税额,贷记"应交税费——应交增值税(销项税额)"科目,按实现的销售收入,贷记"主营业务收入""其他业务收入"等科目。发生的销售退回,做相反的会计分录。

(2)纳税人将自产或委托加工的货物用于非应税项目,应视同销售货物计算缴纳的增值税,借记"在建工程"等科目,贷记"应交税费——应交增值税(销项税额)"等科目。

(3)纳税人将自产、委托加工或购买的货物作为投资,提供给其他单位或个体经营者,应视同销售货物计算应交纳的增值税,借记"长期股权投资"科目,贷记"应交税费——应交增值税(销项税额)"等科目。

(4)纳税人将自产、委托加工或购买的货物无偿赠送他人,视同销售货物,借记"营业外支出"等科目,贷记"应交税费——应交增值税(销项税额)"科目。

(5)随同产品(或商品)出售但单独计价的包装物,借记"应收账款""银行存款"等科目,贷记"应交税费——应交增值税(销项税额)"科目。企业逾期未退回的包装物押金,借记"其他应付款"等科目,贷记"应交税费——应交增值税(销项税额)"科目。

2. 销项税额的评估

首先,核查纳税人应实现的销售收入是否已经做销售处理,反映情况是否真实。其次,要结合原始凭证,盘查"应交税费——应交增值税"科目的贷方金额,看销项税额有无少计、漏记或错记。具体可以从以下几个方面进行:

(1)盘查"应收账款""应收票据""银行存款"等科目所对应的账户,看是否存在销售货物或提供应税劳务而不记销售,反而直接冲减"库存商品"等科目,或做销售处理而按"库存商品"成本计算销项税额的情况。

(2)盘查"主营业务收入""其他业务收入"等科目,看是否存在因发生销货退回或折让而多冲减销售收入和销项税额的情况。应着重审查该货物销售的专用发票的各联次是否齐全,是否有购货方开具的"进货退出及索取折让证明单",证明单是否为当地税务机关填开的,有无未发生销货退回或折让而冲减销售收入和销项税额的情况。

(3)盘查"在建工程""其他应收款"科目,看是否存在将自产或委托加工的货物用于非应税项目、集体福利或个人消费而不作为销售,以及作为销售但按产品成本计算销项税额的情况。

(4)盘查"长期股权投资"科目,看是否存在将自产或委托加工或购买的货物作为投资而不记销售,直接冲减产品成本或购进成本,以及作为销售但按产品成本或购进成本计算销项税额的情况。

(5)盘查"应收账款""应收票据""银行存款"等科目,看是否存在随同产品销售或商品销售且单独计价的包装物不作为销售,漏记销项税额;盘查"其他应付款"科目,看是否存在收取逾期未退还的包装物押金不作为销售,直接冲减"其他应付款"而漏记销项税额的情况。

（6）盘查"库存现金""银行存款"等科目，看是否存在销售货物实行销售额和增值税额合并收取而不记销售，直接冲减"库存商品"的情况。

（7）盘查"其他应付款"或有关费用科目，看是否存在销售货物或应税劳务收取价款以外的费用，不计入销售额计算销项税额，而冲减费用科目或计入"营业外收入"等科目的情况。

（8）盘查"其他业务收入"科目，看是否存在兼营的非应税货物或应税劳务按规定应一并征收增值税的，而不申报该非应税部分的销售收入的情况。

（9）盘查"主营业务收入"科目，看是否存在采取销售货物和应税劳务，销售额和折扣额不在同一张发票上注明，另开其他发票而按折扣后的余额计算销项税额的情况。

（10）对委托加工企业的盘查，审查委托加工货物合同，查明加工材料的来源、用途，并核对加工货物名称，看是否符合委托加工的性质，同时审查开出的发票，看是否与所加工的业务相符，销售额与税额之间是否按13%的税率计算。

3. 盘查纳税人在计算应税销售额时是否存在以下情况

（1）是否将各种代收、代垫收入都并入应税销售额。

（2）销售废品、下脚料等取得的收入是否并入应税销售额。

（3）采取以旧换新方式销售货物，是否按新货物的同期销售价格计销售额。

（4）采取还本销售方式销售货物，是否从应税销售额中减除了还本支出，造成少计应税销售额。

（5）为销售货物而出租、出借包装物收取的押金，因逾期而不再退还的，是否已并入应税销售额并按所包装货物税率计算纳税。同时应注意审查有关纳税的特殊情况，如对酒类产品(啤酒、黄酒除外)收取的包装物押金的规定。

（6）企业对外提供有偿加工货物的应税劳务，是否按规定将收取的收入并入应税销售额。

（7）以物易物或用应税货物抵偿债务，是否并入应税销售额。

（8）销售货物或应税劳务的价格偏低或有视同销售货物行为而无销售额，纳税人按规定需组成计税价格确定销售额，其应税销售额的计算是否正确。

（9）销售货物或应税劳务采用销售额与销项税额合并定价方法的，其应税销售额的计算是否正确。

（二）进项税额的评估

1. 有关增值税进项税额会计处理的规定

（1）纳税人国内采购货物，按照专用发票上注明的增值税额，借记"应交税费——应交增值税(进项税额)"科目,按照专用发票上记载的应计入采购成本的金额,借记"材料采购""在途物资""原材料""制造费用""管理费用""销售费用"等科目,按照应付或实际支出的金额,贷记"应付账款""应付票据""银行存款"等科目;购进货物发生的退货,做相反的会计分录。

(2)纳税人接受投资转入的货物,按照专用发票上注明的增值税额,借记"应交税费——应交增值税(进项税额)"科目,按照确认的投资货物价值(已扣增值税),借记"原材料""库存商品"等科目,按照增值税与货物价值的合计数,贷记"实收资本"科目。

(3)纳税人接受捐赠转入的货物,按照专用发票上注明的增值税额,借记"应交税费——应交增值税(进项税额)"科目,按照确认的捐赠货物的价值,借记"原材料""库存商品"等科目,按照增值税额与货物价值的合计数,贷记"营业外收入"科目。

(4)纳税人接受应税劳务,按照专用发票上注明的增值税额,借记"应交税费——应交增值税(进项税额)"科目,按照专用发票上记载的应计入加工、修理修配等货物成本的金额,借记"其他业务成本""制造费用""委托加工物资""销售费用""管理费用"等科目,按应付或实际支付的金额,贷记"应付账款""银行存款"等科目。

(5)纳税人进口货物,按照海关提供的完税凭证上注明的增值税额,借记"应交税费——应交增值税(进项税额)"等科目,按照进口货物应计入采购成本的金额,借记"材料采购""在途物资""原材料"等科目,按照应付或实际支付的金额,贷记"应付账款""银行存款"等科目。

(6)纳税人购进免税农业产品,按购入农业产品的买价和规定的扣除率计算的进项税额,借记"应交税费——应交增值税(进项税额)"科目,按买价扣除按规定计算的进项税额后的数额,借记"材料采购""在途物资""原材料"等科目,按应付或实际支付的价款,贷记"应付账款""银行存款"等科目。

(7)其他有关规定。

2.与进项税额有关的账户的盘查

(1)盘查"材料采购""在途物资""原材料""制造费用""管理费用""销售费用"等科目,看是否有少计采购成本和费用、多计进项税额的情况。

(2)盘查"原材料"科目,看是否有接受投资转入的货物多计进项税额,少计"原材料";是否有接受捐赠转入的货物,多计进项税额,少计"原材料"。

(3)盘查"固定资产""在建工程"科目,看是否有把购入固定资产专用发票上注明的增值税额计入"应交税费——应交增值税(进项税额)"科目。

(4)盘查"材料采购""在途物资"等科目,看是否有将购入的免税农业产品,不按购入农业产品的买价和规定的扣除率计算进项税额,而按所购农业产品适用税率计算进项税额,或多计买价,多计进项税额。另外,还应注意所购进的免税农业产品,看是否有税务机关批准使用的收购凭证,所记价款是否为收购凭证上注明的金额,有无把不应计入的费用、开支计入。

(5)盘查"材料采购""在途物资"等科目,看是否有购入货物或接受应税劳务取得普通发票(购进免税农业产品除外),视同专用发票计算进项税额的情况。

(6)盘查"制造费用""管理费用""销售费用"等科目,看是否有购入的货物或接受应税劳务直接用于非应税项目,或直接用于免税项目以及直接用于集体福利和个人消费的,而把购进时取得的专用发票上注明的增值税额计入"应交税费——应交增值税(进项税额)"科目的情况。

(7)盘查"待处理财产损益""在建工程""应付职工薪酬"等科目,看是否有购进的货物、在产品、产成品发生非正常损失,以及购进货物改变用途等情况,部分情况其进项税额应转入"应交税费——应交增值税(进项税额转出)"科目。

(8)盘查纳税人兼营免税项目或应税项目(不包括固定资产在建工程),看是否有将不应抵扣的进项税额进行抵扣,是否按下列公式计算不得抵扣的进项税额,有无少算或错算。

不得抵扣的进项税额 = 相关的全部进项税额 × 免税项目或非应税项目的收入额 ÷ 免税项目或非应税项目的收入额与相关应税收入额的合计

(9)盘查"应交税费——应交增值税(进项税额)"科目时,有几点需要注意:一是看该项进项税额的取得是否为增值税专用发票或海关征收的完税证上注明的;二是应审查购货退回或折让由销货方开具的红字专用发票,是否冲减了进项税额。

3.进项税额转出的盘查

对纳税人发生的下列业务,应审查在结转材料和商品销售成本的同时,是否做了进项税额转出的账务处理。

(1)用于非增值税应税项目、免征增值税项目、集体福利或者个人消费的购进货物或者应税劳务。

(2)非正常损失的购进货物及相关的应税劳务。

(3)非正常损失的在产品、产品所耗用的购进货物或者应税劳务。

(4)国务院财政、税务主管部门规定的纳税人自用消费品。

(5)第(1)项至第(4)项的货物的运输费用和销售免税货物的运输费用。

4.销售返还进项税额转出的盘查

对增值税一般纳税人,因购买货物而从销售方取得的各种形式的返还资金,均应依所购货物的增值税税率计算应冲减的进项税额,并从其取得返还资金当期的进项税额中予以抵减,并按如下公式计算:

当期应冲减的进项税额 = 当期取得的返还资金 × 所购货物适用的增值税税率

纳税人因购买货物而从销售方取得的返还资金一般有下列几种形式：

(1) 购买方直接从销售方取得货币资金。

(2) 购买方直接从应向销售方支付的货款中坐扣。

(3) 购买方向销售方索取或坐扣有关销售费用或管理费用。

(4) 购买方在销售方直接或间接列支或报销有关费用。

(5) 购买方取得销售方支付的费用补偿。

5. 进项税额抵扣时限的盘查

(1) 防伪税控专用发票进项税额抵扣的时间限定。自2017年7月1日起，增值税一般纳税人取得的2017年7月1日及以后开具的增值税专用发票和机动车销售统一发票，应自开具之日起360日内认证或登录增值税发票选择确认平台进行确认，并在规定的纳税申报期内，向主管国税机关申报抵扣进项税额。

(2) 海关完税凭证进项税额抵扣的时间限定。增值税一般纳税人取得的2017年7月1日及以后开具的海关进口增值税专用缴款书，应自开具之日起360日内向主管国税机关报送《海关完税凭证抵扣清单》，申请稽核比对。

(3) 运输发票进项税额抵扣的时间限定。增值税一般纳税人取得的2010年1月1日以后开具的运输发票，应在开具之日起180天内向主管国家税务局申报抵扣，超过180天的不得抵扣进项税额。

(三) 税率的盘查

(1) 确认货物或劳务适用税率是一般纳税人13%基本税率，9%、6%低税率，零税率，或是小规模纳税人和允许适用简易计税方式计税的一般纳税人5%、3%两档征收率，有无错用税率，是否扩大了低税率的适用范围。

(2) 纳税人有无兼营免税项目或非应税项目，有无把应税项目按免税项目申报，不按所适用税率计算税款；有无按非应税项目适用的其他税种的低税率计算应纳增值税等。

(3) 纳税人兼营不同税率的货物或应税劳务，未分别核算销售额的，是否从高适用增值税税率计算增值税税额。

(4) 出口货物适用的退税率是否正确。是否把税率不同的出口货物分开核算和申报退税，如果划分不清或未划分适用税率的，是否从低适用退税率计算退税。

(5) 税率已发生变动的货物，是否按税率变动的规定执行日期计算增值税税额。

(四) 有关减免税的盘查

(1) 减免税范围的盘查，主要以增值税法中有关减免税的规定为依据，对纳税人进行盘查。

(2) 减免税期限的盘查，注意纳税人有无自行提前减免或批准减免税期满后仍未恢复纳税,自行延期的情况。

(3)减免税数量和金额的盘查,看有无任意提高减免税比例以及起征点的情况,有无多报、估报的情况。

(五)增值税税额计算的盘查

应纳增值税税额的计算公式为

$$应纳税额 = 当期销项税额 - 当期进项税额$$

所以,对应纳税额的盘查主要是对当期进项税额和当期销项税额的盘查。这方面在前面已有详述,这里重点介绍对增值税应交税费明细账的盘查。

"应交税费——应交增值税"明细账,反映了纳税人增值税的应交、已交情况,盘查时应从以下几个方面入手:

第一,"应交税费——应交增值税"明细账中各项核算内容及财务处理方法,是否符合有关增值税会计处理的规定。

第二,增值税是否做到按月计算应纳税额,有无将本月欠税用下期进项税额抵顶、滞纳税款的情况。

第三,有无多计"进项税额",少计"销项税额""进项税额转出",造成当期应交税费不实的情况。

第四,生产销售的货物按简易办法计算交纳增值税的企业,其不得抵扣的进项税额计算是否正确;出口企业按出口贸易离岸价与征、退税率之差计算的不预抵扣的税额是否在当期从"进项税额转出"科目转增产品销售成本等。

(六)出口货物退(免)税的盘查

1. 生产企业出口货物免、抵、退税的盘查

(1)出口货物免税的盘查。应重点盘查出口货物报关离境的日期,出口货物以离岸价计算的外币销售额,出口货物的贸易类型,海关商品编码与适用的出口退税率。对于出口原始凭证不全或者已取得出口原始单证但不具有法定效力的,应按内销进行补税和账务处理。

(2)出口货物抵税的盘查。①对于生产两种以上出口货物且适用退税率不同的出口企业,其进项税额的计算与账务处理应按出口货物的种类划分,凡是无法直接划分各自应负担的进项税额的,应按出口产品销售额的比例计算分摊。盘查时应注意出口企业是否存在人为调整出口货物应分摊的进项税额的问题。②对于生产的货物既有出口又有内销的出口企业,其进项税额首先要按出口货物离岸价与征税率、退税率之差计算不予抵扣的进项税额,然后再用于抵减内销产品的销项税额。应重点盘查企业是否存在少计出口货物不予抵扣的进项税额,进而多抵内销产品销项税额的情况。③对于出口货物不予抵扣

的进项税额大于本期进项税额(包括上期留抵进项税额)的情况,出口企业应将负数结转下期或挂账冲减下期进项税额,不允许以零为结。

(3)出口货物退税的盘查。①出口销售额的比例是否为出口企业当期全部销售额的50%以上。②出口退税率的确认是否正确。③出口贸易类型的确认是否正确。

2. 外贸企业出口货物退(免)税的盘查

对外贸企业出口的货物,应按出口货物增值税专用发票和十二种特准退税货物普通发票上注明的采购金额计算办理退税。

(1)盘查"库存出口商品""应交税费——应交增值税(进项税额)"账户,以及外贸企业购进的持普通发票办理退税的出口货物,是否符合税法规定的特允退税的十二种商品。

(2)盘查"库存出口商品""出口销售收入""应交税费——应交增值税"等明细账,确认按征、退税率之差和出口货物购进金额计算的"出口货物不予抵扣税额"是否正确,是否及时计入"应交税费——应交增值税(进项税额转出)"账户,转赠出口产品销售成本处理。

(3)盘查"库存出口商品""出口销售收入""银行存款——应收外汇账款""应交税费——应交增值税(进项税额转出)"等明细账,有无将在国内销售货物收取外汇部分,计入了出口货物销售额。外贸企业将出口货物转内销的,或者将内销货物转出口的,有无主管退税机关开具的证明,是否及时调账。

(七)案例分析

[案例] 某卷烟厂为增值税一般纳税人,2019年度10月份增值税纳税情况如下(假设增值税专用发票均已通过税务机关认证):

(1)购进原材料1 000 000元,专用发票注明的进项税额为90 000元,已付款并验收入库。

借:原材料 1 000 000
　　应交税费——应交增值税(进项税额) 90 000
　贷:银行存款 1 090 000

(2)支付外购原材料运输费1 300元,取得运输单位运费发票,其中装卸费300元,已提进项税额130元。

借:原材料 1 170
　　应交税费——应交增值税(进项税额) 130
　贷:银行存款 1 300

(3)将自产的"888"牌卷烟无偿赠送给有关部门,共30箱,每箱成本价800元,售价1 000元。

借:管理费用——业务活动费 24 000

　　　　贷：库存商品——"888"　　　　　　　　　　　　　　　　　　24 000

（4）当月取得销售卷烟收入为 1 500 000 元,销项税额为 135 000 元。

借：银行存款　　　　　　　　　　　　　　　　　　　　1 635 000
　　　贷：主营业务收入　　　　　　　　　　　　　　　　　　1 500 000
　　　　　应交税费——应交增值税（销项税额）　　　　　　　　135 000

（5）当月企业计算应交增值税为 44 870 元。

根据以上资料,我们可以进行分析。

第一,该企业 10 月份的申报税额存在问题,申报纳税额 44 870 元,是按当月取得的销售收入 1 500 000×9% = 135 000 元,减去进项税额(90 000 + 130) = 90 130 元,得出的结果。而根据增值税货物征税范围的注释,卷烟不属于低税率的范围,应按 13% 的税率计算纳税,而该企业是按 9% 低税率计算税款,造成少交税款：1 500 000×(13% − 9%) = 60 000 元,当月销售收入的销项税额应为 1 500 000×13% = 195 000 元。

第二,支付外购货物的运费金额,从 2019 年 4 月 1 日起,由原先的 10% 改为 9%,而企业仍按 10% 计算,多提了进项税额。此外,运费金额中不应包括装卸费等运杂费,该企业扩大计提基数,造成多提进项税额。两项合计多提进项税额 = 130 − (1 300 − 300)×9% = 130 − 90 = 40 元。当月进项税额应为[90 000 + (1 300 − 300)×9%] = 90 090 元。

第三,该企业将自产的"888"卷烟无偿赠送给有关业务部门,应视同销售货物计算应纳增值税。应纳增值税额为 30×1 000×13% = 3 900 元。

对存在的上述问题应做如下调账分录：

① 借：主营业务收入　　　　　　　　　　　　　　　　　　60 000
　　　贷：应交税费——应交增值税（销项税额）　　　　　　　　60 000
② 借：原材料　　　　　　　　　　　　　　　　　　　　　　　40
　　　贷：应交税费——应交增值税（进项税额转出）　　　　　　　40
③ 借：营业外支出　　　　　　　　　　　　　　　　　　　3 900
　　　贷：应交税费——应交增值税（销项税额）　　　　　　　3 900
④ 根据上述三笔调账分录,当月应补交增值税为 63 940 元。
　　　借：应交税费——应交增值税（已交税金）　　　　　　　63 940
　　　　　贷：银行存款　　　　　　　　　　　　　　　　　　63 940

二、消费税纳税评估

（一）对实行从价定率办法征税的应税消费品的纳税盘查重点

1. 价外费用

主要通过"其他应收款""其他应付款""营业外收入""其他业务收入"明细账进行盘

查，看纳税人是否存在销售应税消费品向购买方收取的价外费用未并入销售额申报纳税的情况。价外费用包括向购买方收取的基金、集资返还利润、补贴、违约金(延期付款利息)和手续费、包装费、储备费、优质费、运输装卸费、代收款项、代垫款项等。

2. 包装物

主要盘查：随同应税消费品做销售的包装物是否按所包装的产品适用税率交纳了消费税；逾期不再退还的包装物押金以及收取一年以上的包装物押金，是否按规定交纳了消费税；从1995年6月1日起，对酒类消费品(啤酒、黄酒除外)收取的包装物押金是否按规定交纳了消费税。

(二) 对实行从量定额办法征税的应税消费品的纳税盘查重点

主要盘查"主营业务收入""税金及附加""库存商品""应交税费——应交消费税"等明细账，并对照销货发票，看是否存在计量单位折算不正确、少计或多计销售数量的问题。

(三) 对委托加工应税消费品的纳税盘查重点

第一，盘查"委托加工物资""应交税费——应交消费税"等明细账，看纳税人委托加工应税消费品所使用的计税价格是否正确，无同类消费品销售价格的，所使用的组成计税价格是否正确。

第二，盘查"委托加工物资""生产成本""应交税费——应交消费税"等明细账，看纳税人在使用外购或委托加工的已税烟丝等应税消费品连续生产应税消费品时，计算交纳消费税是否存在问题，扣除外购或委托加工收回的应税消费品的已纳消费税税款，是否按当期生产领用数量计算纳税。若是委托加工应税消费品直接出售，有无重复交纳消费税。

(四) 出口货物退(免)税的纳税盘查

1. 生产企业出口应税消费品的纳税盘查重点

主要盘查纳税人的"主营业务收入""税金及附加""应交税费——应交消费税""库存商品"等明细账，以及其出口报关单等免税凭证是否存在问题，计算是否正确。

2. 外贸企业出口应税消费品的纳税盘查重点

主要盘查纳税人的出口发票、出口收汇核销单(出口退税专用)、出口报关单(出口退税专用)、购货发票等退税凭证，以及纳税人的"出口货物消费税专用缴款书"，并盘查"库存出口商品""出口销售收入""应交税费——应交消费税"等明细账，看纳税人使用的退税率、单位退税额以及办理退税是否存在问题。

(五) 适用税率、纳税环节方面的纳税盘查

适用税率方面，主要盘查纳税人兼营不同税率的应税消费品时，是否分别核算销售

额,未分别核算的,是否从高适用税率;将不同税率的应税消费品组成成套消费品销售的,是否从高适用税率。

纳税环节方面,主要盘查纳税人:一是对纳税人自产自用的应税消费品未用于连续生产应税消费品时,是否于移送使用时纳税;二是对纳税人委托加工收回的应税消费品,是否已由受托方在向委托方交货时代收代缴税款。

(六) 案例分析

[案例] 2020年1月,甲企业委托乙企业加工一批应税消费品,甲企业为乙企业提供原材料等,实际成本为6 000元,向乙企业支付加工费2 000元,代垫辅助材料实际成本为1 000元。已知适用消费税税率为10%,该应税消费品,受托方无同类消费品销售价格。乙企业代扣代缴消费税,做如下处理:

组成计税价格=(6 000+2 000)÷(1-10%)=8 889元

应代扣代缴消费税=8 889×10%=888.9元

在甲企业提货时,乙企业收取了加工费、增值税,并代扣代缴消费税,做如下账务处理:

借:银行存款　　　　　　　　　　　　　　　　　　　4 228.9
　　贷:主营业务收入　　　　　　　　　　　　　　　　2 000
　　　　应交税费——应交增值税(销项税额)　　　　　340
　　　　应交税费——应交消费税　　　　　　　　　　888.9
　　　　原材料——辅助材料　　　　　　　　　　　　1 000

根据上述资料,经过分析可以发现如下问题:受托方在计算组成计税价格时,所用的加工费数额未包括代垫辅助材料,而按照税制规定,加工费是指向委托方所收取的全部费用,包括代垫辅助材料的实际成本,因此,正确的处理是:

组成计税价格=(6 000+2 000+1 000)÷(1-10%)=9 000÷(1-10%)=10 000元

应代扣代缴的消费税=10 000×10%=1 000元

少代扣代缴消费税=1 000-888.9=111.1元

少计增值税销项税额=1 000×13%=130元

乙企业应做如下调账:

借:应收账款——甲企业　　　　　　　　　　　　　　241.1
　　主营业务成本　　　　　　　　　　　　　　　　　1 000
　　贷:主营业务收入　　　　　　　　　　　　　　　　1 000
　　　　应交税费——应交增值税(销项税额)　　　　　130
　　　　应交税费——应交消费税　　　　　　　　　　111.1

第二节 基于企业会计账务盘查的所得税纳税评估

一、企业所得税的纳税评估

（一）产品成本的盘查

1. 材料的盘查，主要是对材料的购进、耗用、盘存进行盘查

（1）外购材料成本的盘查。这种盘查应按材料购进成本核算的方式不同而分别采取相应的方法。对于按照计划成本核算的企业，应以审查材料采购的明细账为主；对于按照实际成本核算的企业，应以审查材料明细账为主。在审查过程中，都必须对照原始凭证进行分析，从而查出存在的问题。

对材料采购原始凭证的盘查，有三点值得注意：一是购进材料的原始凭证有无问题，有无伪造、涂改、乱擦、挖补的情况，以及有无盗用或非法购买其他单位发票的问题；二是原始凭证所列项目名称有无与内容不符的情况，如发票上所购买的材料名称与发票上购买单位所生产的产品不一致；三是材料采购原始凭证有无不完整、不齐全的情况，如去外埠购货，只有发货单而无运杂费、保险费、途中合理损耗等。

对材料采购明细账的盘查，无论是材料采购明细账，还是原材料账户，都要对其"数量""单价""金额"明细栏目进行审查，看其借方发生额有无登记不完整，比如，只记数量不记金额或者是只记金额不记数量的情况等。

另外，如果被查企业还有自制材料和委托加工材料，那么还需要对这两个方面进行盘查。盘查自制材料，主要盘查其借方的对应科目是不是"生产成本"，分摊费用的工时及分配率与完工产品定额是否一致，并对自制材料交库的数量进行核对。盘查委托加工材料，主要是结合原始凭证，审查其借方，核实发出材料的单价和加工费是否正确，并与"原材料""材料成本差异"等账户对照盘查，看有无将加工费挤入其他产品成本，或将一些不应列入加工材料的成本摊入委托加工材料。对"委托加工物资"贷方的盘查，主要盘查其成本结转、收回的数量等。

（2）材料耗用成本的盘查。这是材料成本盘查的重点，主要盘查耗用材料的计价、用途、数量。

① 耗用材料计价的盘查。对于按照实际成本计价的企业，应着重审查企业是否存在耗用材料不按规定的"加权平均法"或"先进先出法"计算成本的情况，因为根据制度规定，年度之内采取一种方法不得改变，所以，要特别注意年度内前后采用的计价方法是否一致。如果企业采取的是"先进先出法"，盘查时，可用"倒挤法"来验证，即月末结余数量小于最后一批购进数量的，库存单价就等于最后一批的购进单价。

对于按照计划成本计价的企业,主要根据"发料凭证汇总表""材料成本差异"明细账,结合"材料增减及成本差异计算表"进行盘查,比如审查"材料成本差异"明细账借方发生额转入的成本差异是否正确,然后对差异率的计算、差异额的分配,按规定的公式进行复核。同时,比较结转与结存的材料成本差异是否一致,并查明原因。

② 耗用材料用途的盘查。对耗用材料用途的盘查,主要是看是否划清了生产用料与非生产用料的界限,是否存在将基本建设、专项工程、福利部门领用的非生产用料计入生产成本的情况。盘查方式有二:一是根据"发出材料汇总表"与"领料单""记账凭证"逐项核对,审查材料用途;二是根据"专项工程支出明细账"中借方发生额的耗料情况、基本建设预算、实际进展等情况进行综合分析,以发现问题。

③ 耗用材料数量的盘查。对耗用材料数量的盘查,通常是指将"发料凭证汇总表"记账凭证和领料单与材料明细账相互核对,看其数量是否相符,并可以采取"单位产品耗料数量分析法""应耗材料分析法""应出产品分析法"等控制计算法来测算。

单位产品耗料数量分析法:

$$单位产品实际耗用数量 = \frac{本期耗用材料数量总额}{本期完工产品数量 + 期末在产品数量 + 期初在产品数量}$$

上述公式可以分析计入产品成本的耗用数量是否符合正常情况。

应耗材料分析法:

$$本期应耗材料数量总额 = (本期完工产品数量 + 期末在产品数量 - 期初在产品数量) \times 单位产品耗料定额$$

这种方法是通过按产品消耗定额计算应耗材料数量与实耗材料数量对比,判定计入产品成本的材料数量是否正常。

应出产品分析法:

$$应出产品数量 = \frac{实耗材料数量}{单位产品消耗定额}$$

这种方法是通过应出产品数量与实出产品数量相对比,来分析计入产品成本的耗用材料数量是否正常。

(3) 材料盘存的盘查。

① 库存材料数量的盘查。这方面的盘查主要看企业是否存在账实不符的情况,即实际结存数量大于或小于账面结存数量。这主要是由于外购材料验收入库但未入账,领料退库未办退库手续,外借材料未做账务处理,多收少发,以及盘盈未入账,或外借、让售、自用材料不结转或少结转材料数量而造成的。

② 库存材料成本的盘查。这方面的盘查通常与盘查材料结存数量同时进行,主要应注意发出材料单位成本是否属实。

③ 材料盘盈、盘亏的盘查。主要以"待处理财产损益——待处理流动资产损益"与

"材料盘点表""材料盈亏报告表"相互核对,看数量是否相符,盘盈盘亏的处理是否经过批准、是否及时,以及存在的其他问题。

(4) 低值易耗品的盘查。可以根据本年的计划及本年上期、上年同期低值易耗品实际费用的发生情况,对盘查期的低值易耗品摊销进行分析,如果变动较大,就需要审查有关凭证,核实领用、摊销和结转情况。

(5) 出租出借包装物的盘查。包装物租金收入应根据"周转材料"明细账借方发生额,按企业租金收费标准测算出应收租金金额,然后与"其他业务收入"账户核对,若出入很大,就要审查"银行存款日记账"。从退还的押金情况来核对出租包装物业务,并审查收退的押金金额中是否有悬挂的租金收入。

2. 工资的盘查,包括对工资和与工资有关费用的盘查

(1) 工资的盘查。主要盘查工资支付和分配是否正确、真实、合法。有无将不属于本企业人员的工资列入本企业工资支出的;有无未经有关部门批准,任意改变工资形式或擅自提高工资标准等级的;有无将福利部门人员的工资挤入成本、费用或营业外支出的;有无弄虚作假重复列工资扩大成本费用的。

① 盘查"应付工资"账户,看其每月的借方发生额在月份之间是否均衡,对突然偏高的月份,应结合"工资卡"和"职工花名册"等资料,查明原因。

② 对于实行计件工资的,主要审查计件的数量和单价有无变化,劳动定额的标准是否合理,同时还要审查有无既按计时工资发放又按计件工资发放重复支付的情况。

③ 复核工资的分配是否符合制度规定。

(2) 与工资有关的费用的盘查。包括对职工福利费、工会经费、职工教育经费的盘查。

① 职工福利费的盘查。主要围绕工资总额、提取比例和计提金额三方面进行盘查,看是否存在不按定额、扩大基数或比例计提的情况。将核实的计提福利费基数计税工资总额乘以14%,得出应提数,与"应付福利费"账户已提数核对,如有不符,进一步查明原因。

② 工会经费及职工教育经费的盘查。主要围绕计提基数和比例、工会经费和职工教育经费贷方发生额、有无重复计算管理费用等方面进行盘查。首先,将核实的计税工资总额乘以2%,计算工会经费应提数,与企业实提数相比,将核实的计税工资总额乘以8%计算职工教育经费应提数,与企业实提数相比,看是否一致,若应提数大于实提数,其差额补提,若应提数小于实提数,其多提部分并入利润。其次,从"管理费用"账户摘要栏查疑点,对照有关原始凭证,如属于应由工会经费和职工教育经费列支的支出,应予以剔除,并入利润。

3. 费用的盘查

(1) 固定资产折旧费的盘查。盘查时,可根据固定资产增减变化情况,结合固定资产

明细账,并实地查看现场是否在用,审查有无将未使用、不需用、已提足折旧、报废或以经营租赁方式租入的固定资产计提折旧的;有无任意改变折旧方法或不按规定进行加速折旧的;有无将当月购建和使用的固定资产当月计提折旧的。首先,从"累计折旧"账户贷方看各月计提折旧的数额是否均衡,若发现月份之间有忽高忽低的现象,应进一步查明原因。其次,审定计提折旧的范围,主要通过"固定资产登记簿"和"固定资产卡片",核实未使用、不需用、报废、已提足折旧的情况来进行。

(2)固定资产修理费的盘查。主要盘查修理费的开支是否真实,有无人为扩大修理费;采用预提办法的,有无实际发生的修理费不冲减"预提费用",或实际发生数小于预提数,而不将差额冲减有关费用的。可以根据"制造费用""管理费用"账户修理费用项目的发生额与"预提费用""待摊费用""递延资产"明细账对照,并结合原始凭证进行盘查,看各项支出的内容是否真实;有无违反规定计提大修理基金的;年终预提修理费结余数是否抵减有关费用,应跨年度分摊的修理费有无提前分摊的。

(3)无形资产摊销的盘查。从"无形资产"账户的借方发生额,结合原始凭证,看入账的金额是否真实,从"无形资产"账户贷方发生额审查其摊销期限和金额是否正确。

(4)业务招待费的盘查。按发生额乘以规定比例计算扣除标准,以"主营业务收入"账户核实全年销售额,乘以适用比例,计算业务招待费限额,与"管理费用——业务招待费"明细账对照,看列支是否在限额之内,如有超出,应并入本年利润。同时还要审查业务招待费开支的范围是否符合规定。

(5)坏账损失的盘查。首先,核实年末"应收账款"余额,乘以计提比例计算出坏账准备数,若"坏账准备"账户贷方有余额,应扣除余额后,作为本年计提数;若借方有余额,则应加上余额作为本年计提数。然后,与企业实提数对比,如果应提数大于实提数,可以补提坏账准备;如果实提数大于应提数,应将实际多提数并入应纳税所得额。其次,审查"应收账款"贷方发生额。"银行存款""管理费用"借方发生额,结合原始凭证,看已确认并转销的坏账损失以后是否收回,如果收回后未冲销原转销数的,应将其该收回数并入应纳税所得额。

(6)财务费用的盘查。根据"财务费用"账户借方发生额核对"应付利息""其他应付款""银行存款""长期借款"等账户,并结合有关的原始凭证和记账凭证,分析各项费用是否属于本期财务费用支出,如果存在不合理的费用列支,应将其剔除,并入应纳税所得额。

4.产品制造成本的盘查

(1)制造费用的盘查。根据"制造费用"明细账借方发生额,对照各项费用的原始凭证,盘查费用发生的内容是否归属于本期。

(2)生产费用的盘查。

① 生产费用分配标准的盘查。主要是收集资料,掌握企业历年来各种间接费用采用

分配标准的情况,对照盘查期采用的分配标准是否适当,有无弄虚作假现象。

② 生产费用分配额的盘查。根据费用分配表与有关费用明细账及会计凭证核对,从费用归属项目、期限以及数字方面加以核实,如果存在问题,应重新计算,将差额从生产成本中剔除,并入有关项目。

③ 生产费用分配率和分配额的盘查。主要是依下列公式进行计算复核,如有差错,查明原因,予以调整。

$$费用分配率 = \frac{被分配费用额}{费用分配标准} \times 100\%$$

$$某种产品应负担的费用 = 某种产品的分配标准 \times 费用分配率$$

(3) 产品成本计算的盘查。核对期末在产品"盘存表"与"产品成本计算单",在核实产成品、在产品数量的基础上,根据各项费用在成本中所占的比重,将生产费用在完工产品、在产品之间进行分配。对采用"原材料成本法"的,应核实月初、月末在产品所耗用原材料的数量和计价是否正确;采用"约当产量法"的,应重点盘查在产品成本是否包括了全部材料成本。

(二) 利润总额的盘查

1. 销售利润的盘查

销售利润是利润总额的基础,是这项盘查的重点。

(1) 主营业务收入的盘查。由于这部分内容在增值税盘查中已做了介绍,这里不再赘述。

(2) 产品销售成本的盘查。

① 对按"加权平均法"计价的企业,应盘查"库存商品"明细账,看其结余栏各期库存产成品单价是否均衡,若有较大变动,可能存在问题,应做进一步盘查。

② 对采用计划成本计价的企业,应审查"产品成本差异明细账",看计算结转销售成本时,是否同时结转产品成本差异。另外,还应盘查"主营业务收入"明细账上的销售退回是怎么计算的。

③ 用"主营业务收入"明细账销售数量栏的本月销售合计,同"主营业务成本"明细账结转的销售成本相对照,看是否一致,看"产品销售计算表"中的产品成本是否正确。

(3) 产品销售费用的盘查。根据"销售费用"账户的借方发生额,对照有关原始凭证和记账凭证,审查开支是否真实、合理,并从其贷方发生额审查销售费用在销售产品之间的分配及分配标准是否正确。对分配不当的,应调整应纳税所得额。

(4) 产品销售税金的盘查。对企业按规定缴纳的消费税、城市维护建设税、资源税、土地增值税以及教育费附加,主要审查计税基数、适用税率和计算方法是否正确,有无将不属于"税金及附加"账户列支的税金列入销售税金的;税金预提数与已交数、已交税金数与税票数是否一致。

2. 投资净收益的盘查

（1）股票投资收益的盘查。采用"成本法"核算的企业，主要盘查企业在未收回投资前，有无对"长期股权投资"账户的账面价值进行调整，有无将收到的股利不做当期投资收益处理。采用"权益法"核算的企业，主要核实投资企业的投资额、对盈利额或亏损额取得的合法证明，以及企业是否按投资比例计算所拥有权益的增加。

（2）债券投资收益的盘查。主要盘查企业应计利息是否正确，是否计入"投资收益"账户，有无漏计、少计或转作他用的情况。投资到期收回或中途转让所取得的款项高于账面价值的差额，是否计入"投资收益"账户。另外，还要盘查溢价或折价摊销额的计算是否正确。

（3）联营投资收益的盘查。主要盘查联营投资协议的合法性、有效性，并通过审查"长期股权投资"账户，核查其投资额、分得利润是否正确，有无将分得的投资利润不计入"投资收益"，而放在被投资单位或挂在本企业的往来账户，甚至作为小金库的情况。

3. 营业外收入的盘查

主要盘查应属于营业外收入的项目，有无不及时转账，长期挂在"其他应付款""应付账款"账户的，有无将营业外收入直接转入企业税后利润，甚至做账外处理或直接抵付非法支出的。可以通过对"盈余公积"账户贷方发生额的盘查，看有无将营业外收入列入税后利润的情况；通过对"待处理财产损益"账户贷方发生额的盘查，看是否将固定资产盘盈转入"营业外收入"账户；通过对"固定资产清理"账户的盘查，看是否将处理固定资产的净收益计入"营业外收入"账户。

4. 营业外支出的盘查

主要盘查有无扩大营业外支出范围的，有无不按规定条件列支的，有无擅自列支固定资产净损失和非常损失的。

（三）应纳税所得额的盘查

1. 纳税调整增加额的盘查

（1）审查超过规定标准项目。超过税法规定标准扣除的各种成本、费用和损失，应调增应纳税所得额。这项盘查主要包括对工资支出、职工福利费、职工教育经费、工会经费、利息支出、业务招待费、公益救济性捐赠、折旧费提取、无形资产摊销的盘查。

（2）对税法不允许扣除项目的盘查。对税法不允许扣除，但企业已作为扣除项目而予以扣除的各项成本、费用和损失，调增应纳税所得额。这项盘查主要包括对资本性支出、无形资产受让开发支出、违法经营罚款和被没收财物损失、税收滞纳金、罚款、罚金、灾害事故损失赔偿、非公益性捐赠、各项赞助支出、与收入无关的支出的盘查。

2. 纳税调整减少额的盘查

（1）盘查亏损弥补情况。盘查企业弥补亏损的年限以及结转的计算是否正确，是否存在少转或多转亏损的情况。

（2）盘查"投资收益""未分配利润"账户，对于联营分回利润、股息收入、境外收益等税后利润应从应纳税所得额中调减。

（四）所得税计算缴纳的盘查

应纳税额等于应纳税所得额乘以适用税率，因此，对应纳税额盘查的重点是核实应纳税所得额和适用税率是否正确。

对已纳税额的盘查，可以根据"应交税费——应交所得税"的借方发生额，对照所得税缴款书逐笔盘查，核实已纳税额，与纳税申报表中的已纳税额核对，盘查有无将罚款、滞纳金计入已纳税款内的情况。

二、个人所得税的纳税评估

（一）主要应税项目的盘查

1. 综合所得的盘查

（1）对纳税人工资、薪金所得的盘查，主要盘查以下问题：纳税人申报的工资、薪金所得是否属实，有无少报、瞒报现象；纳税人在一个月内取得两次或两次以上的工资、薪金所得，是否按规定合并申报纳税，有无少交税款的现象；纳税人一个月内从两处或两处以上单位取得工资、薪金所得，是否按规定合并计算纳税，有无分别计算而少交税款的现象；纳税人有无扩大减除费用或分次多扣费用的现象。对代扣代缴义务人代扣税款的盘查，主要通过"应交税费""其他应付款"等科目下设置的"代扣应交个人所得税"明细科目，看其贷方有无余额，是否按规定期限解缴税款。

（2）对劳务报酬、稿酬、特许权使用费所得的盘查。主要盘查上述各项所得是一次的，还是连续性所得，如果是连续性所得，是否以一个月连续收入为一次计算，每次收入的费用扣除标准是否正确。

2. 经营所得的盘查

（1）对个体工商户的生产、经营所得的盘查。主要盘查纳税人有无将经营所得混同于劳务报酬所得或其他项目所得的情况，同时应注意个体工商户取得的生产、经营所得是否与其个人取得的与自身生产、经营活动无关的其他所得分别管理。

（2）对企事业单位的承包经营、承租经营所得的盘查。主要盘查纳税人与被承包承租经营单位所签订的合同，看纳税人是否对承包承租经营的成果拥有所有权，同时应注意企事业单位被承包承租后，工商登记的性质是否发生了改变。

3. 对利息、股息、红利所得、财产租赁所得和偶然所得的盘查

这几项所得均实行按次征税办法,计税依据是每次取得的所得额。因此,盘查的方法与工资、薪金所得基本相同。

4. 对财产转让所得的盘查

主要通过对纳税人的有关账簿和会计凭证的盘查,确认收入额,根据有关的财产评估文件等确认其原值和费用,盘查应纳税所得额是否正确。

(二)适用税率的盘查

(1)盘查综合所得是否按照七级超额累进税率的规定执行。

(2)盘查经营所得是否按照五级超额累进税率的规定执行。

(3)盘查利息、股息、红利所得、财产租赁所得、财产转让所得、偶然所得是否按20%的比例税率执行;盘查财产租赁所得中,个人出租住房所得是否减按10%的税率征收。

(三)费用扣除的盘查

(1)盘查居民个人综合所得中,基本减除费用(60 000元)、专项扣除(基本养老保险、基本医疗保险、失业保险等社会保险和住房公积金等)、专项附加扣除(子女教育、继续教育、大病医疗、住房贷款利息或者住房租金、赡养老人等支出)和依法确定的其他扣除(个人缴付符合国家规定的企业年金、职业年金,个人购买符合国家规定的商业健康保险、税收递延型商业养老保险的支出等)是否符合扣除标准;盘查非居民个人的工资、薪金所得,是否按照每月5 000元的费用扣除标准扣除。

(2)盘查经营所得中,成本、费用以及损失扣除是否符合扣除标准;盘查取得经营收入的个人,没有综合所得的,是否按照居民个人综合所得扣除标准扣除。①

(3)盘查综合所得中,劳务报酬所得和特许权使用费所得是否按实际取得收入额减除20%后计入综合所得的收入额;盘查综合所得中,稿酬所得是否在扣除20%费用的基础上,再减按70%计入综合所得的收入额。

(4)盘查财产租赁所得是否符合定额(800元)扣除或定率(20%)扣除的标准。

(5)盘查财产转让所得财产原值和合理费用扣除是否符合标准。

(四)其他方面的盘查

1. 个人捐赠部分的盘查

个人将其所得通过中国境内的公益性社会组织、县级以上人民政府及其部门等国家

---

① 在个人税收递延型商业养老保险试点区域内,取得个体工商户生产经营所得、对企事业单位的承包承租经营所得的个体工商户业主、个人独资企业投资者、合伙企业自然人合伙人和承包承租经营者,其缴纳的税收递延型商业养老保险准予在申报扣除当年计算应纳所得额时予以限额据实扣除,扣除限额按照不超过当年应税收入的6%和12 000元孰低办法决定。

机关,向教育、扶贫、济困等公益慈善事业的捐赠,发生的公益捐赠支出,可以按照个人所得税法有关规定中明确的比例,在计算应纳所得额时扣除。应注意盘查以下几点:

(1) 捐赠是否通过中国境内的公益性社会组织、县级以上人民政府及其部门等国家机关进行。

(2) 捐赠款项是否用于教育、扶贫、济困等公益慈善事业的捐赠。

(3) 捐赠额是否超过允许扣除的比例,规定扣除的捐赠额为不超过应纳税所得额30%的部分,国务院规定对公益慈善事业捐赠实行全额税前扣除的除外。因为我国个人所得税实行分类所得税制度,所以,属于哪项所得捐赠的,应从该项应纳税所得额中扣除捐赠款项,然后按适用税率计算缴纳个人所得税。

2. 个人所得形式的盘查

个人所得形式包括现金、实物、有价证券和其他形式的经济利益。应注意盘查以下几点:

(1) 所得为实物的,是否按照取得的凭证上所注明的价格计算应纳税所得额,无凭证的实物或者凭证上所注明的价格明显偏低的,是否参照市场价格核定应纳税所得额。

(2) 所得为有价证券的,是否根据票面价格和市场价格核定应纳税所得额。

(3) 所得为其他形式的经济利益的,是否参照市场价格核定应纳税所得额。

3. 居民个人从中国境外取得的所得的盘查

居民个人在中国境外所得,抵免额是否未超过该纳税人境外所得依照税法规定计算的应纳税额;所得为人民币以外货币的,是否按照办理纳税申报或者扣缴申报的上一月最后一日人民币汇率中间价,折合成人民币计算应纳税所得额。

4. 中介费的盘查

对个人从事技术转让、提供劳务等过程中所支付的中介费予以扣除的,纳税人是否能够提供有效、合法凭证。

5. 对单位或个人为纳税人代付税款行为的盘查

有的单位或个人,根据协议为纳税人承担纳税义务,代其支付个人所得税,使纳税人取得的收入为税后净所得,因此,计算支付单位或个人应付的税款,首先要把纳税人的税后净所得换算为含税所得,然后再计算支付单位或个人应代付的税额。

计算公式为

① 应纳税所得额 = $\dfrac{\text{不含税所得额} - \text{速算扣除数}}{1 - \text{税率}}$

② 应纳税所得额 = $\dfrac{\text{不含税所得额}}{1 - \text{税率}}$

公式中的"不含税所得额"是指纳税人从支付单位或个人处取得的税后净所得减去税法规定减除标准后的余额。公式①适用于按超额累进税率征税的所得换算;公式②适用于按比例税率征税的所得换算。

经过盘查,如果发现纳税人有少缴税款的,除令其补缴税款外,还要根据《税收征管法》的有关规定予以处罚。

三、案例分析

[**案例1**] 某机械厂为增值税一般纳税人,注册资本金为500万元。假设2019年会计利润总额为100万元,已经按25%的所得税税率提取并缴纳企业所得税25万元。

2020年2月,税务代理人对该企业2019年度有关账册资料进行代理审查时发现如下问题:

(1) 财务费用100万元,其中列支预提本年7—12月份长期借款利息40万元,用于建造新车间(尚未完工);1月1日向母公司签订生产性借款合同,记载借款金额1 200万元,借期1年,支付利息费用60万元,同期银行贷款利率为4%。

(2) 该企业为当地某食品加工厂提供贷款担保,因该食品加工厂亏损倒闭,由企业承担的贷款利息10万元列"营业外支出"科目。

(3) "材料成本差异"账户贷方余额24万元,无借方发生额。该企业1—12月制造部门共耗用各种材料500万元(其他部门未领用),库存材料100万元。期末在产品、库存产品、已出售产成品成本分别为100万元、300万元和600万元。

其他核实均无问题。

分析:

(1) 建造的固定资产在尚未竣工决算投产前的利息,应全部计入该项固定资产原值,不得扣除;应调增纳税所得额40万元,调账分录如下:

借:在建工程　　　　　　　　　　　　　　　　400 000
　贷:以前年度损益调整　　　　　　　　　　　　　　　400 000

按税法规定,非金融机构借款不能超过同期银行贷款的利息标准,超过部分在所得税前不得扣除;同时,非金融企业接受关联方债权性投资与权益性投资比例大于2∶1,超过部分的利息支出也不能在所得税前扣除。应调增纳税所得额 = 60 - 500 × 2 × 4% = 20万元。

(2) 为食品加工厂支付的担保利息属于与取得收入无关的费用,不得在税前扣除,应调增应纳税所得额10万元。

(3) 未按规定调整材料成本综合差异:

材料成本综合差异率 = - 24 ÷ (500 + 100) × 100% = - 4%

本期耗用材料应分摊材料成本差异 = 500 × (- 4%) = -20 万元(节约差)

按比例计算调整各有关账户：

分摊率 = 20 ÷ (100 + 300 + 600) = 2%

期末在产品分摊的差异额 = 100 × 2% = 2 万元

期末产成品分摊的差异额 = 300 × 2% = 6 万元

本期销售产品应分摊的差异额 = 600 × 2% = 12 万元

应调增应纳税所得额 12 万元。会计分录如下：

借：生产成本　　　　　　　　　　　　　　　　　　20 000
　　库存商品　　　　　　　　　　　　　　　　　　60 000
　　贷：材料成本差异　　　　　　　　　　　　　　　　200 000
　　　　以前年度损益调整　　　　　　　　　　　　　　120 000

综上所述，纳税调整增加额 = 40 + 20 + 10 + 12 = 82(万元)，应补缴所得税额 = 82 × 25% = 20.5 万元。

调账分录如下：

① 补提所得税：

借：以前年度损益调整　　　　　　　　　　　　　　205 000
　　贷：应交税费——应交所得税　　　　　　　　　　205 000

② 结转以前年度损益调整：

以前年度损益调整科目余额 = 40 + 12 - 20.5 = 31.5 万元

借：以前年度损益调整　　　　　　　　　　　　　　315 000
　　贷：利润分配——未分配利润　　　　　　　　　　315 000

③ 补交所得税：

借：应交税费——应交所得税　　　　　　　　　　　205 000
　　贷：银行存款　　　　　　　　　　　　　　　　　205 000

[案例 2]　某日化有限公司为增值税一般纳税人，主要业务为外购护肤类化妆品、生产和销售成套高档护肤类化妆品，假设 2019 年度有关生产、经营情况如下：

(1) 期初库存外购已税护肤类化妆品 500 万元。本期外购已税护肤类化妆品取得增值税专用发票，支付购货金额 3 000 万元(不含税)，增值税额 390 万元，已验收入库。

(2) 生产领用外购护肤类化妆品 2 500 万元，发生其他生产费用 2 500 万元，生产成套高档护肤类化妆品 50 万件，每件成套护肤类化妆品单位生产成本 100 元。

(3) 销售成套高档护肤类化妆品 30 万件，开具增值税专用发票，专用发票上注明销售额 9 000 万元；零售成套高档护肤类化妆品 4 万件，开具普通发票，取得收入额 1 130 万元,给予购货方折扣 113 万元(开具在同一张发票上),实际取得销售金额为 1 017 万元。

(4) 发生销售费用 2 000 万元(其中广告费为 1 600 万元)、财务费用 200 万元(全为向大股东的借款 2 000 万元按年利 10% 计算的利息,银行同期贷款利率为 8%)、管理费用 640 万元(新产品研究开发费用 80 万元)。以上费用中包括本年度发放的企业职工工资 800 万元。

(5) 8 月因管理不善而发生意外事故,损失库存的外购护肤类化妆品 10 万元(不含增值税),10 月取得保险公司赔款 5 万元。财产损失已报经主管税务机关批准,同意税前扣除。

分析:

该日化有限公司 2019 年度应纳企业所得税计算如下:

销售(营业)收入 = 9 000 + 1 130 ÷ (1 + 13%) = 10 000 万元

销售(营业)净额收入 = 10 000 − 113 ÷ (1 + 13%) = 9 900 万元

(1) 应纳增值税计算如下(在这里计算增值税的目的是计算城市维护建设税和教育费附加):

销项税额 = 9 000 × 13% + 1 017 ÷ (1 + 13%) × 13% = 1 287 万元

进项税额 = 390 万元

应纳增值税 = 1 287 − 390 = 897 万元

(2) 应纳消费税计算如下:

销售应纳消费税 = 9 900 × 15% = 1 485 万元

领用已纳消费税购进护肤类化妆品可以抵扣的消费税 = 2 500 × 15% = 375 万元

应纳消费税 = 1 485 − 375 = 1 110 万元

应纳城市维护建设税 = (897 + 1 110) × 7% = 140.49 万元

应纳教育费附加 = (897 + 1 110) × 3% = 60.21 万元

(3) 可以在 2019 年税前扣除的广告费 = 10 000 × 15% = 1500 万元

可以税前扣除的财务费用 = 2 000 × 8% = 160 万元

可以加扣的新产品研究开发费用 = 80 × 175% = 140 万元

可以扣除的财产损失 = 10 × (1 + 13%) − 5 = 6.3 万元

费用中包含的企业职工工资可以据实扣除。

(4) 应纳税所得额 = 9 900(收入净额) − 35 × 100(生产成本) − 1 110(消费税) − 140.49(城市维护建设税) − 60.21(教育费附加) − (2 000 − 1 600 + 1 500)(销售费用) − 160(财务费用) − (640 − 80 + 140)(管理费用) − 6.3(财产损失) = 2 323 万元

(5) 应纳企业所得税 = 2 323 × 25% = 580.75 万元

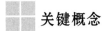

关键概念

增值税销项税额纳税评估　出口货物退税盘查　增值税税率盘查　外购材料成本盘查　应纳所得税额盘查　不含税所得额

复习思考题

1. 简述增值税销项税额的纳税评估。
2. 简述增值税进项税额的会计处理。
3. 简述增值税税率盘查的主要内容。
4. 简述消费税从价定率课税盘查的主要内容。
5. 简述建筑业增值税纳税评估的主要内容。
6. 简述企业所得税外购材料成本盘查的主要内容。
7. 简述个人所得税工资薪金盘查的主要内容。

第十三章

未来新税种的纳税评估展望

本章导读

本章介绍未来新一轮税制改革中新税种的纳税评估,主要介绍新房产税和遗产税税基评估的情况。房产税和遗产税是社会上人们关注度比较高的两个税种。税基评估的完善是这两个税种平稳出台的重要基础和前提。

第一节 房产税的纳税评估

2009年5月国务院批转发改委《关于2009年深化经济体制改革工作意见的通知》(国发〔2009〕26号)中指出,要加快推进财税体制改革,建立有利于科学发展的财税体制。全面实施增值税转型改革;统一内外资企业和个人城建税、教育费附加等税收制度;研究推进综合和分类相结合的个人所得税制度;研究制订并择机出台资源税改革方案;加快理顺环境税费制度,研究开征环境税;深化房地产税制改革,研究开征物业税。而在随后的《关于中央和地方2009年预算执行情况与2010年中央与地方预算草案的报告》中,新的房产税成为房地产税制改革的重点,物业税"渐行渐远"。2011年1月,重庆首笔个人住房房产税在当地申报入库,其税款为6 154.83元。2012年8月12日,30余省市地税部门为开征存量房房产税做准备。2013年,党的十八届三中全会提出深化税收制度改革,加快房地产税收立法并适时推进改革;国务院也批准了发改委关于2013年深化经济体制改革重点工作的意见,提出继续扩大个人住房房产税改革试点范围。2015年3月1日,《不动产登记暂行条例》正式落地实施,从推进财政体制改革和完善税制体系来看,征收房地产税已成为大势所趋。2016年12月召开的中央经济工作会议明确"房子是用来住的,不是用来炒的"。这是中央从顶层设计的高度对住房属性的精准定位。2017年的《全国人大常委会2017年立法工作计划》将房地产税立法纳入预备及研究论证项目,要求有关方面抓紧调研和起草工作。2018年10月1日,为推进去产能、调结构,促进产业转型升级,我国将对部分去产能和调结构企业免征房产税、城镇土地使用税。2019年10月1日起,城镇土地使用税和房产税合并申报。该政策可以有效减少纳税申报次数,便利纳税人办税,进一步优化营商环境。

2020年的《政府工作报告》中,李克强总理再次提出:"坚持房子是用来住的、不是用来炒的定位,因城施策,促进房地产市场平稳健康发展。"在此前的两年内,"健全地方税体系,稳妥推进房地产税立法"已经被写入了《政府工作报告》中。由于房产税与物业税在税负、征税对象等方面基本相似,因此可以通过物业税在国外的实行情况来为我国开展房产税提供宝贵经验。

一、美国物业税概况

物业税在美国被称为财产税(property tax)。美国的财产税是由州和地方政府课征的。美国的财产税主要被划分为不动产和动产两大类。其中,不动产包括房屋和土地,动产主要包括有价证券、汽车、游艇等。目前的实际情况表明,美国已经基本不再对动产征收财产税,客观上不动产税已经成为美国财产税中最为重要的部分,其主要的征税对象为居民自有的房产及以商业目的而存在的房产。

地方政府是财产税的实际征税主体。政治制度上,三权分立的美国各州及地方政府拥有相当大的权力。财政制度上,美国联邦、州和地方三级政府拥有各自不同的税收权限,通常是否开征新的税种及征收的方式由前两者决定。在财产税方面,美国州政府拥有较大的权限,在很多情况下可以独自做出税收方面的决策。然而,在实际工作中,美国很多州的政府出于各方面的考虑,往往将其中一部分的权力交由地方政府行使。财产税的实际征收工作由地方政府完成,州政府的主要任务是对此过程进行培训和监督。这样的模式有利于联邦政府和各州政府处理各地经济发展水平不一致、房地产价格存在差异等所引发的财产税税收问题。尽管财产税在美国州政府的税收收入中所占比例比较低,但它却是地方政府的主要税收来源之一。在财产税使用方面,地方政府大多都将所收税款用于本地教育、医疗、治安、交通等公共部门的改善和发展。

财产税是美国目前所课征的最接近于对年均财富课征的税种。然而,美国的财产税也并不是真正的净财富税,因为财产税对一些财富形式通常都是免税的(例如,对个人的私有财产等);财产税的课税对象是总资产,而不是净资产(例如,由于购买住房或者汽车所欠的债务很少可以从应税价值中全部扣除掉);财产税可能会对一些财富形式课征两次税(有些州的财产税既对公司股票价值课税,同时也对公司所有的财产课税)。从财产税对财富的课税程度来看,财产税使税制结构增强了从富人向穷人的收入再分配。由于财产税的课税对象是累积财富,而不是收入,因此财产税对工作和投资的影响要小于所得税。但是,由于财产税税基并不是即期交易的价值(即期交易的价值通常是所得税和销售税的税基),因此财产税需要对财产的价值进行评估(估税),财产估税成了财产课税的一个基本缺陷。①

美国的财产税不能进行简单的归类。正如理查德·阿尔米(Richard Almy)所说的:美国的财产税制是由51个不同的州财产税制构成的。每一个州财产税制都要受当地法律因素和非法律因素的制约,都要随着宪法的修改、法律法规的制定、行政管理程序的变化、法庭判决和税务管理能力的变化而不断变化。

财产税的课税对象可以是实物资产,也可以是个人的私有资产。实物资产是指不动产、土地及其附着物,其中包括永久附着于土地的自然附着物(如树木、庄稼、草、水和矿物质等),也包括附着于土地的地上建筑物、围栏等人工设施。不动产也包括探矿权、采矿权等与土地尚未脱离的土地生成物、因自然或者人力添附于土地并且不能分离的其他物。个人的私有财产是能够被个人所拥有的非不动产等其他任何财产,其中包括机器设备、珠宝、汽车、存货、家具、股票和债券等。个人财产一般要比不动产更易于移动,但二者之间并没有一般性的界线。对此,各国政府都会确定自己的定义和区分方法,但通常都会通过制定财产种类目录来做一般意义上的区分。这种区分是至关重要的,因为有些州对个人财产的课税程度要重于不动产,而另一些州则可能是对某些个人财产免税的。在美国地方财产税的税基中,个人财产的份额是很小的,在全国总额中的比重也只有大约10%,但在有些州的比重则是比较高的,还有许多州对个人财产都是完全免征财产税的。②

对个人财产的另一种区分是对有形资产和无形资产的区分。个人的有形资产是出于个人目的而持有的资产,其中包括汽车、机器、原材料和产成品存货、家具等。无形个人资产也叫有价资产,因为它们代表了人们对有价物品的所有权,包括股票、债券和其他金融资产等。对这些财产课征的财产税可能会大相径庭。许多个人有形资产都难以定位,也难以进行估价。无形资产通常容易定价,但却难以定位。无形资产有时根据法律或地方惯例可以免税,很少会对无形资产全部课税。③

---

① 根据财产税的税制结构,财产税对地区开发和重建可能还会产生抑制作用。
② John L. Mikesell, "Patterns of Exclusion of Personal Property from American Property Tax Systems", *Public Finance Quarterly*, 20, Oct. 1992.
③ John H. Bowman, George E. Hoffer, Michael D. Pratt, "Currents Patterns and Trends in State and Local Intangibles Taxation", *National Tax Journal*, 43, December 1990.

二、美国物业税的估税标准

财产税的课征需要确定一个基础,以将财产税的税收负担在不同财产所有人之间进行分配。由于财产税的税基是财产的累积价值,而不是一年中财产销售的当期流量,因此,必须对财产的价值进行评估。① 财产估税需要确定每项财产的应税价值,以及对于政府来说应税财产的总价值。对财产价值的评估是财产税制的核心内容。为了对一项财产课税而进行的评估可能会改变一项财产的估值,可能会提高一些财产所负担的财产税,也可能会使另一些财产的税收负担降低。由于财产税课税依据的是对财产的估值,因此正是这种税前调整使一项财产所缴纳的税收能够尽量反映出这项财产的负税能力——这也正是进行财产估税的目的所在。

财产估税的标准应当是什么呢?运用最广泛的是市场价值标准。市场价值,是一项财产在一个竞争而开放的市场中的现金价值。"市场价值"这个概念在国际上得到了公共财政和私人财务的认可。银行、保险公司和其他机构也是通过类似的、模拟市场交换的概念来确定一项财产价值的,并假定:①市场有发挥作用的足够时间;②买卖双方都不会受到来自非市场方面的压力;③买卖双方对所交易的商品都有充分的了解;④市场交易是公正进行的。② 人们为一项财产所支付的实际市场交易价格可能会包含能够反映市场价值的信息,但并不一定等于这项财产的市场价值,这可能是因为以上条件并没有得到充分的满足,也可能是因为在财产的价格中包含了商品本身之外的因素。③ 尽管对财产价值的评估只是理论上的,但是财产的市场价值却可以用实际的市场交易和客观标准来进行检验。④ 简而言之,尽管在美国有少数几个州并没有使用市场价值作为财产评估的法定标准,但是市场价值仍然是使用最广泛的财产价值估税标准。

在财产市场价值的估税系统中,经常会出现一些例外的财产种类,如农业用地。财产

---

① 美国和加拿大对财产税的税基确定采取的是即期价值法,但是除此之外还有别的方法。例如,英国就是以土地和建筑物的年均租金为税基的(即"不动产税")。还有一些国家是以土地或建筑物的面积作为税基的。

② 现在,抵押贷款的住宅评估越来越多地使用计算机模型、通过自动系统来进行。这些计算机模型是由联邦全国抵押贷款协会和联邦住宅抵押贷款公司提供的,用于对抵押贷款的价值进行快速评估。这种评估的成本要远远低于传统的机构评估。这种方法挖掘有关社区中住宅售价的信息,并将这些信息和正在评估的对象进行比较。作为金融中介机构,联邦全国抵押贷款协会和联邦住宅抵押贷款公司主要从事由各家机构发起的抵押贷款的取得、包装组合和担保工作。这种评估主要是为了检验被评估财产建议交易价格的合理性,以证明如果贷款出现问题,被购买的财产有充足的价值来为贷款人提供担保,因此很少要求具有很大的精确性。但是,其原则是要与其他评估保持一致,包括要与财产税的估税保持一致。参见:John L. Mikesell, *Fiscal Administration—Analysis and Applications for the Public Sector*, Ninth Edition, Cengage Learning, 2018.

③ 例如,这些之外的因素可能会包括一些个人财产和一些向销售商的特别融资。

④ 如果一项估税价值为 75 000 美元的财产却销售了 300 000 美元,那么我们可以理所当然地认为,这项财产的估税价值要大大低于其在当前的市场价值。因此,对一项财产当前市场价值的评估是需要进行检验的,也是可以进行辩驳的。

价值的评估一般都会假定购买一项财产的人可能将新取得的财产转作其他用途。例如，如果一块农田靠近一个发展迅速的城市，那么农田将来就有可能发展成为购物中心、综合公寓或者住宅小区等，而临近大学的一居室则有可能被转化为公寓或者办公室。一项财产不同的潜在用途，有时确实会成为影响财产市场价值的主要因素。然而，使用价值评估法则假定，一项财产的购买者不会改变这项财产的用途。对于多数财产来说，市场价值和使用价值评估法的评估结果不会出现什么不同，因为财产的未来购买者如果以市场为导向，那么他改变这项财产的用途的可能性将会很小。但是，当市场随着城市和其他因素的发展和扩张而变化时，这两种方法之间的差异就变得十分重要了。一般来讲，这种政策是为了防止财产的更高估税价值，以保护财产当前持有者的利益，抑制将农业用地或开阔地转作其他用途的举动。①

在美国，有些州在法律上对财产评估采取了市场价值标准之外的其他一些评估标准。② 其中一个评估标准就是获取价值法或者销售评价法，这种方法是在1978年加利福尼亚州的第13项提案中规定的；1992年佛罗里达州的全民公决批准了对宪法的第10次修正案，其中对宅地类财产也做了相应的规定；在1994年对学校财务进行改革之后，密歇根州也引入了这种标准。在新的评估方法中，只有在财产销售时，才出于课税目的对财产进行重新评估，然后再根据新的交易价格来进行估税。③

只对财产的销售进行再评估的机制，会扰乱财产市场（因为一项财产的可能购买者会面对不同于销售者的财产税）。由于财产税的调整是与财产的销售记录相伴随的，因此，如果人们想避免这种调整，就可能不如实进行财产销售记录。仅对财产的销售进行再评估的方法，还可能会导致境况相同的财产所缴纳的财产税迥然不同。这后一个问题是最棘手的，因为它直接与财产评估中的基本要求——评估的一致性——相矛盾。

---

① John H. Bowman 和 John L. Mikesell 在"Uniform Assessment of Agricultural Property for Taxation: Improvements from System Reform"（*Land Economics*, 64, February 1988）一文中指出，使用价值评估法有利于提高财产评估中的一致性。但是，许多研究都对这些法律对土地使用的实际影响和这些法律的基本目标提出了质疑。例如，可以参见：David E. Hansen, S. I. Schwartz, "Landowner Behavior at the Rural-Urban Fringe in Response to Preferential Taxation," *Land Economics*, 51, November 1975。

② 在财产评估的过程中，除了价值的标准评估，还可以将统一的管理公式作为管理的目标。在这种体制中，所要考察的并不是一项财产的评估价值是否等于市场价值或者是否与市场价值相一致，而是要考察这个公式是否正确地运用于一项具体的财产。在这种评估体制中，财产的所有人其实是不可能知道自己的财产是被低估了还是被高估了的，因为一项财产的所有人并不知道这个评估标准对别的财产的适用情况。如果财产所有人的这项财产的价值得到了正确评估，而其他财产的价值却被低估了，那么在这个评估体制中，财产所有人的这项财产其实是被高估了。对于一项财产的所有人来说，除了对课税单位的所有财产都进行重新评估，唯一可行的验证方法就是检验这个公式对自己财产的适用情况。

③ 加利福尼亚州和佛罗里达州实行的都是全面调整增长的方法，但只有当财产易手时，才会在财产之间进行调整。Allen Manvel指出，是财产评估质量的急剧下降导致了这种评估方法的产生。参见：John L. Mikesell, "The Path of the Tax Revolt: Statewide Expenditure and Tax Control Referenda since Proposition 13", *State & Local Government Review*, 18(1), 1986。

三、美国物业税的估税周期

美国政府所使用的财产评估周期通常可以归为以下三种类型:全面周期评估、部分评估和年度评估。全面周期评估标准认为,对于课税的政府部门辖区内的所有财产都应当在某一年内全部根据纳税目的进行评估;财产的估税价值一直到下一个全面评估期都不会改变,除非发生财产的新建、毁坏或者用途的变更等。美国各州所规定的全面评估周期间隔从2年到10年不等。有些州还明确规定,在对财产的实际评估中,需要对不动产进行实地勘察。

部分评估是指,由评估单位每年对辖区内一个特定部分的不动产进行重新评估,由评估单位按顺序进行。因此,如果使用的是3年财产评估周期,可以每年对辖区内1/3的财产价值进行评估,在3年内可以对所有财产全部评估一次。财产评估时间最晚的纳税人可能会抱怨自己的财产价值中存在通货膨胀问题,因为评估时间较早的财产并不存在这种问题。但是,由于这种评估方法管理方便,而且辖区内所有的财产是轮流充当最晚才被评估的角色的,因此这种方法获得了生命力。例如,马里兰州和伊利诺伊州的库克县使用的都是3年财产评估周期。① 爱达荷州要求每年对每个评估种类中20%的财产进行评估。

最后一种方法是年度评估法。这种方法评估的是所有不动产在每年的最新价值。计算机和现代信息管理系统使这种评估方法变得切实可行,但作为传统评估方法的特征,每年都会对所有财产进行实地勘察和存货登记的传统评估方法现在已经很少见了,更经常的做法是,结合财产目录中标出的财产实物特征,加入新的价值权重,并根据这项财产在社区中位置的重要性进行调整,以反映市场的变化趋势。例如,如果在早年增加一个壁炉可以使一座房子的价值增加1 000美元的话,那么今年增加一个壁炉则可能会使房子的价值增加1 800美元。或者,经过对一些因素的调整之后,一个区域内财产的价值可能会改变1%,而另一个区域内财产的价值可能会改变2%。可见,使用这种方法对一项财产新价值的估测也是源于这项财产旧的实物特征。当然,如果只是简单复制上年的模式,或者新的价值评估只是将所有财产的价值统一提高3%,那么年度评估可能就相当于根本没有重新进行评估。② 这样的评估过程会破坏财产税的公平性,因为对于价值发生变化的财

---

① 在库克县,财产评估的程序是这样运作的:在2000年,评估芝加哥的财产;在2001年,对南郊的财产进行评估;在2002年,对北郊的财产进行评估;在2003年,再对芝加哥的财产进行重新评估,依此类推。参见:John L. Mikesell, *Fiscal Administration—Analysis and Applications for the Public Sector*, Ninth Edition, Cengage Learning, 2018.

② 并不是所有住宅的价值都会上升,也并不是市场中所有财产的价值都会向着相同的方向变化。在波士顿地区,"在1992年的高收入城镇威利斯里,单间住房的销售下降了2.2%,而中等住房的价格却上涨了8.6%。而在附近的中低收入城镇马尔丹,单间住房的销售增长了8.3%,而中等住房的售价却下降了2%",参见:Christopher J. Mayer, "Taxes, Income Distribution, and the Real Estate Cycle: Why All Houses Do Not Appreciate at the Same Rate", *New England Economic Review*, May/June 1993. 可见,财产评估中同一比例的调整并不能取代为了促进公平的再调整。

产,这种方法不会做任何调整。每年都对财产进行评估的假定,其实阻碍了任何对财产价值有意义的调整。

四、美国物业税的估税方法

财产评估是一个技术过程,每种财产评估方法都有自己的特征。州和地方政府使用了三种对不动产价值进行评估的一般方法,其中每种方法都是房地产经纪人、银行和其他需要对财产价值进行评估的机构所使用的私人财产评估技术的一种变形。这三种评估方法分别是市场数据法或可比销售法、收入法、成本法或加总法。①

市场数据法或可比销售法,是通过对比市场上最近销售的类似财产来对被评估财产的价值进行估测。这种方法使用的是由市场直接提供的、关于财产当前所有者和未来所有者如何对财产价值进行评价的信息。当然,为了进行有效的比较,这种评估方法需要参考相当多的财产实际交易。这种方法并不适合对独一无二的财产进行评价,因为这种评价方法需要市场交易中的财产在经济上具有一些与被估测财产相关的具体细节。② 对于住宅类型的财产,通常都可以找到合理的、好的参照系。但是,唯一性确实是一些工商业财产评估中难以回避的问题。对于这些财产,许多评估师都会使用其他方法来对它们的市场价值进行评估。

通过测算某一项从财产所有权在存续期间可带来的现金流折算为现值,并将这个现值做为财产评估价值的评估方法被称为收入法。运用这种方法,需要对以下因素进行评估:持有一项财产的毛收益、与持有这项财产相关的成本、这项财产可以产生的年均净收益折合成现值的贴现率。这种方法最适合对可以产生收益的资产(如公寓、商店和营业场所、农田和停车场等)的价值进行评估。

成本法或加总法通过对一块土地上各种附着物折旧成本的评估来对这块土地的价值进行评估。这种方法通常确定的是在一个特定的日期建设一般标准(或者平均)规格的价值的成本(采用当时的劳动力和原材料价格,使用一般的技术来建设与被评估财产相同大小、类型的财产)。可以根据非标准的建筑原材料和人工来对这些成本进行调整,因此可以高于或低于这个标准。在这些成本中可以加入未计入标准财产的附件的价值,例如,对于住宅类的财产,这些附件包括浴室、壁炉和中央空调等;对于商业性的财产,这些附件包括电梯、洒水设施和储藏室等;对于工业财产,这些附件包括起重机、电梯和空气控制系统等。对这些附件的"新增价值"可以通过以下两种理论上的方法来进行评估。

---

① Joseph K. Eckert, Robert J.Gloudemans, Richard R. Almy, *Property Appraisal and Assessment Administration*, International Association of Assessing Officers, 1990.
② 回归分析估测会间接地应用于对财产销售价值的比较,但即使没有回归方程,也可以使用这种方法。

第一,再建成本,即以当前价格水平来建设被评估建筑的完全复制品所需要的成本:假设中的新建筑应当与被评估对象使用相同的建筑材料、建设标准、设计结构和人工,并具有所有相同的缺陷和过时性。

第二,重置成本,是以当前价格水平来建设与被评估的建筑物具有同等用途的建筑物的成本;这个假设的建筑物可以使用现代原材料以及当前的标准和规格,但应当具有与被评估的现存建筑相同的功效。(在计算重置成本的过程中,可以忽略部分无法提供任何用途的结构的成本。例如,在匡算成本的过程中,可以将第二层目前废弃不用的仓库忽略掉。)

不管是再建成本法还是重置成本法,都可以通过在逻辑上对一项财产的累积折旧额进行不同的调整得出对一项财产相同的评估额。一般来讲,一项财产的累积折旧额可以根据这项财产各个构成部分的实际损耗计算出来;有些折旧可以通过维修来弥补,但有些折旧是无法弥补的,因为弥补所需要的费用或者很大或者不切实际;有些折旧是由于财产设计缺乏效用或可行性而使这项财产的功能变得过时了(这些设计上的问题包括有用特征的缺乏或者不充分,以及无用特征的存在或者过多);有些折旧也可能是因为财产外部条件的变化(如社区条件的变化)导致财产在经济上过时了。根据对"新增成本"的评估采用的是再建成本法还是重置成本法的不同,对折旧的估测结果也会有所不同。

这是对财产价值进行估测的三种不同方法,但各种方法都有不同的适用范围。市场数据法适合于任何有足够的、可靠的市场交易发生的情况。收入法最好用于根据财产所产生的收入进行买卖的财产价值的评估,这些形式的财产包括办公楼、汽车旅馆和一般旅馆、土地等。成本法虽然多用于对所有财产附属物的价值估测,但这种方法也适合对很少根据市场进行交换并且不能产生收入的特殊财产或者独一无二的财产的价值进行估测。将成本法和收入法结合在一起,对一项财产使用价值的评估也特别重要。市场数据法和成本法特别适合对财产进行大量评估的要求。对于以上各种财产价值评估方法,都可以根据其与在信息充分、自愿的市场条件下进行交易的价格的一致程度来进行评价。

第二节 在轨道交通沿线特别估价区征收税费

很多国家每当完成新的交通设施投资时,就会建立起"特别估价区"或"收益评估区"。一般认为该区域中的业主获益于交通设施投资,将被征收一个现存税种之外的附加税(费)。相关机构必须划出特殊估价区的边界,对业主因交通设施投资所获得的利润进行评估,并以此作为税基,课征具有溢价回收性质的税费。

一、特别估价区的基本概况

特别估价区研究与制度建设最为成熟的美国,早在19世纪就开始运用特别收益费制度向因公共开发而获益的不动产权利人课征特别收益费。所谓特别收益费,在原理上即根据立法的授权向土地及不动产课税以回收因公共开发而形成的特别利益,这是现今美国实施开发利益回收的主要方式。

美国洛杉矶是在理论上完全按照溢价回收机理进行运作的一个经典案例。洛杉矶于20世纪80年代后期开始建设地铁线路,为了筹集地铁建设资金,当时曾经设立了两个"特别收益评估征税区",对地铁站点方圆三分之一英里(1英里≈1.6千米)半径内的物业征收税费,征收额度则依据地铁线路建设带来的土地预期收益按照一定比例确定。其中,住宅和福利机构的物业不需要支付费用,对于零售、宾馆与写字楼用地,收费的额度根据实际建筑面积来计算,其他用地则按照地块面积来计算。两个"特别收益评估征税区"的收费时间是1985年至2007年,其间回收的资金达1.3亿美元,约占地铁建设总成本的9%。

二、特别估价区产生和发展的主要原因

(一)城市化进程要求财政扩大收入来源

以美国为例,在19世纪后期进入基本城市化阶段,为了有足够的资金投入城市的建设之中,以公共负担平等理念为理论基础,先后设立和扩大了特别收益费、行政规费等非税形式的财政来源。

轨道交通所产生的级差效应相对显著,这一方面表明其所生成的特别利益比较明显,社会可接受度相对较高,另一方面意味着针对轨道交通项目开征特别收益费,从实际功能上说可以起到打击土地投机的效果。

(二)服务与受益之间的逻辑关系得到了负税人的普遍认可

在判断一项公共服务是否给受益财产带来了特别利益时,其标准并不是该服务是否带来了唯一的利益,也不是说该利益在类型和程度上与普遍利益是否一致,而是服务与受益之间是否存在逻辑联系。

(三)特别收益税

通过分析发现,各国往往通过收费的形式具体实施开发收益的返还,甚至特别强调开发收益公共还原与一般税收的区别。这样的考虑主要基于,开发收益公共还原的前提要件是受益人获得的收益是区别于其他人的特别的或特殊的收益;而一般税收则是基于社会成员普遍受益而应承受的货币负担。由此可以厘定两者之间的区分标准,即开发收益公共还原的构成要件是其中存在特别收益。

三、特别收益税在我国的适用性

分析特别收益税的背景性因素,从国情特殊对应到实施制度的特色,对于我们的比较研究具有相当大的意义。

（一）开征特别收益税需要完善的分区和不动产评估系统

美国的特别收益税和特别估价区建立在完善的分区制、再分区制、开发规划和不动产评估系统之上。分区制，是指在统一规划下，将土地划分为一系列不同的区块，分别作为居民区、商业区、工业区，确定所有地块的使用、建筑类型及开发强度。再分区制则是在分区制的基础上，对土地使用做出进一步的细分，以满足地块产权转让的需要，这一过程控制得非常细致。例如，在居民区内，把不同的地块划分为独户住宅区、多户住宅区和公寓住宅区。开发规划，则是通过预选规划，引导和管理房地产的开发进程，以保护有限的资源和历史古迹与风貌。不动产评估，是指选用适宜的估价方法，并综合分析影响不动产价格的因素，对不动产在估价时点的客观合理价格或价值进行估算和判定。

在优化资源配置的基础上，可以通过对投资外溢地段采取一定的租金收取方式和税收政策来调控收益的合理分配。然而现实中投资引发周边土地区位的改变具有辐射性，很难界定其具体的辐射边界，而且多元化的土地增值因素带来土地增值收益管理的复杂性。在实践中区分出不同原因引起的土地增值收益比例，进一步分析土地所有者、使用者和管理者等相关利益各方获取收益的比例是非常困难的，甚至不具备可行性。因此，实际的操作中应当采取变通的方式解决。

（二）开征特别收益税需要判定明确的受益逻辑关系

美国在开征特别收益税之初，就不断受到负税人的质疑。核心问题在于公共开发对毗邻不动产到底有没有带来实际的和唯一的利益，或者带来的利益是否实质超过了普遍利益。很多人认为开发项目为整个社区带来了利益，因此普通税是一种合适的筹资方式，而特别收益税是无效的。法官在驳回质疑的报告中指出，确定一项特别收益税是否有效有两个要件：第一，不动产必须从开发项目中获得特别的利益；第二，赋税额与特别利益之间必须存在合理联系。

在特别收益税这种征收方式下，具有显著受益影响的少部分个人和单位负担了征税数额的绝大部分，征收弹性高于普通税收。这就要求征税机关在税制设计上明确纳税对象的选择标准，在征收环节提供令纳税对象信服的征收理由。征税机关还需要说明税款的用途和管理办法，使得税款足额有效地回流到特别纳税区的公共事业建设中来。目前，我国还没有与此相同的税收征管先例，在推行环节上需要充分计量和测评。

第三节 遗产税的纳税评估

西方世界有句名言："世界上只有两件事情是不可避免的，一是死亡，二是税收。"而遗产税就是死亡和税收相结合的产物，是因人的死亡而发生财产转移时，对相关财产征收的一种税。遗产税是一个古老的税种，当今世界很多国家和地区都在征收。近年来，随着我国改革开放向纵深发展，社会经济发展状况和人民生活水平都有了很大的提高。但与此同时，我国的贫富差距问题也在逐渐拉大。贫富差距太大会影响社会稳定，最终将会使经济问题演变为社会问题。我国开征遗产税，对于健全国家税收制度，适当调节社会成员的财富分配，增加政府和社会公益事业的财力，维护国家财政权益，都具有一定的意义。

专栏 13-1　关于我国当前是否开征遗产税的争论

随着我国当前收入差距问题的日益凸显，关于当前我国是否应该开征遗产税的争论也变得越来越激烈。

一、支持我国当前开征遗产税的理由

1. 我国目前贫富差距、收入差距不断拉大，开征遗产税可以调节收入差距。

2. 有些富人的收入可能属于灰色收入，或者通过种种渠道逃避了税收的调节，遗产税可以发挥其"最终调节者"的角色。

3. 各国反对废除遗产税的呼声很高。世界首富比尔·盖茨的父亲威廉·盖茨、世界第二富豪沃伦·巴菲特、"金融大鳄"索罗斯、金融巨头洛克菲勒等800多名美国富翁就曾联名上书，请求议会不要废除遗产税。他们认为取消遗产税将使富人的孩子不劳而获，使富人永远富有，穷人永远贫穷。

二、反对我国当前开征遗产税的理由

1. 遗产税是世界公认的较为复杂的税种之一。我国目前开征遗产税可能得不偿失。在日本，从事遗产税和赠予税等财产税事务的职员约占全部政府职员的7%。

2. 我国遗产税的课税对象尚不够成熟。中国民营企业主的年龄为人均44岁左右，60岁以上的仅占3.5%，50—59岁的也不过25%，49岁以下的则占70%以上。按预期人均寿命70岁算，我国大规模征收遗产税也要在20年之后。

3. 开征遗产税不仅会妨碍资本积累、削弱投资，还可能导致资金外逃。美国征收的遗产税使很多富豪痛心，1995年有300多人放弃了美国国籍，改入其他国籍。

三、我国当前应为开征遗产税做的准备工作

尽管目前我国开征遗产税的时机尚不成熟，但这并不妨碍我们从现在开始为开征遗产税做准备。第一，为防止民营企业主将财富赠予子女、出现"少儿庄园主"和"少儿企业家"现象，应尽早开征赠予税。赠予税作为遗产税的辅助税种，应尽早开征，至少应与遗产税同时开征。第二，着手建立和完善死亡申报制度、资产评估制度、个人收入申报制度和财产登记制度。

资料来源：编者整理得到。

从各国的遗产税立法实践来看，无论是实行总遗产税制、分遗产税制，还是混合遗产税制，其遗产税的征收都是以财产所有人遗留的财产价值或继承人分得的遗产价值为计税依据的。而对遗产（财产）进行评估不仅是一项政策性很强的工作，也是一项专业技术性要求非常高的工作。

在国外，为了适应遗产税征收的需要，大多数国家设立了专门的、具有较高权威性和公正性的资产评估机构，并在全国范围内聘请专家及专业技术人员参与资产评估。如在英国，土地由土地评估部门评估；知识产权等无形资产由资本税收办公室的一个处负责；而对金银珠宝、首饰、文物、古玩、艺术品等的评估，则要聘请专家实施。

目前，我国的市场机制还不健全，财产评估的难度很大。因此，遗产的评估将成为我国开征遗产税的一道技术和制度障碍。虽然近年来我国的资产评估已经逐步走上了正轨，但是严格说来还处于起步阶段，并且评估的范围还主要局限于国有资产和集体资产当中的固定资产和企业产权等，针对个人财产的评估业务还非常有限。而且，我国现行的资产评估制度还不够健全，对个人财产当中的古董、文物、字画、股票等的价值评估几乎无法可依。因此，进一步拓宽资产评估的范围、健全资产评估制度势在必行。

开征遗产税必须核实遗产价值，建立不以营利为目的、公正、高效的个人财产评估制度。这是开征遗产税和降低遗产税课税成本的重要前提条件。目前，可以由税务机关委托或指定信誉良好、制度健全的财产评估机构对遗产的实际价值进行评估，并通过立法将接受税务机关委托或进行遗产评估规定为评估机构的一项法定义务。此类评估机构均不得以营利为目的，以保证遗产评估的公允可信。从长远来看，要搞好遗产税的纳税评估，必须做好以下两方面的工作：

一是要建立权威的评估机构，聘请专家和专业技术人员参加对财产价值的评估。国际上通行的做法是由税务部门建立个人财产评估机构，配备专业税务估价员，联合有关部门和人员来完善遗产的估价工作。在评估的过程中，通过税务部门与纳税人相互协商，最终确定一个双方都能接受的估值。如果双方无法协商一致，则先按税务机关的估价纳税，多退少补。因此，我国可以借鉴国际上的通行做法，借助现有社会上的评估力量，着手建立一个具有权威性的遗产评估机构。当然，也可以聘请社会上的有关机构和人员参与其中。

二是要确定合适的遗产估价方法。对于遗产价值的评估，目前世界各国多采用市场价值原则，即以被继承人死亡时的财产市场价格作为课征遗产税的税基。但各国也同时规定，如果纳税人不及时申报，估价标准将从高计征。例如美国评估遗产时，一般按被继承人死亡时的财产市场价格确定，农场及某些非上市企业使用的不动产、无形资产（主要是知识产权）由美国国内收入署财产税收办公室负责评估；金银珠宝、文物、艺术品等聘请专家进行评估；上市公司股票以被继承人死亡当日股价确定；非上市公司股票的价格根据企业资产、企业利润、股票市场行情、持股比例大小等因素综合评估。新加坡的遗产评估的基本原则,也是以被继承人死亡时的财产市场价格为准。德国在对遗产进行估价时,对土地、房屋等不动产按市场价值估价;上市交易的有价证券按继承发生时的市场交易价格估价,未上市公司的股票按公司平均收益率估价;珠宝首饰、高档艺术收藏品由专门的鉴定单位估价。总之,未来我国遗产税的评估应以市场价值为主,即以被继承人死亡时的财产市场价格作为课征遗产税的税基;同时,针对不同类型的遗产采用市场法、成本法、收益法等多种估价方法。

关键概念

估税标准　估税不足　离散系数　财产税　物业税可比销售法　收入法　重置成本　特别收益税　遗产税

复习思考题

1. 简述美国物业税在其地方财政中的地位和作用。
2. 简述估税不足所造成的影响。
3. 简述物业税中离散系数的计算原理。
4. 简述美国物业税的估税方法。
5. 简述我国遗产税纳税评估需要做的准备工作。

第十四章

纳税评估与逆纳税评估

美国政治家本杰明·富兰克林(Benjamin Franklin)1789年写道:"在这个世界上,任何人都逃脱不掉死亡和税。"现在更为幽默的说法是"每个人一生当中有三件事情是避免不了的,那即是死亡、纳税,以及为逃避这两件事情所做出的不懈努力"[①]。由此可见,纳税人对纳税的态度多半不像税法中宣传的"我纳税我自豪"那样,也不像"将自己的一生献给世界上最伟大的事业"或者"为祖国的繁荣昌盛和伟大复兴而纳税"那样。

英文中的"tax"一词在拉丁文中原意就有"扎、刺"等令人不舒服的含义,正如富兰克林所说,由于纳税会导致纳税人即期收入或财富的减少,所以纳税人对其本能的反应是厌恶和逃避,甚至将对待税收的态度和对待死亡的态度等同起来。如果有机会,纳税人的这种情感就会迸发出来,对税制和税负"评头论足",例如民众对于个人所得税免征额的讨论,以及对中国宏观税负的讨论,等等。相对于政府税务部门对纳税人开展的纳税评估,我们将这些纳税人对税制、税负的评价和争议定义为"逆纳税评估",并作为本书的最后部分。我们将对这些逆纳税评估案例背后的事实、形成过程、发展规律、产生的后果进行分析,最后分析税收的本质,即税收与纳税人的根本利益并不冲突,税收其实是纳税人根本利益的最终守望者;对逆纳税评估合理的控制和引导,可以推动我国纳税评估与"逆纳税评估"之间形成良性互动,切实提高我国纳税评估的质量管理水平。

---

① 徐慎刚,《中国纳税遵从问题研究》,华中科技大学博士学位论文,2011年。

第一节 逆纳税评估概念及现象

一、逆纳税评估概念界定

正如前文所述,纳税人对税收大多是怀有一定抵触情绪的。而纳税评估工作的本质就是评价纳税人是否合法合规地足额上缴税款,并提醒准备逃避纳税义务的纳税人逃税会有什么严重后果,做好对纳税人的服务,提高纳税人的遵从度。

其实不但税务部门会对纳税人的纳税情况进行评价,纳税人反过来也会对其自身的税收负担和我国税制设计的合理性做出评价。如果我们将税务部门对纳税人缴税情况的评价叫作纳税评估,那么相应地,可以将纳税人对税负和税制设计的评价叫作"逆纳税评估"。

如果对比纳税评估和逆纳税评估,我们会发现两者除了相似和不同之处,还存在着一定的对偶关系,如表14-1所示。

表14-1 纳税评估和逆纳税评估的对比

	纳税评估	逆纳税评估
相似	均是以税收负担作为对象而展开的评估或评价	
	两者对于我国税制的推进和发展都有着重要的作用	
不同	评估工作有具体的组织形式,往往定期或长期开展	无具体组织形式,评价事件不定期发生,随机性更强
	有明确的规章、依据和评估方法	无具体评价方法,有时仅仅是情感的宣泄
	评估的指标以纳税负担率等客观指标为核心	评价的指标多为税率、免征额等直观指标
	评价结果较为明确和直接	评价结果往往较为模糊,主观性很强,有时无法形成统一的评价意见,导致评价效果的不确定性,但会对纳税人纳税遵从行为产生潜移默化的深远影响,对于纳税"潜规则"的形成至关重要
对偶	税务机关对纳税人的评估	纳税人对税务机关及税制设计的评价
	检查评估对象的税负是否偏低	评价税制设计中的税负是否偏重

资料来源:编者整理得到。

由此可见,不同于通常的纳税评估,逆纳税评估多以较为随意的形式表现出来,其对纳税人纳税意识及行为的影响往往不容小视。下面举出四个逆纳税评估的案例,以对这种现象进行分析。

二、经济生活中的逆纳税评估现象

这里举出四个例子(分别是针对中国税负、个人所得税免征额、个人所得税"伪47号文件"和一元"巨奖"事件的讨论),以对逆评估事件进行探讨和分析。

专栏14-1　世界各国税负大比拼——中国人一年为税工作161天

根据国家统计局发布的《2010年统计公报》,2010年中国GDP为397 983亿元,税收总收入为73 202亿元,全年农村居民人均纯收入5 919元,城镇居民人均可支配收入19 109元,2010年年末总人口为13.41亿人。又根据《2009年统计公报》,中国乡村人口占总人口的53.4%。由以上数据可以计算出:中国农村人口为7.16亿人,城镇人口为6.25亿人,农村居民总纯收入为42 380亿元,城镇居民可支配总收入为119 431亿元,全国居民可支配总收入为161 811亿元。

根据财政部发布的数据,2010年个人所得税实现收入4 837亿元。这里的个人所得税不单指工资收入所得税,还包括个体工商户的生产和经营收入、企事业单位的承包经营和承租经营收入、劳务报酬、稿酬、股息、财产租赁、偶然性所得等很多项个人收入所得。如果把各项个人收入所得税拿出来计入居民总收入,则得出2010年中国居民总收入为166 648亿元。

由此,我们得出2010年中国税负率为43.9%,中国纳税人需要为税工作161天。

资料来源:《世界各国税负大比拼——中国人一年为税工作161天》,《羊城晚报》,2011年4月18日。

"中国纳税人需要为税工作161天"的消息一出,便引起了社会的强烈反响。普通民众很容易这样理解,即一年365天,除去周末和法定节假日,也就210天左右。如果其中161天为税工作,那么只有50天是为自己工作。也就是从1月到12月,纳税人直到10月下旬工作所挣的工资才是自己的,之前的收入其实都是以税款的形式上缴国家的。纳税人的"悲惨状况"堪比很多为"份子钱"苦苦挣扎的出租车司机,而这样的结果对民众来说是绝对不能接受的,所以便引起了不少民众对税负的反思。

为体现纳税人的权利,新个人所得税制特别征集了民众的意见,如专栏14-2所示。

专栏 14-2　个人所得税免征额再次提高

在一个名为"2018个税计算器"的小程序中,记者随手输入所在省份和月薪,该程序很快算出结果:"10 000元月薪按照现行累进税率计算,预计每月可省下150元。"这是2018年6月19日《个人所得税法修正案(草案)》中个人所得税免征额由每月3 500元提高至5 000元公布后,由新的计税方法得出的结果。

个人所得税是目前我国仅次于增值税、企业所得税的第三大税种,在筹集财政收入、调节收入分配方面发挥着重要作用。2018年《政府工作报告》中提出要改革个人所得税,提高个人所得税免征额。

中国政法大学财税法研究中心主任施正文指出:"个人所得税免征额就是公众的基本生计费用,这个标准是多少,要综合全国各地个人基本生活所需的费用来进行测算。此次个人所得税免征额由每月3 500元提高至每月5 000元,适应了人民群众消费支出水平增长的趋势,使中等以下收入群体税负下降,有利于增强居民的消费能力。"

在上海财经大学公共政策与治理研究院院长胡怡建看来,这次对个人所得税法的修改主要是对当前不适应改革需要的内容进行修改。随着近几年人民基本生活开销不断增长,调整个人所得税免征额成为大势所趋,"从3 500元提高到5 000元,提高幅度达到40%以上,改革力度较大,触及面广,凸显了公平合理的原则"。

据西南财经大学经济与管理研究院院长、中国家庭金融调查与研究中心主任甘犁此前的测算,个人所得税免征额提高至5 000元将使全国纳税总额减少1 720亿元。但税收减少只是暂时的,随着人民收入水平的提高,预计明年纳税总额即可恢复到当前水平,纳税人口也将在几年后恢复至当前水平。

向综合与分类相结合的税制转化

更值得注意的是,草案还优化调整了税率结构。以现行工资、薪金所得税率(3%至45%的七级超额累进税率)为基础,将按月计算应纳税所得额调整为按年计算,并优化调整部分税率的级距,具体是扩大3%、10%、20%三档低税率的级距。3%税率的级距扩大一倍,现行税率为10%的部分所得的税率降为3%。大幅扩大10%税率的级距,现行税率为20%的所得以及现行税率为25%的部分所得的税率降为10%;现行税率为25%的部分所得的税率降为20%。相应缩小25%税率的级距。30%、35%、45%这三档较高税率的级距保持不变。中央财经大学政府预算研究中心主任王雍君表示:"税率降低、税基扩大,意味着个人所得税的累进程度降低了,整体表现为税负的降低,将改革的好处让渡给更多的低收入群体,朝着税制公平向前迈出了一大步。"

现行的个人所得税法采用分类征税方式,将应税所得分为11类,实行不同征税办法。

草案将工资薪金所得、劳务报酬所得、稿酬所得、特许权使用费所得等4项劳动性所得纳入综合征税范围,适用统一的超额累进税率。

按照现行个人所得税法,工资薪金所得的基本减除费用标准为3 500元/月;劳务报酬所得、稿酬所得、特许权使用费所得,每次收入不超过4 000元的,减除费用800元,4 000元以上的,减除20%的费用。"工资薪金、劳务报酬、稿酬和特许权使用费等4项劳动性所得首次实行综合征税,体现了由分类税制向综合与分类相结合的个人所得税税制转化的改革方向,这也是国际通行的做法,是对我国个人所得税征税模式的重要完善。"施正文分析,对综合所得征税后,收入主要来自工资的单项收入者可能受益较大,而收入比较分散且金额较多的人或将提高缴税金额。"改革不仅体现在税制公平上,效率上也将同步提高。"王雍君认为,综合征税范围的扩大将提高征管效率,有助于减少逃税漏税。

专项扣除更具人性化

现实中很多时候个人所得一样但家庭负担不同,今后的税负也将不同——草案在提高综合所得基本减除费用标准,明确现行的个人基本养老保险、基本医疗保险、失业保险、住房公积金等专项扣除项目以及依法确定的其他扣除项目继续执行的同时,增加规定了子女教育支出、继续教育支出、大病医疗支出、住房贷款利息和住房租金等与人民群众生活密切相关的专项附加扣除。"除了衣食住行等基本生活支出,每个人的情况也不一样,有的要负担子女教育支出,有的要承受大病医疗费用等。此次税法草案调整综合考量纳税人的真实家庭状况进行分类施策,可以降低公民特别是困难家庭的税收负担,让政策更具针对性与合理性地惠及民生,缓解中低收入阶层的负担。"施正文指出。

目前,我国个人运用各种手段逃避个人所得税的现象时有发生。为了堵塞税收漏洞,维护国家税收权益,草案针对个人不按独立交易原则转让财产、在境外避税地避税、实施不合理商业安排获取不当税收利益等避税行为,赋予税务机关按合理方法进行纳税调整的权力。规定税务机关做出纳税调整,需要补征税款的,应当补征税款,并依法加收利息。施正文指出:"反避税措施非常及时而必要,通过堵住漏洞、加强监管,让税收更加规范和公平。"

资料来源:《个税调整如何影响我们的生活》,《光明日报》,2018年6月20日,编者有删改。

其实对于个人所得税的讨论不局限于免征额的高低,对于年终奖计算个人所得税的方法也曾经出现过争论,这就是2011年沸沸扬扬的个人所得税"伪47号文件"事件,如专栏14-3所示。

专栏 14-3　"47号文件"何以成了谣言

2011年8月13日,有人冒充国家税务总局,对外发布了"《国家税务总局关于修订个人所得税若干问题的规定的公告》(2011年47号文件)",对年终奖计算个人所得税的方法做出了解释,两天后国家税务总局发布声明称该文并非国家税务总局所发,有人盗用税务总局名义严重误导纳税人。

那么伪造的"47号文件"为什么会瞒过了媒体,甚至瞒过了全国民众,以迅雷不及掩耳之势成为全国舆论关注的焦点呢?除其顺应民意,想民之所想,急民之所急之外,有两大原因不可忽略:一是国家税务总局的现行年终奖计税方法漏洞明显,而"47号文件""对症下药",指出要害,并提供了较为完备的计算方法;二是国家税务总局反应迟缓起了助推作用。

2011年10月25日,国家互联网信息办公室网络新闻宣传局通报,在网络上流传的"《国家税务总局关于修订个人所得税若干问题的规定的公告》(2011年47号文件)"已查明属于编造的谣言,国家互联网信息办网络新闻宣传局、公安机关已责成属地管理部门依法依规对制造和传播这些谣言的责任人及网站予以惩处,经公安机关查明系上海励某杜撰而成。公安机关对在网上伪造国家相关文件并传播的励某依法做出行政拘留15天的处罚,为这次的事件画上了句号。

资料来源:《"47号文件"何以成了谣言》,中国经济网,2011年8月18日;《"47号假文件"引发真期待》,《上海证券报》,2011年8月17日;《网络谣言害人害己,社会公众勿信勿传》,《人民日报》,2012年4月16日。

由此可见个人所得税"47号文件"其实反映了民众对税法的关注,他们自愿去推动和完善税法的发展。现实中这样的情况并不局限于对税法制度的思考,还发生在对税法执行的督促和税法尊严的维护上,但税务机关处理类似事件的方法却不尽如人意,如专栏14-4中的一元"巨奖"事件。

专栏 14-4　一元"巨奖"引发的思考

2011年5月11日,洛阳市西工区的任乐亮在洛阳赛博数码城购买了一把电脑椅,但不到一周就坏了,于是他打电话去工商局投诉,对方说没有发票无法投诉。随后任乐亮去找商家索要发票时却被拒绝,称如要发票还要再交20元的发票钱。5月18号,任乐亮将电脑城此行为举报到洛阳市西工区国家税务局。任乐亮说,在西工区国税局对其举报调查取证期间,他曾先后往返税务局10多次,光车费就花了50元。6月3日,执法部门对被举报对象做出行政处罚决定,限期开具发票,并罚款100元。依据国家税务总局奖励规定,因为检举,收缴入库税款额在100万元以下的,给予检举人5 000元以下奖金。随后,任乐亮收到执法部门寄来的领奖通知书,他因此收到1元钱的举报奖。

任乐亮对于1元的举报奖励十分沮丧,甚至感觉受到了侮辱:"我不知道税务局的这种领奖通知是在鼓励还是在打压举报人的积极性。"为了"挽回面子",任乐亮向西工区法院起诉西工区国税局,要求重新对他做出奖励。9月21日,洛阳市西工区人民法院开庭审理了该案,判决任乐亮一审败诉,驳回其诉讼请求并且判定50元的诉讼费由任乐亮承担。任乐亮表示不服,称将提请上诉。

资料来源:《新京报》,2011年9月23日。

上述逆纳税评估案例的共同点就是引起了大众对我国税制的议论与不满,但引起大众议论的导火索有的是具体案例,有的是政策,还有的是测算或说法。下面我们就引起逆纳税评估事件的相关案例做出具体的分析和判断。

第二节 逆纳税评估分析

下面分别针对这四件逆纳税评估事件进行分析,从税收主体双方的角度,结合经济与法制、理性与感性的视角,分析其中的规律。

一、"为税工作"案例分析

(一)为税工作的天数计算

根据网络上的说法,为税工作的天数似乎是用平均年税负除以平均一个工作日的收入而得到的,但正确的算法却不是这样。其实税负工作天数仅仅是税负率的一种形象的表述。税负率是税收总额与居民总收入比值的百分率,其公式表达为:税负率=(税收总额÷居民总收入)×100%。可以看出税负率与纳税额成正比,税负率越高,税负越重;反之,税负越轻。经济学家为了直观地描述税负轻重,便采用了税负工作天数这项指标,其等于税负率乘以一年的天数,其公式表达为:税负工作天数=(税收总额÷居民总收入)×365。可以看出税负工作天数与政府的税收总额呈正比,与居民总收入呈反比。

所以税负工作天数的基数是365天,包含了工作日、法定节假日和一般节假日。而税负工作时间也包含了休息日。因此,中国人一年为税工作161天,不是指平均实际的161

个工作日所得到的收入需要上交税款,而仅仅表示财政收入与居民收入的比例在 161÷365×100%=44% 左右,也就是说为税工作 161 天包含了工作日和休息日,而不是纯工作日。虽然税负工作天数的计算方法简便、结果直观,也能够横向对比出各国税负的轻重,但其概念容易被普通民众误解,误以为 161 个税负工作天数是实际工作日。为了防止这样的误解发生,其实应该调整税负工作天数的计算。可以考虑用我国实际工作天数 210 天作为基数来计算,税负工作天数 =44%×210=92.4(天)。如果能够考虑到大众对税负工作天数可能存在的误解,用这种方式进行计算,就会大大减少这种说法所造成的负面影响。

换个角度来说,这样具有较强误导性的网络消息,会激发民众对于税收的不信任,引起纳税逆反情绪,无论消息发布者是有心还是无意,都给我国税收工作的开展蒙上了一层阴影。如果税务部门对此放任不管,任由网络谣言诱导民众,后果将不堪设想。因此,国家相关机构应该加强对网络谣言的控制,加强对谣言散布者的教育和处罚力度,使他们懂得自己行为的危害程度和必须承担的严重后果,保护民众的意识不受干扰。

(二) 居民总收入和纯收入如何界定

据国家统计局发布的《2019 年统计公报》显示,2019 年中国 GDP 为 990 865 亿元,同时实现税收收入为 157 992 亿元;收入方面,全年农村常住居民人均可支配收入 23 333 元,城镇居民人均可支配收入 42 359 元;2019 年年末总人口约为 14 亿人。另外据《2018 年统计公报》显示,中国乡村人口占总人口的 41.48%,因此可以计算出:中国农村人口为 5.64 亿人,城镇人口为 8.31 亿人。用总人口数乘以人均收入,得到农村居民总收入为 131 598 亿元,城镇居民总可支配总收入为 352 003 亿元,则全国居民可支配总收入为 48 3601 亿元。

根据财政部发布的数据,2019 年个人所得税实现收入 10 388 亿元,这里将各项个人收入所得税加入居民总收入,则还原出 2019 年中国居民总收入为 493 989 亿元。用国民总收入除以 2019 年我国的税收总额,我们得出 2019 年中国税负率为 62.72%,从而进一步确定税收负担天数。

在税收负担率的计算中,全国税收总额的核定一般较为准确,但居民总收入和纯收入的核定似乎存在一定的缺陷。第一,总可支配收入的核算是依据人均纯收入乘以人数核算而成的,其中人均收入往往采取抽样调查的方法进行测量,其偏差往往较大,而且总人数的调查同样存在很大误差,比如流动人口以及无户口居民等,都不容易纳入总人口的测算范围,这些都导致总可支配收入测度的不准确。第二,还原总收入的方法存在问题。网上的测算方法认为居民总可支配收入加上个人所得税额就是居民总收入,但实际情况往往不是这样。因为居民收入的一部分以福利的形式发放,而我国个人所得税对福利征税尚处在起步阶段,导致很多福利报酬并没有纳入个人所得税的税基当中,加大了对居民总收入还原的偏差。最后,对居民可支配收入的核算本身就存在偏差。如之前提及的,我国对高收入人群的收入尚缺乏准确的核算机制,有一部分灰色或黑色收入尚游离于居民总收入的核算体系之外,导致居民可支配收入核算本身就缺乏准确性。这些因素加起来很可能使得计算出的实际税负背离现实情况,所以用网络上的算法计算出的实际税负,其可信度应该受到质疑。

(三)将"为税工作"和"为自己工作"对立起来的不合理性

除了在计算方法上存在缺陷,更重要的是,"为税工作"的说法本身就存在问题。其给民众一种错误的暗示,似乎税收与个人福利是不相容的,甚至是对立的,这显然是在不理解税法基础上的一种片面的思考方式。

我国的税收是取之于民、用之于民的。其通过国家的政治力量筹集财政收入,用于资源配置、调节需求总量和经济结构以及收入分配等方面,起到保护国家权益、监督经济活动等作用。而且税收收入的最终支出都与保障公民的权益息息相关,是公民合法权益的一种保障形式,与纳税人所享受的公共产品息息相关。所以税收与个人收入在提高个人效用方面,其实有着异曲同工之处。

将税收同个人收入对立起来的说法是错误的、片面的,会对群众的纳税意愿造成很大的负面影响,对我国税收工作的开展造成不良影响。所以我们一方面应该控制这种别有用心的网络谣言,另一方面也应积极加大对税收正面效应的宣传,提高我国纳税人的遵从度,同时减少网络谣言对我国税收工作的正常开展造成的干扰和危害。

二、个人所得税免征额确定分析

2018年8月31日,《全国人民代表大会常务委员会关于修改〈中华人民共和国个人所得税法〉的决定》由第十三届全国人民代表大会常务委员会第五次会议通过,修改后的《个人所得税法》自2019年1月1日起施行,这是个人所得税法自1980年出台以来第七次大修,迎来一次根本性变革:工资薪金、劳务报酬、稿酬和特许权使用费等四项劳动性所得首次实行综合征税;个人所得税免征额由每月3 500元提高至每月5 000元(每年6万元);首次增加子女教育支出、继续教育支出、大病医疗支出、住房贷款利息和住房租金等专项附加扣除;优化调整税率结构,扩大较低档税率级距。

(一)免征额需进一步提高吗

历次个人所得税修法,免征额最为社会所关注。此次将个人所得税免征额由3 500元提升至5 000元,但计算方式有所改变,将工资薪金、劳务报酬、稿酬以及特许权使用费所得合并一起征税。应纳税所得额=年度收入-6万元(免征额)-专项扣除-专项附加扣除-依法确定的其他扣除。

(二) 网民评价中的片面性

第一,从个人的角度出发,缺乏对宏观情况的认识。根据之前所述,一些网民根据自己的收入状况来评价个人所得税免征额的高低,导致其评价具有很强的片面性,不能对宏观情况做出说明,也就缺乏参考价值。

第二,对个人所得税负担的认识不到位。很多网民认为生活压力大的人就不应该再缴纳个人所得税,但是他们没有认识到个人所得税超额累进税率的作用。比如收入水平适用于个人所得税最低档税率的纳税人,其应该缴纳的税款往往只有10元左右,对其5 000—6 000元的收入影响甚微。但是网民似乎将个人所得税作为生活成本高、生活压力大的来源,将个人所得税免征额作为表达生活压力大的"出气筒",导致其无法理性地看待免征额的高低问题。其实对比国外来看,我国的个人所得税免征额并不低。英国的财政预算案显示,英国民众个人所得税免征额将从2012年4月起,由年收入7 045英镑提高至8 105英镑,2013年4月起更提至9 205英镑,直至2015年达到10 000英镑。以2020年为例,英国个人所得税免征额为每年12 500英镑,约16 666.67美元(1美元≈0.75英镑),我国为6万元,约9 230.77美元(1美元≈6.5元人民币)。而同期英国的人均GDP约为40 300美元,我国人均GDP达到10 504美元。因此,我国个人所得税基本免征额相当于人均GDP的约87.88%,而英国个人所得税免征额相当于人均GDP的约41.36%。这样看来,我国个人所得税免征额的相对水平其实是远远超过英国的。

第三,对个人所得税作用的认识不到位。个人所得税包括筹集财政收入和调节居民收入分配两大职能。根据对个人所得税纳税评估质量管理的测算,提高免征额对个人所得税收入本身的影响是很大的,进一步提高免征额会降低个人所得税的收入能力。随着筹集税收收入能力的降低,个人所得税的调节能力势必也会降低。

第四,对我国个人所得税税制的认识不够。个人所得税除了以上功能,还具有直接税的特殊优势。根据发达国家税制改革的经验,间接税侧重于税收效率的实现,而直接税偏重于税收公平的实现。我国税制的发展模式和方针正在调整与转变,税制调整肯定是其中必不可少的一个环节。我国现有的税制体系中,间接税所占的比重过大,而直接税相对较为薄弱。因此在发展中调整结构,进一步提高直接税的比重,已成为学术界的共识,党的历届会议也都有所体现:从1993年中央在确立社会主义市场经济体制的文件中提出"效率优先,兼顾公平"的分配原则,到党的十六届五中全会强调"更加注重社会公平",从初次分配注重效率、再分配注重公平到初次分配和再分配都要注重公平全面的分析。而个人所得税免征额的提高,无疑会降低直接税的比重,无论对提高居民的纳税意识,还是改善我国的税制结构,都起不到正向的作用。①

---

① 白彦锋、许嫚嫚,《个税免征额调整对政府税收收入和居民收入分配影响的研究》,《财贸经济》,2011年第11期。

三、个人所得税"伪47号文件"案例分析

假公文之所以在发布之初便引来了社会各界的广泛关注,原因在于其直击《个人所得税法》及其实施条例的"阿喀琉斯之踵","伪47号文件"提出纳税人取得的全年一次性奖金单独作为一个月工资、薪金所得计算纳税,提供了两种计税办法:一是将雇员当月内取得的全年一次性奖金,除以12个月,按其商数确定适用税率计算应纳税额后,再乘以12个月;二是利用全年一次性奖金所得的税率表(含速算扣除数)直接计算。

这里对《个人所得税法》及其实施条例中关于年终一次性奖金所得的计算方法进行说明。税法中规定,针对工资薪金,我国采用超额累进税率,为了方便计算,就转化为用适用税率和速算扣除数计算。根据《关于个人所得税法修改后有关优惠政策衔接问题的通知》(财税〔2018〕164号)文件的规定:在2021年12月31日前,居民个人取得全年一次性奖金不并入当年综合所得,以全年一次性奖金收入除以12个月得到的数额,确定适用税率和速算扣除数,依照如下公式计算:应纳税额 = 全年一次性奖金收入 × 适用税率 − 速算扣除数;居民个人取得全年一次性奖金,也可以选择并入当年综合所得计算纳税。自2022年1月1日起,居民个人取得全年一次性奖金,应并入当年综合所得计算缴纳个人所得税。但"伪47号文件"出台时,我国个税关于年终一次性奖金所得的计算方法仅依照如下公式计算:应纳税额 = 全年一次性奖金收入 × 适用税率 − 速算扣除数。

该简化的计算方法在一定程度上提高了税务机关的工作效率,降低了税收的征纳成本,然而却在当适用税率过档时显露出了较大弊端。举例来说,假定中国公民马某和王某于2011年12月31日分别一次性领取年终奖(兑现的绩效工资)18 000元和19 000元,二人当月工资均为3 500元。分别计算马某和王某领取该笔奖金时应纳的个人所得税。

首先确定该笔奖金适用的税率和速算扣除数:

马某每月的奖金 = [18 000 − (3 500 − 3 500)] ÷ 12 = 1 500元

王某每月的奖金 = [19 000 − (3 500 − 3 500)] ÷ 12 = 1 583元

马某适用的税率和速算扣除数分别为3%、0;王某适用的税率和速算扣除数分别为10%、105元。

故:马某应纳个税 = [18 000 − (3 500 − 3 500)] × 3% = 540元

王某应纳个税 = [19 000 − (3 500 − 3 500)] × 10% − 105 = 1 795元

两人的税后净所得分别为:马某17 460元(18 000 − 540);王某17 205元(19 000 − 1 795)。

也就是说,奖金较高的王某在缴纳了年终奖对应的个人所得税后,净所得却低于奖金较低的马某。实际上,类似的情况在以后各个级次中也同样存在。这样一来势必出现如下一种局面:在一个单位里税前年终奖高的职工到纳税后比税前年终奖少的职工实得利

益反而要少一大截,而且适用税率越往高走,类似的情况差距就越大。究其原因,还是现行年终奖的计算方法在扣除"速算扣除数"时出了问题,即少扣了11个速算扣除数。

按照这样的算法,显然有违我国社会主义初级阶段"按劳分配,多劳多得"的基本原则,不利于保护工薪阶层的利益,也违背了"量能负担"的课税原则。而伪造的"47号文件"却直指该问题,引入了两种新的算法,巧妙地解决了税法中的这一不足之处。按照该文件,以上例子中马某和王某的应纳税额计算过程如下:

按照伪文件给出的第一种算法:先将雇员当月内取得的全年一次性奖金,除以12个月,按其商数确定税法规定的适用税率;然后以其商数及适用税率计算出应纳税额后,再乘以12个月,即为全年一次性奖金的应纳税额。具体如下:

首先,确定二人奖金适用的税率和速算扣除数方法不变,得到马某和王某适用的税率和速算扣除数分别为3%、0元以及10%、105元。

马某应纳个税 = [1 500 − (3 500 − 3 500)] × 3% × 12 = 540 元

王某应纳个税 = {[1 583 − (3 500 − 3 500)] × 10% − 105} × 12 ≈ 640 元

两人的税后净所得分别为:马某17 460元(18 000 − 540),王某18 360元(19 000 − 640)。

此时,奖金较多的王某实现的税后净所得额也较大。

若按照伪文件给出的第二种算法:按照适用于年终奖的税率表,直接计算应纳税额。公式为:应纳税额 = 应纳税所得额 × 适用税率 − 速算扣除数。

首先确定该笔奖金适用的税率和速算扣除数:

马某年终奖金 = 18 000 − (3 500 − 3 500) = 18 000 元

王某年终奖金 = 19 000 − (3 500 − 3 500) = 19 000 元

故:马某应纳个税 = [18 000 − (3 500 − 3 500)] × 3% = 540 元

王某应纳个税 = [19 000 − (3 500 − 3 500)] × 10% − 1 260 = 640 元

两人的税后净所得分别为:马某17 460元(18 000 − 540),王某18 360元(19 000 − 640)。

此时,王某实现的税后净利还是大于马某,与第一种方法的计算结果是相同的。

也就是说,伪造的"47号文件"给出的两种关于年终奖金缴纳个税的计算方法相对于现行的个税法案而言似乎更加公平合理。正因如此,"个税改革"的消息一经传出便引来全国舆论界的广泛关注,各路媒体甚至不等向有关政府部门核实便争相转载报道。事件演变至此,足以见得广大群众对于个税改革动向的关注程度,同时也暴露出了我国现行税制存在的不足之处。

四、一元"巨奖":社会规范与经济规范

一元"巨奖"事件经媒体报道后,造成舆论的很多不满。虽然一元奖励在程序上是合法的,但是伤害了举报者的自尊,使其感受不到护税的光荣,反而挫伤了举报者的积极性。

国税局虽然赢得了官司,却输掉了纳税人的信任。通过这一事件,折射出许多值得反思的问题。

（一）一元奖励的合法性

根据《检举纳税人税务违法行为奖励暂行办法》（国税〔2007〕18号）第六条的规定,检举的税收违法行为经税务机关立案查实处理并依法将税款收缴入库后,根据本案检举时效、检举材料中提供的线索和证据翔实程度、检举内容与查实内容相符程度以及收缴入库的税款数额,按照以下标准对本案检举人计发奖金：

收缴入库税款数额在1亿元以上的,给予10万元以下的奖金；

收缴入库税款数额在5 000万元以上不足1亿元的,给予6万元以下的奖金；

收缴入库税款数额在1 000万元以上不足5 000万元的,给予4万元以下的奖金；

收缴入库税款数额在500万元以上不足1 000万元的,给予2万元以下的奖金；

收缴入库税款数额在100万元以上不足500万元的,给予1万元以下的奖金；

收缴入库税款数额在100万元以下的,给予5 000元以下的奖金。

由于举报而收缴入库税款数额在100万元以下的,给予5 000元以下的奖金,据此可以认为一般的奖励标准是收缴入库数额的千分之五。税务局对商家的处罚为100元,因此原告应得的奖励为0.5元。再者,按法律规定,举报自愿,由此产生的费用由举报人自己承担。对于任乐亮在诉状中所提到的"洛阳市国家税务局曾于2006年9月25日向社会公开承诺"中,有"奖励金额下限为10元"的内容,据洛阳市西工区国家税务局有关人员介绍,首先,此公告针对的范围只有十种发票,并有时效限制,该十种发票已经被新版发票取代；其次,洛阳市国家税务局当时的部门规章和省国家税务局的文件都已失效,所以,任乐亮的依据不能成立。综上,一元奖励程序合法,不存在任何程序违法行为。

（二）一元奖励的不合情

虽然一元奖励的程序合法,但我们能够明显感受到一元奖励的不合情。一个人为他人做事情,遵守的规则大体可以分为两种：一种是社会规范,另一种是市场规范。① 在社会规范下,我们为他人做事情没有要求任何回报,比如帮他人扶一扶自行车,帮社区打扫卫生等,也许别人的一声谢谢就是我们最大的回报。但市场规范就要求交易双方按照市场规则制定的物品或服务价格进行交易。我国《检举纳税人税务违法行为奖励暂行办法》的制定是为了鼓励社会上更多的单位和个人自愿检举税收违法行为,但这仅仅是一种物质奖励,除此之外,税务部门还应该关注社会规范,对那些视维护税法威严为己任的公民给予精神上的鼓励,而不是硬生生地适用市场规则,将维护税法尊严的行为定价为一元钱。一元奖励显然严重违背了奖励纳税人的本意,其带来的负面作用和示范效应,不仅会

---

① 〔美〕丹·艾瑞里,《怪诞行为学——可预测的非理性》,中信出版社,2011年。

挫伤纳税人护税、协税工作的积极性,更让税务机关的奖励丧失意义。

此外,税务机关在奖励时应当酌情考虑举报人为实施举报行为而产生的必要支出,给予举报者一种精神上的慰藉。任乐亮冒着高温往返税务局10多次,且不说举报者花费的时间、精力成本,单是经济上,光车费就花了50元,举报成本与奖励款显然是不对称的。可以说,举报人付出了一定的举报成本,税务局就应该对这种必要的成本给予一定的补偿。一元奖励只是一种象征性的奖励,金额偏低既没有起到精神奖励的作用,更没有起到物质奖励的作用,其效果还不如给举报者颁发荣誉证书或者是表扬信所带来的社会效应大,偏低的奖励不仅使举报者在经济上亏本,更会使其失去监督的积极性和举报的信心。

最后,令人遗憾的是,本案中的当事税务机关并未以此为线索,对销售方乃至该市场以及类似纳税人进行相应的纳税评估,并未以此作为提高纳税评估质量的切入点和突破口,更没有向上级税务机关形成可行的"情况反映和评估建议",进一步推动建立纳税人、消费者和税务机关的良性互动机制。其实,我国各级税务机关近年来已经形成了情况反映和经验推广的成功做法。① 然而,案例中税务机关的草率做法也反映出,我国税收征管乃至纳税评估精细化工程尽管成效显著,但是并未在最基层的税务机关落地生根,更多的还是停留在以完成税收征管任务为目标导向的"面子工程"上,在纳税评估过程中"抓大放小"问题突出,维护税法公平并未成为各级税务机关的首要诉求。要从根本上解决这些问题,对税收征纳关系中"利益相关方"的各类纳税评估以及逆纳税评估加以合理规范和引导是至关重要的。

纳税评估涉及消费者、纳税人、税务部门三个主体。税务部门通过纳税评估重点完成税收任务指标,纳税人纳税并进行逆纳税评估,而消费者则扮演监督、发现违反税法行为的角色,税务部门应重视并鼓励消费者的监督行为。更多信息可参见图14-1。

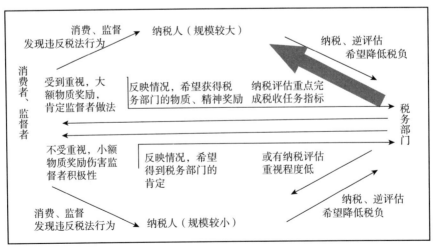

图14-1 纳税评估主体间的关系

---

① 《国家税务总局货物劳务税司关于增值税专项纳税评估工作情况的通报》(货便函〔2009〕133号)。

（三）市场社会规范双重准则

分析整个事件，任乐亮执着索要发票及检举商家偷税漏税行为，目的并不是获得税务举报奖励，而是期望得到税务机关对其纳税维权意识的认可与支持，属于精神需求的一种；而税务部门的奖励办法将所有检举人默认为经济学上的理性人，以物质方式奖励举报人，不重视纳税人的精神需求，矛盾由此产生。

在我们的生活中，社会规范与市场规范往往同时存在。社会规范往往体现着人类社会的本性和共同的需要，一般是友好的，能够为双方带来愉悦，并且不要求得到恩惠的一方立刻进行价值对等的回报，可以说社会规范下的人更加注重精神满足，受惠对象的一声感谢，或是一个肯定就可以使帮助者获得满足，成为社会规范下的行为新动力；而市场规范则追求效率与公平，交易双方只有一种价值与另一种价值的交换，不夹杂友情与恩惠，相比社会规范以精神满足作为行为指南，市场规范的准则要简单得多，报酬与利益即是市场规范的选择。一般我们能够区分运用社会规范和市场规范的场合。

任乐亮向税务部门检举商家的偷税漏税行为，不计成本、不辞辛劳地维护纳税人的权利，更多是出于一种责任与使命感，是为了维护税法的尊严，可以认为是依据社会规范行动；而税务部门依照市场标准，默认所有检举人都是经济学上的理性人，认为检举人获得一元奖励的效用理应高于没有奖励的效用，便给予检举人一元的奖励。税务部门的奖励行为遵循市场规范，即认为纳税人的检举行为就值一元钱，导致任乐亮觉得自己受到愚弄，造成税收征纳双方关系紧张，税收检举奖励没有鼓励检举行为，却起到了相反的作用。

（四）税收检举奖励环节适用准则的思考

从一元"巨奖"的案例中，我们了解到不合理地引入市场规范会使税收检举奖励起到相反作用，这里假设税务部门在税务检举奖励环节，单一地运用市场规范或社会规范，来考察其能够达到的效果和暴露出的缺陷。

首先来看市场规范，假设税务部门应用市场规范，合理地评估税收检举行为的成本及价值，按照等价交换的原则，直接将举报奖励支付给检举人，我们分析在任乐亮案例及推广实践中，可能会产生什么后果。任乐亮在举报过程中，多次往返税务局，光交通费就超过了50元，如果按照市场规则进行奖励，就算不计劳务成本，他的举报成本也超过了50元；如果按照举报价值，任乐亮的举报行为不但促进了相关商品的税收得以实现，更使得税务机关能够找到税收工作中的盲点，防止该商家乃至该类商家进一步的偷漏税行为，长期价值不可估量。所以无论用成本法还是价值法，市场规则下评估出任乐亮举报行为的价值，都远远超过100多元的电脑椅所包含的税额。但税务部门给予检举奖励的成本大于当期因检举实现的税收增收额，则是税务部门所不愿看到的。而且纳税人的检举成本难以评估，如果税务部门补偿检举人必要的检举成本，则可能会诱发市场上的"套利"行为，即纳税人相互举报小额偷逃税款行为，虚列大额举报费用，以套取税务部门的检举奖金,使得税务检举行为真假难辨,难以控制。基于以上分析,税务部门单纯运用市场规范奖励检举行为是不合适的。

接下来分析税务部门应用社会规范奖励检举行为的情况。由于目前《检举纳税人税务违法行为奖励暂行办法》中,对检举及奖金界限有明确的规定,可以说税务检举环节中,社会规范几乎为市场规范所替代,如同任乐亮这样遵照社会规范行事的检举人已经不是社会的主体,更多的检举人会衡量检举成本与收益,再决定是否检举。如上文所述,社会规范的重构是一个长期且艰难的过程,当市场规范突然消失时,社会规范往往又无法及时建立,导致很多检举人因没有物质奖励而不检举,短期导致检举人减少,偷漏税行为得不到及时揭发,造成税务部门税款的流失。即使从长期来看,检举中的市场规范也不可能完全消失,特别是对于大额检举而言,检举人的检举行为往往伴随着高昂的成本,包括自身及亲人的人身安全受到威胁,财产安全难以保证,工作受到胁迫等[1],举报人为了自身及家人,不免会衡量举报的成本与价值,如果税务部门只提供精神奖励,这部分大额检举的举报人会倾向于选择沉默,对于税务部门和全社会来说都是一种损失。

综上,税务检举环节适用单一的市场规范和社会规范都是不合适的,我们应当寻找一种更加合理的制度设计,使得税务检举奖励能够真正地推进检举行为,实现制度设计初衷。

(五)税务检举奖励制度改进

根据上文所述,税收检举制度设计要合理地区分检举人的需求,给予合适的精神奖励或物质奖励。这里提出三条建议,共同构建一种分段分类式的奖励制度,以期提高奖励对税务检举行为的促进效果。

1. 精神奖励为主

与大额税务检举案例相比,普通检举纳税人税务违法行为的案例更为常见,不过这类检举涉及税收数额普遍不高,如果强行适用《检举纳税人税务违法行为奖励暂行办法》,给予纳税人一定的奖金,那么与一元"巨奖"类似的事件一定会再次发生,不利于税务检举工作的长期开展。因此,在税务检举奖励中要提高对精神奖励的重视程度,优先将社会规范作为奖励准则,即默认举报者带有纳税人荣誉感,凭借着一种责任与使命感,无私地付出金钱、时间与汗水,维护国家税法的尊严。税务部门应该使用精神奖励的形式,对举报者的作为进行高度评价,除了传统的举报表扬信及证明,还可以由本级税务部门领导亲自发出感谢信,经过举报者同意后寄送到举报者所在单位或学校,以表示对其高尚行为的认同,同时也帮助其同事提高纳税意识。其实在同样受到儒家文化熏陶的日本,税务部门

---

[1] 汪振林,《试论举报奖励制度》,《法制与社会》,2010年第20期。

就很懂得利用积极纳税的案例进行纳税意识的宣传,包括税务局局长在内,几乎所有税务人员每年都必须定期上街宣传税法①,使纳税人感觉自己受到肯定和重视。我国的税务举报奖励办法也应当培养民众的主人翁精神,让纳税人感受纳税光荣,带有自豪感和使命感,自觉维护税法的尊严。税务部门的奖励如果能够借鉴相关成功经验,那么税务部门精神奖励的效应还会被放大,效果无疑会更好;同时,这也是将"财政部门的精神、税务部门的精神"转化为"整个社会的财政精神和税务精神"很好的渠道。

2. 奖金申请制度

以精神奖励为主,并不代表忽视物质奖励,以往的事实证明,在重大举报案件中,物质奖励往往是促使举报者举报的直接诱因,因此税务举报奖励制度依然要寻求精神奖励与物质奖励的结合,以满足不同举报者的需求。

根据上文的分析,市场规范对于社会规范具有排挤效应,一旦社会规范被打破,就很难重新构建或者需要很长时间才能重新构建起来,因此,如果对依照社会规范行事的举报人主动给予物质奖金,则会将其纳入市场规范下,产生不必要的矛盾。这里设想一种奖金申报制度,即在税务部门查实举报案件之后,并不强制给予纳税人物质奖励,而是提供奖金申报的机会,由举报者自行选择是否接受物质奖励。这样即可在举报者中区分出应用市场规范行事的个体,有区别地给予奖励。

3. 分段奖励制度

这里的分段奖励主要有两方面:一是时间上分段,二是奖金上分段。在时间上,由于从举报到查实确认往往存在一个过程,有时这个过程会较长,举报者在等待的过程中会产生种种不必要的猜忌和顾虑,甚至实施重复举报或无理取闹等非理性行为,所以在税务举报当时,就应该肯定举报者的行为,对其进行适当的精神鼓励,待案件查实后,再根据具体情况确定奖励标准,在时间上分段给予举报奖励。另外,根据举报金额的大小,对不同举报者的奖励应有不同的侧重点。对于小额税务举报,原则上不给予物质奖励,在举报者要求物质奖励时,需说明《检举纳税人税务违法行为奖励暂行办法》中的具体规定,并指出奖金的低廉,让大多数举报者自觉放弃索要小额奖金;对于大额举报者,税务部门需要提出举报奖励方案,说明举报者拥有申请举报奖励的机会,使其能够综合考虑举报后的得失,做出合理的判断。

由此,通过一种分段式的奖励制度,可以更合理地依据税务举报者的举报动机对其进行分类,使奖励更好地满足不同群体的需求,提高税务举报奖励的正向效果,培养我国纳税人的纳税权利意识,使税法的尊严得到维护。

---

① 赵文斗,《日本:巧妙宣传 明白纳税》,《中国税务》,2001年第4期。

第三节　合理规范和引导逆纳税评估

上文多个案例的分析说明对逆纳税评估事件应该用辩证的眼光对待。在前两个案例中,民众的情绪受到少数媒体的误导,产生了不良的逆纳税评估,造成不良影响,针对这类逆纳税评估,税务部门应该及时把握纳税人心理,通过加强税收宣传来化解负面情绪;而后两个逆纳税评估案例体现出税制设计和税务部门工作中存在的弊端,税务部门应该加以重视,合理利用逆纳税评估,推动我国税制和税务工作的完善。

下面首先分析不合理逆纳税评估带来的危害,它促使税务部门今后加强正面宣传,以降低这类不合理逆纳税评估事件的发生,并就如何改善不合理的逆纳税评估事件,提出相应的建议。

一、不合理逆纳税评估的危害及化解方法

（一）不合理逆纳税评估的起因

从起因上来看,这类事件往往是一种观点或事件,通过网络等媒体,在大众群体中迅速传播而形成。其内容多为对现行制度设计的不满,导致的后果是增加大众对税收的不理解程度与抗拒意愿,使得税务机关日常税收工作的开展更加困难。既然这种不合理的逆纳税评估有碍于我国的税收工作,我们就应该思考如何控制其发生和蔓延。

首先是源头方面。这种不合理的逆纳税评估事件多由网络谣言所引起。我国自古就有"众口铄金,积毁销骨"一说,而现在的网络谣言如同病毒一般,其传播速度之快,危害能力之强,令各国政府头疼。如日本等国家,对散布网络谣言者处以较重的罚金以及一定时间的拘留处理①,但是在我国,网络谣言的散布者难以查实,所以对其加以处罚非常困难。我们应该加大网络不良言论的控制力度,对散布网络谣言的行为实行严厉打击,从源头上控制住这类事件。

其次是大众理解方面。不合理的逆纳税评估事件之所以能够造成很大的影响,很重要的原因是我国民众对税收制度设定的作用不理解,导致其对税收产生一定的负面情绪,这才让网络谣言有了可乘之机。我们不能要求社会公众都用经济学家的眼光来审视我国的税收制度,所以需要税务部门以通俗易懂的语言,来帮助大众理解税收的作用和意义,增强其税收遵从程度,同时减少网络谣言生存的空间。

最后是不合理逆评估事件的处理方法。一旦发生这种不合理的逆纳税评估事件,税务部门的意见往往就会站在民众意见的对立面,使得任何不符合"民意"的税收制度调整

---

① 《网络谣言如同超级病毒,各国监管面临技术困境》,中国广播网,2011年10月28日。

都会激起民众的强烈反感。所以这个时候调整税制不见得是明智的做法,而应当考虑迂回的做法,即适当放慢税制的调整过程,等到民众对事件的关注程度降低后,再调整税制向合理的方向发展。

每次这样不合理的逆纳税评估事件发生之后,我们都会对其原因进行总结,并提出改进的建议。建议中出现最多的是税务部门应加强税收理念的宣传。消除纳税人心中对税收制度的不理解之处、提高纳税遵从度,的确是解决类似事件的根本途径,但这往往需要一个漫长的过程。下面思考是否有更加直接的途径能够减少此类事件的发生。

(二) 不合理逆纳税评估造成的危害

我们注意到,上述逆纳税评估事件其实都包含了群体的推动力量。不同于一般的理解,一群人在一起并不是构成群体的充分或必要条件,而其必要条件是"自觉的个性消失,以及感情和思想转向一个共同的方向"①。根据经典的大众心理学研究成果,"一个人一旦进入了群体中,他的个性便湮没了,群体的思想占据着主要地位。而群体的行为表现为无异议、情绪化和低智商"。下面我们就来分析不合理的逆纳税评估造成的危害。

1. 群体中个性的消失

经典的大众心理学理论认为,不管是什么种族,当其中的个体为了行动的目的而聚集成一个"心理群体"时,或多或少会表现出从众心理,心理学上称之为"群体精神统一性的心理学规律"。这种精神统一性的倾向,使得群体只知道简单而极端的感情,对于提供给他们的各种意见、想法和信念,他们或者全盘接受,或者一概拒绝,将其视为绝对真理或绝对谬论。

由于这种简单化的思维方式,大众群体并不认为真理能够"在讨论中成长",而喜欢把复杂的问题转化为口号式的简单观念。一旦其将简单的口号视为真理,群体中个体的行为就会遵照简单的规则而行动,使得群体利益变为首要考虑因素,而个人利益往往会被淡化。从法律的角度来讲,这种在群体中消失了个人利益的人会变成一个"无名氏",而如果个体忽视了自己的利益和目标,我们就难以从心理状态上对个体进行区分,这也就标志着群体中个性的消失。

在个人所得税免征额的案例中,我们不难发现,许多人建议的免征额是高于其实际收入的。如果单纯为个人利益而考虑,鼓吹这样的免征额建议是没有意义的。但是我们应该注意到,群众在对免征额提出异议时,似乎有了共同的心理需求。这种需求表面上看是认为免征额过低,税负过重,其实深层的原因是其生活压力大。也就是说,免征额改革征求意见的过程变为民众宣泄生活压力的机会。而对现实生活状态的不满,以及缺乏对未来生活的期待,导致这部分群众有了共同的心理特征,因此形成了群体。而群体的目的只

---

① 〔法〕古斯塔夫·勒庞,《乌合之众:大众心理研究》,中央编译出版社,2014年。

有一个，就是抒发这种负面的情感，方式便是建议"无限"提高个人所得税免征额。在这个过程中，每个人都将群体的理念视为真理，简单而纯粹地接受群体的观念，丧失了自己独立思考的能力，认为现行的个人所得税免征额过低，并不顾个人的目标和利益，使得其个性泯灭于群体之中。

2. 群体的无异议特征

其实不难发现，群体中的个体本能地不去怀疑群体所达成的共识。正如上文中所述，个体在群体中会不自觉地失去个性，群体的利益和目标取而代之，凌驾于个人的目标之上，以至于个人会不假思索地为群体共同的目标而努力，使得其对于群体做出的决定无条件地执行。比如我国封建社会中，对于皇权至上的思想，上到天子下到百姓，几乎没有人产生怀疑。在税负工作天数的例子中，群体中的每个个体似乎都受到了群体中某种情绪的传染，急于表现出自己沉重的生活负担以及对税负水平的不满，将情绪无限扩大化，而不去怀疑这种观点的来源。群体行为的这种特点，导致其很容易被利用，陷入一种观点之中而无法自拔。只有外部的力量才能帮助其对群体的观点进行批判与分析，才能恢复个体在群体中的个性，使得个体脱离群体的束缚。

3. 群体的情绪化特征

作为孤立的个人，人比较不容易触犯法律，即使受到这样做的诱惑，他也很容易抵制这种诱惑。但是在成为群体中的一员时，他就会意识到人数赋予他的力量，使他容易屈从于这种诱惑。如前文所说的，这种在群体中消失了个人利益和目标的人会变成一个"无名氏"，而以个人责任为基础的法律，对这样的无名氏是不起作用的。群体的另一大特征就是激动、易怒与行为冲动，这往往是因为约束个人的道德和社会机制在狂热的群体中失去了效力。所谓"法不责众"的经验使他意识到，他不必为自己的行为承担责任，肯定不会受到惩罚，而且人数越多，这一点就越是肯定，因此这种人多势众的心态会产生一种残忍、短暂但又巨大的能量，使得平常受到束缚的个人转变为不良群体中的一员。在逆纳税评估的事件中，对于一年为税工作 161 天的结果，很多网民直接突破了道德和文明的底线，对我国现行税制进行诋毁，实现其本能的破坏欲望。另外，在群体中的个体都有突出自我、表现自己的欲望。因为想要在群体中表现得突出，所以他们就加大对原有制度的否定和破坏力度。对于这样的思想和行为，同样需要群体的外部给予一定的提示，让群体中的个体明白其需要为自己的行为和言论负责，使得个体运用自己的思考来指导当前的行为，减轻群体的破坏力度。

4. 群体的低智商特征

群体往往缺乏推理能力，反而极具想象力，这里将这种特征简称为"低智商特征"。假如流感盛行的时期，在巴黎一地就造成 5 000 人的死亡，而民众对此几乎没有任何反应。但假如当时有一次性的事件,比如巴黎歌剧院失火,造成 500 人死亡,就能造成很大的公众反响。这一方面是因为公众没有对两个事件进行合理的推理,导致无法分辨其中的轻重关系;另一方面是因为 500 人在同一时间死亡足以引发公众的想象力,使其如临其境地感受到事件的危害,而 5 000 人因流感死亡显然无法引发公众如此的想象力,其影响力也就要弱很多。在为税工作天数的例子中,因为"一年为税工作 161 天"这样的说法极具感染力,并且易于理解,所以很容易诱发社会大众的想象力,使得人们心中浮现出自己辛勤伏案工作的场景,联想到自己那么多天的工资报酬都要缴税,怨气肯定会爆发出来。而因为群体缺乏必要的推理能力,只能认识到事物表面的联系,所以其通过自身了解到为税工作天数计算中的错误是很难的,这就需要群体之外的力量,指出引起群体冲动言论中的不合理之处,并将其简化为群体能够看懂的表述,以化解群体的逆反心理。

(三) 改善逆纳税评估的建议

税收因为具有强制性、无偿性等特征,所以较容易使纳税人产生抵触情绪,要使得纳税成为公民自觉自愿的行动,税务机关必须进行纳税宣传。通过上述分析可知,既然逆纳税评估主体具有群体的特点,税务部门就应该积极考虑这一点,减少纳税人对税收的抵抗情绪,消除其对税收的误解,形成税收征纳中的良好互动关系。下面就改善逆纳税评估提出两点建议:其一是加大税务部门对税收的正面宣传力度,其二是积极利用群体的特点,使纳税人对税收产生认同,以促进逆纳税评估的良性发展。

1. 税务部门加大税收正面宣传力度

改善逆纳税评估的重点是获得纳税人对税收的心理认同。根据经济学理性人的假设,人们通过理性思考分析,认为做一件事情能够增加其效用,那么这件事情就值得去做,进而会对其产生心理上的认同感;而在现实中,指导我们平时行为的并非只有理性的分析,还有感性的认识,也就是我们可能会不假思索地选择感官上认为好的事物。税务部门进行税收的正面宣传时同样要注意到这一点,不仅要向群众讲明税收的作用和重大意义,还要动之以情,举出有特色、鲜明生动的例子,让群众产生心理上的认同感,使大家从感性认识上认同税收,达到税收正面宣传的目的。这里借鉴美国和日本的案例,分别从理性和感性的角度,分析如何加强税收宣传,才能更好地使公民认同税收。

美国更多采用理性的方式,使公民知道纳税的重要性,自觉选择交纳税款,并关注税收。对比中国,美国人的纳税意识要强许多,原因是,一方面纳税人可以通过纳税行使各种权利,另一方面同美国联邦个人所得税征收采取预扣代缴和申报结算相结合的方式有关。[①] 预扣代缴是指对有固定职业的纳税人的工薪收入等实行从源扣缴,它可以避免一次性纳税给纳税人造成的困难,也可以使政府经常性地获得收入。更重要的是,这种制

---

① 王德祥、刘中虎,《美国的个人所得税制度及其启示》,《世界经济研究》,2011 年第 2 期。

度预扣的税款一般多于纳税人当月实际需要交纳的税款,每月月底,当进行个人所得税申报、结算和审计稽查时,税务部门不是在催促纳税人交纳税款,而是向纳税人退税,这样的制度使纳税人出于退税的目的,自觉地申报自己当月的纳税情况,由于隐瞒收入情况一旦被查出代价就很高,所以纳税人出于理性的考虑,一般会进行真实的申报。这种制度使得纳税人积极关注国家的税收政策,因为税收政策的变化直接影响到他们每个月能够退回的税款金额。随着对税收的关心,公民慢慢懂得了税收的机制和重要性,这有助于他们形成诚信纳税的意识和习惯,并对政府税收征管制度和服务体系的建设与发展产生了积极影响。

与美国相比,日本进行税收宣传的方法就更偏向于感性。在日本,政府会定期播出税收宣传节目,使得纳税人足不出户就能够了解到国家税收制度的细节;除了日常的宣传活动,政府还把每年 11 月 11 日至 17 日定为"明白纳税宣传周",每到宣传周,包括税务局局长在内的几乎所有税务人员都要上街进行税法宣传,并按日本的传统习惯扎上头巾、身披缎带,站在繁华街头向路人散发宣传单,"便于理解"是其宣传工作的首要方针,比如对于个人所得税是如何计算出来的,日本的税务宣传只有一句话:"一年的所有收入减去扣除,再乘以税率,就是个人所得税。"①除此之外,税务部门还反复向纳税人讲解其可以获得多少项减免扣除。这样的宣传,使得纳税人感觉政府最大限度地考虑了纳税人的利益,并从公民的角度出发,实实在在地为其着想,这样的感性认识,使得很多纳税人觉得国家已经这样为自己考虑,不纳税或少纳税会对不起国家,一种纳税的义务感油然而生,使得纳税人从感性认识上对税收产生了认同感。

我国在改善逆纳税评估的过程中,也一定要认识到税收认同感的重要作用,并以此为突破口,来解决不合理的逆纳税评估存在的问题。结合美国与日本的做法,我国应该在加强税收法制宣传的同时,将税收宣传的重点放在感性宣传上,更多地使纳税人获得对税收的感性认识。因为我国的税收法制化建设尚未完善,公民的税收权利义务意识同样处于初级阶段,而美国的税收宣传模式需要公民对税收进行理性地思考分析,这一点在我国目前尚难以做到;而对于日本的做法,我国完全可以借鉴,先获得公民对税收的感性认同,使其在积极情绪的影响下,逐步认识到税收的重要性,慢慢地提高对税收作用的理解,以促进其合理地评价税收,以此来改善逆纳税评估活动。

2. 利用群体心理改善逆纳税评估

通过对日本税收宣传的分析,我们认识到感性在影响心理认同时的巨大作用,结合群体心理形成的机制和作用的特点,以及群体被错误言论利用和诱导的严重后果,这里考虑能否合理引导群体的心理,利用感性的言论来改善逆纳税评估工作。

---

① 赵文斗,《日本:巧妙宣传 明白纳税》,《中国税务》,2001 年第 4 期。

(1) 合理加工和转化信息

群体对信息的理解大都仅仅停留在初级阶段,也就是只能对信息做简单的加工处理,而不能对其内在含义和逻辑过程做出推理。而税收政策往往具有较强的专业性,不便于大众群体直接理解。正因为这样,税务部门有必要对税务信息做合理的加工,使得群众更易于理解税务信息。例如在免征额的案例中,税务部门可以将免征额转化为群众可以接受的信息。

(2) 发挥榜样的力量

因为群体中的个体会无条件服从群体的决定,所以群体中总需要一个做决定的人,也就是起到领袖作用的个体。比如税务机关可以培养纳税积极的大型企业,对其进行正面宣传,以扩大其影响力,促进企业效益的提升,同时这样也能够形成一定的榜样效应,使得其他企业如同台下的观众,在看到台上演员的精彩表演时,自己也跃跃欲试。这种共同的心理状态就能够形成一种群体效应,使得越来越多的纳税个体愿意加强同税收主体之间的合作与联系,使得双方形成一种双赢的局面。在这种状态下,持续培养榜样的力量,并制定规则,鼓励其他纳税人也成为榜样,就能够真正影响大众的心理,融洽税收主体之间的关系,方便税收工作正常有效地开展。随着税收征纳主体关系的融洽,纳税人对税法的认同度也就越来越高,同时就会更想要了解税法,促使逆纳税评估活动良性地发展。

二、合理逆纳税评估带来的启示

如前文所述,一部分逆纳税评估的出现是因群众受到媒体的误导,相关讨论成为他们宣泄情感的途径,对税务部门工作的正常开展造成阻碍,但还有一部分是因公民对税收关注度有所提高,税法意识不断觉醒,是群众对我国税制和税务部门日常工作提出的合理建议,如个人所得税"伪47号文件"和一元"巨奖"事件。因此,税务部门需要对逆纳税评估事件进行认真的分析和甄别,判断其合理性,对于合理的建议和意见,要加强重视,并要维护意见提出者的荣耀和尊严,鼓励其持续对税制及税务工作保持关注,这样才能形成税收征纳双方的良性互动关系,促进我国税制的完善和税务工作质量的进一步提高。下面结合个人所得税"伪47号文件"和一元"巨奖"案例,对实际工作中应该如何重视合理的逆纳税评估提出建议。

(一) 加强税务机关的服务意识

当前,世界各国的税收管理理念都发生了巨变,特别是西方发达国家,税收征管改革的方向无一不是从"监督打击型"朝着"管理服务型"转变,为纳税人提供高效优质的服务已成为世界各国税务机关的普遍做法,成为当今税收征管改革的国际潮流。美国国内收入署在其《2006—2010年战略规划》基础上进一步提出"服务+执法=纳税遵从"的理念,并把"服务"置于"执法"之前。

有鉴于此，我国应该加快步伐完善现有税制体系，改变不合理现象，使税务工作真正服务于广大群众。当前，我国已进入纳税人权利意识空前觉醒的时代，可以说，征纳双方地位平等、为纳税人服务是时代的必然要求。但是在一元"巨奖"案例中，税务局只制作了一份领奖文书，并且让举报人亲自去领，没有体现对举报人足够的尊重。税务机关口口声声宣传举报有奖，鼓励公民积极举报偷逃税行为，然而行动上却没有真正发挥鼓励公民、赢得人心的作用，反而严重挫伤了举报者的积极性。在这一事件中，我们看到税务局并未真正树立起为纳税人服务的意识，这些税务干部始终自认为高人一等，对工作敷衍塞责，甚至认为举报人是来添乱的，在这种情形之下，不能用正确的态度对待举报人也就是必然的了。下面对如何加强税务机关管理水平提出几点建议。

1. 税务机关要加快服务型机关建设

解决好政策环境相对过严、行政管理过于刚性等问题，在不突破法律、政策底线的前提下，改善行政执法方式，灵活处理工作上的问题，并落实定期教育培训工作，提高干部队伍的综合素质。此外，税务部门要严把"进人关"，多选拔具有敬业精神的税务干部，形成"勤奋勤恳、认真负责、坚持不懈、执行规则"的税务干部新形象，着眼于人的精神重塑，提高人的素质，充分发挥人的主观能动性，从根本上解决税务人员的态度问题，树立服务理念，不断丰富和完善税务人员精神（参见专栏 14-5）的内涵，提高税务机关形象及政府公信力。

专栏 14-5　提炼财政精神，推动财政事业开拓进取

为什么要提炼财政精神？在很长一段时间内，精神都被看作物质的附庸，被等同于意识形态。而德国社会学家马克斯·韦伯（Max Weber）首先肯定了精神文化在社会变革中的作用，他在其著作《新教伦理与资本主义精神》中指出，正是新教的宗教精神，一种新的价值观，促进了资本主义经济在欧洲的发展。精神对社会制度具有决定性作用，制度能不能理性化，能不能改造，在很大程度上取决于文化，制度的发展与变迁在很大程度上是可以由某种文化原因来解释的，甚至完全取决于文化自身的理性程度。① 因此，我国要构建公共财政体系，推进财政体制改革，在进行制度建设的同时，还必须依靠财政精神的支撑。

一般意义上的财政精神指"财政是庶政之母"的理念。"兵马未动，粮草先行"，财政是政府举办各项政事的基础和前提；财政为市场和社会提供公共产品及公共服务。中国本土的财政精神，则是指在建设中国特色社会主义道路过程中形成的改革探索精神，脚踏

---

① 李炜光，《公共财政的宪政思维——公共财政精神诠释》，《战略与管理》，2002年第3期。

实地、不懈追求,为国理财、为民服务,是新时期财政精神的内涵和支柱,是中国财政精神的集中体现。

一、一般意义上的财政精神:财政是庶政之母

财政是一种国家或政府利用收支活动实现其管理职能的经济行为和经济现象。① 自古至今,横贯中西,人们一致认为财政是国家各项政事的基础与前提。

首先,从财政与国家的关系来看,财政是国家实现其职能的经济基础和保障。《周礼》中记载,大宰的职责之一便是"以九赋敛财贿""以九贡致邦国之用"。王安石则把理财看成政治的一个重要方面,认为政府理财除了征收赋税,还在于促进财富的生产和"均节财用"。另外,亚当·斯密(Adam Smith)将财政称为"庶政之母",也就是说财政是国家的奶娘。可见,为国家管理好财、用好财,是政府职能的重要组成部分。

其次,从财政与经济的关系来看,"有财才有政,财强政方固",财政是促进经济发展的重要推动力。苏辙曾说过:"财者,为国之命,而万事之本。国之所以存亡,事之所以成败,常必由之。"社会财富是由各族人民共同创造的,经济的发展则是财政充足的基础,因此,王安石提出"因天下之利以生天下之财,取天下之财以供天下之费",可见财政是政府用来调控社会经济运行、促进经济与社会健康发展的重要工具。

最后,从财政与市场的关系来看,财政担负着为市场经济运行提供基本公共产品和服务的责任。财政以市场经济的健康运行为自己的最高追求,主要职责是弥补市场失灵,只有当市场出现失灵时,财政才会走上前台,甘当市场经济的"人梯",可谓是市场经济的"无声合伙人"。然而,政府这个"配角"也不是可有可无的,在"市场失效"领域,或者说公共需要领域,很多事情都必须由也只能由政府来做,政府必须运用财政力量切实发挥其作用。在20世纪30年代美国经济大萧条时期,凯恩斯扩展性的财政政策挽救了西方资本主义的命运。面对现在的世界经济危机,财政工具几乎独木擎天,又一次成了西方世界的救命稻草。

在市场经济条件下,政府的作用和规模是有限的,放任市场、约束政府一直是学术界的主流。亚当·斯密在其代表作《国民财富的性质和原因的研究》(即《国富论》)一书中,严厉批判了重商主义所推行的国家干预经济政策,宣扬"自由放任"和"自由竞争"的资产阶级原则,主张把国家职能缩小到仅为抵抗外国侵略、维持社会秩序和建设一些公共工程的最低限度,即国防、司法和公共机关三项"夜警政府"职能。米尔顿·弗里德曼(Milton Friedman)则将政府的职责总结为四项,即保护国家安全、维护司法公正、弥补市场缺陷和保护"不能为自己负责"的社会成员。自由放任主义认为国家或政府在社会经济生活中仅需扮演经济"守夜人"的角色,资本主义经济可在市场机制,即"看不见的手"的自动调

---

① 岁有生,《清代地方财政史研究评述》,《中国史研究动态》,2011年第5期。

节作用下实现资源的有效配置和正常运行。

针对我国市场经济体制改革中的市场与政府的关系,我国著名经济学家王传纶教授做了一个很形象的比喻:市场经济好比一艘正在航行的巨轮,而政府则是这艘巨轮的船长。在天气不好、航线出现变化等比较复杂的情况下,政府才需要到操作控制室亲自坐镇,但他自己不一定要亲自操作,只需处理一些棘手的情况。而当航线比较熟悉、船上还装备了现代化的控制系统之后,船长就可以退居幕后休息了。王传纶教授的这一观点与西方学术界的主流思想是一致的,即"自由放任"思想。

这种"自由放任"思想与中国古代的"无为而治"思想有着异曲同工之妙。早在春秋时期,我国古代思想家老子就在其《道德经》中提出"圣人无为而民自化"的理念,"圣人无为而治"是指要符合自然和社会的客观发展规律,满足人民群众的物质文化需求,只有顺应天时地利人和而做事,圣人才可以自觉觉他,无所得利、无所着相、无所杂染,尽心尽力将事情做得更好。由此可见,"无为而治"并不是说政府不需要做任何事,而是不要做错事。

当代中国,尽管经历了数十年的改革开放,但社会主义市场经济体制仍不完善。我国经济体制改革的根本目标就是要建立市场经济体制,让市场发挥基础性资源配置作用,政府和财政一道弥补市场失灵,为社会提供基本的公共产品和服务,相得益彰,比翼齐飞。这无疑是各国财政精神的共同指向。

二、财政"公共"精神:为市场经济提供基本公共产品和服务

财政的职能属性就是为市场提供基本公共产品和服务——政府通过运用税务部门筹集的收入及其他收入来履行职能,以满足社会的公共需要,实现政府的特定政策目标。这也是政府征税的初衷和依据,而公民纳税就是为了消费政府提供的公共物品。"天下为公"成为财政"公共"精神的精髓。

1949年以来,尤其是改革开放以来,我国的财政事业取得了长足进步,社会建设有了充分发展。可以说,我国公共财政体制的建设过程,事实上也是我国财政精神的提炼过程。

第一,财政透明度不断提高。公开与透明是有限政府的基本要素,是对政府的有效限制,可以有效制约各种非法和不当的政府行为。公共事务能否公开透明,政府能否向市场和社会提供充分、可靠的信息,政府的决策是否具有充分的透明度,对于市场经济的正常运转是极为重要的。2010年6月1日,我国财政部发布通知(财预〔2010〕88号),规定2011年1月1日起将预算外资金管理的收入全部纳入预算管理。2017年国务院廉政工作会议明确要求,要着力打造阳光财政,所有使用财政资金的部门,全部都要公开预决算,让群众找得到、看得懂、能监督。2018年财政部又增加了26个部门的26个项目,向社会公开项目文本和绩效目标。同时,地方也积极推进预决算公开,通过完善规章制度、强化预算管理、创新公开方式等,扎实推进公开,预决算透明度明显提高。2019年7月30日,财政部发布了《关于促进政府采购公平竞争优化营商环境的通知》,明确了促进政府采购领域公平竞争、优化营商环境。与此同时,为了加强三公经费管理,我国政府也做出了很多努力,推进了政府部门三公经费的公开,提高财政透明,便于人民监督。

第二,政府采购日益完善。从2002年6月29日全国人大常委会审议通过《中华人民共和国政府采购法》以来的十几年间,全国政府采购规模由2002年的1 009亿元增加到2019年的3.5万亿元,政府采购占财政支出的比重相应由4.6%提高到14.66%。采购范围和规模不断扩大,经济效益明显提升。由此可见,政府采购作为公共财政管理的一项重要制度安排,不仅节约了大量的财政资金,而且对于创造公平竞争的市场环境、促进反腐倡廉以及推动实现国家经济社会目标都发挥着重要的作用。我国政府采购事业的迅速发展,是我国财政"公正""透明"等精神的彰显,将政府财政打造成"玻璃缸中的鱼",使纳税人对自己关切的财政信息一览无余。

第三,积极推进基本公共服务均等化。基本公共服务均等化,指全体公民都能公平可及地获得大致均等的基本公共服务,其核心是机会均等,而不是简单的平均化和无差异化。[①] 在十年前,人们对于"社会建设""公共服务"等词汇恐怕还很陌生,但现在已是耳熟能详。2004年,党的十六届四中全会第一次提出"构建社会主义和谐社会"。和谐社会理念的确立,标志着中国在经过近30年的改革开放探索后,"终于有了一个能够应对中国特色社会主义事业全过程各种人民内部矛盾和其他社会矛盾的科学理念"。2012年7月11日,国务院发布了《国家基本公共服务体系"十二五"规划》(国发〔2012〕29号),突出体现"学有所教、劳有所得、病有所医、老有所养、住有所居"的要求。2018年7月16日,国务院办公厅印发《关于建立健全基本公共服务标准体系的指导意见》,对合理划分基本公共服务责任提出具体要求,明确政府在基本公共服务领域的兜底职能,规范中央与地方在基本公共服务领域的支出责任,建立中央与地方共同财政事权基本公共服务保障国家基础标准制度。党的十九大报告提出2020—2035年中国基本公共服务均等化基本实现的目标。

但是,在我国财政事业取得巨大成就的同时,不可否认的是我国财政运行中仍然存在着政府职能"越位""错位"或"缺位"的现象,财政收入层级不科学、财政支出方向不合理等问题,例如"吃空饷"的现象有了死灰复燃的迹象。这些扎堆出现的"吃空饷"事件,在不断挑战公众心理承受底线的同时,不仅让整个社会再次正视财政资金的使用问题,也诱发了人民对财政税收的不信任。对此,政府最重要的就是强化自己的公共服务职能,扮演好"公仆"的角色,将财政精神切实落到实处。

---

① 《国务院关于印发国家基本公共服务体系"十二五"规划的通知》(国发〔2012〕29号),中国政府网,2012年7月20日。

三、中国财政精神：财政人的改革探索精神

如果说"财政乃庶政之母"、财政为市场提供基本公共服务、推进基本公共服务体系建设是各国财政乃至世界财政的"共同精神"，那么，中国财政的本土精神就在于"改革探索，不懈追求"。

"空谈误国，实干兴邦。"我国财政改革的目标是要建立公共财政。所谓公共财政，是指市场经济体制下政府按社会公众的集体意愿提供市场机制无法有效提供的公共物品，以满足社会公共需要的经济活动或分配活动①，也就是"取众人之财，办众人之事"。

财政，是一国富强繁荣的关键所在，也往往是利益矛盾的集中体现。因此，财政改革的难度可想而知。然而，无论是计划经济年代，还是改革开放以来市场经济建立过程中，无论是"利改税改革"，还是"分税制改革"，抑或是"公共财政改革"，无不是难啃的硬骨头，但财政人始终抱着不畏艰险、勇往直前的大无畏精神，披荆斩棘，逆水行舟。如今，进入深水区的财政改革更是需要这种不畏艰险的改革探索精神。

自1978年我国实行改革开放以来，四十多年的风风雨雨吹奏出一首首壮丽长歌，铸就了一项项辉煌成就。这其中既包含着广大人民孜孜不倦的勤劳苦干，也蕴含着先驱者敢为人先的改革创新气魄，更承载着几代财政人的呕心沥血。

财政收入的增长靠的是什么？靠的是经济发展，而经济发展又与财政人的改革探索密不可分，与忍辱负重的财政精神息息相关。我们应该认识到，今天财政取得的每一项成果都是来之不易的，前辈们的许多做法在当时都不啻为壮举，处在风口浪尖上的许多财政人无不用其果敢的勇气坚持下来。因此，那种怀疑甚至否定1994年分税制改革的观点只能是主观呓语。

改革是中国共产党的宿命。② 改革是为了更好地发展，发展是为了人民的福祉。每一个财政人都应该牢固树立"为国理财、为民服务"的宗旨，这也是财政工作的出发点和立足点、财政精神的核心和灵魂。一个没有"魂"的制度是不可能长久存在的，即使能够存在也只是暂时的。民治，则天下安；民安，则社稷安。因此，作为政府综合经济管理部门的财政，更应该积极作为，以孺子牛的精神踏踏实实做好自己的本职工作，抓住保障和改善民生这个核心，加快推进城乡一体化和各项社会事业协调发展，逐步实现各项基本公共服务均等化，促进社会的全面发展和和谐社会的构建。

"横眉冷对千夫指，俯首甘为孺子牛"，中国财政人的财政精神，既有中国传统知识分子"知其不可而为之"的飞蛾扑火般的英勇献身精神，又有当代中国共产党人"为人民服务""权为民所用、情为民所系、利为民所谋"的鲜明时代特色。眼下，"舟至中流"的中国财政改革在领略"沙鸥翔集"的美好风景的同时，也面临着"浪遏飞舟"的严峻挑战，因此，

---

① 《培育社会的公共财政精神》，《中国经济快讯周刊》，2003年第1期。
② 《北京晚报》，2012年7月12日。

提炼财政精神,坚持改革探索,绝不是为了自我满足、歌功颂德,而是为了以更加饱满的精神面貌、更加斗志昂扬的精神状态继续推动我国当前的各项财政工作。

资料来源:改编自马海涛等,《提炼财政精神 推动财政事业开拓进取》,《中国财政》,2012年第18期。

2. 税务工作人员要千方百计地维护纳税人权利、服务纳税人

我国对大众的税收宣传中,更多地强调公民有依法纳税的义务,而没有注重对纳税人权利的界定。随着纳税人的纳税意识不断提高,税务人员也应紧跟时代要求,不断提高自身素质和业绩能力,更好地服务纳税人;同时,切实树立公仆意识,把自己融入群众之中,多做一些暖人心、稳人心、得人心的工作,多一点真诚热情、平和友善,少一点敷衍冷漠、衙门作风。

3. 明确和落实纳税人的权利与义务

《关于纳税人权利与义务的公告》(国家税务总局2009年第1号)系统规定了纳税人的权利和义务,鼓励与保护人民群众行使监督权力与批评权力。但是除此之外,仍需国家工作人员以真诚之心与诚挚之举,而不是冷冰冰的制度壁垒,来确保纳税评估相关利益主体的积极介入,促进纳税评估质量的提高。

4. 进行有效的工作绩效考核

要科学合理地设置考核指标,积极探索建立有效的责任追究制度,将指标和责任落实到具体的个人。建立一套有效的纳税人员工作绩效考核体系有助于量化、细化岗位之间的衔接,切实解决"淡化责任"的问题,使得征税方更有效率地完成任务。

(二) 加强税制建设,完善税收法律体系

个人所得税"伪47号文件"事件,的确揭示了我国税制中存在的一些问题。年终奖计税政策自2005年发布以来,不合理的"多挣少得"现象长期存在,有关税务部门却对其视而不见。因此,税务机关在起草和制定税收法律、法规时,要积极主动地听取广大纳税人的意见,推进立法的民主化和科学化,同时应当欢迎广大纳税人对税法的完善提出自己的意见和看法,使纳税人和税务机关之间的信息沟通渠道充分畅通,以推进我国税收经济的健康和谐发展。如果纳税人和税务机关之间的正常沟通渠道能够保持畅通,那么"伪文件"也就没有了生存的土壤,谣言也将不攻自破。

此外,加强税制的建设,不仅局限于税收制度设计是否完善,更在于税制设计思想路线正确与否。有关个人所得税的案例,既反映出人们对个人所得税的关注,更揭示了大众生活成本高、压力大的现状,因此我们应当进行更加深入的反思。近年来,我国社会经济

发展迅速,国家财政收入、税收收入都保持了20%甚至30%以上的快速增长。然而,随着通货膨胀率的不断走高,广大纳税人的生活成本日益增加,住房、医疗、教育等主要民生问题并未得到根本性改善。尽管近年来我国大幅加大了民生财政的投入力度,然而距离广大纳税人的期望仍然有较大差距。逆纳税评估事件所折射出的,绝不仅仅是税收征纳及税收法制体系建设的问题,更是我国当前社会经济的一些综合矛盾。为此,今后我国应当适当控制财政收入、税收收入增速,使其与我国国民经济发展水平特别是居民生活水平的提高相匹配;同时,控制煤电油运等垄断部门的利润水平,切实抑制通货膨胀,为广大居民生活水平的提高奠定制度基础,推动我国和谐社会的建设。

三、税收是纳税人根本利益的守望者

上文提到的逆纳税评估案例中很多都是因纳税人对税收制度和税务部门的日常工作不满而形成的,其实税收工作应该同纳税人有着相同的利益目标。我国纳税评估质量管理的目标不是要给纳税人带上枷锁,从根本上讲,纳税评估的质量管理是为了更好地服务纳税人。税收是纳税人根本利益的守望者,税务机关和纳税人之间的关系绝不是"零和博弈",而纳税评估正是帮助税收征纳双方走出囚徒困境的有效手段。

在税收征纳双方博弈的过程中,假设纳税人一个月的利润为20,应纳税款为10,如被查出漏缴税款,则增加10的税收罚款;税务机关应收税款为10,如动用税收稽查手段,则税务机关需要10的成本,纳税人员无须为税收稽查付出成本;假设税收稽查有50%的概率能够查出纳税人的偷税漏税行为,使纳税人的收益 = 20 - 50% × (10 + 10) = 10,税务机关的收益 = - 10 + 50% × (10 + 10) = 0。对于纳税人来说,合作的收益都是10,而在不合作的情况下,税务部门稽查时的收益是10,不稽查时的收益为20,所以纳税人倾向于选择不合作;同样的道理,税务部门根据理性判断,选择不稽查,则最后的均衡为(20,0)。如果纳税人选择合作,而税务部门选择不稽查,则双方的博弈结果为(10,10),这么看来,税收征纳双方陷入了一种囚徒困境,如表14-2所示。

表14-2 税收征纳双方博弈矩阵(纳税稽查)

	税务部门稽查	税务部门不稽查
纳税人合作	(10,0)	(10,10)
纳税人不合作	(10,0)	(20,0)

现在考虑引入纳税评估的情况,纳税评估的成本比纳税稽查低,这里设为5,且不会对纳税人造成罚款,是一种"柔性执法"。但是纳税稽查可以向纳税人说明漏缴税款的后果,会影响企业上市,造成20单位的损失,这样税收征纳双方的博弈矩阵就有了变化。

如果进行纳税评估,从表14-3中不难看出,对纳税人来说,不管税务部门做何选择,纳税人纳税获得的报酬总是高于不纳税的报酬,这样纳税人理性的考虑是主动缴纳税款;对税务部门来说,知道了纳税人的纳税选择,也可以不针对企业展开长期的纳税评估,只需要不定期评估和利用低成本的批量评估即可,如此形成(10,10)的博弈结果,脱离税收征纳双方的囚徒困境,使双方实现了各自的效益最大化,并形成纳税人自觉、征税人放心的良性税收征纳关系。

表14-3 税收征纳双方博弈矩阵(纳税评估)

	税务部门纳税评估	税务部门不纳税评估
纳税人合作	(10,5)	(10,10)
纳税人不合作	(-10,5)	(0,0)

如此看来,税收与纳税人的利益是一致的,这一点其实通过税收的概念就可以获知:税收是国家凭借政治权力,无偿征收实物或货币,以取得财政收入的一种工具。从公民的角度更确切地说是公民依法向征税机关缴纳一定财产以形成国家财政收入,从而使国家可以满足公民社会公共需要的一种活动。税收是纳税人所享受公共产品的最主要资金来源,缴纳税款正是我们拥有依法享受国家提供的公共服务的权利的凭证。2005年诺贝尔经济学奖获得者罗伯特·奥曼(Robert Aumann)和托马斯·谢林(Thomas Schelling)曾对人们在博弈中如何选择才能实现共赢、构建和谐社会进行了研究。政府与纳税人之间的博弈并不是人们想当然认为的零和博弈。纳税人的利益与国家利益并不是对立的,实际上是相辅相成、双赢的。作为理智的公民,不难领会税收才是纳税人根本利益的守望者,我们应该正确认识税收的作用,纳税是每一位公民的义务,更是我们享受公民权利的凭证。

关键概念

逆纳税评估　税负率　税负工作天数

复习思考题

1. 试在现实生活中举一例,说明逆纳税评估有哪些正面和负面影响。
2. 试比较纳税评估与逆纳税评估的异同点。
3. 如何合理引导和规范逆纳税评估?

主要参考文献

〔澳〕布伦南、〔美〕布坎南,《宪政经济学》,中国社会科学出版社,2004年。

白彦锋,《落实科学发展观的财税政策体系研究》,经济科学出版社,2009年。

白彦锋,《税权配置论:中国税权纵向划分问题研究》,中国财政经济出版社,2006年。

戴黎明,《关于纳税评估的几点理论思考》,《涉外税务》,2005年第10期。

董旸,《个人所得税收入能力研究》,山东大学博士学位论文,2009年。

关颖,《我国开征遗产税的可行性及模式分析》,中央财经大学博士学位论文,2009年。

郭焦锋、白彦锋,《成品油消费税征管需强化》,《国企管理》,2017年第12期。

国家税务总局教材编写组,《税收管理员操作实务》,中国税务出版社,2006年。

何家凤、何少武,《大数据时代的纳税评估信息采集模式》,《财经理论与实践》,2015年第3期。

胡金木,《纳税评估》,经济科学出版社,2008年。

黄凤羽,《中国税收收入超经济增长的若干原因分析》,《经济纵横》,2010年第3期。

焦瑞进,《微观税收分析指标体系及方法》,中国税务出版社,2005年。

李燕,《政府预算管理(第二版)》,北京大学出版社,2016年。

梁俊娇,《纳税评估方法与案例》,中国财政经济出版社,2005年。

刘成龙等,《国家治理视角下我国个人所得税的优化》,《税务研究》,2020年第2期。

马海涛、白彦锋,《纳税评估》,经济科学出版社,2010年。

马海涛,《中国税制(第十版)》,中国人民大学出版社,2019年。

〔美〕费雪,《州和地方财政学》(第二版),中国人民大学出版社,2000年。

〔美〕约翰·L.米克塞尔,《公共财政管理:分析与应用》(第六版),中国人民大学出版社,2005年。

乔治民等,《资产评估学教程(第七版)》,中国人民大学出版社,2020年。

权忠光等,《资产评估实务》,中央广播电视大学出版社,2005年。

任强,《对日本房地产保有环节税收政策实践的思考和借鉴》,《国际税收》,2018年第5期。

司京民、周易,《纳税评估制度的确立及其完善方向》,《中国税务》,2009年第9期。

苏强,《国外纳税评估制度比较与启示》,《税务研究》,2007年第11期。

王国付等,《资产评估学》,经济科学出版社,2009年。

肖美玲,《基于纳税评估视角的财务报表案例分析》,《财会通讯》,2019年第20期。

谢旭人,《加强税收经济分析和企业纳税评估,提高税源管理水平》,《税务研究》,2007年第6期。

《行业纳税评估方法与案例》编委会,《行业纳税评估方法与案例》,中国税务出版社,2007年。

易俊杰,《基于平衡计分卡的基层税务机关绩效评估研究》,湘潭大学硕士学位论文,2010年。

余林、种金睿,《德国税收审计的特点及对我国的借鉴意义》,《中国审计报》,2012-04-11(005)。

袁有杰,《我国纳税评估研究》,经济科学出版社,2007年。

张丽丽,《我国纳税评估制度存在的若干问题及其对策研究》,中国人民大学硕士学位论文,2008年。

张耀文等,《日本个人所得税自行纳税申报制度特色与借鉴》,《财政科学》,2019年第6期。

张营周等,《房地产业增值税纳税评估案例浅析——以LC房地产开发公司为例》,《财会月刊》,2017年第3期。

赵迎春,《中国税收超经济增长问题研究》,吉林大学博士学位论文,2008年。

郑坚,《纳税评估理论与实践》,中国税务出版社,2005年。

中国注册会计师协会,《税法》,中国财政经济出版社,2021年。

Dall W. Forsythe, *Taxation and Political Change in the Young Nation, 1781–1833*, Columbia University Press, 1977.

IMF, *Government Finance Statistics*, Yearbook, 2000–2014.

James Alm, Brian Erard, Jonathan S. Feinstein, "The Relationship between State and Federal Tax Audits", *NBER Working Paper*, No. 5134.

John L. Mikesell, *Fiscal Administration—Analysis and Applications for the Public Sector*, Ninth Edition, Cengage Learning, 2018.

Julie H. Collins, R. David Plumlee, "The Taxpayer's Labor and Reporting Decision: The Effect of Audit Schemes", *The Accounting Review*, Vol. 66, No. 3, Jul. 1991.

Michael G. Allingham, Agnar Sandmo, "Income Tax Evasion: A Theoretical Analysis", *Journal of Public Economics*, 1, 1972.

Shelley C. Rhoade, "The Impact of Multiple Component Reporting on Tax Compliance and Audit Strategies", *The Accounting Review*, Vol. 74, No. 1, Jan. 1999.

教辅申请说明

北京大学出版社本着"教材优先、学术为本"的出版宗旨,竭诚为广大高等院校师生服务。为更有针对性地提供服务,请您按照以下步骤通过**微信**提交教辅申请,我们会在1~2个工作日内将配套教辅资料发送到您的邮箱。

◎ 扫描下方二维码,或直接微信搜索公众号"北京大学经管书苑",进行关注;

◎ 点击菜单栏"在线申请"—"教辅申请",出现如右下界面:

◎ 将表格上的信息填写准确、完整后,点击提交;

◎ 信息核对无误后,教辅资源会及时发送给您;如果填写有问题,工作人员会同您联系。

温馨提示:如果您不使用微信,则可以通过以下联系方式(任选其一),将您的姓名、院校、邮箱及教材使用信息反馈给我们,工作人员会同您进一步联系。

联系方式:

北京大学出版社经济与管理图书事业部
通信地址:北京市海淀区成府路 205 号,100871
电子邮箱:em@pup.cn
电　　话:010-62767312 / 62757146
微　　信:北京大学经管书苑(pupembook)
网　　址:www.pup.cn